林崇德文集

爱新觉罗·恒懿题笺

第七卷 ◎

教育的智慧

师　魂

林崇德文集

北京师范大学出版集团
BEIJING NORMAL UNIVERSITY PUBLISHING GROUP
北京师范大学出版社

林崇德

　　1941年2月生，浙江宁波象山人，北京师范大学资深教授。中国心理学会前理事长，在教育部等单位学术兼职26种，并在多所高校任兼职或客座教授。获省部级以上学术奖励28项，并先后获中青年有突出贡献专家（1994）、全国劳动模范（2000）、全国"十佳师德标兵"（2001）、全国优秀教师（2006）、全国优秀科技工作者（2012）、国家杰出科技人才（2014）、北京市人民教师（2017）和当代教育名家（2017）等荣誉称号。

总 序

————

1960 年，我毕业于上海市上海中学，因为受上海市劳动模范、我的班主任孙钟道老师的影响，我也想当一名像孙老师那样的好老师，成为一名教育家。于是，我在填报高考志愿时，把 23 个志愿全部填成了师范院校，并以优异的成绩考入第一志愿北京师范大学，成为教育系首届心理专业的学生。我为什么要选学心理学？其实我当时对心理学一窍不通，只是朴素地想到，当老师必须从学生心灵入手。在我朦胧的认识中，心理学似乎就是一门研究心灵的学问。今天，"林崇德文集"（以下简称"文集"）就体现了"教育"和"心灵"这四个字。

1965 年，是中国心理学从初步繁荣走向全面停顿的转折之年，也是我大学毕业之年。学习了 5 年的心理学已无用武之地，我被分配到北京从事基础教育，先后在 2 所基础薄弱校任教，一干就是 13 年。可能受当年的"志愿"影响，我对当中小学教师无怨无悔，全身心投入：当好班主任；教好课；做好校办厂厂长；主持好学校的教育教学工作。在这 13 年的基础教育工作中，我最大的感受是：教书育人是有规律的，其核心问题是如何架起师生之间的心灵桥梁。应该说，我这 13 年干得不错，"文化大革命"结束后的第二年，即 1977 年，在教育走上正轨的时刻，我被评为北京市朝阳区优秀教师。1978 年，北京师范大学心理专业恢复招生，但心理学教师极端缺乏。母校想起了当年的"好学生"，要调我回母校重操旧业。为振兴中国心理科学，时代呼唤我归队，我只能含泪离开已让我深爱的基础教育界。在回母校时，我带回了 5 篇在中小学工作之余收集数据并撰写完成的研究报告，涉及聚焦先天与后天关系的心理发展规律的双生子智能与性格研究、儿童青少年数学能力发展及其思维结构的研究、品德不良中学生心理追踪研究等。经我恩师朱智贤教授(以下简称"朱老")的推荐,我竟然成为1979年中国心理学会恢复活动后首次学术大会上的报告人之一,我报告的主题是智能发展及其结构问题。我对品德研究的论文则由中国心理学会秘书长、中国科学院心理研究所所长徐联仓先生向全国人大常委会彭真同志(后来任全国人大常委会委员长)推荐,彭真同志责成教育部等单位为我召开了一次研讨会,该文成了我的成名作。虽然这些作品在今天的"文集"中已显示不出水平,但毕竟是我对教育与心理学研究的开始。在这初入杏坛心灵的交响乐中,我深深地体会到三点:儿童青少年身心发展是有规律的,它是基础教育工作的出发点;中小学是一块心理学研究难得的实验宝地;儿童青少年心理发展将成为我终身研究的重点。

对一个高校教师来说,他的成长离不开师长的培养;而他自己能否培养出国家所需要的人才又是衡量其素质的根本标准。我的"文集"体现了上靠恩师、下靠学生的一种传承。我的心理学功底是北京师范大学心理专业的老师们给的。当年的北京师范大学心理专业名家多,按照专业课程的开设次序,彭飞、张厚粲、朱老和章志光等教授先后给我们上课,可以说我今天的讲课风格是他们讲课特点的综合体现。当然,对我系统培养、扶植的是我的恩师朱老。朱老是一位学术大师、是中国发展心理学的奠基者,他对我人品上的最大影响有两点:一是对国家的忠诚和对党的热爱;二是他的创新精神。如原杭州大学老校长陈立教授给朱老一封信中所言,"新中国成立后,心理学界能就一方面问题成一家之言者,实为少见。老兄苦心深思,用力之勤,卓有硕果,可谓独树一帜"。"文集"不仅反映了我对朱老事业的继承,也展现了我的具体研究。从思维认知到品德社会性,从非智力因素到心理健康,从教师心理到学生发展核心素养,等等,我的研究内容来自自己的课题,我主持过国家自然科学基金、国家社会科学基金、教育部和科技部等20多个大大小小的项目。谁来操作完成呢?是我的弟子们。在科研中,他们展示了品格、智慧和才干,使我萌生了培养出超越自己、值得自己崇拜的学生之信念。我的学生俞国良教授鼓励我创建一个学派,我说已经形成了。从朱老到我,从我到董奇教授,我们已经有了一个较庞大的团队,我们围绕着教育与心理发展的主题,做了许多颇有影响的心理学科建设工作，是否已成为与众不同的学派，我不想妄加评判。我的"文集"只不过是这个团队的一部分成果。

有人问我，"文集"有什么特点？我不想对它做过多的自我评价，只是想表达我在追求"六个坚持"。

一是坚持走心理学研究中国化的道路。心理学是科学，科学无国界。但心理学研究人的心理，人的心理往往又打着文化的烙印。中国人的心理既具有全人类性，又体现中华文化的特点。因此中国心理学必须立足中国、借鉴国外、挖掘历史、把握当代、面向未来，着力走心理学研究中国化的路子，在指导思想、学术体系、研究方法、话语体系等方面充分体现中国特色、中国风格和中国气派。这当然是我的理想，尽管现实离理想还有很大的距离，但我坚信，通过几代中国心理学家的不断努力，是能够实现这个目标的。而"文集"正体现了我在心理学研究中国化上的一些努力：努力研究中国的现实问题；努力借鉴国外理论方法的同时，积极地挖掘本土的智慧与方法论；努力建立我们自己的知识体系。我深深地体会到，越是民族的东西，越能在国际刊物上发表，即越能走向国际，实现国际化。

二是坚持科学的精神。什么叫科学？它是指运用范畴、定理、定律等思维形式反映现实世界各种现象的本质和规律的知识体系(《辞海》定义)。从我1960年考入北京师范大学学习心理科学那天算起，正好是一个甲子，我和心理学打了60年的交道，我热爱几乎用毕生来研究的心理学。我懂得在心理学研究中科学精神的重要性。而"文集"则体现了我在心理学研究中重视的几个原则：重视实事求是、注重客观标准、相信事实、强调实践，主张在中国实践中研究心理学；重视以定性分析和定量分析作为研究心理学的方法，不仅要运用心理统计学，还要涉及模糊数学和数理逻辑，这应该引起我们心理学界的注意，至少它是一个方向，因为心理现象具有模糊性，讲究范畴，惯用推理；重视国际化，强调开放体系，尽管我走的是心理学研究中国化的道路，但我从来不否认同国外交流，也从不承认终极真理；重视科学的自由探索，我们这代心理学学者，曾经历过对某种心理现象研究的禁区，我提倡中国心理学百家争鸣、百花齐放，有一定权威的心理学家更要谦虚谨慎，聆听各家的意见，切忌盛气凌人、以势压人、一人说了算。

三是坚持正确的指导思想。我出身贫寒，从高中到大学，都是靠人民助学金维持生活、完成学业的。我的座右铭是"忠诚于党的教育事业"。我的最大信仰是毛泽东同志指出的"领导我们事业的核心力量是中国共产党，指导我们思想的理论基础是马克思主义"。这应该是我们的根本意识形态，是核心价值观的精髓。因此，我把辩证唯物主义作为自己对心理学研究的指导思想。对这个观念，我是不会动摇的。而"文集"也体现了这种观点，尽管我做得还不够好。我赞同唯物辩证的心理发展观：和任何事物一样，心理处于发展变化之中；引起这种心理发展变化的有外因也有内因，外因必须通过内因而起作用；心理的发展变化，既有量变又有质变，量的积累是质的发展变化之基础。与此同时，我也赞同辩证唯物的心理反映论，即我协助恩师朱老提出的实践反映论，它强调实践反映人的认识，具有决定性、社会性、主体性、发展性、能动性和系统性等特点。

四是坚持系统的原则。受唯物辩证法的方法论以及现代系统论的影响，我比较喜欢整体性或系统性的原则或原理。事物是以系统形式存在的有机整体，是由要素以一定结构组成的，是具有不同于要素功能的系统，是由不同层次的等级组成的开放系统，它处于永不停息的自组织运动之中，有其产生、发展和消亡的过程。这个原则给我两点启发：人及其心理发展是一个系统或一个有机的整体；任何一项心理学具体研究都是一个整体或由各种环节构成的一个系统。这个原则促使我追求系统整合的心理学观。"文集"正体现了这个原则。系统观使我懂得教育与心理发展是一个系统工程，是一个多历程、多形态、多成效、多争议的自然和社会现象；系统观促进我构建了诸如思维结构、品德结构和学科能力结构等心理学知识体系；系统观成全我完成20多项重要的心理学和教育学的研究项目。

五是坚持理论联系实际。理论联系实际既是我们党和国家倡导的三大工作作风之一，又是科学技术和学术研究必须遵循的一种良好风范。在我从事的心理学与教育学界，理论联系实际不仅是朱老一贯的主张，也是国际心理学和教育学研究发展的一种新趋势。例如，"生态化运动""教育行动研究"等，是发展心理学和教育心理学研究领域出现的一种强调在活生生的自然与社会的生态环境中，研究被试心理特点的普遍倾向。因此，坚持理论联系实际是我在研究中的一个重要原则，它使我懂得：没有心理学理论的指导，就不可能深入研究一系列相关的现实问题，即使研究了也水平有限；如果没有扎实的实践基础，研究了半天也是空泛无味，没有应用价值，也不可能有进一步的创新价值，更重要的是广大老师、百姓不买账，所以我在理论联系实际上不偷懒、不懈怠。而"文集"则体现出我在这方面的收获。如果说今天我在心理学界与教育界有一定的知名度和影响力，是因为我在大大小小的项目研究中坚持了理论联系实际的研究作风。我还要指出的是，我的不少课题成果汇聚到"文集"中，靠的是众弟子的力量、团队的力量、各相关课题组的力量！应该特别提到的是董奇和申继亮等教授的辛勤投入，没有他们，哪能有在全国 26 个省、自治区和直辖市坚持 20 多年（1978—2002 年）的学习与发展、教育与发展的实验研究。从这些研究中获益的中小学教师超万人，学生超过 30 万。

六是坚持作品的独立性。"文集"由 2 本论文选和 11 本著作（合并为 10 卷）组成，构成 12 卷，除了学术论文和研究报告有合作的成果之外，其他著作都是"独作"，因为我不想收集合著、主编作品和译作。只有"独作"才能更好地代表我的观点。

"文集"终将出版，让我衷心地感谢最关心我的母校——北京师范大学，感谢我的好友、著名书法家启骧先生为"文集"题写书名，感谢协助我搞科研、出成果、辛苦付出的每一位团队成员和课题组成员，感谢北京师范大学出版社及相关的编辑们（我在各卷中将向具体人员致谢）！

著　者

2020 年 4 月 20 日于北京师范大学

前　言

————

　　《教育的智慧——写给中小学教师》与《师魂》这两本书有四个共同点：都是科普读物；字数都不算太多，两本加在一起仅达到《林崇德文集》(下边简称《文集》)的一卷；都是小册子并分别获大奖的作品；阅读群体主要是中小学教师，尽管《师魂》也包含了高校教师的师德。正因为如此，我才把这两本书放在一起作为《文集》的一卷。

　　《教育的智慧》印发量较大，目前已经超过 25 万册。它之所以能获第三届教育部哲学社会科学优秀成果一等奖，我想主要原因是众多读者的持续好评与欣赏。在高等教育出版社出版《师魂》是教育部社会科学司的任务。感谢北京师范大学教务处(特别是副处长李艳玲)和上海智慧树有限公司(特别是副总陈弘)合作，让我将其录制成音像制品并作为我国师范院校学生的在线课程。在全国各地师范生学习过程中，上海智慧树有限公司邀请了吴昌顺和芦咏莉两位名校长加盟"谈师德"，贾绪计和黄四林为整个教学过程做了许多工作，于是我们五人联合申报国家精品课程。值得高兴的是，在线课程《师魂》及其原作于 2018 年年底被教育部评为国家精品课程。在《师魂》作为《文集》一部分出版之际，我向上述 6 位表示感激之情。

　　北京师范大学出版社出版我的《文集》，除策划编辑关雪菁之外，担任这两本书的责任编辑的王思琪的认真、负责、细致、耐心令我感动。黄四林又校对了这两本书的清样。于此，我一并致以谢意！

著　者

2020 年 4 月 20 日于北师大

目录 | CONTENTS

教育的智慧

师　魂

JIAOYUDEZHIHUI

教育的智慧

《教育的智慧》浙教版前言

1999 年 1 月，开明出版社出版了拙著《教育的智慧——写给中小学教师》，至今整整 20 个年头了。尽管这是一本小册子，但是有全国各地的中小学教师和教育工作者来信对它提出真诚评议，以及不少地区或学校把它列为重点推荐书或教育科学优选参考读本，使我感动不已。中小学教师和教育工作者对拙著的重视，是对老朽莫大的鼓舞。

2005 年，北京师范大学出版社对《教育的智慧——写给中小学教师》进行再版，在整体观点延续的基础上，我对拙著进行了大量修改。14 年过去了，我国中小学教育取得了长足的发展，可是对教师的基本要求，例如，以师德为核心的教师素质的要求、教育学的要求、砥砺学生人品的要求、智力与非智力关系的要求、教师发展的要求等，仍然是心理科学与教育科学长期探讨的主要问题，这也是拙著第三版的理论基础。

14 年来的教育变化，必然要求对书中相应的教育理论和原理进行调整。此次担当第三版修订工作的，不仅仅是老朽一人，还有我的弟子、陕西师范大学胡卫平教授。他担负起这份重任，使我感激不尽。

我出生在浙江沿海的象山县石浦镇，对浙江怀有深厚的感情。拙著第三版由浙江教育出版社支持出版，让我体会到了乡情，也恰好实现了老朽的梦想，为家乡的教育尽一点微薄之力。感谢浙江教育出版社周俊总编辑，正是他的多方协调与热心才促使此事得以顺利开展。对责任编辑江雷、余理阳，也于此一并致以谢意！

著 者

北京师范大学发展心理研究院

2019 年 2 月 27 日

引言

接过老师手中的教鞭
—— 我是怎样走上教师岗位的

记得上初一时，我在语文课上学了一篇传记《詹天佑》。我深深地被这位爱国的铁道专家的事迹感动，立志要当一名桥梁隧道工程师，像詹天佑那样，为祖国的铁路事业作出贡献。这一志向，激励我为考上铁道学院桥梁隧道系而努力学习了整整6年。后来，我在上海市上海中学上高三时发生的一件事改变了我的志向。

那是1960年3月的一天上午，班主任孙钟道（上海市劳动模范）老师上物理课。我们班有个同学没能回答好孙老师的提问，这使年过半百的孙老师感慨不已。他说："同学们，再过几个月你们就要离校了，我希望你们能成为国家的栋梁之材。若干年后，我看到你们每个人都取得成就，这便是我人生的最大欣慰与幸福；如果你们中谁做了对不起国家、对不起人民的事，那是我最大的不安、惭愧，甚至于……"说到这里，孙老师已激动得说不下去了，他拿起板擦转身去擦黑板，可是黑板上还没有写过一个字，他又回过头来，眼里含着泪花，艰难地说："……甚至于耻辱！"那一刻，我的脑海中闪过一幕幕老师们的教导、关怀和爱；那一刻，我联想了自己的成长过程，比较了桥梁隧道工程师与人类灵魂工程师对于人类社会发展的价值；那一刻，孙老师的话在我刚过完19岁生日的心灵上留下了永不消逝的印迹。从那一天起，我改变了自己的志向——我要当一位像孙老师那样的老师，要当一位杰出的教育家！

同年5月，我在上海中学学生会"红五月征文比赛"中，模仿《中国青年》杂志上刊登的华东师范大学中文系创作的《教师之歌》，写了一首《理想之歌》：

未来的理想，

　　　　像滚滚的扬子江那样

　　　　　　源远流长。

生活的道路，

　　　　赛如汹涌澎湃的东海一般

　　　　　　无比宽广。

伟大的祖国啊，

　　　　天高任鸟飞，

　　　　　　海阔凭鱼跃。

各行各业都让

　　　　一个高中毕业生是

　　　　　　那样的向往；

然而，一个崇高的字眼——

　　　　"人民教师"

　　　　　　将落在我的志愿书上！

憧憬未来，

　　　　我有无限的遐想：

　　　　　　啊，

虽然我当不上铁道专家，

　　　　可我一样地

　　　　　　为南京长江大桥去铺垫钢梁；

虽然我不能荷锄下地，

　　　　可我一样地

　　　　　　为五彩缤纷的市场去输送

蔬菜和棉粮；

　　　　虽然我未能穿上军装，

　　　　　　可我一样地

为保卫祖国边疆去驰马端枪；

　　虽然我没有披起白大褂，

　　　　可我一样地

关注人类的健康；

　　虽然我未走进细胞实验室，

　　　　可我一样地

走入科学的殿堂。

　　国家建设离不开

　　　　人类灵魂工程师，

社会进步需要

　　当代孔夫子的榜样。

　　　　我的岗位，

坚守在三尺讲台旁，

　　我的足迹，

　　　　却遍布祖国的四面八方；

我的两鬓，

　　会有一天斑白，

　　　　像我的班主任

孙钟道老师那样，

　　我的青春，

　　　　却千百倍

千百倍地延长

　　延长……

　　　　我把"师爱"视"师魂"，

未来的学生

　　永远是我心中的太阳！

　　　　永恒的事业，

创造自己崇拜的高足，

沸腾的脑海，

震荡着"秀才培养出状元郎"。

终生无悔的追求呵，

开拓"青出于蓝而胜于蓝"的格局，

永不消逝的志向呵，

展示了"长江后浪推前浪"，

一浪更比一浪高。

这就是我的理想：

为了国家的栋梁之材，

献出我毕生的热血、

智慧

和力量！

就这样，我在当年升学考试的 23 个志愿上，全部填写了"师范"，并以优异的成绩考入第一志愿的北京师范大学教育系心理学专业。从此为自己的教育生涯拉开了序幕。

5 年的大学生活，在北京师范大学"师范教育"的熏陶下，我越来越坚定于自己的专业思想。

1965 年大学毕业后，我在北京的一些中小学担任过教师。在 13 年的中小学教育工作中，我始终热爱自己的事业，从来没有一天动摇过。"忠诚于党的教育事业"是我时常激励自己的一句话。直到 20 世纪 80 年代，我几乎每年出版一本书，当我收到样书时，在扉页上写的还是"忠诚于党的教育事业"。这成了我毕生的座右铭，并且一直用自己的热血、智慧、力量和行为实践着。

1978 年 9 月，我回到母校重操心理学旧业。一方面我并没有离开与我结下深缘的中小学，按照恩师朱智贤教授的教导，从 1978 年至今，我一直深入中小学教育第一线，研究学生的心理与教师的素质问题，为提高基础教育的质量而努力；另一方面，从中小学教师到大学教师，我每天都在自觉地把教育作为教书育人的专业，作为自己所崇拜的神圣事业。纵观国内外教育家走过的道路，有三个共同点：一是熟悉本国的(甚至是外国的)教育史；二是热爱教育，并了解当前教育的需要；三是坚持理论联系实际，形成自己的教育思想。长期以来，我一直摸索着走这样一条路，于是我的实验班从少到多，从一个扩展到三千多个，遍布全国 26 个省、自治区和直辖市。我热爱中小学教育，也比较熟悉中小学教师，曾对中小学教师的工作特点做过长期而系统的观察与研究，也积累了一些资料。对比一些诸如国外译著《教育漫话》《和教师的谈话》《给教师建议》等通俗读本，我觉得自己的资料尚有一些特色，于是想把这些资料汇总起来，与其他中小学教师共同探讨一下教育、教学的规律，探索一下我们的教育对象——学生，以及我们教师自己，使我们更加忠诚于共同的教育事业，成为专家型的教师。这就是我写作本书的缘起。

这本书是我用"心"写就的，我愿把它献给广大的中小学教师。

第一章

职业的价值

——兼谈正确认识素质教育

> 我们拥有同一个名字——老师；
>
> 我们从事同一个职业——教师；
>
> 我们热爱同一个事业——教育。

在人类滚滚不息的历史长河中，教育是一首永远谱写不完的诗篇。只要有人类，就会有教育。人类办教育，为的是促进自身更好地发展。教育赋予人类以智慧与美德，教育赋予社会以进步的力量。教育是人类永恒的乐章。

尽管教育的定义很多，我把它概括为：教育是一种以促进人的发展、社会的发展为目的，以传授知识、经验和文化为手段的培养人的社会活动。

教育的实质到底是什么？我研究的是发展心理学，从自己的专业出发，我认为教育就是发展。作为从事教育工作的教师，促进人发展了，推进社会发展了，搞的就是好教育、出色教育、成功的教育，否则就是没有搞好教育。

从教育的要素来看，教育包括教育者、受教育者和教育媒体三个组成部分。

教育者，或教师，以其自身的活动引起、促进学生的身心发展，使他们出现合乎教育目的的发展和变化。

受教育者，或学生，以其接受教育影响后发生合乎目的的发展和变化，来体现教育"促进人的发展"过程的完成。

教育媒体，这里主要是指实现教育目的的教育内容、教育方法、教育技术、教育手段和教育组织形式等，它是置于教师和学生双边活动之间，使之相互作用的中介物。

我们既要重视教师的教，又要重视学生的学。教育是师生通过教育媒体相互作用的活动。

当好教师、搞好教育活动的一个首要条件，就是教师认识自身职业的价值，了解教育是干什么的，或者说，要知道教育的功能或职能，即理解教育是如何促进文化、经济、政治、社会和受教育者主体等诸方面发展的。

说到教育的功能，我想起了当前所推行的素质教育的要求。但是，一种新的教育理论从被提出到被接受是有一个过程的。近年来，我经常收到许多中小学教师、教育行政干部和教育理论工作者的来信，询问"什么是真正的素质教育"。这促使我对此进行进一步的思考。我是赞同素质教育的，早在十多年前，我就提出，我们的课题组应该努力为大面积地、一代一代地提高中华民族素质而竭尽微薄之力①。迄今我们也做了一点工作，但是素质教育是一个十分复杂的问题，只有明确素质教育的内涵，才能在实施中采取正确的做法。什么叫素质？我理解为质量(quality)，在我国香港地区称为质素。对于素质教育，我有三个想法：一要正确认识素质教育的实质，从而推行以创新精神为核心的素质教育；二是健康地引导教育界在实施素质教育的过程中，进行深入的教学改革，特别是在教师、评价和课程三个方面下功夫；三是要提高教育教学质量和办学水平，从而提高适应于社会主义建设的各级各类人才的素质。为此，我认为，从教育功能出发，全面而正确地认识素质教育，进而发展素质教育，才是实施素质教育的基础。

一、文化是经过教育传播与创造的
——教育的文化功能

打开《现代汉语词典(第7版)》，"文化"主要指：①运用文字的能力及一般知识；②人类在社会历史发展过程中所创造的物质和精神财富的总和，特指精神财

---

① 林崇德：《学习与发展——中小学生心理能力发展与培养》，北京，北京教育出版社，1992。

富，如文学、艺术、教育、科学等。显然，教育内容是人类文化创造的成果，人类文化的传递、继承和弘扬主要仰赖教育。

如今一个国家的教育水平，和两个数字紧密相关：一是适龄少年儿童入学率有多高；二是文盲还有多少。意指适龄少年儿童应该入学接受教育，掌握文字能力，积累知识经验，进而学习文学、艺术、科学等各方面的知识；文盲是社会不文明的表现，在一个文盲众多的国家里是建设不成现代化的。早在 20 世纪 70 年代中期，邓小平同志就针对当时科技与教育的形势，尖锐地指出："一点外语知识、数理化知识也没有，还攀什么高峰？中峰也不行，低峰还有问题。"①因此，要建设民主富强的现代化国家，必须提高国民的科学文化素质，大力发展教育事业。可见，教育的首要职能是传播文化，促进社会的文明。

"文化"与"文明"，有时是两个概念，前者更强调民族性，后者则强调全人类性；有时又可以看作同义语，二者可以互用，不必加以区别。教师的价值，正是传播人类所建构的优质的文化成果，培养合格的人才。

(一) 教育文化功能的价值所在

文化由教育传播，文化传播是教育文化功能的具体表现。

首先，教育可以保障人类延续并促进人类的发展。人类在延续与发展中靠什么作为中介与载体？文化！文化是一种社会规范的体系，也是人类生活和生产经验累积的综合体。人类要延续发展，新生一代首先要学习前人的经验，即学习生活的知识、生存的技能、生命的意义，以适应既有的生活条件和生产关系。教育正是为适应人类延续发展的需要而产生的，它是传递社会生活知识、生产劳动技能和人类文明准则，实现新一代与老一代接续的专门工具。通过这种工具，不仅把老一代所积累的生活方式和生产经验传授给新生一代，还传递了一定的物质和精神成果，使他们能更好地协调人与人、人与自然的关系，以促进社会的和谐发展。

其次，教育可以继承、弘扬文化遗产。在日常教育中，我们经常接触到一句

---

① 中华人民共和国教育部：《邓小平教育理论学习纲要》，北京，北京师范大学出版社，1998。

话，"继承与弘扬中华民族的优秀文化遗产"，其含义十分深刻。它在一定意义上启发我们，教育固然要受文化发展的影响来决定其自身的目的和内容，但是，教育对文化的继承、繁衍、弘扬和创造，是深具影响的。由于教育的存在，前人的物质文明和精神文明，能够一代又一代地传承下去；由于教育的作用，我们对已有的文化，能去粗取精、去伪存真、扩展充实、发扬光大，才能使"继承与弘扬中华民族的优秀文化遗产"落实到"优秀"二字上；由于教育的影响，我们对前人累积的经验体系，能加工改良、推陈出新、超越现状，表现出创造性。

最后，教育可调节文化适应性的强弱。在一定时期的社会里，从外部会涌入不同的制度和文化，本土文化同这种外来文化的接触是整体性的、持续性的、直接的，并给本身的文化形态带来某些变化，这就叫文化适应。在不同社会文化的传播中，出现不适应或抵制现象是正常的。对文化的适应程度，取决于占一定统治地位的价值导向，而对这种导向维护还是反对，往往由教育所决定。英国在香港统治了一百多年，但中华文化在香港始终占主导地位。这是为什么？因为香港近百年的教育内容中，尽管英国教育占相当大的比重，但由于香港教育界志士仁人的奋斗，使儒学占据了主导地位，即使是在天主教办的学校里，我见到的德育课本《新民》《修身》《探索》《群居》《蜕变》《成长》也以儒家思想为主线。这是香港百余年来坚持中华民族文化为主导的一个重要原因。由此可见，各种文化之间存在许多差异，文化适应存在于各种形式的文化之中，受教育的影响，本土文化可能抵制外来文化，也可能被外来文化所替代，还可能相互融合，形成新的统一的文化。

(二)教育的文化功能对发展素质教育的思考

针对教育的文化功能，我认为实施素质教育必须立足于以下三点。

第一，要培养学生的人文底蕴和科学精神，并重视文化传承。学校教育要深入浅出地讲述中华优秀传统文化的历史渊源、发展脉络、基本走向，让学生逐步明白中华文化的独特创造、价值理念、鲜明特色；弘扬以爱国主义为核心的民族精神和以改革创新为核心的时代精神，加强中国特色社会主义宣传教育，引导学生增强民族文化自信、理论自信、道路自信、制度自信和价值观自信；挖掘地域历史文化传统，因地制宜开展校园文化建设，将社会主义核心价值观融入校园文化之中。

第二，要以课堂教学为主渠道。课堂教学是学校的基本组织形式，学生 80% 以上的时间是在课堂中度过的，教师传播文化，主要通过课堂教学的形式来实现。课堂教学又是贯彻国家教育方针和实现教育目标的基本途径，教师按照明确的教育方针和教育目标，在课堂里传授科学文化知识和技能技巧，使学生获得知识，形成技能，发展智能，促进身心健康，提高思想道德水平。因此，任何学校的教学都不能忽视这个主渠道，离开了课堂教学，就没有实质性的素质教育可言。为此，我建议应加强课堂教学的研究，从素质教育的内涵来分析课堂教学的目标和体系；深入改革教学内容和方法，尤其要抓教材、课程设置、评价体系和考试等方面的改革。有教学必须有考试，考试是一种评价手段，但不是唯一的评价手段。因此，我们绝不能把分数和升学率作为衡量一个学校办得好坏的唯一标准。只有这样，才能顺利地推行素质教育，并真正地提高教学质量，减轻学生过重的负担，给学生营造轻松、愉悦的学习环境。我领衔搞了 20 多年的教改实验，在一定意义上说，就是素质教育进课堂的一种实验。

第三，全面抓好各级学校的建设。重点学校，尤其是重点高中应该办好。首先，创办重点学校是世界文化事业中的共同趋势，在国际教育界，它是因材施教的体现；其次，目前我国的重点学校，特别是具有悠久历史的重点学校，在传播社会文化和精神文明建设中都有不可估量的影响，普遍有一定传统和鲜明的特色，它为我国办好普通学校提供了宝贵的经验；再次，重点学校的提高与普通学校的发展是密切相关、相辅相成的；最后，建设重点学校的基础是高质量、高水平的教师与领导队伍，追求一流人才的培养，打造那种"名师出高徒"的局面。在办好重点学校的同时，更应关心其他各类普通学校的建设，特别是要扶持基础薄弱的学校。各类学校都在传递人类文化和社会文明，我们应该做到将培养高层次的人才和提高全体劳动者素质的任务相统一，关心各类学校的人才培养，因为教育的终极目标是各类人才辈出。为此，我建议要全面抓好各类学校的建设和研究，并做到"不求人人上大学，但求人人成人才"。这样才有利于教育文化功能和社会功能的发挥。

二、正德、利民、厚生
——教育的经济功能

教育能够反映经济基础，又服务于经济，与经济有着密切的联系。邓小平同志指出："实现社会主义现代化，科技是关键，教育是基础。"①"科教兴国"伟大战略，集中体现了教育在经济建设中的地位和作用。教师的价值，正是为经济建设培养各行各业的人才。

历史告诉我们，一个国家的经济腾飞，必须抓教育改革，特别是基础教育的改革。著名的日本明治维新就是从教育做起，使日本走上富强的道路的。从明治维新到现在，日本一共有三次基础教育的改革。第一次是明治维新后不久的教育改革，使日本从一个落后的农业国变成先进的工业国。第二次教育改革发生在 1945 年后，当时日本是战败国，年人均收入只有 20 美元，到 1972 年已达 1200 美元。不少日本学者评论基础教育改革是"一本万利"的大事情。从 1973 年至今掀起的是第三次教改高潮，目的是使教育适应于电子工业的发展。日本人口近 1.3 亿，陆地面积只相当于我国的云南省大小，国内资源少，缺乏原料(如煤、铁矿、石油等)，但日本的国内生产总值长期位于世界前列。其根本原因在于重视科学技术与教育的现代化，重视教育的经济功能，关心人才的开发。

经济学强调人是社会生产力诸要素中最活跃的要素，因此抓住人、开发人，就抓住了社会生产力的关键。而教育最终的目的是"正德、利民、厚生"，也就是通过教育，端正人们的品德，教会人民有用的生产劳动技能，提高社会生产力，促使经济发展，改善人民的生活。

(一)教育经济功能的价值所在
在古代社会，人们通过接受教育可以获得一技之长并将之作为谋生的手段，而

---

① 中华人民共和国教育部：《邓小平教育理论学习纲要》，13 页，北京，北京师范大学出版社，1998。

在近现代社会中，教育除了传递传统知识、经验和文化外，还要兼顾职业生产知识的传授，为经济发展培养人才。尤其在今天，教育在全世界的发展正趋向先于经济的发展，这在人类历史上大概还是第一次。教育的经济功能具体地表现在以下几个方面。

首先，教育可以提高劳动者的素质。任何社会生产都不可能没有劳动者——劳动力。劳动力必须具备一定条件才能在生产中发挥能动和主导的作用，这里的"一定条件"主要来自教育。尤其是当代，脑力劳动的作用日益重要，在整个劳动中所占的比重日益增大，特别是科学技术迅速发展，脑力劳动在许多方面已经能够取代体力劳动，这预示着社会生产力有更大的发展。正是教育，能迅速提高劳动者的文化技术水平，从而增强劳动者的综合素质。

其次，教育可以培养经济发展所需的人才。教育的重要功能之一是为经济结构服务，并为其培养所需的人才，这种人才是随社会经济制度变革而发展的。近百年来，教育普遍重视发展职业技术教育，尤其进入信息化时代，教育更是为经济现代化提供了大量人才。

再次，教育可促进经济的发展。传统观念一直认为教育是一种"消费"，现代观念则认为是一种"投资"。现代经济学的一个重要观念"智力投资的经济效果"，讲的是人才培养过程中劳动消耗与所得成果之间的比较，即教育的"投入"与"产出"之比。《中国大百科全书·经济学》指出：教育投资经济效果的提高可以分为宏观的（全国范围内）、地区的（一定地区范围内）、微观的（一定具体的教育单位）三个层次。一般地说，教育的投资与经济的发展成正比。例如，上述的日本"一本万利"的事实可以说明问题。又如，美国的资本对经济发展的贡献仅占 12.5%，其余 87.5% 则来自技术的进步，而技术的进步，主要来自教育的力量，这就是美国 20 世纪 70 年代后提出"知识经济"的由来①。今天，人们用"知识经济"来表示现时代或即将到来的时代经济的特征。所谓知识经济，意指建立在知识生产、分配和应用之上的新型经济。也就是说，改变世界面貌和人类生活的重大高科技产业化可能在未来 30

①　辞海编辑委员会：《辞海》，4921—4922 页，上海，上海辞书出版社，1999。

年全面实现，人类社会将逐步进入知识经济时代。知识经济形式中的主要成分是知识，这又反映出教育在经济发展中的地位。

最后，教育可提高人民的生活水平。近年来，在经济发达的国家，经济学家除了重视国民经济发展中的"量"的增长之外，更重视国民生活的"质"的改善。人民生活水平的高低，拥有财富的多少，都是以国民经济发展为基础的。而国民经济发展又与教育功能有着密切的联系，所以教育的一个重要功能是提高人民生活水平。因此不论处于经济发展的哪个阶段，都要将发展教育摆到头等的战略地位。

在讨论教育经济功能的时候，必然涉及教育是否存在"商品"功能的问题。因为社会上，包括教育理论界中有些人提出，在市场经济条件下，教育本身也是"商品"，学校是"市场"。要深化教育改革，就要"把教育推向市场，面向市场，按经济规律办学"。对此，我持保守的态度。我认为，在市场经济条件下，教育有其自身的特殊性。科技是第一生产力，可以形成科技产业。但是"科技是关键，教育是基础"，新的生产工具，还需要教育培养出来的人来操作。有义务教育，没有义务科技。义务就不是商品，许多国家都强调让每个公民享受接受平等教育的权利。因此，不能笼统地谈教育产业，可以提"把科技推向市场"，但不应该让基础教育走向市场。在义务教育阶段，把中小学教育视为商品是很不应该的。

(二) 教育的经济功能对发展素质教育的思考

针对教育的经济功能，我认为在实施素质教育时，必须坚持以下两点。

第一，大力培养创新型、综合型人才。

随着科技与经济的发展，社会对人才的关键能力的需求也在发生变化，批判能力、创造能力、合作能力、交流能力、学习能力、信息处理能力等越来越成为现代社会对人才综合素质的考量因素，教育需要培养学生这些现代社会所需的关键能力，培养创新型、综合型人才，从而推动经济的持续发展。

第二，多级教育分流，即人才分流。

初中分流。《中华人民共和国义务教育法》规定，"国家实行九年制义务教育，省、自治区、直辖市根据本地区的经济、文化发展水平状况，确定推行义务教育的步骤"。因此，不同区域应根据自身情况，在保证抓好"九年义务教育"的前提下，实行分流。多数地区初中学生按教学大纲进行普通初中教育；少数经济条件差的地区，特别是农村，要求初中学生除了达到教学大纲最低标准之外，实行半工(农)半读和职业初中教育，着重掌握工(农)业知识，使初中毕业生有一技之长，为发展当地经济服务。

高中分流。高中有普通高中、职业高中、职业中专和技工学校，应该大力发展职业技术教育。如果有条件，在我国，高中阶段普通高中在校生最好占同龄人数的50%；而各类职业技术学校的在校学生数也应占高中阶段在校生总数的50%。

高三分流。普通高中，到高二结束时加以分流。愿意升学的按原计划授课准备参加高考；不想升学的学生按社会需要开办专业技术班，学习一技之长。因材施教，各得其所。这种分流的观点和做法，由我们的实验点北京通州区二中王润田校长首先提出，率先进行实验并取得良好成果。

高校分流。到高等教育阶段，既有普通的综合大学，又有职业的技术院校等。

总之，我国应该根据不同地区的社会经济发展水平，社会职业分工对不同层次劳动者的文化知识、技术水平的要求，实行"出现时间有早有晚、次数有多有少"的教育分流，以培养社会经济发展所需要的各级各类人才。我认为这样做，才能实现"既有利于学生的分流，又能满足当前经济社会发展的多方面需要"[1]。

三、化民成俗，其必由学

——教育的政治功能

教育与政治的关系向来是十分密切的。我国自古以来都强调治国必须先由教育做起，所谓"化民成俗，其必由学"以及今天的"立德树人"，指的就是教育的政治功能。教育的价值，正是与治国兴邦的政治联系在一起的，与之相应地，一个国家是否兴盛富强正是与能否尊师重教密不可分的。《荀子·大略》中荀子曰："国将兴，

---

[1] 《江泽民在全国教育工作会议上的讲话》，载《人民日报》，1994—06—20。

必贵师而重傅，贵师而重傅则法度存。国将衰，必贱师而轻傅；贱师而轻傅则人有快，人有快则法度坏。"

(一)教育政治功能的表现

教育的政治功能集中表现在为巩固国家政治制度服务，成为国家政治生活的一种手段。

其一，教育可传播政治意识形态。政治意识形态是一个国家按照一定的政治理论而确定的意识形态。任何一个国家的政治，都是社会权力的分配和运用。为了巩固国家政权，就要重视教育，向人民传播政治意识形态，以培养共同的信仰、政治观念或民族意识。历史上不少国家的兴衰，都是因为运用了教育手段，以人民的信仰、民族意识和国魂为前提，进而达到建立政权和巩固政权的目的。通过教育，培养人民形成共同的崇高理想和追求。

其二，教育可以培养各级各类领导人才。政治核心问题是国家政权，而治理国家需要各级各类的领导人才，这些人才虽然需要政治实践的锻炼，可也离不开各级各类的教育。从这个角度上说，不管是谁，不管他们的职务有多高，都曾经是学生，受过老师的教育。因此教育培养出了各类治理国家的人才。

其三，教育可以振兴国家和民族。我国于2019年11月颁布了《新时代爱国主义教育实施纲要》。爱国主义是中华民族的光荣传统，是推动我国社会前进的巨大力量，是全国各族人民共同的精神支柱，同时也是我们培养有理想、有道德、有文化、有纪律的新时代接班人的基本要求。从这个意义上说，爱国主义靠教育，振兴中华靠教育。

其四，教育可以增强国家的法制建设。国家的法制建设要靠教育来实现。教育不仅能培养法学人才，还可以增强法制建设。法制教育能传播基本法律知识，增强法律意识，培养守法习惯，是学校德育的一个重要组成部分。

其五，教育可以加强友好国际关系。教育的政治功能，不仅表现在巩固国家的政治制度，也表现在国际交往中为增强国际关系，特别是为维护世界和平服务，所以我国的德育内容中就包含着国际主义精神的教育。也难怪第七届天才儿童(含青少年)与天才教育大会(1987)特别强调指出，天才教育的一个重要目的，在于使天才儿童(青少年)在制止核武器、反对核战争中表现出超常的才能来。可见教育的力量可教化人心、避免战争、维护和平、建立友好的国际关系。

(二)教育的政治功能对发展素质教育的思考

针对教育的政治功能，我认为实施素质教育，必须重视德育工作，落实立德树人的根本任务。

德育是学校对学生进行政治教育、思想教育、道德教育、法制教育和心理健康教育等方面教育的总称。我们必须坚持德育为一切教育的根本，是教育内容的生命所在；德育工作是整个教育工作的基础。具体内容我将在第十一章中探讨。素质包括方方面面，排在首位的是思想道德素质。不管在哪方面成才，其基础是品行、是道德、是人格。德育工作是实现教育政治功能的根本途径。因此，狠抓德育工作是十分必要的。

为此，我建议加强德育实施的研究，并提倡当前的德育工作：在目标上，应该把重点放在培养信念和习惯上；在内容上，应该改革现行德育教材，教材内容要有可读性，要针对不同年龄段学生进行分层次德育；在手段上，应该增加与学生面对面交流的机会，做到"动之以情"。

四、为社会发展服务

——教育的社会功能

社会泛指由共同物质条件而互相联系起来的人群，也指由一定经济基础和上层建筑构成的整体。社会的发展离不开物质文明与精神文明的发展，而两个文明必然通过教育来传播，这就构成了社会与教育之间的关系。教师的价值，正是为社会发展服务，教育既是社会生活的反映，也是适应社会生活的工具。

(一)教育社会功能的表现

培养人为社会发展服务的意识，这是教育社会功能的集中表现。

首先，教育可促进社会的发展。教育是根据社会发展的需要培养人才，使之在受教育的过程中获得知识、经验和文化，增强体力、智力等各方面能力，提高思想道德水平，努力与社会发展相适应，并成为社会建设和变革的积极因素。从根本上说，科技的发展、经济的振兴、社会的文明，乃至整个社会的进步，都在很大程度上取决于教育所培养的人才。

其次，教育可帮助选拔人才并推动社会流动。社会进步的程度，与社会成员的受教育程度有直接关系。当社会需要一定生产力的时候，就根据受教育的程度来选拔人才。因此，人们往往通过接受教育来实现社会地位的变迁，即社会流动。所谓社会流动，原是社会变迁的一部分，指在开放社会中，各阶层的社会成员之间所产生的一种相互流动现象。由较低社会阶层向上流动到较高社会阶层者，称为"向上社会流动"；由较高社会阶层流动到较低社会阶层者，称为"向下社会流动"。由于教育的选拔功能，社会根据教育程度来选拔人才，所以教育成为决定社会阶层及推动社会流动的一个重要因素。

最后，教育可以帮助个体社会化。教育的对象是个体，教育的过程，也是受教育的个体社会化的过程。社会化是个体掌握和再现社会经验、社会联系和社会必需的品质、价值、信念以及社会所赞许的行为方式的过程。社会化的过程，正是在一定社会环境中，个体通过接受教育而在生活和心理两方面有所发展，形成适应社会的人格并掌握社会认可的行为方式的过程。社会化过程包括学习、适应、交流，人类个体借以发展自己的社会属性、参与社会生活的一切过程。人类在社会化的过程中学会基本技能、掌握社会规范、确立生活目标、形成社会职能、培养社会角色。教育帮助受教育的个体社会化，使有些社会化过程在青少年阶段，即在接受中小学教育时期就可完成，这叫青少年的社会化；有些社会化过程贯穿个体的一生，这就是成年人的继续社会化和再社会化。虽然，个体社会化的过程，也要受到教育之外因素的影响，但教育是一种个体社会化的最佳工具，学校是一个实施社会化的最佳机构。

(二)教育的社会功能对发展素质教育的思考

针对教育的社会功能，我认为实施素质教育必须提倡社会实践教育，并加强社会实践教育的研究，使学生学会生活、学会生存、学会创造、学会适应、学会竞争、学会关心。

所谓社会实践教育，指利用社会实践活动有意识、有目的、有计划地对学生进行教育的方式。教育者通过组织学生参加社会实践活动，开展各种教育与训练，把教育理念融入实践，达到促进学生身心健康发展的目的。

在社会实践教育中，一要进行生产劳动教育，以增强学生的劳动观念，培养正确的劳动态度，养成良好的劳动习惯，形成优良的劳动素质，获得一定的生产劳动的基本知识和技能。这种知识技能，不是独立的，而是将学生课堂所学的学科知识与生产部门（分）的基本知识、技术相结合的综合性的知识技能。二要增加社会实践内容，例如，组织学生参加军事训练、社会调查、社会公益活动等。在社会活动中，引导学生之间豁达相处，培养和谐融洽的人际关系，发扬敬业奉献的团结精神。三要鼓励校外教育机构开展普及科学知识、增强动手能力、培养良好品德、促进身心健康、发展艺术才能等的教育。四要开展艰苦奋斗教育，艰苦奋斗是中华民族的光荣传统，是我们每一个中国人都应该具备的优良品质。进行艰苦奋斗教育，不仅有利于帮助学生克服社会中存在的拜金主义和享乐主义思想，而且有着内在的迁移作用，即生活上的艰苦奋斗可以转化为学习和工作上的踏实勤奋。五要引导学生综合运用各学科知识，认识、分析和解决问题，提升综合素质，着力发展核心素养，特别是社会责任感、创新精神和实践能力，以满足当前及未来社会的发展需要。

五、完善人格

——教育的个体发展功能

教育的重要任务之一是促进学生的全面发展。教育的价值，体现在每一个学生心灵的升华上，教育像涓涓的流水，滋润着每一个学生的心田，从而实现教育的个体发展功能。

（一）教育的个体发展功能的表现

教育具有发展个性（或人格）的功能，使人的体力、智力与能力、性格和品德等都获得充分的提升。

首先，教育可以增强人的体质。体育是教育的一个重要组成部分，它能促进学生的生长发育，增强学生体质。同时，体育锻炼影响大脑皮质的兴奋与抑制，可以促进学生神经系统的发育，青少年时期是生长发育的关键时期，体育锻炼使学生具有健壮的体魄、充沛的体能、坚强的意志、运动的知识技能和对自然环境的适应能力，从而养成自觉锻炼身体的习惯。学生时期接受体育教育，将终生受益。

其次，教育可以发展人的智力与能力。智力与能力是成功地解决某种问题（或完成任务）所表现的具良好适应性的个性心理特征。对于这个定义，我们在下边设专章（第五章）展开论述。通俗地说，智力与能力表明人的聪明程度。人的智力与能力的发展，固然有其遗传的因素，但主要还是来自后天环境的影响，特别是教育的主导作用。作为生物前提的遗传因素只是提供智力与能力发展的可能性，而环境和教育则把这种可能性变成现实。环境条件对人，尤其对学生的智力与能力发展的决定作用，常常是通过教育来实现的。我们曾用近20年时间研究了教育和学生心理能力即智力与能力发展的关系，且出版了专著。①

再次，教育可以形成人的性格。性格是一个人对待现实的稳固态度以及与之相适应的行为方式的独特结合。性格在人的个性中起核心作用，它是构成人心理面貌的一个突出的、典型的因素。这种主体对现实的态度体系和行为发生标志着人的个性或心理面貌的本质特点。例如，一个人对待周围人们的直率或拘谨、诚实或虚伪；对待困难表现出来的坚强或软弱；面临险境时表现的勇敢或懦弱；对事业积极负责或消极懒惰等，都是性格的表现。知道了一个人的性格，就可以大致预知在不同情况下他的应对方式。性格是人在生活实践中、在不同环境的相互作用中形成的，前期对性格形成起着重要作用的是家庭，这种作用主要是通过儿童在家庭所处的地位和家庭成员主要是父母对其影响和教育而实现的。接着是学校的作用，学校

---

① 林崇德：《学习与发展》，北京，北京教育出版社，1992。

不仅对学生性格的形成和定型有着重大的影响，而且对改变他们已经形成但未定型的性格也起着至关重要的作用。人的性格一般在高中定型，这体现了学校教育的重要性。

最后，教育可以培养人的良好品德。与人的智力与能力发展条件一样，教育对学生良好品德的发展也起着主导作用。这种主导作用主要体现在两个方面，一是教师对学生品德施行有目的、有计划、有系统的教育，良师才能带出品德高尚的学生。二是学校集体是教育起主导作用的组织形式，这个集体以"从众"和"社会助长"的作用方式，使个体在认识或行为上由于集体的、舆论的压力，往往不由自主地同大多数人一致，使个体在众人面前从事某种活动而提高效率。为此我们曾花许多精力研究了教育与品德发展的关系，也有专著出版。①

(二)根据个体发展功能对发展素质教育的思考

针对教育的个体发展功能，我认为实施素质教育的重点应抓好两个方面：一是全面落实党的教育方针，使素质教育面向全体学生，提高他们的全面素质；二是推行以创新精神为核心的素质教育。

第一，坚持"全面发展，学有特色，因材施教，发展个性"的原则，这已成为我们实验点的共识。正因为如此，北京市教育局在1993年、1994年、1995年三年中评出的15所"学有特色"的中学，有4所是我们的实验点。全面发展指人在德、智、体、美、劳等方面的发展。为了促进人的全面发展，就要在德、智、体、美、劳等方面实施教育，这种教育的内容是统一的、和谐的，这种教育的对象——学生个体的发展是全面的、和谐的。全面发展是我们教育的目标，我们并不反对应试，更不反对考试，但今天我们也应该由片面追求升学率转向追求全面发展的素质教育。这个转向，要涉及学校教育、家庭教育和社会教育的协调问题；要涉及教育思想、教育内容和教育方法的更新问题；要涉及学制、课程和教学组织形式的改革问题等。总之，发展素质教育是一种教育观念更新的表现，目的在于培养全面发展的一代新

---

① 林崇德：《品德发展心理学》，上海，上海教育出版社，1989。

人。正因为素质教育如此重要，我们围绕着"教育与发展"，对其进行了20多年的探索，且在全国各地铺开实验。我们为什么要这么做呢？早在20世纪80年代末和90年代初，我们就多次说明理由：在一定意义上说，我们的研究是力图为提高我们的民族素质尽一份力量。我们认为，提高全民族的素质是振兴中华之本。为提高全民族素质而贡献力量，应是中国教育工作者(包括理论工作者和实践工作者)义不容辞的义务和责任，也是我们课题组成员的共同心愿①。然而，全面发展绝非把人培养成"多面手"。在人的思想品德发展中，总是"人无完人"的，在智力与能力发展中，也存在着明显的个别差异。在学生培养中，我们主张：既鼓励"冒尖"，又允许"落后"。当然，这种"落后"并不等于教师不管，恰恰相反，我们十分重视对暂时落后的学生进行有的放矢的引导和帮助。在教改实验中，我们提倡从实际出发，因材施教，有针对性地从学生实际出发，发展各人的特长，养成了实验班学生阳光大方、热情好学的性格，使他们全面发展、学有特色、凸显个性、学有专长。

第二，培养和造就创造型人才。我们实施的素质教育是一种以创新精神为核心的素质教育。这是来自知识经济发展的需要，时代要求我们把创新精神或创造性的培养作为素质教育的核心问题。实施"科教兴国"的一项重大措施，就是培养和造就高素质的创造型人才。培养和造就创造型人才是国际学术界与教育界关注的问题。我们在第五章探讨创造性的实质及创造型人才的表现。相对论的提出者爱因斯坦、《大卫》的塑造者米开朗琪罗、《命运交响曲》的创作者贝多芬、《红楼梦》的作者曹雪芹、《本草纲目》的编著者李时珍，无疑都是创造型人才的典型。然而，有创造性的并非都是这些"大家""大师"或"巨匠"。幼儿就有创造性的萌芽，中小学生在学习的同时也不断发展着创造性。这一点，已被我们的实验研究所证明。青年时期(18~35岁)是创造性发展的关键时期，中年时期(35~60岁)则到了创造性的收获季节，"综观世界科学技术发展史，许多科学家的重要发明创造，都是产生于风华正茂、思维最敏捷的青年时期"②。培养和造就创造型人才的关键在于教育。在实施素质教育中，如果我们培养的小学生的创造性比别人多一点点，到中学又多一点

---

① 林崇德：《学习与发展——中小学生心理能力发展与培养》(第3版)，北京，北京教育出版社，2003。
② 《江泽民在"两院院士大会"讲话》，载《人民日报》，1998-06-02。

点，到大学再多一点点，说不定这多一点点的创造性就造就了一个个发明家。何况，在知识经济时代，创造型人才能提高工作效率，减少剩余的劳动力。这就是今天在实施素质教育中的一个重大课题——创造型人才的培养和造就，又称创造性教育。创造性教育应该在日常教育之中，并不是另起炉灶的一种新的教育体制，而是教育改革的一项内容。所谓创造性教育，意指在创造型的学校管理和学习环境中，由创造型教师通过创造型教学方法培养创造型学生的过程。这种教育不需设置专门的课程和形式，但必须依靠改革现存教材、内容、课程设置和评价体系来实现。早在 1985 年，我曾以特约评论员的名义在《中国青年报》上为大连铁道学院一名四年读完学士和硕士的学生写了一篇评论(1985 年 3 月 10 日)，其中有一段话："学习有两种，一种是重复性学习，另一种是创造性学习……创造性学习就是不拘泥、不守旧，打破框框，敢于创新……创造性应看作是学习中必不可少的一环。"发达国家的中小学提倡学生创造性学习，并把从小培养学生的创造性作为他们的教育国策。为此，我们应少搞一点题海战术、死记硬背，多搞一点创造性教育，应大力改革考试内容与方法，考什么，出什么题，都要以突出创造性为前提。

以上，我们尽管也讨论了如何正确认识素质教育的问题，但主要还是在论述教育功能。素质教育到底是什么？这是一个有争议的问题。按照我自己的理解，素质教育主要表现为四个特点：第一，以创新精神为核心，培养创造型人才；第二，以德育为灵魂，突出德育问题；第三，以课程和教学为主渠道，强调社会实践；第四，全面贯彻党和国家的教育方针。在实行素质教育的过程中，我们教师的职业，产生了教育的职能，形成了教育的功能，并在文化、经济、政治、社会和个体发展等领域发挥了重要作用，因此我们可以毫不羞愧地接受一种荣誉：

"教师，是人类灵魂的工程师！"

因此，教师在社会上应该是令人羡慕的职业。尽管我们不需要所有的人都来认可这个结论，但是，教师的使命永远是神圣的，"百年大计，教育为本；教育大计，教师为本"。教师是人类灵魂的工程师，这个职业是崇高而艰辛的，应当受到全社会的尊重。

第二章

教师的素质（一）

我很喜欢赵朴初先生的《金缕曲·献给人民教师》：

> 不用天边觅。论英雄，教师队里，眼前便是。历尽艰难终不悔，只是许身孺子。堪回首十年往事。无怨无尤吞折齿，捧丹心默向红旗祭。患与安，无论比。

> 幼苗茁长园丁喜。几人知，平时辛苦，晚眠早起。燥湿寒温荣与悴，都在心头眼底。费尽了千方百计。他日良材承大厦，赖今朝血汗番番滴。光和热，无穷际。

我是从事发展心理学的教学与研究工作的。在长期研究学生心理的发展与培养的过程中，我深深地体会到，学生的发展，关键在于教师。教师素质的高低，是学生能否发展的前提。这才使我从原先研究学生转入到既研究学生又研究教师。我的两名弟子申继亮教授与辛涛教授帮助我建构了教师的素质成分，并进行了长期深入的探索①。今天，我将教师素质的成分分享给中小学教师，无非是想结合赵老的《金缕曲》，阐明本章的写作目的：认识自己——教师应该是什么样的人。这是我们讨论教师素质的前提。

当我们论及素质教育体制时，有一个因素可能是这种体制建立的关键性因素，这便是教师自身的素质水平。从理论上说，教师的素质对学生的发展起着决定性的

---

① 林崇德、申继亮、辛涛：《论教师素质的构成及其培养途径》，载《中国教育学刊》，1996(6)。

作用，这一点是勿庸置疑的。从实践上说，随着社会的发展，提高教育质量，培养全面发展的一代新人，已经成为教育界乃至全社会的共识。然而我们的教育状况却不能令人满意，众多的教育者为此进行了不懈的努力，但到现在为止，这些尝试似乎还没有达到预期的效果。现实促使我们进行深入的思考：我们究竟应该从何处入手来提高教育质量呢？在长期的理论和应用研究中，我们认识到，要提高教育质量，培养出适应时代要求的合格人才，除了从宏观上改革不适应社会发展的旧教育体制之外，从微观角度说，提高教师的素质和教学水平，应是当前教育改革的一个重点内容。这种思路已为我们的教改实验所证实。

什么是教师素质？这是当前教育界亟待澄清的一个概念，不同的教师素质观，直接影响着师资培训工作的目标和师资培训体制改革的方向。我认为，在目前情况下，仅凭思辨研究还不足以给教师素质下一个全面而科学的定义，必须经过一段时间的实证研究，从不同侧面深入地了解教师的教育教学工作、了解教师工作的独特性，从而为全面而正确地理解教师素质的含义提供必要的实证材料。

科学的教师素质的含义应具备什么样的要求呢？

第一，要切实体现教师这一职业或专业的特殊性，反映出教师的独特的本质；

第二，对于教师素质的理解，要有深刻的理论背景，不能由研究者凭空设计，我们的理论基础主要是心理学；

第三，教学活动是教师工作的中心任务，教师素质的含义必须着眼于教学活动本身；

第四，反对元素堆砌的教师素质观，应将教师素质看成是一个系统的结构，其内部包含着复杂的成分；

第五，教师的素质是结构和过程的统一，发展性、动态性是其精髓；

第六，教师素质的含义应能为教育实践和教师培训工作提供理论指导，具有可操作性。

由此，根据我们近年来的理论研究和实验研究的结果，我们把教师素质理解为，教师在教育教学活动中表现出来的、决定其教育教学效果、对学生身心发展有直接而显著影响的思想和心理品质的总和。我们认为，教师素质在结构上，至少应包括以下成分：教师的职业理想、教师的知识水平、教师的教育观念、教师的专业能力(自我监控能力是核心)，以及教师的教学行为与策略。

一、师德与师魂
——教师的职业理想

教师的职业理想是其献身于教育工作的根本动力。动机因素是一切行为的发动性因素，这对教师的教育教学工作来说也不例外。教师要干好教育工作，他首先要有强烈而持久的教育动机，有很高的工作积极性。很难设想一个对教育工作毫无兴趣的人，一个见到学生就心烦的人，会努力完成好教育教学工作。目前我国教育面临的最严重问题之一就是如何增强教师的事业心、强化教师的职业责任感、提高教师的工作积极性。我们将这种事业心、责任感和积极性称为教师的职业理想，这也就是我们平时所说的师德，即教师的职业道德。

师德主要表现在"敬业爱岗、热爱学生、严谨治学、为人师表"十六个字上。①它是我们教师"责、权、利"三方面的集中体现。从"责、权、利"三个要素来看，责，意味着我们承担着一定的社会责任；权，教师调动影响学生的积极性与学习效果；利，教育为社会培养政治、经济、文化所需要的人才，教师的利益是与学生利益、社会利益、国家利益紧密地联系在一起的。能否为国家培养出优秀人才，这是衡量师德的重要标准。所以忠诚教育事业是我们教师的"责、权、利"三者的集中体现。围绕着这种事业的师德，敬业爱岗突出四个特点，即敬业意识、乐业意识、职业规范意识、勤业意识。师德的实质就是教育事业的"业"字，师德体现的正是对教育事业、教育岗位及其社会地位的认同、情感和行动。

(一)敬业爱岗

敬业爱岗反映教师热爱祖国、热爱人民、忠诚教育事业的崇高理想和信念，有

---

① 陈力、林崇德：《试论师德建设的内容》，载《思想政治课教学》，2005(5)。

着十分丰富的内涵和外延，具体表现在以下四个方面。

一是热爱教育事业，热爱本职岗位。教师是一个特殊的职业，除了其作用与地位确实有令人羡慕的一面之外，也有让许多教师深感困难的一面。然而，我们绝大多数的教师都热爱教育事业，热爱自己的学校，热爱本职的工作，坚守在自己的三尺讲台旁。这就是师德，正是来自这种师德，中国一千余万教师才承担起并胜任二亿三千万学生的教育任务。①

二是献身于教育工作的职业理想。教师的职业理想是其献身于教育工作的根本动力。为什么优秀教师能几十年如一日坚守教育岗位、潜心教书育人？2004 年年底我参加教育部师德报告团，认识了江西省九江市永修县杨林镇黄岭村小学太阳山教学点邹有云和湖南省郴州市苏仙区塘溪乡大瑶山马垅小学盘振玉两位老师，他们坚守在边远贫困地区，创造出令人感动的业绩，这不是偶然的，也不可能出自什么冲动，而是源于他们献身于教育工作的职业理想。正是这种职业理想赋予了他们坚守教育岗位、战胜一切困难、努力实现自己人生目标的力量和勇气。增强教师的事业心，强化教师队伍的职业责任感，提高教师的工作积极性，成为当前进一步树立教师职业理想的重要内容。

三是教书育人、培养人才。教书育人是指教师在传授文化科学知识的同时，培养学生良好的思想道德，教师通过教书，培养德、智、体、美、劳全面发展的人才，成为社会主义建设者和接班人。教书育人，是我国优良的教育传统，唐代的韩愈在其《师说》中强调的"师者，所以传道授业解惑也"，意指教师既要教授学业又要传授道理。当好教师，固然要教好书，但应该把育人放在首位，切切实实担负起既教书又育人的双重职责。

四是辛勤耕耘，无私奉献。献身于教育工作的职业理想，必然促使教师自身追求高尚的道德品质、渊博的专业知识、高超的教学艺术、良好的师生关系，坚持教育创新，深化教育改革，全面推进素质教育。所有这一切，会让教师呈现一种辛勤耕耘、无私奉献的高尚品德。

---

① 中华人民共和国教育部：《2017 年全国教育实验发展统计公报》，http：//www.moe.gov.cn/jyb_ sjzl/sj-zl_ fztjgb/201807/t20180719_ 343508.html，2020−08−06。

(二)热爱学生

为了区别于父爱、母爱和情爱，我把教师对学生的爱，简称为"师爱"，并认为它是师德的核心，即"师魂"。一位教师写道①：

真情兮，煦煦春风胜母爱；

师魂兮，浩荡日月齐放彩。

如何理解"师爱"呢？我们也有四个方面的感受。

一是热爱学生、尊重学生。热爱学生并不是一件容易的事，让学生体会到教师的爱也十分困难。在某市随机抽取 100 名教师的走访调查中，有 90% 以上的教师表明热爱学生，而在这些教师所教的学生中仅有 10% 表示感受到教师对自己的爱。90% 与 10% 是多么大的差距！师生之间没有血缘关系，彼此之间要建立深厚的情感是一件很费心思的事，要做到这一点，教师是要下一番功夫的。"没有爱就没有教育"是一切优秀教师的共同心声；一位师德高尚的教师把热爱祖国、热爱人民、热爱教育和热爱学生紧密地联系在一起，构成"爱的教育"，成为把爱献给教育的人。

二是师爱的性质和功能。我的好友、我国台湾教育家高震东先生在其著作的扉页上写道：爱自己的孩子是人，爱别人的孩子是神。我为他在大陆出版的著作的"序"里写道：疼爱自己的孩子是本能，而热爱别人的孩子则是神圣。因为不论是人类还是动物，都疼爱自己的孩子，母鸡为护小鸡而奋起，狗为护幼崽而狂吠，这些都是一种本能的反应；人类对孩子的爱虽然要丰富和广阔得多，但究其本质来看，也是建立在血缘关系上的本能性的行为。然而对学生之师爱却出自教师的职责，这种爱是一种无私的、广泛的且没有血缘关系的、严慈相济的爱；这种爱是神圣的爱，是一种促使学生成才的真情。这种爱是教师教育学生的感情基础，学生一旦体会到这种感情，就会"亲其师"，从而"信其道"。如果我们每一位教师能长期地坚持师爱，我们的教育质量和水平就必定能不断迈上新的台阶。

三是一视同仁地对待学生。教师决不能因学生的家庭背景、经济条件、成绩和相貌好坏而把学生分三六九等。教师在教育中的失败往往来自师爱的不公平。教师

---

① 范淑娟：《心与心的交流——寄语关心青少年的朋友》，157—158 页，北京，航空工业出版社，1996。

一视同仁的爱是一种强大的力量，它不仅能提高眼前的教育质量，还会促进学生的成人和成才，会影响学生身心的发展、人格（个性）的形成、职业的选择、人生道路的转变，甚至会影响其一生。教师应该将神圣的师爱均匀地洒向每一个学生，以感染他们、教育他们、造就他们。

四是每位教师必备"仁爱之心"的师德品质。1986—1998 年，我曾经先后将自己的 16 名博士生送出国深造，有 15 位已经按时回国，有人询问："为什么'回收率'这么高？"我的学生们回答："我们是冲着自己的老师回来的！"我却说："人心换人心，我只不过是做了一点'感情投资'罢了。"对学生的"感情投资"，包括学习问题、工作问题、职称问题、婚姻问题、住房问题、学科建设问题等，这个"感情投资"就是爱。这就是《中国教育报》（1994 年 8 月 29 日）的《他像一块磁铁》一文的来源。

我不是一个合格的父亲，但我敢说，我是一个合格的人民教师。1977 年我被评为北京市朝阳区的优秀教师；1994 年 12 月在国家教委组织的宝钢教育基金会评奖中，我荣获全国高校首届优秀教师特等奖（当时称为"1994 年高校十杰"）；2000 年被国务院表彰为全国劳动模范；2001 年获得了"全国（十佳）师德标兵"的称号；2004 年获得了"全国模范教师"的称号（五位）；2006 年获"全国优秀教师"称号；2017 年被授予"北京市人民教师"称号（全市九名）。我和所有的优秀教师一样，认为没有爱就没有教育。失去了对学生的爱，教师也就失去了人生的乐趣。

（三）严谨治学

"造就数以亿计的高素质劳动者、数以千万计的专门人才和一大批拔尖创新人才。"为了实现这项培养目标，党和国家的相关文件多次把提高教师的师德和业务能力紧密联系在一起，作为加强教师队伍建设的关键。

教师的业务能力来自于其严谨治学，即"师能"。国内外教育家都把严谨治学看作是师德的组成部分，我国的中小学教师师德标准中也有严谨治学的要求，为此，我们有如下四点体会。

一是严谨治学的含义。所谓严谨治学，是指教师树立良好的学风和教风，刻苦钻研业务，不断学习新知识，探索教育教学的规律，改进教育教学方法，提高自己的教科研水平与教育教学水平，从而提高教育质量，培养优秀人才。

二是教育质量直接取决于教师的业务能力或业务水平。学校的教育教学质量，直接取决于教师的业务水平。随着学生年级的升高，尤其到高中或大学阶段，教师的声望和威信与教师的业务水平成正比。而学校的声望与威信的高低，正是取决于是否有一批有声望与威信的教师。中小学教师的业务水平，主要包括教学能力、教育能力、反思能力、教研能力、创新能力，还包括在教学过程中渗透德育的能力，特别是班主任工作能力和心理健康教育的能力等。因此，教师必须不断提高业务水平，不断探索教育教学的规律，改进教育教学方法。

三是业务水平集中体现在一个"新"字上。在优秀教师身上，往往表现出一种不甘平庸、勇于探索、敢于创新的精神。因为要提高业务能力，做出成绩，必须靠勇于探索，不断开拓创新或创造。

四是教师需要参加教育科学研究。教师的创新性、创造性、开拓精神、开拓能力，除了来自知识修养之外，主要靠参加教育改革的教育科学研究，在一定意义上，教师参加教科研是一种与时俱进，勇于创新的途径。对此，我们在第十二章专门对这个问题展开讨论。

(四) 为人师表

北京师范大学的校训为"学为人师，行为世范"，这就是为人师表的师德表现。为人师表是我们教师能坚持良好的师德师风，保持自身持续发展的最基本条件。

为人师表突出了教师人格的完整性。"人格"一词，在汉语的词义上，可作两种解释，一是心理学里的个性，主要是指气质和性格；二是社会学里的品格。前者是指个体的差异，可以叫人格的个性特征；后者是指道德品质的高低，可以称为人格的品行特征。但两者又密不可分，很难区分开人格的个性特征和品行特征。教师的人格，既体现着教师之间的个性差异，诸如健康的情感、坚强的意志、稳定的态度、积极的态度、刚毅的性格和良好的品性等，这些因素在不同教师身上的不同组合，使教师呈现出不同的面貌；又是社会关系和道德关系在教师个人身上的内在表现，它反映在为人处世上，体现在教学风格中，表现在德育环境里。在教育中，一切师德要求都基于教师的人格，因为师德的魅力主要从人格特征中显示出来，历代教育家提出的"为人师表""以身作则""循循善诱""诲人不倦""躬行实践"等，既是师德的规范，又是教师良好人格的品行特征体现。在学生心目中，他们都把师德高尚的教师作为学习的榜样，模仿其态度、情趣、品行，乃至行为举止、音容笑貌、板书笔迹等。一个班级的班风，在一定程度上是其班主任人格的放大，一个学校的校风是其校长人格的扩展。

为人师表主要表现在以下四个方面。

一是以身作则。它有着种种表现，如遵守社会公德、尊师爱生、衣着整洁得体、语言规范健康、举止文明礼貌、严于律己、作风正派等，身教重于言教，就是这个道理。这就是说，教师的以身作则成为师德的有形表现，高尚而富有魅力的教师能产生身教重于言教的良好效果。以身作则体现一种榜样的效力，体现了"其身正，不令而行；其身不正，虽令不从"的孔子思想。

二是团结协作。为人师表不可缺少团结协作的意识。为人师表者，要谦虚谨慎、尊重同事、相互学习、相互帮助、维护其他教师在学生中的威信；关心集体、维护学校的荣誉，共创文明校风；联系家长，和家长积极配合，以共同完成教书育人的大业。

三是廉洁从教。它不仅是为人师表的一个明显标志，而且也是社会正气在教师身上的表现。教师要坚持高尚情操，发扬奉献精神，自觉抵制社会不良风气的影响，切不可利用职权之便谋取私利。

四是依法执教。教师要带头学习与宣传宪法，还要学好辩证唯物主义与历史唯物主义哲学，掌握科学的方法论；要全面贯彻国家教育方针，自觉遵守《中华人民共和国教师法》等法律法规；在教育教学中同国家的方针政策保持一致，不得有损害国家形象的言行。

除以上几个方面外，为人师表还表现在爱国守法、尊重家长、终身学习、教书育人等方面，只有这样，我们教师才能淡泊名利，志存高远，使高尚的师德师风成为对学生最生动、最具体、最深远的教育手段。

二、一桶水与一杯水
—— 教 师 的 知 识 结 构

关于教师知识结构的研究开始于 20 世纪 70 年代，它是认知心理学应用于教师研究的一种表现，70 年代初期一些研究明确提出："教师的教学活动是一种认知活动。"教师知识结构作为教师认知活动的基础之一成为一个研究的重点。在研究中，我们把教师知识结构视为其从事教育工作的前提条件，并将其分为四个方面，即教师的本体性知识、文化知识、实践知识和条件性知识。

（一）本体性知识

教师的本体性知识是指教师所具有的特定的学科知识，如语文知识、数学知识等，这是人们所普遍熟知的一种教师知识。教师扎实的本体性知识是其取得良好教学效果的基本保证，正因如此，人们认为，这些知识和学生成绩之间存在显著的正相关关系。于是，向被培训者传授本体性知识成为我国师资培训的中心任务。然而，实践证明这种培训方式存在很大的弊端，具有丰富的学科知识只是基本保证，而不是唯一保证，即光有本体性知识并不是被培训者成为一个好教师的决定性条件。我们的研究表明教师的本体性知识与学生成绩之间几乎不存在统计上的"高相关"关系。因此，我认为，教师的本体性知识一定要有，但不是教师知识结构的全部。

关于本体性知识的理解，在推进新课程改革的过程中，要重视对学科核心素养的理解。学生发展核心素养是指学生在接受相应学段的教育过程中，逐步形成的适应个人终身发展和社会发展需要的必备品格与关键能力。学科核心素养是学生发展核心素养在学科中的具体化，是学科育人价值的集中体现，是学生学习该门学科后的期望成就。比如中小学数学最核心的素养是以学生的数学概括能力为基础，将三个基本的学科能力（运算能力、逻辑思维能力、空间想象能力）与五种思维品质（思维的深刻性、思维的灵活性、思维的创造性、思维的批判性、思维的敏捷性）组成

15 个交界点的开放性动态系统；科学学科的核心素养包括科学观念与应用、科学思维与创新、科学探究与交流、科学态度与责任等。每个学科核心素养最本质的、最核心的都是思维。教师不仅要理解学科知识，还必须理解自己所教学科的核心素养，同时，重视对学科思想方法的理解。

（二）文化知识

教师的工作，有点像蜜蜂酿蜜，需要博采众长。为了实现教育的文化功能，教师除了要有本体性知识以外，还要有广博的文化知识。在学校里，知识渊博的教师往往更能赢得学生的信赖和爱戴，因为教师丰富的文化知识能激发他们的求知欲，扩展他们的精神世界。各门学科的知识是紧密联系的，俗话说，"文史不分家""数理化是一体"，说的就是这个道理。社会发展到今天，我们更应强调"文理交融"，提倡文科的教师懂理，理科的教师懂文，这样才能适应知识爆炸时代思想活跃、见多识广的学生的需要。如近几年国际上特别重视 STEM（科学、技术、工程和数学）教育，目的是培养学生的 STEM 整合性能力，为科技行业输送综合性人才。21 世纪初，艺术（Art）在发展学生创造性和批判性思维、21 世纪技能方面的作用也受到重视，它主要是指社会研究、语言、形体、音乐、美学和表演等，"STEM+Art"发展了 STEM 教育理念，形成了"以数学为基础，通过工程和艺术理解科学和技术"的跨学科的、整合的 STEAM 教育。STEAM 教育的内涵还在不断发展完善，在强调合作交流的 21 世纪，读写能力（reading and writing ability）被赋予了新的内涵，具有创新素质的 STEAM 人才还应该学会如何与人交流、沟通和合作，能够清晰地表达自己的观点，撰写规范的行业报告等融合读写能力等，这让 STEAM 教育变成了 STREAM 教育，本质上是对解决 STEAM 教育活动中合作问题的重视。

我认为，学生的全面发展，在一定程度上取决于教师文化知识的广泛性和深刻性。当然，教师的文化知识修养具有很大的个体差异，因此，我主张每一位教师都要发挥自己的一技之长。擅长创作的教师，可以用创作丰富学生的想象力；爱好诗词的教师，可以用诗词的魅力来启发学生；有音体美特长的教师，可以借之引导学生全面发展……我认为，一位教师，除了本体性知识以外的广博的文化知识，对于其取得最佳的教育效果，具有与本体性知识同等重要的意义。

(三)实践知识

教师的实践知识指教师在面临实现有目的的行为中所具有的课堂情景知识以及与之相关的知识，或者更具体地说，这种知识是教师教学经验的积累。教师的教学不同于研究人员的科研活动，具有明显的情境性。在教育教学工作中，很多情况需要教师机智地对待，只有针对学生的特点和当时的情境有分寸地进行工作，才能表现出教师的教育教学水平。在这些情境中教师所采用的知识来自个人的教育教学实践，具有明显的经验性。而且，实践知识受一个人经历的影响，所以这种知识的表达包含着丰富的细节，并以个体化的语言而存在。显然，关于教学的传统研究常把教学看成是一种程式化的过程，忽视了实践知识与教师的个人作用，这种传统研究限制了研究成果的运用。

新一轮的基础教育课程改革强调学生核心素养的发展，而核心素养只有在真实情景中解决复杂问题时才能够体现出来。特别是教育部印发了《中小学综合实践活动课程指导纲要》，综合实践活动被列为义务教育和普通高中课程方案的规定课程，与学科课程并列设置，是基础教育课程体系的重要组成部分。综合实践活动是从学生的真实生活和发展需要出发，从生活情境中发现问题，将其转化为活动主题，通过探究、服务、制作、体验等方式，培养学生综合素质的跨学科实践性课程，这种课程对教师的实践能力有更高的要求。

(四)条件性知识

教师的条件性知识是指教师所具有的教育学、心理学以及信息技术等知识。这种知识是广大教师急需提升的，也是我们在教改实验中特别强调的。条件性知识是一个教师成功教学的重要保障，在我们的"学习与发展"理论中，第一条指导思想是：儿童、青少年的心理发展规律是教育实践和教育改革的出发点。在研究中，我们把教师的条件性知识具体化为四个方面，即学生身心发展的知识、教与学的知识、学生成绩评价的知识和信息技术支撑教学的知识，编制了"教师职业知识量表"

（主要包括前三个方面），以测定教师条件性知识的水平。我们的研究表明，无论是职前教师还是职后教师，他们对条件性知识的掌握都不够好，这是非常值得我们深思的。

我们的研究旨在从不同的角度来理解教师知识，以表明"一桶水"和"一杯水"之间的关系与性质。因此更注重研究教师知识的性质、范式、组织和内容。我们不仅希望教师"严谨治学"、达到师德的要求，更希望发现教师是如何把掌握的某一学科的内容传授给学生的。已有的研究表明，教师会把他们已具有的学科知识与课堂的具体情境结合起来，形成一种与行为有关的知识。如"云的形成"，教师把自己关于云的知识、学校里的资料、演示材料、学生的兴趣、学生的知识背景等结合起来再教给学生。从某种意义上说，教学的中心任务就是对学科做出教育学的解释，这种解释要依据学生对该学科的掌握情况，考虑到学生对该学科已有的知识和理解。正如杜威（J. Dewey）早就指出的那样，科学家的学科知识与教师的学科知识是不一样的，教师必须把学科知识"心理学化"，以便学生理解。所以他强调教师学习心理学，"学校是个应用心理学的实验室"。[①]

另外，由于信息技术、人工智能等的发展，学习方式和教学方式发生了改变。数字化学习方式融入社会生活后，学习时间的碎片化、学习方式的灵活性、学习空间的多样性以及知识建构的主动性特征促使教学方法发生变化，对教师的素质有了新的要求。教师不仅需要学习掌握教育学和心理学知识，而且需要掌握信息技术等新技术知识，还需要将这些知识与学科教学深度融合。

三、"我的学生一定能成才"
——教师的教育观念

"我一定能教好学生""我的学生一定会进步、会成才"，这种期望就是教师的教育观念，也就是教师的信念。教师的教育观念或信念是其从事教育工作的心理背

---

① ［美］杜威：《学校与社会》，见《杜威教育论著选》，上海，华东师范大学出版社，1981。

景。很少有人怀疑下述观点，即教师的观念影响他们个体的知觉、判断，从而影响他们的课堂行为。我们的研究证明，教师的教育观念对他们的教育态度和教育行为有显著的影响，很明显，如果一个教师认为一个班级的学生中总是有好有坏，教师不可能把每一个学生都教成好学生，那他就很可能慢慢放弃对班上学习不好的学生的教育。在教师的教育观念中，一个重要的观念是教师的教育效能感。

(一) 教育效能感

近 30 年来，研究者越来越关注教师如何看待自己的教学效果，以及这种看法与学生学业成绩之间的关系等问题。已有的研究表明，教师对自己影响学生学习行为和学习成绩的能力的主观判断与他们的教学效果之间密切相关。人们把教师对自己影响学生学习行为和学习成绩的能力的这种主观判断定义为教师的教育效能感。典型的例子就是著名的"皮格马利翁效应"(Pygmalion effect)。皮格马利翁是古希腊神话中塞浦路斯的国王，他在雕刻一座少女像时竟钟情于这位少女，后来他的痴情感动神灵，这尊雕像变成真人，与他结为伴侣。心理学家罗森塔尔(Rosenthal)曾做过这样一个实验：对小学各年级的学生进行"预测未来发展的测验"，然后向教师提供一部分学生的信息，并表明这些学生有发展的可能性。实际上这些学生完全是随机抽取的，8 个月后，这些孩子的智力得到了明显的提高。实验表明，教师的期望影响了学生的行为。大量的研究表明，教师是根据学生的性别、身体特征、家庭情况等各种因素形成对某个学生的期望的，这种期望形成后又通过各种方式(如分组、强化、提问等)影响被期望的学生，使学生形成自己的期望，继而表现在学生的行动之中，最后反过来影响教师的期望。这种期望不仅是教师自身工作的心理前提，而且也是学生发展的重要因素。一位优秀教师必须具备这种期望。我曾读过一首诗，题目叫《我愿做一片绿叶》①，诗中把教师期望比作一片绿叶。正是这片绿叶，才使学生茁壮地成长。

"有您，生命才如此旺盛，有您，花朵才如此娇艳，有您，世界才如此美丽"

---

① 国家教育委员会办公厅：《太阳底下最光辉的职业》，北京，人民教育出版社，1987。

"噢，绿叶，您是绿，绿的化身，绿的使者，绿的希望，您把我们的希望孕育在无限的绿色中。"

（二）教育效能感的结构

教师的教育效能感包括两个方面，即个人教育效能感和一般教育效能感。所谓个人教育效能感是指教师对自己是否有能力完成教育教学任务、教好学生的信念，例如"我一定能教好学生"，这显然是教师的个人教育信念，尽管"没有教不好的学生"的观点尚不全面，因为学生成长除了教师的工作之外，还有许多客观的因素，但这句话也反映了一些教师的教育信念。一般教育效能感反映了教师对教与学的关系、对教育在学生发展中的作用等问题的一般看法和判断。"我的学生一定会进步、会成才"的观念就是一般教育效能感的较典型的例子。第一章我们提到的北京市通州区第二中学的原校长王润田实施的"高三分流"的主张与做法，正是来自"不求人人上大学，但求人人成人才"的一般教育效能感。因为"人人上大学"在现阶段是绝对不可能的，可"人人成人才"是有希望实现。教师的一般教育效能感正是实现"人人成人才"的一个重要基础。我最不愿意听到那种对学生的武断定论"我把你一碗清水看到底——你好不了啦"，因为这种判断是与教育效能感相悖的。著名教育家陶行知说过："你的教鞭下有瓦特，你的冷眼里有牛顿，你的讥笑中有爱迪生。"师生之间的人格是平等的，教师的一时气话，不仅忽视了学生对教师的期望，还会对学生的人格造成伤害，导致师生关系的紧张。

（三）影响因素

作为对其教育教学活动的独特的主观判断，教师的教育效能感并不是先天形成的，而是在其教学活动中逐渐形成和发展起来的。我们采用数量化的方法研究了教师教育效能感的发展趋势，结果显示，教师的一般教育效能感随着其教龄的增长而呈下降趋势，而个人教育效能感则随着教师教龄的增长表现出上升趋势；在其教育效能感的总体水平上，虽然也表现出随教龄增长的上升趋势，但这种变化很小，不存在统计学上的显著性。

就一般教育效能感随教龄增加而下降这一点而言，我们认为其主要原因在于，师范院校的学生及刚走上教育岗位的教师一般多持有"教育决定论"的观点，他们很自然地认为，教育一定能促进学生的身心发展，它在学生的发展过程中起着决定性的作用。但随着从教时间的增加，教育现实中的许多现象和问题对"教育决定论"的观点提出了挑战，使教师对教育的决定作用产生了怀疑，他们的教育观念发生了动摇，不再坚决地认为教育可以决定学生的发展，而认为学生的发展是一个复杂的过程，受多种因素的影响，且存在着年龄特征与个体差异，学生的发展是内外因交互作用的产物，并表现为一个从量变到质变的过程。鉴于上述认识，教师的一般教育效能感出现了随教龄增加而下降的趋势。

而教师个人教育效能感的上升趋势，则是其教学经验积累的结果，也可视为教师个体文化的发展产物，这是学校教育活动中与教师职业有机联系在一起的文化现象。一般在校大学生和刚参加工作的教师，他们的教育教学经验很少，在教育教学中遇到问题时，缺乏方法和管理的策略，常常会手足无措。随着教龄的增长，教师的教育教学经验逐步丰富，其个体文化概念也得到了进一步发展，思想观念、价值趋向、审美意识和社会行为逐步稳定，角色特征、人格特征、形象特征和教学风格日益完善。于是，他们慢慢学会恰当地处理教学中出现的各种问题，教育教学的自信心不断地增强，其个人教育效能感也就表现出上升的趋势。

四、才华的顶点
——教师的自我监控能力

在教师素质的结构中，有一种素质可以称为才华，即教师的教育能力。教育能力所包括的范围非常广泛，例如，教学能力、言语表达能力、教育观察能力、注意分配能力、思维的系统性、逻辑性和创造性、教育想象力和教育机智等。这中间有的是内在的潜能，有的是教师外在的行为表现。我们将其概括一下，无非是两种能力，一种是教师的课堂教学能力，另一种是教师的德育教育能力，二者加起来构成一个合格教师的教书育人的才华。这种才华的核心成分是什么呢？我们从自己的思维结构观出发，认为其顶点为自我监控能力。① 它表现为教师在教育教学活动中的"知其然，又知其所以然"的品质。这种监控能力是教师从事教育教学活动的关键要素，来自于教育活动加反思。

(一) 什么是教师的自我监控能力

心理学研究高度重视人类行为的心理本源问题，力求发现人类纷繁复杂的行为背后的心理必然性。要真正地理解个体的认知活动，就必须首先了解其内部对认知活动控制和调节的心理机制。这个研究趋势对我们有重要的启示：虽然教师的教育教学活动是各式各样的，但其内部的心理必然性是什么呢？这个问题值得我们深思。对此，我们提出教师自我监控能力这个概念。所谓教师自我监控能力，是指教师为了保证教育教学的成功、达到预期的目标，在教学过程中，将活动本身作为意识的对象，不断地对其进行积极、主动的计划、检查、评价、反馈、控制和调节的能力。这种能力主要可分为三大方面：一是教师对自己教育教学活动的事先计划和安排；二是对自己实际教育教学活动进行有意识的监察、评价和反馈；三是对自己的教育教学活动进行调节、校正和有意识的自我控制。1995 年 1 月，《中国教育报》刊登了某位记者对我的采访文章，其中一个问题是："21 世纪教师能力中最重要的成分是什么?"我毫不犹豫地回答："是教师的教育教学监控能力。"考虑到教育过程的复杂性且为了分析简便起见，我们这里只就教师的教学监控能力来论述教师的自我监控能力。

(二) 教学监控能力的构成要素

教师教学监控能力的复杂性决定了其构成要素的复杂性，我们可以从不同的角度来分析它的构成。根据已有的研究，我们至少可以从教师教学监控能力的对象性质、作用范围、发生过程和表现形式四个方面来考察教师教学监控能力的构成②。

根据监控对象性质划分，教学监控能力分为自我指向型和任务指向型两类。自

---

① 朱智贤、林崇德：《思惟发展心理学》，478 页，北京，北京师范大学出版社，1986。
② 申继亮、辛涛：《论教师的教学监控能力》，载《北京师范大学学报》，1995(1)。

我指向型的教学监控能力主要是指教师对自己的教学观念、教学兴趣、动机水平、情绪状态等心理操作因素进行调控的能力；而任务指向型的教学监控能力主要是指教师对教学目标、教学任务、教学材料、教学方法等任务操作因素进行调控的能力。二者相互联系、相互影响。如自我指向的教学监控能力不仅直接影响教师教学的积极性水平、努力程度以及对教学效果的情绪反应，而且也间接地影响着教师教学计划的制订、教学材料的使用、教学方法的选取以及教学效果的评价与补救等。同时，任务指向型的教学监控能力不仅直接作用于教师教学的具体过程，而且对教师的教学观念、教学积极性等也存在间接的影响，进而影响到教师自我指向型的教学监控能力。

根据其作用范围，教师教学监控能力可分为一般型和特殊型两类。前者是指教师对自己作为教育者这种特定角色的一般性的知觉、体验和调控能力，它是建立在教师所具备的有关教学的必要知识、技能和方法的基础上的，是一种超越具体教学活动的、具有广泛概括性的整体性的知觉、体验和调节能力。而特殊型的教学监控能力是指教师对自己教学过程中的各具体环节进行反馈和调控的能力，它决定教师在具体教学活动中自我调节和控制的行为。

根据教学发生过程，教师的教学监控过程分为三个有机联系的部分：自我检查、自我校正和自我强化。所谓自我检查是指教师对自己教学活动进行有意识的、自觉的检查、审视和评价的过程，它是教师对自己教学活动的一种敏感反应，是教师对自己教学活动进行有意识监控的开始阶段；自我校正是教师在自我检查的基础上，对自己教学活动中存在的问题所进行的主动的改进、纠正和调节的过程，它是教师教学监控能力的外在体现；自我强化是自我校正过程的延续，在这个过程中，教师主动地寻找自我强化的方式和手段，以期巩固自己已经出现的好的教学行为，防止原有问题重新出现，这是教师教学监控过程一个循环的结束。值得注意的是，教师的教学监控过程是一个螺旋式发展的过程，在这种发展中，教师的教学监控能力得到不断的提高，教学效果会越来越好。

根据其在教学过程不同阶段的表现形式的不同，教师教学监控能力可以表现在以下方面：①课前的计划与准备性，即在课堂教学之前，明确所教课程的内容、学生的兴趣和需要、学生的发展水平、教学目标、教学任务以及教学方法与手段，并预测教学中可能出现的问题与可能的教学效果，这是教师进行教学监控的前提。②课堂的反馈与评价性，指教师对于课堂的状况、学生的反应的敏感性与批判性，或者说是教师对课堂教学过程中"问题"的敏感程度，以及对所发现问题的解释与分析。可以说，评价和反馈性是教师教学监控能力的基础，教师的教学监控过程都是从他对教学活动的反思、评价与反馈开始的。③课堂的控制与调节性。如果说评价与反馈性是教师教学监控能力的基础的话，那么调节与校正性则是教学监控能力的目的。教学监控能力的根本作用就在于它使教师能够有意识地、自觉地对自己的教学活动进行调节和修正，使之达到最佳效果，能最大限度地促进学生的发展。这也是我们培养教师的根本目的所在。④课后的反省性，在一堂课或一个阶段的课上完后，教学监控能力高的教师会对自己已经上过的课的情况进行回顾和评价，教学监控能力差的教师一般就不会认真地考虑这些问题。我们看到，教师教学监控能力结构的这四个成分实际上是从教学监控的全过程来区分的，是一种过程性的、动态性的结构。

我曾看过一本上海市优秀教师的论文集，叫作《教师的修养》，里面有一篇文章《记录自己走过的每一步》，写的是上海市实验小学的特级教师袁溶坚持写"教后"的经验。文章中提到"聪明的教师用写'教后'的办法来为自己积累工作的财富"，这对我的启发甚大。我想了一个类似于公式的表达：优秀教师＝教育过程+反思，不知这是否有道理。我的意思是，教师在教育教学工作中，多一分反思与监控，就多一分提高，就与优秀教师更接近了一步。愿同行中涌现更多的优秀教师。

五、技术加艺术
——教师的教学行为与策略

教师的主要工作是教学，尤其是课堂教学，因此教师素质突出地表现在其教学行为上。换句话说，教学行为是教师素质的外化形式，它既是一种技术，更是一门艺术。

教学是教师组织和指导学生达成教学目标的师生共同活动，其中教师的教学行为起着关键的作用。一个教师教学效果的好坏，直接决定其教学行为的合理与否。虽然我们强调教师的知识、观念、工作积极性和教学监控能力对其教学的作用，但很明显，这些因素必须通过教师的教学行为体现出来。学生也是通过观察教师的教学行为，来理解教师的要求、掌握知识、发展自身能力、培养健康的个性品质的。因此，调整自己的教学行为，使之有利于教学任务的完成，有利于学生的全面发展，就成为决定教师教学成败的关键因素。教学既是一门科学，也是一门艺术。是科学，说明有规律可以遵循；是艺术，说明需要教师的创造。因此，思维型课堂教学不可能给教师规定详细的教学细节，但可以提出教学的基本原理和基本要求。我们基于聚焦思维结构的智力理论，提出思维型课堂教学的基本原理如下①。

第一，认知冲突。思维结构是静态结构和动态结构的统一，动态性是思维结构的精髓，发展和完善学生的思维结构，是课堂教学的重要目标。在学生主体和客观事物相互作用的过程中，社会和教育向学生提出的要求所引起的新的需要和学生已有的心理水平或心理状态之间的矛盾，是学生心理发展的内因或内部矛盾。这个内因或内部矛盾也是学生心理不断发展的动力。在课堂教学中，这种矛盾是促进学生积极思维和主动学习的动力。认知冲突(cognitive conflict)指认知发展过程中原有认知结构与现实情境不相符时在心理上所产生的矛盾或冲突。皮亚杰(J. Piaget)认为："顺应或调节是解决认知冲突的一种有效方法，即个体遇到新的情境条件下，原有认知结构不能适应现实环境要求时，他只能改变已有的认知结构以符合现实环境的要求。"只有通过调节不断解决认知冲突，才能促使人的认知活动不断丰富和发展。在课堂教学中，教师要根据课堂教学目标，抓住教学重点，联系已有经验，设计一些能够使学生产生认知冲突的"两难情境"，以此激发学生的参与欲望，调动学生的积极思维，引导学生在探究问题的过程中掌握知识、领悟方法、发展能力，主动完成知识结构的构建过程。

第二，自主建构。自主建构包括认知建构和社会建构两个方面。思维材料是思

---

① 林崇德、胡卫平:《思维型课堂教学的理论与实践》，载《北京师范大学学报(社会科学版)》，2010(1)。

维结构中的成分，包括感性材料和理性材料。同时，随着思维目的、思维过程、思维的材料或结果、思维中非智力因素、思维的品质、思维的监控等的变化，思维的结构不断发展完善。应用到课堂教学中，体现了建构主义关于认知建构的思想：学习是一个积极主动建构的过程；知识是个体经验的合理化，而不是说明世界的真理；对学习者来讲，先前的经验是非常重要的；从教学的角度来讲，教学是学生主动建构知识的过程。在课堂教学中使学生积极主动地思维，促进学生思维结构的发展，教师必须恰当地列举生活中的典型事例，唤起学生已有的感性认识，运用观察和实验来展示有关事物发生、发展和变化的现象和过程，联系学生已学知识进行教学。社会文化环境影响着学生的思维活动和思维结构的发展，这体现了维果茨基的社会建构思想，应用到课堂教学中，要求教师重视课堂互动。课堂互动是课堂教学中最基本、最主要的人际关系，也是一种常用的教学方式。在课堂教学中，教师和学生之间、学生和学生之间发生具有促进性和抑制性的相互影响、相互作用，进而达到师生心理和行为的改变。从互动的主体来讲，有师生互动和生生互动；从课堂互动的内容来讲，有思维互动、情感互动和行为互动。根据思维结构模型，思维型课堂教学中，三种互动的关系是：情感互动是基础，行为互动是表现，思维互动是核心。

第三，自我监控。前面我们所说的"自我监控能力"是一种思维的自我监控，是自我意识在思维中的表现，是思维结构的顶点或最高形式，具有确定思维目的、管理和控制非认知因素、搜索和选择恰当的思维材料、搜索和选择恰当的思维策略、实施并监督思维过程、评价思维结果的作用。自我监控能力是教师教学能力的核心和学生学习能力的核心，不仅影响教学过程和教学效果，而且影响其他能力的发展。杜威重视反省性思维，提出了"反省的思维的分析"，也有学者提出反思性教学理论。我们关于思维监控的研究，不仅强调了教师对教学过程的反思和学生对学习过程的反思，而且强调计划、检查、评价、控制等，从而更全面反映了教学的基本要求。基于思维结构模型的思维监控思想，我们提出了教师的自我监控能力是教师教学能力的核心这一论断，并对此进行了系统的研究，指出教学监控能力包括：课前的计划与准备性、课堂的反馈与评价性、课堂的控制与调节性和课后的反思性。

在教学设计环节,不仅要设计每节课,而且要有一个长期的教学规划(包括知识教学、能力和非智力的培养)和系统的教学设计;在教学实施环节,要监控整个教学过程,根据教学实际情况,合理调整教学难度、教学方法和教学速度,特别是要设计教学反思环节,即在每一次课堂活动将近结束时,教师都要引导学生对学习对象、学习过程、思维方式、所学知识和方法等进行总结和反思。通过总结和反思,使学生加深对知识和方法的理解,总结学习中的经验和教训,形成自己的认知策略,发展自己的认知结构,提高自我监控能力。

第四,应用迁移。知识、技能与智力思维有密切的关系。知识、技能的掌握,并不意味着一个人智力或思维能力的高低,但知识、技能与智力思维是相辅相成的。智力、思维的发展是在掌握和运用知识、技能的过程中完成的;离开了学习和训练,什么知识都不懂,什么事情都不会做的人,他的智力、思维缺少形成的"中介",显然是无法得到发展的。在思维结构中,思维材料包括感性材料和理性材料,理性材料主要指概念、规律和理论。应用概念、规律、理论解决实际问题,是学习这些知识的目的,也是检验知识掌握情况的主要标志,还是加深理解的重要环节。思维品质的训练是培养学生思维能力的突破口,关于灵活性品质的训练,需要教师抓住知识、方法间的渗透与迁移,引导学生发散式思考、立体思考,培养学生一题多变、一题多解、一题多问、多题归一的能力,教给学生灵活解决问题的方法。独创性思维品质即创造性思维,在知识的教学和学生的学习过程中,让学生掌握创造性思维的基本方法,如类比思维、等效思维、迁移思维、重组思维、发散思维、头脑风暴、列举属性、遥远联想等,训练创造性思维的品质,是培养创造性思维的主要途径。重视知识和方法的应用和迁移,对学生加深理解知识、提高思维能力等,具有重要的作用。

针对以上四个教学的基本原理,我们提出了思维型课堂教学的四个基本环节:教学导入、教学过程、教学反思和应用迁移。教学导入的目标是引出课题。基本要求:通过观察和实验、已有知识的逻辑展开、提出问题和分析问题等方法,激发学生兴趣和动机,创设教学情景,引起学生的认知冲突,激发学生积极思考。教学过程的目标是使学生掌握知识和技能,培养学生的能力,基本要求:第一,创设问题情景，产生认知冲突，激发学生积极思维；第二，注重师生互动和生生互动，特别强调思维互动；第三，加强方法教育，注重知识形成的过程；第四，注重学生探究，培养学生能力。教学反思的目标是掌握本节课的知识、方法，反思经验教训，形成认知结构，基本要求：第一，教师引导，学生自己总结；第二，总结本节课所学到的知识、方法等；第三，要掌握知识的来龙去脉，形成认知的结构；第四，注意对经验教训的总结。应用迁移的目标是掌握知识的应用，并能迁移到其他情景中去，培养学生分析问题和解决问题的能力以及创造力。

当然，教师的教学行为带有很强的情境性和个体性，不同的教师、不同的场合可能有截然不同的教学行为。因此，我们很难整齐划一地采用某种程序去训练教师的具体行为，这也是传统"师父带徒弟式"教师培训模式的致命弱点之一。我们认为，教师的教学行为是其素质的外化形式，要优化教师的教学行为，首先必须提高教师的整体素质。根据研究，我们认为教师素质主要包括教师的职业理想、教师知识、教师的教育观念或信念、教师的自我监控能力和教师行为五个方面，并建构了如下的教师素质结构模型(见图2-1)：

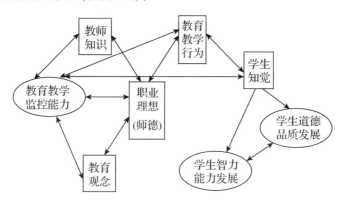

图2-1 教师素质结构模型示意图

我们用这个示意图要说明的无非是：教师的职业理想是其献身于教育工作的根本动力；教师知识是其从事教育工作的前提条件；教师的教育观念或信念是其从事教育工作的心理背景；教师的自我监控能力是其从事教育活动的关键要素；教学行为是教师素质的外化形式。

　　写到这里，肯定有些教师会向我提出："你为什么不写教师的仪表仪容，不写教师的身体素质？"我首先承认教师素质结构的复杂性，我们上述的五个方面只是教师素质的主要方面，没有涵盖所有。至于仪表仪容和身体素质，确实是很重要的，但目前还没有条件去操作。教师的仪表仪容，我想朴实大方就行。只要教师不浓妆艳抹，不穿奇装异服上讲台，基本上就够了。作为一名中国教师，不一定非得西装革履。至于教师的身体素质，我恳望大家多保重。由于教师的职业太操劳，既劳心又劳力，俗话说："两眼一睁，忙到熄灯，熄了灯还在想学生。"所以教师的体质普遍不是太好，但我们不是还在任劳任怨地干吗？有一句话形容我们教师："价廉物美，经久耐用。"许嘉璐教授在北京师范大学庆祝第二个教师节的大会发言中说道："这个'价廉物美'，反映了教师不计报酬、不讲条件的无私奉献精神；至于'经久耐用'，是对教师身体素质的一种祝福——愿我们大家身体健康，永远健康！"

第三章

教师的素质(二)

——教师的课堂教学基本功

上一章提到的吴昌顺校长是一名有"当代教育名家"称号的特级教师，也是我们课题组的一位领导成员。他曾为课题组老师的教学方法提出一条规定，"教无定法，选有定则"，意思是鼓励每位课题组成员都去创造自己的教法，因为别人的教法不一定适合自己。所以，我们不提倡固定的具体教学方法，但是教育与教学是有规律可循的，我们要不断探索这些规律。

为了提高课堂教学的效果，我们根据老教师朱丹先生提倡的教学思想，将课堂教学方法做了改进，提出一系列"原则"的规定，要求我们课题组的实验班教师进行实践和探索(见图3-1)。教师课堂教学的基本功，是其素质的重要表现，也是他们教学成败的关键。

一、备课的要领

备课不仅是上好课的关键和前提，而且也反映了教师劳动的艰辛，正如一位诗人在歌颂教师时所写的：

深夜人们在梦中露出笑脸，

唯有你的窗口灯光闪熠，

映出你伏案备课的身影。

…………

在我接触的特级教师中，有一点很相似，即他们"不备课不进教室"。

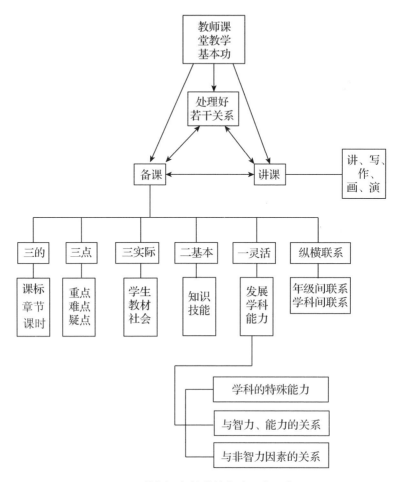

图 3-1　教师课堂教学基本功组成示意图

　　什么叫备课？顾名思义，备课是教师在讲课前准备讲课内容。但是，备什么，怎样备？却存在不少问题。我曾问过一些青年教师："你们是怎样备课的？"回答尽管不同，但实质却相似，即阅读教材，搜集资料，旁征博引，写好教案，背熟内容。这种备课，倒不如叫"背课"好。当然，这不能算作不对，但至少有许多不足的地方。针对这种情况，我们提倡，备课应考虑十七个字。那就是"三的、三点、三实际、二基本、一灵活、纵横联系"。

(一)"三的"

"三的"即三个目的。备课首先要备目的，使我们课堂教学做到有的放矢。备课应备哪些目的呢？主要是"三的"，就是要备出课程标准的目的、单元或章节的目的、课时的目的。

首先，备课程标准的目的。课标，过去称为教学大纲，它是国家教育领导机构根据课程方案规定的某一学科的课程性质、课程目标、课程内容、学业质量、实施建议的教学指导性文件。课标是教师课堂教学的法律依据，所以备课首先要熟悉课标，使讲课内容符合课标的要求。

其次，备各单元或章节的目的。各科教材都是按若干单元或章节编排的，各单元或章节又包含一定的知识范围。某一课文或某一细目只是体现一定单元或章节的一个方面。因此教师在备课时，不仅要了解每一篇课文或每一个细目的精神，更要吃透一个单元或章节知识的内在联系，全面地、整体地把握知识，掌握这个单元或章节的目的。高一语文(人民教育出版社)，包括《南州六月荔枝丹》《一次大型的泥石流》《自然科学中的基础学科》《蝉》四篇课文，按规定应该讲两周课，然后作说明文辅导，最后让学生写一篇说明文体裁的作文。北京五中特级教师梁捷在备课中，采取把四篇课文联系在一起比较讲解的方法，结果仅用了四堂课。学生不仅很好地掌握了这四篇课文，还在课堂上列举了许多范文和范例，对说明文的特点展开了热烈的讨论。课后学生写了说明文体裁的作文，将它们一篇篇展览在墙上，并开展一系列互评作文活动，气氛十分活跃。

最后，备课时的目的。课时，也叫"学时"，它是指教学的基本时间单位，即指一节课的时间，小学一般为40分钟，中学一般为45分钟。在教学中，每一节课都有每一节课的目的。所以教师备课中要备具体课时的目的，使40分钟或45分钟的课堂教学，都能达到既定的教学目的。

(二)"三点"

"三点"即重点、难点、疑点。课堂教学，要突出重点，讲好难点，说明疑点。

因此，在备课时要备这"三点"。

在任何一篇教材里，都有一些比重较大、重要性强的内容，这就构成了课堂教学的重点；也有一些学生不易理解、不易掌握的内容，这就构成课堂教学的难点。教师在备课时需要找出这些重点和难点。当然，有时教学的重点就是难点，或者两者相当接近；有时教学的重点和难点有些距离。所有这些，都是我们在备课中要重视的。也就是说，备课要备一篇教材的实质性内容，掌握其重点与难点，熟悉它在整篇教材中的地位，了解其和前后教材内容的相互联系之处。

所谓疑点，就是课堂上学生易混淆、误解且产生疑惑的地方。语文的同音字、形近字，如"胄"字，胄与胃的不同就是疑点；数学的除法性质、分数性质和分式性质中，除数和被除数、分母和分子同乘或同除一个数，其大小不变，这个数必须强调"零除外"，不然容易造成学生概念的混乱。而这一切，都是我们在备课时要注意的。

(三)"三实际"

在教学中，要从学生实际出发，从教材实际出发，从社会发展实际出发。所以，在备课时，要备"三实际"。

首先是"备"学生，从学生实际出发，便于因材施教。接一个班级的教学任务，先得摸清这个班级在某门学科的学习水平，要熟知这个班级学生在这门学科上的表现，即多少人学习有困难；接着要摸清大多数学生对教材的哪些知识已经理解了，哪些还不理解，教材中哪些内容可能成为难点或疑点；还要摸清用什么样的方法能够提高大多数学生的学习质量，并带动两头，使好的更好，落后的也能有进步。我们课题组有位语文教师，书教得很好，曾一度用一样的教材和教学方法，连语言措辞都几乎一样地去教高一两个班的学生，效果却大相径庭。深入调查后发现，原来是因为两个班的生源不一样，一个班是择优录取来的，另一个班是本校初中直升上来的，两班学生的基础有差异。后来，这位教师"吃透学生"，从两个班的实际出发，每堂课教学他都写出两套教案，做到因材施教，教学效果有了显著提高。

其次是"备"教材，"吃透"自己所使用的教材，从教材的实际出发，便于因教材制宜。所谓"备"教材，有三层含义。一是在目前一些科目"一纲（一种课程标准）多本（多种教材）"的情况下，了解自己使用教材的特点。例如，我们课题组所编的教材，是一种"发展心理能力"型的教材，所以教师在备课时，要熟悉与教材配套的参考资料①。二是正确理解教材的实质和各项知识内容，并能掌握相关的基础知识与实际知识，使教师本体性知识、文化性知识与实际知识融会贯通。三是在"熟"字上下功夫，通过钻研教材，熟练地掌握教材的重点、难点和疑点，避免偏离主题；熟练地理解教材中基本知识和基本技能的要求，避免脱离教学大纲的指导；熟练地掌握教材的内部联系，避免完全被教材所束缚。这样教师在课堂上，不论从哪个方面组织教材，不论从什么角度进行讲解，都能运用自如。

最后是"备"社会发展实际，从社会发展实际出发。文科教学要挖掘教材的思想性，密切联系当前社会的重大现实，对学生进行教育；理科教学要考虑科学发展的最新动态，例如"信息高速公路""克隆""人工智能""物联网"等，既能激发学生的学习兴趣，又能使其了解最新的科学成就。这就需要教师在平时加强学习、关心社会、搜集资料、联系实际，以便更好地从社会发展实际出发，进行备课。

（四）"二基本"

备课要备"二基本"，又称"双基"，即基本知识和概念，基本技能和技巧。

一节好课，教师必须抓住基本知识概念讲深讲透，不能只图花架子，显示了自己的才能，而学生收获却很少。所以教师讲课必须紧扣基本知识，讲清基本概念。这就需要教师在备课时把教材的各种知识和概念，按一定知识结构和逻辑关系进行有机编排，先后顺序、轻重缓急都要做到心中有数。

教学不仅要传授给学生基本知识和概念，而且还要培养他们的基本技能和技巧。所谓技能，是指一个人运用已有的知识和经验，通过练习而形成的各种动作方式。技能可以分为智力技能和动作技能。前者是智力活动方式，如语文学习中形成

---

① "七五"期间，我们课题组一共编了四套教材：由谭瑞、张静余主持的"小学数学"；由耿盛义、樊大荣主持的"小学语文"（以上两套教材含教师的教学参考书、学生的同步练习册等，北京教育出版社出版）；由吴昌顺、梁捷主持的"中小学听说助读"补充教材（北京师范大学出版社出版）；由李汉主持的中小学奥林匹克竞赛的"数学读本"补充教材（中国卓越出版公司出版）。"八五"期间还有几套新作。

的阅读和写作技能，数学学习中形成的运算与解题技能，等等。后者又叫操作技能，是外部动作构成的活动方式，它既包括操作一定器具的技能，如绘画、写字、吹、拉、弹等，也包括非操作器械的技能，如唱歌、跳舞、体操等。技能达到自动化的水平叫作技巧。基本技能和技巧是教学所形成的"双基"之一。这就需要教师在备课时就按一定的知识结构和逻辑关系安排好的各种知识和概念，做出相应的练习计划，确定哪些形成智力技能，哪些形成动作技能，哪些练习须长期坚持，哪些只要一带而过，哪些应发展为技巧，哪些可以不必练习，学生也可以掌握一定动作方式。所有这一切都要做到心中有数。

(五)"一灵活"

在备课中应注意如何在传授知识的同时发展学生智力、培养学生能力的问题。这个问题，我们将在第五章展开论述。

每门学科都有灵活地发展智力和能力的任务，这就是学科能力。建构各种学科能力问题，我们将在第六章加以论述。课堂教学的重心，正是要发展学生的各种学科能力。所以，教师在备课时，应从学生实际出发，把握激发动机、唤起兴趣、发展学科能力的要领。

(六)"纵横联系"

教师备课时应常常想到四个字：纵横联系。

"纵的联系"是一门学科的各级之间的联系。假如某教师教初中一年级的数学，他在备课时应该多了解一点小学数学的内容，看看哪些知识学生已有很好的基础，哪些知识是薄弱环节；他还要熟悉初中二、三年级的代数与几何，时常想到现时所教的内容如何为未来的教学服务。为什么提出这一点呢？知识是循序渐进的，教师在上每节课时必须考虑到新旧知识的联系，学生才能温故知新。所以教师在准备新知识或新概念的引出时，必须考虑如何利用学生原有的知识或概念，尽快地纳入他们已有的知识结构中去。至于想到为未来教学服务，这不仅是提高整体教学质量的需要，也是一种师德的表现，只有有强烈事业心的教师，才会时时在备课中想到对学生负责，才会考虑到为未来的教学服务。

"横的联系"就是各学科要彼此照顾。例如，化学课中讲甲烷 CH_4 形成正四面体的空间结构，可以根据数学中几何位置，算出 C—H 键间夹角为 $109°28'$。语文教师要给别的学科多纠正错别字，如地理教师有可能将泰山的"泰"字写成"太"字等现象，当然，这方面也得请别的学科教师多谅解、多配合。以上例子启发我们在备课时多探索一下"横"的联系。前文提过的梁捷老师，她在备语文课"说明文"时，就了解到当天的数学课和物理课的讲课内容与教法，所以她在课堂上向学生提问："上堂数学课（物理课）老师是怎样组织教材的？"学生很快地联系到"说明文"。而当她向学生再次提问："这两位老师在表达教学内容时有哪些特点？"学生马上联系到说明文的特点，从而更好地掌握说明文的规律。

二、讲课的艺术

要讲好课，就得讲究讲课的艺术。衡量课堂教学的六个标准，即明确性、多样性、任务取向性、启发性、参与性和及时评估教学，正是讲课艺术的体现。讲课的基本功可以概括为五个字——讲、写、作、画、演。这五个方面是相互联系、密不可分的。教师正是用温馨而铿锵的话语，规整而有力的板书，简洁而优美的动作，娇艳而多变的画面，直观而科学的演示：

为学生心灵之夜点燃明灯，

为高足理想之路指示航向，

引导弟子勇敢地在知识海洋里遨游，

扶植贤棣茁壮地在智能大地上成长。

（一）"讲"

讲课，当然以讲话为特色。一位优秀教师，上讲台后用不了多少话就吸引住了学生。这就叫基本功，这就是艺术。而这种艺术是怎么来的呢？影响因素很多，技巧要领也不少，主要有以下几点。

1. 讲好课的三个前提

一是精神面貌，就是平时在教师中流传着的三个字：精、气、神，即精力、气势和神采。我们不是经常见到这样的情景吗？不管课前发生多少烦恼事，不管身体多么不舒服，只要一上讲台，教师的面貌就焕然一新，一下就精力旺盛、神采飞扬，甚至有"气吞山河之势"。此"奇功"从何而来？这是没从事过教师职业的人所体会不到的力量，它来自教师的职业理想。有了精、气、神，教师就能进入角色，否则，讲课艺术就得不到发挥。

二是感情投入，就是把感情融入教学的全过程，这叫真正进入角色，以情动人，移情于听讲者，引起共鸣，达到讲课的目的。我天性喜欢讲课，虽然年过古稀，可是面对上千听众，还能"声嘶力竭"。我不敢说自己的话语能"黏"住听众，但基本上能使听者注意力集中。我的挚友傅安球教授评价我的讲课特点时说："语言并不优美，普通话水平更不敢恭维，但听课者却如此入神的确使我惊讶万分。细细分析，除了内容有新意之外，主要是把自己的感情投入进去了。看来，全神贯注，把自己的感情投进去，是上好课的前提之一。"

三是激发兴趣，就是激发学生的求知欲。讲课的艺术不在于传授的知识，而在于传授知识的前提——激励、唤醒和鼓舞。《论语·雍也》中孔子曰："知之者不如好之者，好之者不如乐之者。"兴趣在学习中是最活跃的因素，是带着情绪色彩的认识倾向。要激发学生听好课，进而去勤奋自强、努力学习，教师必须要以兴趣为内在的"激素"。沈元是大数学家陈景润的中学数学老师，当年他向学生介绍200多年来难住无数数学家的"哥德巴赫猜想"时说："自然科学的皇后是数学，数学的皇冠是数论，哥德巴赫猜想则是皇冠上的明珠。"这些话语激发了陈景润的浓厚兴趣，从此，陈景润开始了摘取数学皇冠上明珠的万里征程。这就是古人所说的"知之必好之，好之必求之，求之必得之"的道理。

2. 讲课的语言要求

过去有一种习惯的说法，叫教师是吃"开口饭"的，这话有一定的道理。因为讲课离不开语言，这是教师职业的一个特点。上海的教师中间流传着一句名言："愿你的语言'黏'住学生。"他们用"确切、明白、简洁、通俗、优美、形象"十二个字来表示对教学语言的基本要求①，这里结合我自己的想法来谈谈感受。

"确切"是指语言要符合科学性。知识的问题是个科学问题，因此教师讲课必须是科学的、准确无误的，那些模棱两可、含糊其词的语言都会直接影响讲课的效果。

"明白"是指语言要有逻辑性。语言是思维的工具，它讲究逻辑方法，因此教师讲话必须要符合逻辑、主次分明、注意规范、讲究条理，切忌头绪混乱，语无伦次。先讲什么，后讲什么，怎样开头，怎样结尾，怎样过渡，教师应该在这些程序上下功夫，使讲课井然有序、条理清晰，使学生容易抓住教学内容的主线。同时，教师讲课还可产生启发性，由于语言组织得好，逻辑性强，讲了上句，必然让学生想听下句。

"简洁"是指语言要精练与简约。课堂上的语言是一种口头语言，教师讲课作用于学生的听觉，瞬息即逝，因此应该用少而精的语言阐明至善至美的道理。如果啰啰唆唆、拖泥带水，就会影响学生对重点的掌握。

"通俗"是指语言要大众化。教学语言应该让学生一听就懂，因此教师讲课必须语言清楚。如讲好普通话是个先决条件。如果方言腔过重，学生听不懂，讲课内容再好，教师讲得再生动，也是没有效果的。

"优美"是指语言的直观性。教学语言必须是加工了的口头语言，要求有和谐的节奏。因此，教师讲课时在语音方面，要掌握好抑、扬、顿、挫，不能总是一个语调，这样学生不爱听，而且容易发困，教学效果不好。

"形象"是指语言中抽象成分的具体化。教学语言应激发学生丰富的想象力和强烈的求知欲，唤起他们对真善美的共鸣。因此，教师讲课要形象，能使知识由近及远、由浅入深、由静止变为动态，这样讲课使学生不仅能更好地理解知识的实质，而且能得到美的熏陶。

3. 提倡多种授课方法

课堂上的"讲"，方法应是多种多样的。

---

① 易定恩、田齐林:《现代教育与教学研究》，64 页，北京，中国广播电视出版社，1999。

按照教学的要求，可以是讲授式，也可以是谈话式，还可以是读书指导式、探究式、项目式等。同样是讲授，对教材进行系统地讲述和说明，称作叙述；对概念、定理、法则或某些问题进行解析和论证，叫作解释；对课文边讲边读，视为讲读；对一个完整的题目，连贯地进行分析、论证和说明，可谓讲演。

对不同年级的学生，有不同的讲法。所讲的内容与形式，都要符合学生的年龄特征，凡是超过他们理解水平的东西，最好不要给他们讲。

不同的学科，讲的方式方法也不尽相同。文科要求讲得生动活泼一些，理科则更多地要求严密的逻辑性。用语文课的讲授方法去教授数学，就不一定适用。

课堂教学，更要提倡多一分灵活性。备课固然是上好课的前提，但讲课绝不是生搬备课的内容去"照本(这里指备课本)宣科"，而是应该提倡有教学机智，灵活运用。在一定意义上说，灵活的讲授是教师在教学中监控能力的表现。如前所述，这种监控能力表现在三个方面：一是在讲课前对自己的教学内容要事先计划安排，组织好教学语言；二是在讲课中对自己的实际讲话活动进行有意识的监察、评价和反馈，这就是讲授中的"知其然，又知其所以然"的表现，也是教学机智的表现；三是在讲课后对自己的讲授活动进行调节、校正和有意识的自我控制，便于下一堂更好地发挥讲课的艺术。

(二)"写"

"写"就是板书，上课要善于运用板书。"字若其人"，板书不仅表现出一位教师教学的基本功，而且也体现教师的教学态度乃至性格。

首先教师要在写字水平上下功夫，尤其是到一个新班上课，字写得好，学生就会很佩服。

其次是板书设计。我们要求把字写好，当然，这不是主要的。字不太漂亮，工整还是可以做到的，主要还是板书如何处理。教师备课时，要考虑板书设计。有经验的教师会把板书分为主体板书和辅助板书，处理得非常细致。主体板书在黑板右边(教师板书时的左边，约占黑板的三分之二)，主要把标题、重点、难点、内容要点和结论书写出来，包括公式、性质、例题、一、二、三……循序出现。辅助板书

（约占黑板的三分之一），主要用于说明疑点，凡是讲新课带有旧知识或疑难字、解释字都写在黑板左边（教师板书时的右边），可以随时擦去。黑板原则上是写白字，彩色粉笔一般不能多用，如果用了则要起到画龙点睛或提纲挈领的作用。主体板书中掺杂使用一些有色粉笔，主要是告诉学生：红的地方是这一堂课的重点，蓝的是引起注意的地方。整个板书是这一堂课的提纲。

最后是板书的心理学依据。我们上述板书的设计，依据的是知觉心理学的原理，黑板是背景，板书是对象，背景与对象对比鲜明，学生一目了然，起到加深知识记忆的作用。

我到全国各地讲学时，都恳切地提醒中小学教师要重视板书，尽量按正确板书的设计做到清晰、规整和有条理。要是教师的板书东斜西歪，学生写字则会"龙飞凤舞"，这都是模仿的结果。

（三）"作"

所谓"作"，顾名思义是指动作。集中反映了教态，教态在教师讲课中起着很大的辅助作用，表现在眼、手、身的动作上。

眼的动作就是要盯住学生。例如，教师看到学生在上课时随便说话，就向他摇摇头，学生就明白上课不能说话，教师的动作就起了作用。眼睛是最能传递思想感情的，还能唤起学生的共鸣。有的教师不注意看学生，站在讲台旁，对着窗户讲，甚至双眼朝着天花板，这样就不能引起学生共鸣。

手的动作也很重要，打手势能起到辅助讲解的作用。比如一位老师教语文，讲"袖手旁观"一词，就两手一抄袖，往黑板旁边一靠，他不用再讲，学生就能懂，记得也牢。

身体的动作也是很重要的，例如是否"串行"教，要按照具体教学内容、学生年龄等而定，不应要求千篇一律。

教态既表现出一位教师的教学功底，又直接影响教学效果。有一位姓纪的老师来上初二年级的几何课，当全体学生起立时，他也笔直地站立着，问学生："我姓什么？"对于教了两个月的老师如此提问，大家都十分惊讶，但也不敢议论，于是齐声脱口而出："纪。""请坐！"纪老师行完礼，吩咐大家坐下，只见他也装出一副"坐下"的姿势，问："我姓什么？"同学们更惊奇了，又回了一个"纪"。纪老师假装一个回头板书的动作，又问："我背朝大家该姓什么？"同学们你看看我，我看看你，一声声不耐烦的"纪"字道了出来。只见纪老师双手一合，装出一个睡觉的姿势问："我又该姓什么？""纪、纪、纪！"……此时此刻，纪老师突然变得严肃起来。"我站着姓纪，坐着姓纪，背着你们姓纪，睡觉时还是姓纪，对吗？"毕竟是刚上初中二年级的学生，看到老师如此严肃，谁敢说一个"不"字。纪老师拿起了直角板，比划出"◣""◢""◹""◸""◥""◿"六种图形，分别问："这是什么三角形？"齐声回答"直角三角形"，可是回答者却越来越少，声音越来越低。纪老师说："昨天，我出了一道题，问上述六种三角形是什么三角形，可是……请问什么是直角三角形？"一名学生举手回答："有一个角是直角的三角形，是直角三角形。"只见他调皮地补充了一句，"在一个三角形里，不可能有两个直角"。大家都被逗乐了，纪老师微微地一笑，说："以后千万别把趴着睡觉(◥)和仰面睡觉(◿)的直角三角形排斥在直角三角形之外啊！"这堂课是 1955 年我上初中时听的一堂几何课，至今记忆犹新。纪老师当年的教态动作，就是运用心理学的"变式"，让学生掌握直角三角形的概念。中老年人爱怀旧，今天当我们老同学相聚时，居然有老同学用拇指与食指比作直角三角形，冲着我们发问"这是什么三角形"。可见，纪老师当年的教态及其效果，给学生留下的印象是何等深刻啊！

(四)"画"

"画"，指的是教师在讲课过程中，应及时画出图表、状物，按学生思维发展的年龄特点，提供具体形象的材料。语文课讲《赤壁之战》，有地点、时间，教师画出图表，就容易讲清时代背景和战争概况。数学、物理的教学，更离不开"画"。"画"就是为了学生将知识变成自己头脑中的形象，便于形成基本概念。

(五)"演"

"演"，即演示。小学的自然，中学的物理、化学和生物的课堂教学需要使用直观教具。要是没有直观教具，学生往往会脱离感性基础，难以理解和掌握。演示不仅指直观教具，教师的示范同样起演示作用。如语文的朗读教学，教师语调抑扬顿挫，富于感情，这也是一种演示方式。

这里强调的"演"，应涉及计算机辅助教学。起初，计算机在学校主要用作教学的手段，以帮助学生提高学习的效率。20世纪80年代以后，计算机辅助教学形式包括：①操作与练习；②个别辅导；③演示；④模拟教学；⑤解决问题和教学游戏；⑥教与学的工具。教师的教学现代化，当然包括掌握现代化教学技术，特别是要掌握操作计算机辅助教学活动的技术。

讲、写、作、画、演的相互配合，形成一个教师课堂教学的基本功，是上好一堂课的基本条件之一。

三、处理好课堂教学的几种关系

要取得课堂教学的良好效果，必须处理好其中一系列的关系，根据总结优秀教师与我们课题组教师的经验，应该抓住以下几方面的关系。

(一)处理好德、智、体、美、劳的关系

处理好德、智、体、美、劳的关系，是教学原则的要求，一般要求教师在课堂教学上贯彻"爱、关、严、辅、培、引"六个字。

"爱"就是从爱护学生的观点出发。课堂上教师任何申斥、挖苦、讽刺，甚至谩骂的行为，都是不对的。粗暴产生粗暴，仁爱产生仁爱。课堂的气氛需要多几分爱护、鼓励、同情和期待，这是我在课堂教学中的体会。

"关"就是关心学生，包括学生的思想、学习、生活、体育锻炼。只有教师真正关心学生，师生关系才能搞好。

"严"就是严格要求。"严师出高徒"是有道理的，学生的毅力和认真作业都是在"严"字下形成的。当然，严与爱是统一的，构成"严慈相济"，"严在当严处，爱在细微中"。这是重要的教育手段，也是我对待学生的原则。

"辅"就是课上课下，对不同程度的学生进行有针对性的辅导，因材施教。

"培"就是培养学生的智力，这是在课堂上一点一滴培养起来的。

"引"是注意智育与体育的关系，引导学生积极参加体育活动，注意卫生保健，对学生看书、写字、坐、立、听讲、回答问题的姿势都要注意。课下作业不宜过多，过多的作业会增加学生负担，影响学生的健康，这一条成为我们课题组的共识。

为了处理好课堂教学中德、智、体、美、劳的关系，我们课题组下了很大的功夫，例如，北京五中特级教师梁捷老师编写的《美育之光》，反映了我们课题组对课堂教学中德、智、体、美、劳关系的探索。为了更好地在语文教学中体现美育的要求，吴昌顺、梁捷等老师为教师朗读课文选了近200首曲子，以便配乐朗读（诵）。曲子的美、课文的美、教师朗读的美，给学生一种全新的学习体验，不仅激发了学习兴趣，达到阅读课的要求，而且能增加美育的内容。

（二）处理好讲和练的关系

讲、练是两种教学方式。讲和练如何结合呢？一种是"精讲多练"，强调精讲后要让学生多练；另一种是"精讲精练"，强调的是精讲后要让学生有示范性、代表性地练；再一种就是"讲而泛练"，意思指有的内容通过讲述，泛泛一练或不练，只要明白就行了；还有一种是"精讲不练"，只要讲得好、讲得精，学生不练也能掌握其实质及要领。这四种提法来自不同教学内容，归纳起来，我们总结其为"精讲善练，讲练结合"。也就是说，讲课无论何时都要精讲，一个学生学很多门课，如果教师都要旁征博引，必然喧宾夺主，学生听得热闹，而收效甚微。精讲有利于记忆，练习多少，要看教学内容、课程性质。不管如何练，目的都是引导学生去实践、去思考，使他们的知识转化为技能技巧，锻炼他们的智力与能力。如果把"多练"理解为"练得越多越好"，无限地加码；把"精练"理解为"练得少一点"，于是对习题作业不加挑选，使学生无法去理解解法、程序、规范，无法起到"解剖麻雀"的作用，这都达不到练习应有的目的。

(三)处理好尖子学生与一般学生的关系

因材施教不是搞复式教学,教学要面对大多数学生。什么叫好课?大多数人听得懂,大多数学生掌握了就是好课。当然,课下要根据学生的接受程度进行辅导,对尖子学生的辅导是课堂教学的延伸;对一般学生的辅导是课堂教学的继续。这是不可缺少的两个环节,但必须放在课下。

(四)处理好留作业与批改作业的关系

作业的批改一定要讲究实效,虽然作业有抽收全改、抽收抽改、全收全改等多种办法,但教师总忙于作业之中,实际效果并不好。因此,作业的批改一定要加强课堂的订正,讲清题目的要求、思路、解法。此外,有些作业,例如数学课的"编题",语文课的"编报",可以让学生进行互评。

(五)处理好课内与课外、校内与校外的关系

我是同意教育家吕型伟先生"第二课堂"的提法的,所以在第一章里强调课内外、校内外互补。这既能进行社会实践教育,又是搞好课堂教学的一种重要手段。因为课外、校外活动的内容丰富多彩,形式生动活泼,方法灵活多样,所以能增加学生的感性经验,满足学生多方面的需要,发展学生的兴趣爱好,培养学生某方面的才干,从而提高教学的质量。我们实验点多年来课外、校外活动搞得较出色,所以收获有关奖项颇多,表演团体的名声也较大。从中我体会到,把课内课外、校内校外关系处理好,不仅体现教师的基本功,还把师爱延伸到了课堂之外。

(六)处理好教与学的关系

1. 教与学中的双主体地位

教与学的关系,我同意表3-1的表示方法,提倡双主体地位。

表 3-1 教与学的关系

	主体	客体	媒体
教	教师	学生	知识
学	学生	知识	教师

在教的过程中，教师是主体，因为教师是教育目的的实现者，教学活动的组织者，教学法的探索者；教师起的是主导、领导和调动学生积极性的作用，是学生能否获得知识经验的关键；教师能加速或延缓学生心理发展的进程，合理而良好的教育是推动学生内因变化的条件。在学的过程中，学生是主体，因为学生是教育目的的体现者，是学习活动的主人，是学习过程积极的探索者；学生起的是发挥主观能动性和内因的作用，学习成绩的好坏，学习水平的高低，智能与品德形成的程度，根本上取决于学生的内因。

2. 授之以"鱼"不如授之以"渔"

教的目的是学生的学。学生要学得积极，才能收到好的效果。教师讲得口若悬河，学生充耳不闻，心不在焉，还是达不到目的。现在学校里，学生学习有四种情况，一种是爱学的，一种是混学的，一种是闹学的，一种是逃学的。当然第一种是多数，少数学生因为学习不得其法学不进去，随着年级的升高，差距越来越大，所以教师应根据各年级学生和学科的特点，教会学生掌握学习方法。我坚持的观点是：教学，即教学生学会学。教学如仅授之以"鱼"，这远远不够，还须教会学生"渔"的本领，即教会学生学习。学习的方法，就是眼、耳、心、口、手都要劳动。尤其是心，主要指思维，即大脑活动，这是关键。子曰："学而不思则罔，思而不学则殆。"程颐曰："为学之道，必本于思，思则得之，不思则不得之。"对于眼、耳、心、口、手组成的学习方法是怎样进行的呢？有人将它归纳为七个字：看、听、记、写、问、忆、练。

"看"就是预习、准备，听课时的效果就更好些。

"听"就是积极主动地听。不能感兴趣的就听，不感兴趣的就不听；也不能会的就听，不会的就不听。只有听懂了，才能记住。

"记"要记住教师讲的重点，这就要求教师要精讲，要突出重点。

"写"就是认真记笔记。

"问"即勤学好问，现在的学生不爱问，或见教师就说："老师我不懂。"教师要启发他们："哪儿不懂?"问有三问：一是问自己，二是问同学，三是问老师。三问相结合，知识就变成自己的了。

"忆"是记忆，这是记忆力的问题，教师要随着学生年龄的增长，逐步使学生学会"咀嚼、反刍、消化"六个字的记忆术。咀嚼就是不要整吞整咽，要回忆老师今天讲了什么，哪些是重点；反刍就是联系旧的知识，把旧知识翻出来和新知识联系起来以求理解；消化是在咀嚼、反刍的基础上归纳，演绎，比较，总结。

"练"不单是练技能技巧，眼、耳、心、口、手都要练。朱熹在《五种遗归·童蒙须知》中曰："余尝谓读书有三到，谓心到、眼到、口到。心不在此，则眼不看仔细。心眼既不专一，却只漫浪诵读，决不能记，记亦不能久也。三到之法，心到最急。心既到矣，眼口岂不到乎?"

通过上述学习方法，教与学就能统一起来，知识与智能就能有显著的进步。

教学基本功是教师的基本能力和基本教学能力，教师教学能力的发展应体现一名教师从新手到专家的动态成长过程，而且这一过程并不仅是能力维度值的增加或实践领域的积聚，更是一个在能力上不断自我超越和层级递进的质变过程。教师要在基本能力的基础上，不断提高自身的教学设计能力、情境创设能力、提问解释能力、探究教学能力、合作论证能力、评价总结能力、迁移应用能力、教学反思能力、教学研究能力、教学创新能力等，探索超越现有教学内容、方法与条件，以新颖的教学方式与手段，更好地完成教学任务，在教学理念、教学模式、教学方法、教学技术应用等方面不断创新，成为一名专家型的教师。

第四章

一切从学生实际出发

平时我们常说"一切从实际出发"，这是一条重要的哲理。要做好学校教育工作，就要一切从学生实际出发。这正是"一切从实际出发"在教育工作中的体现。为了更好地从学生实际出发，我们必须要了解学生。了解学生，是做好教育工作的前提。

一、什么叫学生

高震东先生曾谈到了学生的概念"学生活的知识，学生存的技能，学生命的意义"。他巧妙地将学生"动词化"，变成"三学"的学生定义，我认为这是有道理的。此外，我想扩展一下其含义。

学生的首要任务是学习知识，这是毫无疑问的，它由教育的文化功能所决定。所谓知识，是指人们在社会实践中积累起来的经验。而生活，恰恰是指人们的各种活动，如政治生活、经济生活、社会生活和文化生活等。因此，知识在一定程度上就是各种生活活动的经验。生活知识是重要的，当人们处世行事时，正确运用知识就意味着力量。生活知识既关系到民族和社会的兴衰，同时也关系到个人发展的成败。尤其是人类社会逐步进入知识经济时代，知识对我们显得尤为重要。所以，学习生活知识是学生的第一个含义。《论衡·实知》中王充曰："人才有高下，知物由学；学之乃知，不问不识。"陆九渊在《好学近乎知》中说："学果可以致明而致知，则好学者可不谓之近智乎。"这是非常有道理的。学生只有掌握了生活知识，才能有知有识，否则就会感到"不学无术"。

生存是生活的另一种解释。所以"学会生存"也必然构成对学生含义的一种精辟分析。联合国教科文组织国际教育发展委员会于 1972 年推出被誉为当代教育思想发展中一个里程碑的《学会生存——教育世界的今天和明天》的报告。尽管这本著作着重论述了当今世界教育面临的挑战与主要倾向，指出了关于实现教育革新的一个策略和途径以及最终走学习化社会的道路问题，但也阐明了学生学会生存的途径。"我们再也不能刻苦地、一劳永逸地获取知识了，而需要终身学习如何去建立一个不断演进的知识体系——'学会生存'。"①这里倡导终身学习而建立的"知识体系"，可理解为广义的生存技能。从生存技能的内涵来说，它包括知识、技能、技术、能力等，甚至涵盖今天我们讲的德、智、体、美、劳等素质全面发展的要求。没有这种知识技能体系，学生未来的生存是十分困难的，所以要加强生存技能的训练。

教育的根本目的在于教会学生做人，因此，"学生"含义的灵魂是学习生命意义，而生命意义的核心则是"崇尚道德"。古今中外的政治家、思想家、教育家，无不把德育放在诸育之首就是这个道理。孟子主张学生要有"至大至刚"的"浩然正气"，追求崇高的人格精神；韩愈在《师说》中将"传道"放在"授业"与"解惑"的前边；1949 年以后，我们国家长期坚持"学校应该永远把坚定正确的政治方向放在第一位"；邓小平同志还强调培养有理想、有道德、有文化、有纪律的"四有新人"。"四有"是统一的，统一在有理想、有道德的基础上，这理想与道德正是学生应持的生命意义。学习生命的意义是今天教育家们的共识，上海交通大学有位老校长唐文治教授的题词写道："欲成第一等人才，必先砥砺第一等品行。"这正是启发学生学习生命的意义。

学生活的知识、学生存的技能和学生命的意义，证实了我们在第一章开头的观点：受教育者——学生，以其接受教育影响后发生合乎目的的发展和变化，来体现教育"促进人的发展"过程的完成。这种完成教育过程的"三学"是相辅相成的，生命意义是学生学习生活知识、生存技能的动力，因此我认为教学生学，最终目的还在于教其学会做人。而生活知识与生存技能则是通向生命意义的阶梯。所以，我深

———————

① 联合国教科文组织国际教育发展委员会：《学会生存——教育世界的今天和明天》，北京，教育科学出版社，1996。

信没有知识是不会领会生命的真正意义的，愚蠢的人是不可能有德行的。正如韩婴所云："玉不琢，不成器；人不学，不成行。"

二、把握教育工作的出发点
——掌握学生心理发展的基本规律

任何工作，要想取得成功，就要按照客观规律办事。教育工作也不例外。要做好教育工作，就必须按照教育的客观规律办事，不能搞主观主义。教育工作有不少客观规律，其中有两个方面很重要：一个是社会规律；我们要按照我国的教育方针政策办教育，发展素质教育，正是来自社会规律的要求；另一个是学生的心理规律，因为教育的对象是人，人都有心理活动，有心理活动的规律。在教育的方针政策确定之后，教师如何对学生进行教育，如何编排教材，采取什么教育方法，怎样培养学生全面发展等，就不能不考察学生的心理规律，盲目行事是不行的。掌握学生心理发展的基本规律，应该作为我们教育工作的出发点。

学生的心理是如何发展的呢？学生心理的发展，有其内部固有的一种本质的必然联系，这就是学生心理发展的基本规律。我的恩师朱智贤教授早在20世纪60年代初，就根据国内外儿童、青少年心理学的研究成果，把学生心理发展的基本规律概括成四个问题：一是先天与后天的关系；二是内因与外因的关系；三是教育与发展的关系；四是年龄特征与个别特点的关系。① 这四个问题系统地揭示了学生心理发展的基本规律。这四条规律自始至终制约着学生心理发展的全部过程，并为我国心理发展的研究和教育工作提供了理论基础。

(一)先天与后天的关系

学生的心理发展是由先天遗传决定的，还是由后天环境、教育决定的？这在心理学界争论已久，在教育界及人们心目中也有不同的看法。

---

① 朱智贤：《儿童心理学》，北京，人民教育出版社，1962。

遗传是一种生物现象，遗传传递着祖先的许多生物特征。遗传的生物特征主要是指与生俱来的解剖生理特征，如机体的构造、形态、感官和神经系统的特征等。

良好的遗传因素无疑是心理正常发展的物质基础和自然前提。没有这个条件是不行的，所以遗传是心理发展的生物前提。从我们自己的研究中可以看到，遗传在学生心理发展上的作用主要表现为以下两个方面。

第一，遗传通过天赋影响智力的发展。天赋是一种生理因素，是人先天的解剖生理特点，主要是感觉器官和神经系统的特点，是智力发展的生物前提。例如，生来聋哑的人不可能成为歌唱家。我在实验中看到，遗传因素相同的同卵双生子，比起遗传因素不尽相同的异卵双生子，在思维能力、记忆能力、语言发展和智力品质的敏捷程度、灵活程度与抽象程度上，具有更相似或接近的水平。而我们了解这些，对于做好学校教育工作是有益的。我们的中小学教育是基础教育，从小选拔人才、培养人才是十分重要的。例如，一些学生有音乐方面的生理优势或天资，他们的手指长些，手指动作灵活些，如果有条件，培养他们弹琴不是很好吗？有的学生嗓音好，声音清脆，培养他们成为歌唱家岂不是很有利吗？一些学生具有一定体育运动项目发展的生理优势，不妨在体育上有意识地培养他们。

第二，遗传通过气质类型的因素影响个性心理特征的发展，特别是通过气质影响人的情绪和性格。所谓气质，是人的神经类型表现，它有强与弱之分，有灵活与不灵活之分，有平衡与不平衡之分。气质类型表现出个性的特点，且影响人的性格乃至品德的发展。我们从事中小学教育工作的人，要了解这些规律及其表现。例如，学生的气质类型，有平衡而灵活的多血质，强而不易抑制的胆汁质，迟缓又自制的黏液质及弱型的抑郁质等类型，虽然不是他们情绪情感和性格发展的决定条件，却是教师和家长必须注意的。气质类型对情绪情感和性格起一定影响作用。我们曾接触过一个中学生，他上课管不住自己，一批评就发火。经过调查，这个学生从小易兴奋、激动，上小学二年级时，一次他在家点炉子，遇到刮风吹灭了两根火柴，他当即火了，发誓第三根火柴再点不着把炉子劈了，果然第三根火柴又被风吹灭了，他一怒之下，拿起斧子将炉子劈了。类似这样的学生，如果他管不住自己，靠"压服"定然无济于事。可见，我们日常的"个别生"中，有的往往"特殊"或"个别"在他的气质上，要顾及学生的气质类型；同时，又要根据他们不同的气质特点，发展其良好的情绪和性格，这也是"因材施教"的一个方面。这个砸炉子的学生，在中学阶段遇到了一位善于说服教育的班主任，她循循善诱，晓之以理，动之以情，正面教育，经过几年的训练和塑造，这个学生逐步能控制自己的情感，在品德上表现良好，顺利地完成了中学的学业。

因此，我们应当恰如其分地应用遗传在心理发展上的作用。不承认遗传的作用，不是正确的态度，但过分夸大遗传的作用，同样是错误的。教师要正确对待遗传因素造成的学生心理发展上的差异，采取一些特殊的、适合于他们特点的办法，及时做好工作。

学生心理发展是由他们所处的环境条件和教育条件决定的，其中教育条件起着主导作用。如果说遗传是心理发展的生物前提、遗传提供中小学生心理发展的可能性，那么环境和教育则把这种可能性变成学生心理发展的现实性。智力发展如此，性格发展也是这样。例如，气质本身并无好坏之分，它总是在人的社会活动中表现出来并获得一定的社会意义，成为人的积极的或者是消极的性格。胆汁质的人性急，可以发展为勇敢的性格，也可能表现为冒失；多血质的人灵活，可以发展为活泼机智的性格，也可能表现为动摇，有"冷热病"；黏液质的人迟缓，可以发展为镇定、刚毅的性格，也可能表现为顽固、呆板；抑郁质的人敏感，可以发展为爱好思索的性格，也可能表现为疑心重重。因此，教师要掌握自己学生气质类型的表现，积极引导，使之表现在适当的场合，对社会有良好的影响，从而成为优良的性格特征。

教育条件在心理发展上起着主导作用。社会生活条件在人心理发展中的决定作用，常常是通过教育来实现的。教育是由一定的教育者按照一定的教育目的来对环境影响加以选择，组织成一定的教育内容，并且采取一定的教育方法，来对受教育者心理实施的有系统的影响。教育的主导作用，与教师的能动作用是分不开的。在一定意义上说，教育的主导作用，主要是体现在教师的主导作用上。我们做过调查，发现中小学生的智力发展水平在很大程度上取决于教师的教学。例如，我们在实验点的数学教学中突出了思维的智力品质的培养，不仅教学时间缩短了，而且学生的智力也有了突出发展。智力如此，品德发展也是这样。我们曾调查研究了50个中学的先进班集体，看到先进班集体形成的根本原因，在于班主任所做出的主观努力和辛勤劳动——主要是班主任善于通过集体力量让学生形成正确的舆论、信念、情感、意志和行为习惯。这种集体力量促使大部分学生形成良好的品德，调动广大学生的学习积极性，提高学习成绩，促进德、智、体、美、劳诸方面的发展。由此可见教师的主导作用是明显的。

我们了解先天与后天的关系，是为了适当顾及先天的因素，创造有利于学生身心发展的环境，促使他们更好地成长。

(二) 内因与外因的关系

环境和教育是心理发展的外因或外部条件，学生的心理发展需要通过主体的活动和心理发展的内因来实现，这就是心理发展的动力问题。

什么是心理发展的内因或内部矛盾呢？一般认为，在学生积极活动的过程中，社会和教育向他们提出的要求所引起的新的需要和他们的原有心理水平或心理结构之间的矛盾，是心理发展的内因，或称为心理发展的动力。

学生心理发展的内部矛盾，是他们通过实践活动而产生的。例如，实践活动越广泛、越深入，主客体的接触就越频繁，人的心理生活越丰富，越富于现实性；相反，那些脱离现实，深居简出的人，必然孤陋寡闻，不易形成丰富的心理生活，且容易形成孤僻的性格。

在心理发展的内部矛盾中，新需要是心理发展较活跃的因素，是动机系统。需要是人对客观需求或要求的反映，是一种特殊的心理现象。它常常反映在一个人的动机、目的、兴趣、欲望、理想、信念等表现形态上。需要的表现形态，是引起心理活动的原动力，因此是动机系统。在学生心理活动中，需要经常代表着新的、比较活跃的一面；加上事物总是在不断发展着，主客体的关系也在不断发展着，所以需要的内容和各种形态的表现总是不断改变着、斗争着和发展着。为了促使中小学阶段学生的心理更好地发展，教师必须注意他们的各种需要及动机、目的、兴趣、爱好、理想、信念的特点和倾向，确保他们的动机正确、健康。

原有的心理水平, 即原有心理结构, 是过去反映的结果, 它包括: 旧有的认识过程(特别是智力的水平); 旧有的情感和意志过程的水平; 旧有的个性特点; 原有的知识经验的水平; 所处的年龄特征与个性差异; 当时的心理状态(注意状态和精神状态等)。原有心理水平或原有心理结构, 是心理发展中稳定的一面, 它是心理的旧有的基础。有了新的需要才会与原有的心理水平发生矛盾, 矛盾解决了, 心理水平也就提高了。是否所有正确的要求都能引起学生心理发展的内部矛盾呢? 答案是不一定。例如, 我们的德育要求, 往往与社会风气有差距, 往往与少数学生在不良社会风气影响下而形成的其原有的品德水平的差距太大, 于是我们的正确要求便与之产生了矛盾, 由于原有的品德水平否定了新的需要, 于是学生的心理发展暂时停滞不前。这是造成少数学生进步不大的原因之一。所以我们要考虑到他们原有的基础, 以便有的放矢地搞好教育, 也就是说, 要求要适宜。

什么是合适的要求呢? 过易的或过难的都不适宜。如教学中老师讲得太浅, 教材内容低于或只是接近学生心理发展的原有水平, 这样就激发不起他们对这门学科或这一部分教材的兴趣, 也就激发不起他们对学习知识或接受新的教育要求的热望。而他们不能产生新的需要, 心理也就难以得到发展。如果教育的要求过难, 或是较远地超过学生的原有水平, 这样会造成学生对要学习的知识或教育要求"望而生畏", 同样也激发不起新的要求。所以, 任何教育或教学必须有一定的难度, 这种难度必须高于他们心理发展的原有水平, 经过他们的主观努力又能达到这个难度。这样的教育要求, 才是最适宜的要求, 这就是"跳一跳才能摘下果子"的道理。也就是说, 为了促进学生的心理发展, 教师要不断地向他们提出有一定难度但又合适的要求, 以适合于他们原有心理的要求, 使他们有努力的方向, 促使他们新需要的产生, 从而推动他们的心理发展。因此, 教师的一切教育工作, 必须从学生的实际出发, 即从原有心理的水平或结构水平出发, 从而更好地选用教材、内容和方法等, 这是不可忽视的。

(三)教育与发展的关系

教师的教育任务之一, 是最终促进受教育者的心理发展。从教育措施到心理发展是怎样实现的呢？它是以受教育者对教育内容的领会或掌握为中间环节，经过一定量变和质变的过程。

教师经过教育和教学，使学生逐步领会知识、掌握经验，这是十分重要的。领会的知识和掌握的经验，从内容上说，有思想道德方面的，有学科知识方面的，等等；从形式上说，有基本知识（包括基本概念），有基本技能（基本技巧）。领会和掌握知识经验，是从教育到心理发展（如智力的发展和品德的发展等）的中间环节，对心理发展来说，是一个"量变"的过程，是心理发展"质变"的基础。简言之，可以用图 4-1 表示：

图 4-1 教育到心理发展的过程

从图中可以看出，心理发展绝不能仅停留在知识经验的领会和掌握上。例如，品德的发展，不光是指道德认识的增多和道德认识的提高，尽管道德发展要以一定的道德认识为基础，但品德的发展，是指道德认识、情感、意志和行为全面发展，更重要的是提高道德信念，形成道德习惯。又如，智力的发展，尽管离不开知识经验，但它不光是指基本知识和基本技能的提高，更重要的是发展观察、记忆、思维、想象、语言等能力和操作技能，特别是思维品质等。因此，教育和教学的目的，不仅仅是使学生领会和掌握知识经验，更重要的是应该发展学生的品德和智力，即学生心理发展，当心理上发生变化，才是从教育到心理发展的质变过程。

知识经验的领会和掌握与心理发展的关系是从量变到质变的关系，两者之间是有密切联系的。例如，道德认识不完全是品德，道德认识的高低，并不一定意味着道德行为习惯的好坏。学生的说和做，即言和行的脱节是常见的，尽管言行脱节很复杂，原因也很多，但说总比做要容易些，因为做的过程中要克服种种困难，要有意志的努力，所以比说显得难得多。然而，道德认识是品德的一个组成部分，道德认识、道德情感和道德意志、行为习惯之间是相辅相成的。认识的提高常常是品德发展的一个开端，道德认识往往是形成道德行为的动机；道德行为的实施又促进道德认识的进一步提高。又如,知识技能和智力的关系是目前教育学界、心理学界讨论的课题之一。知识技能不等于智力,知识技能的高低,并不一定意味着一个学生智力的高低,但知识技能与智力也是相辅相成的。智力的发展是在掌握和运用知识技能的过程中完成的,试想,一个不学习、不训练、什么事情都不做的人,他的智力怎么能得到发展呢?知识和技能是智力发展的基础,也就是说,智力的水平取决于学生所领会的知识和掌握技能的多少。同时,智力在一定程度上又制约着知识技能可能取得的成就,发展学生的智力能促进"双基"的提高。

(四)年龄特征与个别特点的关系

年龄特征,它包括生理年龄特征和心理年龄特征。这两者是密切联系、相互影响的。所谓心理年龄特征,是儿童和青少年在一定社会和教育条件下,在心理发展的各个不同的年龄阶段中所形成的质的心理特征。

首先,心理年龄特征,是针对心理发展的阶段性而言的。儿童从出生到成熟,大致经历了六个重大时期:乳儿期(0~1 岁,或称婴儿早期)、婴儿期(1~3 岁或称婴儿晚期)、幼儿期(3~7 岁)、学龄初期(相当于小学阶段,或称童年期)、少年期(大约为初中阶段)、青年初期(大约为高中阶段)。这些阶段是连续的,同时又是相互区别的,一个时期接着一个时期,新的阶段接替旧的阶段,不能超越,也不能倒退。从发展趋势看,各种心理现象,在各年龄时期或阶段的次序以及时距大体上是恒等的。

其次,心理发展的年龄特征,是儿童和青少年心理发展在一定年龄阶段中的那些一般的、典型的、本质的特征。所谓"一般",就是指"非个别";"典型",就是指有代表性;"本质",指不是"现象"。

再次,心理发展的年龄特征还表现在每个年龄阶段会出现"关键年龄"。心理发展有一个从量变到质变的过程,有一个由许多小的质变构成一个大的质变和飞跃的过程。每一个心理发展过程或个性特点都要经过几次飞跃或质变,并表现出一定的年龄特征,这种年龄特征的形式,叫作关键年龄。我们自己的一些研究表明:小学阶段,四年级是学生思维(智力)发展的关键年龄,也就是说,四年级是具体形象思维向抽象逻辑思维发展的一个转折点；三年级是学生个性和品德发展的关键年龄，学生的主动性明显提高，他们中间的男女界限出现、个别"乱班"的出现往往于三年级开始。中学阶段，关键年龄在八年级。八年级既是中学生思维发展过程中的转折点，也是品德发展过程中的转折点。八年级在思维发展过程中是个重要时期，七年级与小学高年级的思维类型还相差不多，而八年级则是逻辑抽象思维新的起点，从这个时期开始，逻辑抽象思维开始从经验型逐步向理论型发展。因此，八年级是中学生逻辑抽象思维处于质的"飞跃"时期。八年级在学生的品德发展过程中也是个重要时期。中学阶段的"乱班"往往产生于八年级，学习成绩的"分化"产生于八年级，中学生品德进步或走下坡路，也常常发生在八年级。思维的质变是既与生理有关，又与学习有关；而品德发展的"飞跃"却更多地与教育的地位和作用密切相关。当然，也不能将关键年龄绝对化了，关键年龄往往来自于教育，所以，认为"过了这个村就没有那个店"，夸大关键年龄的作用是没有必要的。

此外，在中小学生心理发展的过程中，有一个成熟期。这个成熟期一般在十年级末期、十一年级初期，到了成熟期，每个人的心理过程和个性特点等就基本定型了，并保持相对的稳定性。北京市有几所中学做过追踪调查，发现初三毕业报考高中的"尖子生"，一年后智力、学习能力和学习成绩变化很大；但是高一末到高中毕业，却在品学两方面都保持相对的稳定性，而且升入大学后，高二时品学兼优的学生，在大学里绝大部分仍然如此。调查的结果说明，心理发展成熟前与成熟后的心理现象，明显的差异在于其可塑性上。成熟前学生的可塑性大，应抓紧训练、培养；成熟后并非不能再发展，但可塑性小，较难训练、培养。因此，抓紧成熟前的塑造，是十分必要的。

最后，在心理发展中，既然存在着年龄特征，那么不同时代、不同地区和不同个体的同一年龄的学生，他们心理发展的年龄特征是不是一模一样的呢？不是，这里就有一个年龄特征的稳定性与可变性的问题。在一定的社会和教育条件下，心理发展的年龄特征既表现出一定的稳定性，又表现出一定的可变性。一方面，心理发展的一些因素，如阶段的顺序性和系统性，每一阶段的变化过程、范围、幅度和速度，大体上都是稳定的、共同的；但另一方面，由于社会和教育条件在每个学生身上起作用的情况不尽相同，因而在心理发展的过程和速度上，彼此之间可以有一定的差距，这也是所谓的可变性，这个可变性不仅表现在学生之间的个别差异，而且也表现在不同社会生活条件或教育条件下，学生某些心理发展的程度和速度有一定的变化。稳定性和可变性是相辅相成的，它们的存在都是相对的，是一般性与个别性的统一，典型性与多样性的统一。在教育和教学中，顾及到这个关系，可以使我们更好地处理一般教育与"因材施教"的问题，更好地体现"一把钥匙开一把锁"。

三、学生是如何成长的
——中小学生身心发展的特征

中小学生身心发展是存在着年龄特征的。从生理特点来看，小学生生长发育比较平稳、均匀，中学生却变化急剧；从心理特点来看，小学阶段比较协调，中学阶段却犹如"急风骤雨"；但从总体来说，中小学生心理发展都比较迅速，同时，如上一节所述，在不同阶段，都存在着一个关键年龄。

(一)小学生身心发展的特点

从整个小学时期来看，小学生生理变化比较平稳，似乎一步一个台阶，不管是身高、体重、胸围、头围、肩宽、骨盆等身体外形的发育，还是体内机能的发育，包括神经系统的发育，都比较均匀有序。到高年级后，女生从 10~11 岁起，男生从 12~13 岁起进入青春发育期，生长速度便出现了明显的上升趋势。

小学生心理发展的条件有两个，一是上述的生理变化，二是学习活动。也就是说，小学生进入学校以后，学习便成为他们的主导活动，这促使他们的心理过程和个性(社会性)全面地发展。

小学生的心理发展特点，是由其心理发展的条件所决定的。生理，特别是脑和神经系统均匀和平稳地发育，使小学生的心理协调发展；学习成为主导活动，小学生投入集体生活，这不仅使他们的智力从具体形象思维过渡到抽象逻辑思维，也使他们的社会性和个性获得迅速的发展。小学阶段的心理发展，具有较大的可塑性和开放性。

首先，小学生心理发展是迅速的，尤其是智力和思维能力。小学生在入学以后，学习以及日益复杂的各种各样的实践活动向他们提出了多种多样的新要求，促使他们渐渐开始运用抽象概念进行思维，他们的智力水平开始从以具体形象思维为主要的形式逐步向以抽象逻辑思维为主要的形式过渡。事实上，一年级还是以具体形象思维为主要形式，与幼儿晚期差不多，五、六年级学生的思维尽管还带有具体形象性，但基本上是抽象逻辑思维了。整个小学阶段的思维，总的趋势是具体形象思维向抽象逻辑思维的迅速过渡。这种过渡，是智力和思维发展过程中的质变。所以说，小学时期是一个发展智力的良好时机。

其次，小学生的心理发展是协调的。尽管小学生心理发展很迅速，但又非常协调。以品德发展为例，这是人的一生中道德品质发展最为协调的阶段。此时出现比较协调的外部和内部的动作，道德知识系统化，并形成相应的行为习惯。例如，言与行、动机与行为比较一致。随着年龄的递增和道德动机的发展，言行一致和不一致的分化逐步增大。比起初中阶段少年期的"动荡性"，即所谓的"急风骤雨"式的情感，小学生心理发展的协调性成为主要特征。所以，自觉纪律的形成和发展在小学阶段心理发展中占有相当显著的地位。可以说，小学阶段是发展和谐个性、品德和社会性的好时机。

再次，小学生的心理发展是开放的。小学生经历有限，内心世界不太复杂，因此，他们的心理活动显得纯真、直率，内心活动能直接表露出来。这个阶段"闭锁性"不明显，具有较强的"开放性"。例如，他们的情绪和情感富于表情化，喜、怒、哀、乐明显地表现在面部，而且容易变化，不善于修饰和控制。所以说在小学阶段，成人与儿童容易沟通，师生之间、亲子之间的关系容易融洽。可以说，小学时期是了解儿童真实心理活动，从而进行有的放矢的教育的好时机。

最后，小学生心理发展是可塑的。比起逐渐成熟起来的初高中学生，小学生的心理发展和变化具有较大的可塑性。无论是思维能力，还是个性、社会性和品德，都易于培养。诸如人生观、世界观等一类稳定的个性意识倾向性，在小学阶段尚未萌芽；又如性格这一个性心理特征的核心成分，即稳定的内外行动，只处于形成时期，良好的或不良的习惯能通过教育措施加以改变。所以，小学阶段是培养良好的心理品质与行为习惯的一个好时机。

(二)中学生身心发展的特点

中学生在生理上和心理上都处于人的一生中最关键而又有特色的时期。

中学生阶段，在生理上正处于青春发育期。青春发育期，既不同于儿童期，也不同于成年期，它的最大特点是生理上蓬勃的成长，急骤的变化。在形态方面，身高、体重、胸围、头围、肩宽、骨盆等，都加速增长；机能方面，如神经系统、肌肉力量、肺活量、血压、脉搏、血红蛋白、红细胞等，均有加强；身体素质方面，各种激素相继增量；生殖器官及性功能也迅速发展等。上述生理机能的变化虽然涉及方面很多，但归纳起来主要有三类，总称为"三大变化"。一大变化，身体外形改变了；二大变化，内脏功能健全了；三大变化，性的成熟，这是人体内部发育最晚的部分，它的发育成熟，标志着人体全部器官接近成熟。

中学生的智力迅速发展，突出表现在逻辑思维的发展上。中学生的思维，属于逻辑思维，主要是抽象逻辑思维，也有形象逻辑思维的成分。八年级是一个转折点，八年级以后，"真正的"逻辑思维逐步形成。如前所述，八年级以前的抽象逻辑思维，是一种经验型的抽象逻辑水平，仍然需要具体形象的经验材料的支持。他们虽然也会提出各种问题，但往往还缺乏充足的逻辑论证。八年级以后，特别是高中阶段，抽象逻辑思维已从经验型向理论型急剧转化，形成能运用理论进行恰当的逻辑判断、推理的论证性思维。他们能够掌握更抽象的概念、原理、法则、公式；经常利用一般的知识通过推理去理解事物的本质或解决问题；他们在通过学习知识，分析和处理各种问题中逐渐认识事物复杂的因果关系，并逐步地认识个别与一般、归纳与演绎、对立与统一等关系，从而逐渐初步形成辩证思维。尽管如此，中学生的思维特征，尤其是初中生的思维，带有较大的主观性、片面性和偏激性。

中学生的情绪和情感内容十分丰富，其形式也比较复杂，他们重感情、讲友谊，稳定性也在逐步提高，但总体来看，中学生的情绪和情感比较强烈，带有明显的两极性。尤其在初中阶段，更是如此。他们常常因为一点小事，就会被感动或者是振奋、激动，显得非常热情；或者动怒、怄气，甚至跟人争吵；或者感到泄气变得消沉。他们的情绪或情感来得快，平息得也快，常常是暴风雨式的。正因为如此，他们往往表现出为真理和正义献身的热忱，做出惊人的、勇敢的行为；有时也可能由于盲目的狂热，做出一些蠢事或坏事。

中学生的自我意识，例如自我感受、自我评价、自我体验、自尊心、自信心和自制力在逐步发展，促使其人生观、价值观和世界观也逐步形成。应该指出，初中阶段是人生观、价值观和世界观的萌芽阶段，高中阶段则是其形成阶段。中学生因此完成了第一章所述的青少年的"社会化"。

中学生这些身心的变化，集中地表现出这个阶段的四个特点。

首先是过渡性。中学以前是真正的幼稚期，个体要更多地依靠成人的照顾、保护，他们的独立性和自觉性都比较差。青年期是个体发展上的成熟期，它标志着个体真正开始成为独立的社会成员。我国宪法规定，年满 18 周岁的男女青年就可以取得公民的资格，享受公民的权利和履行公民的义务，正式承担起建设祖国和保卫祖国的神圣职责。中学生处于少年期与青年初期，刚好是从儿童期（幼稚期）向青年期（成熟期）发展的一个过渡时期。中学生心理发展的过渡性，反映出初中期（少年期）和高中期（青年初期）两种过渡状态的不同特点。前一时期，即少年期是一个半幼稚、半成熟的时期，是独立性和依赖性、自觉性和幼稚性错综复杂，充满矛盾的时期；后一阶段，即青年初期则是一个逐步趋于成熟的时期，是独立地走向社会生活的准备时期。前一时期，还保留着一定的幼稚性；后一时期，却包含着成熟后的独立性和自觉性。即使如此，青年初期只是刚刚达到成熟时期，他们的能力、水平还是不高的，他们的个性倾向还不稳定，还需要成年人的关怀和指导，以便加强他们的自我修养，真正走向成熟。

其次是闭锁性。中学生的心理逐渐地显示出闭锁性，即他们的内心世界逐渐复杂，开始不大轻易将内心活动表露出来。中学生的智力与能力在迅速发展，抽象逻辑思维逐步地从"经验型"向"理论型"发展。于是智力活动的内化程度、抽象水平越来越高，这是闭锁性的基础。中学生处于青春发育期，生理上的一系列变化必然也要引起情感上的变化。这些变化，一般是不会流露的。即使为此引起情感上的波动，由于这个时期相应的意志力的发展，往往也能被控制而不表现出来。这是闭锁性的情感与意志方面的基础。由于闭锁性的特点，中学生心里的话有时不愿对长辈说。中学生的年龄越大，这个特点越为明显。有人做了一些研究，发现八、九年级以后的中学生，自己放东西的抽屉总爱加锁，似乎有什么秘密不愿让别人知道，其实里边并没有什么要紧的东西。因此，要了解和研究这个阶段的学生，尤其是高中生的心理，如果只根据他们的一时一事或某个举动就做判断，或做出研究的结论，那常常是容易发生错误的。但是，比起成年人，中学生毕竟经历有限，还比较纯真、直率，有的甚至是锋芒毕露。研究也表明，中学生容易对同年龄、同性别的人，特别是"知己"表露其真挚的心理、思想，这就成为了解中学生心理活动的一个重要方法。

再次是社会性。比起小学生的心理特点，中学生的心理带有更大的社会性、政治性。如果说儿童心理发展的特点更多地依赖于生理的成熟和家庭、学校环境的影响，那么中学生的心理发展及其特点，在很大的程度上则更多地取决于社会和政治环境的影响。特别是九年级以后的学生，选择未来生活的道路成为他们意识中的重要问题。他们在考虑未来的志愿及抉择时，具有很大的现实性和严肃性。这种对未来生活道路的选择，无论在中学生的学习还是个性发展上，都具有极其重要的意义。我们的研究表明，中学阶段是理想、动机、兴趣、价值观和品德发展的重要阶段。良好的品德或不良的品德都在中学阶段形成并初步成熟，理想、动机、兴趣、价值观和品德等个体意识倾向性，是中学生心理发展中社会性的重要方面，是中学生活动的重要动力系统。

最后是动荡性。中学生的思想比较敏感，有时比小学生和成年人更容易产生变革现实的愿望，正因为如此，中学生，尤其是高中生往往在政治活动中"打头阵"，起着"先锋和桥梁"的作用。然而，中学生也好走另一个"极端"。品德不良往往容易出现在中学阶段，这个阶段的违法犯罪率在所有年龄段违法犯罪中所占的比例最高；诸如车祸、溺水、斗殴等意外伤亡率最高的年龄阶段也在中学阶段。心理疾病的发病率，从中学阶段起，开始逐年增高，青春期是精神病发病的高峰阶段。为什么会出现这些现象呢？中学阶段是一个过渡时期。中学生希望受人重视，被看成"大人"，被当成社会的一员，他们思想单纯、不保守，敢想敢说，敢作敢为。但在他们的心目中，什么是正确的幸福观、友谊观、英雄观、自由观和人生观，还都很模糊。他们的自尊心和自信心在增强，对于别人的评价十分敏感，好斗好胜，但思维的片面性也很大，容易偏激，容易摇摆。他们很热情，也重感情，但有极大的波动性，激情常常占有相当地位。他们的意志特征也在发展，但克服困难的毅力还不够，往往把坚定与执拗，勇敢与蛮干、冒险混同起来。他们的精力充沛，能力也在发展，但性格没有最后定型，尚未找到正确的活动途径。总之，这个年龄阶段的心理面貌很不稳定，可塑性大，处于人生发展的十字路口，这是心理成熟前动荡不稳的时期。因此，处于青少年阶段的中学生的教育和培养工作，在整个国民教育中起着关键性的作用。

四、全面考察学生
——学校、家庭、社会三教一体化

　　教育的场所，主要是学校，国际教育界那种"拆除学校围墙"的主张越来越强烈。"拆除学校围墙"并不是说把学校的围墙真的拆掉（当然，有些发达国家本来就没有学校的围墙），而是指随着教育空间的扩展，"无围墙学校"将兴盛，中小学尤其如此。换句话说，是要突破学校的围墙，使学校教育、家庭教育和社会教育一体化。因为对学生的教育，绝不是一个学校可以包办的事情，尽管在教育中，学校教育处于中心地位，但学校毕竟是教育场所的一个部分，要使学生健康成长，学校教育必须与家庭教育、社会教育密切配合，对学生进行全方位的教育。因此，一个学生的教育效果如何，一个学生在德、智、体、美、劳诸方面的水平怎么样，在很大程度上还取决于"三教"的配合与协作。

　　其中，"社区教育"是"三教"配合的集中体现。所谓"社区教育"有两种含义。其一，在西方国家，"社区教育"旨在加强教育的服务职能，以教育过程推进社区发展，并将学校当作向社区所有年龄层开放的教育娱乐中心，成为义务教育与其他福利事业的结合体。教育活动跨出学校的范围，由社区人人共同参与管理，教育内容关系到社区生活，为整个社区的利益服务。其二，在中国，"社区教育"指城市教育管理体制改革的实践活动。20 世纪 80 年代后期，上海等地陆续建立了一种称为"社区教育委员会"的机构，由地区企业单位、行政机关和学校推选代表组成管理人员，开展教育为社区服务，社会参与学校教育并为之提供办学条件的活动。所有这一切都是教育的社会化和社会教育化的统一及其表现。我国 20 世纪 70 年代末至 80 年代初兴起的家长学校，在学校教育、家庭教育和社会教育一体化中起到了重要的作用。为此，我于 1991 年 5 月依靠中国教育学会与中国家庭教育学会，在最早兴办家长学校之一的浙江省宁波市象山县召开了首届家长学校研讨会，与会二百多名各界教育工作者不仅参观了最早兴办的石浦镇中心小学家长学校，而且也围绕他们"三教一体化"的经验深入探讨了"三教一体化"的理论和实践，家长学校的性质、任务及其在"三教一体化"中的地位等问题。

父母是孩子的第一任教师，家庭教育的影响是巨大而长远的，它承担起世代传承的重任。在"三教一体化"的过程中，学校同家庭进行联系并加以指导，是完成教育任务的基本条件之一。因此，学校应该在家庭访问、家长访校、家长会议、家长学校和家长委员会五种形式上多下一些功夫，那些"电话指示"、训斥家长、给家长"布置作业"、家长会时按学生成绩排座次等做法，只会成为学校教育与家庭教育一体化的障碍。学校不能脱离社会孤立存在，社会要求和社会风气，不仅决定着教育的方向，而且也深刻影响着学生的成长。在"三教一体化"的过程中，学校与社会联系，不仅可以使社会了解学校教育，也能使学校更主动地利用社会条件来提高办学水平。因此，学校应该在联系校外教育机关、文化企业上多下一些功夫。那些不主动联系社会、不关心社会风气、对社会不良现象一味强调束手无策等的学校，只会加大"5+2=0"或等于负数的可能性（五天在学校，星期六和星期日两天在家庭与社会，五天在校接受教育，不如社会片刻的不良影响大）。

在学校教育、家庭教育和社会教育一体化的过程中，占主导地位的是学校，学校和教师应从实际出发，创造性地采取各种有成效的方式，把经常与家庭、社会联系列入学校的工作计划，并不断总结经验，使家庭教育和社会教育为学校教育服务，共同发挥教育的作用。这里有一个重要的原则，就是要全面考察学生。全面考察学生有两种含义，其一是全面考察学生，了解学生的真实面貌。据我了解，真正全面掌握学生特点，不是每位教师都能做到的，但教师们应尽量地去了解学生的真实面貌。有不少学生在校外做了大量好事，学校甚至家人竟然一无所知；也有一些学生在社会上干了许多坏事，有的已涉及违法犯罪的边缘，学校和家人居然也一无所知。这两个"一无所知"可能是少数，可它造成什么样的影响是可想而知的。我认为，学校、家庭、社会三者互不沟通，是目前普遍存在的现象。这样，就很难真实、全面、深刻地了解一个学生的行为表现。其二是全面考察学生，实行口径统一的教育。因为在如何评价一个学生上，学校、家庭和社会可能有相同或相似的结论，也可能有所出入，还可能大相径庭。例如，一个在校的好学生，可能在家庭里是个孝子，在社会上是个学雷锋的好少年；也可能在家里是个娇生惯养的孩子，在社会上是既无好的表现又无不良影响的一员……对一个学生到底有多少种看法，恐怕很难用数学的排列组合计算出来。如果不能全面考察学生，"口径"不一，坏处就不少。对待同一个学生，学校、家庭和社会可能根据自己的"口径"，采取不同的评价和对待方式，不能获得相同的结论。相应地，对于学生本身来说，也难以形成正确的自我评价，可能给他合理的思想、兴趣和行为蒙上一层阴影，也可能给他不合理的欲望、需要和习惯制造"防空洞"。因此，应该强调全面考察学生，实施有的放矢的教育。学校应尽力及时与家庭、社会取得密切联系，互通情况，特别是已成立的实行"三教一体化"的家长学校，它们能更为全面地考察学生。只有全面考察学生，才能真正把握学生的真实面貌，了解其长处与不足，实施有针对性的教育，促进学生扬长避短，从而健康的发展。最后，我还有一个建议，根据本章第二、第三节的内容，教师应尽一份义务，即向家长、向社会有关机构宣传中小学生身心发展的基本规律和心理发展的年龄特征。如果多数的家长和社会机构都能掌握学生身心发展的规律和了解学生是怎样成长的原理，在全面考察学生的过程中不仅会多一分共识，多一分科学的教育观，而且会更好地实现"三教一体化"，这样才能做到及时沟通，全面地了解学生，并做出全面的评价。

第五章

智育与智能

　　教学的主要目的，在于传授知识的同时，灵活地去发展学生的智力，培养他们的能力。这犹如吕洞宾给人金块，可是受金者不要金子，却要吕洞宾点石成金的手指头。培养中小学生智能，授予他们"点金术"，这正是我们课题组在教学实验中的宗旨。

一、智力与能力之我见

　　什么叫智力，什么是能力？众说纷纭，仅是定义就有一百四五十种。为了不陷入定义的争议，今天要写给中小学教师的智力与能力的内涵，自然是我自己对智力与能力的理解，它是我们教改实验的理论基础。

　　我在教学实验中提出，不应该将智力与能力绝对分开，既要看清它们有一定的区别，又要看到它们之间的联系。

(一) 什么叫智力与能力

　　智力与能力是成功地解决某种问题 (或完成任务) 所表现出有良好适应性的个性心理特征。

　　怎样解释这个定义呢？

　　首先，智力与能力同属于个性的范畴，它们是个性心理特征。把智力与能力理解为个性的东西，说明其实质是个体的差异，这不仅仅是心理学家的观点，许多伟人，包括毛泽东也是这么说的。在《纪念白求恩》这篇传世佳作中，他提到"一个人能力有大小"。能力有大有小，不就是个体的差异吗？可见，能力是一种个性心理特征。在批判"天才论"时，毛泽东指出："天才，天才就是比较聪明一点……"①，显然他是承认这种个体差异的。因为智力的通俗解释就是阐明"聪明"与"愚笨"。可见，智力也是一种个性心理特征。

其次，智力与能力定义的第一个定语是"成功地解决某种问题（或完成任务）"。为什么要这么说呢？作为个性心理特征的智力与能力，它和个性心理特征的另一些因素，如气质、性格等有何区别呢？这在于智力与能力的根本功能是成功地解决问题或完成任务。所以，在一定意义上，智力与能力的高低首先要看解决问题的水平。毛泽东提出的"要把精力集中在培养分析问题和解决问题的能力上"就是这个道理。②

最后，智力与能力定义的第二个定语是"良好适应性"。这出自智力与能力的任务，即主动积极的适应，使个体与环境相协调，达到认识世界、改造世界的目的。皮亚杰始终坚持心理的机能是适应，智力是对环境的适应的思想。也就是说，智力与能力的本质就是适应，目的是使个体与环境取得平衡。③ 今天，这几乎已成为国际心理学界的共识。我国教育界的同行，不也在为当今的某些毕业生走上社会时适应能力不强而大为感叹吗？这也不难看出"良好适应性"在人们心目中的地位。

(二)智与能的区别与联系

智力与能力是有一定区别的。一般地说，智力偏于认识，它着重解决知与不知的问题，是保证有效地认识客观事物的稳固心理特征的综合；能力偏于活动，它着重解决会与不会的问题，它是保证顺利地进行实际活动的稳固心理特征的综合。但是，认识和活动总是统一的，认识离不开一定的活动基础；活动又必须有认识的参与。所以智力与能力是一种互相制约、互为前提的交叉关系。国外的相关学术观点有"从属说"，认为智力从属于能力，是偏于认识的一种能力；有"包含说"，认为

---

① 中共中央党校理论研究室：《历史的丰碑 中华人民共和国国史全鉴 2 政治卷》，916 页，北京，中共中央文献出版社，2005。

② 《中华教育改革编年史》编写组：《中华教育改革编年史 4》，1757 页，北京，中国教育出版社，2009。

③ 皮亚杰：《教育科学与儿童心理学》（中译本），37 页，北京，文化教育出版社，1981。

智力包含着诸如感觉、知觉、思维、记忆和注意等各种能力。我们认为这种交叉关系，既体现"从属"关系，又体现"包含"关系。教学的实质就在于认识和活动的统一，在教学中发展智力和培养能力是分不开的。我们所提出的"智能训练"，既包括智力的训练，又包括能力的训练。因为能力中有智力，智力中有能力。

智力与能力的总称叫智能。中国古代思想家一般把智与能看作既有区别又有联系，互相转化共同提高的两个概念。正由于智力与能力的联系如此密切，中国古代不少名篇中如《吕氏春秋·审分览》《九州春秋》《论衡·实知》等，均将两者结合起来称为"智能"，其实质都是把智力与能力结合起来作为考察人才的标志。

(三)思维是智能的核心

不管是智力还是能力，其核心成分都是思维，最基本的特点是概括，概括即是智力与能力的首要特点。在中小学教学中所说的能力，主要是指智力。智力应由思维、感知(观察)、记忆、想象、言语和操作技能组成(见图 5-1)。

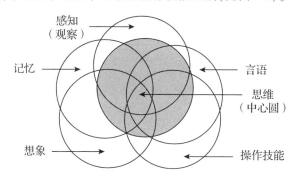

图 5-1 构成智力成分模型

其中，操作技能既是能力的组成部分，又是智力的基本成分。在教学实验中，我们以这个智力结构为依据，来确定发展和培养中小学生的智力与能力。

思维又是智力与能力的核心成分，所以我们的教学实验，自始至终将思维的训练放在首位。在对思维训练的做法上，我们主要抓住三个可操作点：其一，从思维的特点来说，概括是思维的基础，在教学中抓概括能力的训练，以此作为思维训练的基础；其二，从思维的层次来说，培养思维品质或智力品质是发展智能的突破口，结合各科教学抓思维品质敏捷性、灵活性、创造性、批判性和深刻性的训练，正是我们教学实验的特色；其三，从思维的发展来说，学生最终要发展的是逻辑思维能力。

(四) 思维的"三棱结构"模型

思维是智力的核心，正确地认识思维结构，是抓好中小学生智力训练，促进教学改革的基础。我把思维结构描述为如图 5-2 所示。

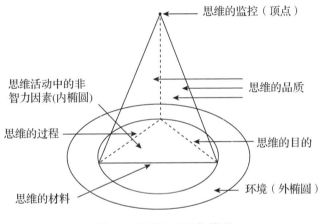

图 5-2　思维心理结构模型

有人评价它是一个"三棱"思维结构，实际上我们强调思维乃至智力，是一个多侧面、多形态、多水平、多联系的结构。我们正是从这个结构观出发，来抓中小学生智力训练和教学改革的。

思维，主要由六种成分组成。第一，思维是人类特有的理解和解决问题的有目的的活动，即一种以定向为前提的过程，所以我们要关心学生是怎样提出问题的，并要重视学生分析问题和解决问题的目的性与方向性的培养，以提高他们思维活动的自觉性与能动性。第二，思维是一种认识或认知过程，它要回答三个问题：过程多长、什么样的顺序和怎样的流程。所以我们要重视学生分析和检验问题中知识的接受、信息加工、分析与综合、抽象与概括的过程，以提高他们思维活动的准确性与系统性。第三，思维的材料，从内容上来说，主要是语言、数、形。从形式上来说，可以分两类：一类是感性材料，一类是理性材料。所以我们要重视中小学生的思维，逐渐地从具体形象成分占主导地位，发展到抽象逻辑成分占主导地位，创造一切条件使他们的理性思维材料越来越多，以提高他们思维活动的抽象性与逻辑性。第四，思维心理结构中的"顶点"是一个监控成分，在本书的第二章，我们已经论述过这个成分。其实质就是思维活动中的自我意识，表现为定向、控制与调节三个功能，所以我们要重视学生"知其然，知其所以然"能力的培养，以提高他们思维活动的主体性与批判性。第五，思维品质或思维的智力品质是智力活动中，特别是思维活动中智力与能力特点在个体身上的表现。其实质是人的思维的个性特征，它体现了每个个体的思维水平、智力与能力的差异。它是区分一个人思维乃至智力层次、水平高低的指标。事实上，我们的教育、教学，目的是提高每个个体的学习质量，因此，在智力与能力的培养上，往往要抓学生的思维品质这个突破口，做到因材施教。第六，思维活动是智力因素与非智力因素的统一，两者相互影响、相辅相成，只有两者的密切结合，才能发挥思维活动的效能。

二、课堂教学的改革①

本节中，我想突出思维教学，突出在教学过程中发展学生的智能。

（一）教学是一个智育的过程

教学是一个智育的过程而不是"知育"的过程。

首先，教学是实施教育的一种途径或方式。乍看起来，教学的根本职能在于传递知识和社会经验，好像是以"知育"形式出现的。其实不然。教学通常采取特定的组织形式，有计划有目的地进行知识和社会经验的传递；在教学系统中，师生教与学的活动，都是按预定的统一目标及程序进行的。这里的目的和目标，是为了让学生获得知识经验，形成技能技巧，发展智力与能力，提高思想品德水平。所以，我

---

① 胡卫平、魏运华：《思维结构与课堂教学》，载《课程教材教法》，2010(6)。

们这里既要重知又要重智，并坚持教学过程具有教育性。

其次，在教学过程中，学生的认识或认知活动要越过直接经验的阶段。这就是说，学生所接受的教学内容，往往不受时间空间的限制，越过直接经验这一阶段，较迅速而直接地把从人类极为丰富的知识宝藏中提炼出来的最基本的东西学到手。这就是教学过程区别于人类一般认识活动或认识过程的特殊本质。在人类的一般认识活动中，就知识总体的历史认识过程而言，一切真知都是从直接经验发源的，没有直接经验，人类就不可能进而认识客观事物的本质。在教学中的学生却不同，他们并不是简单地去重复人类认识活动的全部过程，而是直接接受人类实践中积累的基本经验。也就是说，在教学中学生所学的主要是间接经验的东西。事实上，当学生把前人的认识成果作为自己的间接经验来接受的时候，就是要越过直接经验这一阶段。这是因为，其一，学校教育就其本质来说，所实现的就是一种知识形态的再生产，在教师的指导下，把人类在漫长历史过程中积累的知识，有目的地加以选择和提炼，系统而概括地传授给学生，所以学校教育能以科学的方法来提高和发展学生的智力与能力，从而使教学具有较高的效率。其二，对学生来说，在教学过程中认识世界，这是掌握知识经验的一条最便捷的途径。也只有这样，才能极大地缩短认识或认知过程，保证学生在短时间内接受前人的认识成果，避免重复历史认识过程的漫长道路和曲折。当然，由于教学过程本身也是人类认识过程的一个重要环节和阶段，所以它是必须遵循人类认识活动的总规律的。这就是教学论中"直观性"原则与"重复性"原则相统一的缘由，也是我们在自己的教学实验中强调学生的年龄特征，强调发展不平衡原则，强调培养学生概括能力的原因。

最后，教学是一种在教师指导下的学生认识或认知活动。教与学是一种双边活动。教是为了学，学则需要教，教与学互为条件、互相依存，失去了任何一方，教学活动都失去了存在的意义。学生的学习是离不开教师的，教师在传授知识的过程中，把人类社会长期积累起来的知识，根据社会的需要传授给学生。学生的学习需要教师的指导，这是教学过程与人类一般认识过程的一个显著的区别。在人类认识活动中，虽然通常有学校教育的因素，但人类认识客观世界的过程却并不能归结为教学过程。不能因为教师教授活动包含在人类认识活动中，便认为人类认识活动必须依赖于学校教育；教师的作用主要表现在教学这种特殊的认识或认知活动中。这种特殊认识或认知活动的一个重要表现是，在教学过程中，学生的认识或认知活动并不是简单地重复人类认识客观世界的活动，而是受到教师活动的制约。因为教师在启迪学生学习知识的同时，也在对学生进行着严格的智能训练，帮助他们形成智力与能力。只有形成了这样的智能，学生的认识活动才可以不必重复人类的认识活动的长久过程。而能否实现形成智能的目标，正是区分教师水平高低的标志。德国教育家第斯多惠指出，"一个坏的教师奉送真理，一个好的教师教人发现真理"，"一个真正的教师指点他学生的，不是已投入了千百年劳动的现成大厦，而是促使他们去做砌砖的工作，同他们一起来建造大厦，教他建筑"。[①]

当然，教师在教学中对学生来说只是一个外因，外因必须通过内因起作用。为此，我们必须重视学生的学习动机和学习策略的问题。尽管如此，教育或教师的外因，毕竟是学生学习的重要条件。如第四章所示，由动机这样的需要形态，引起学生学习知识的兴趣，不断内化发展为智力与能力。所以我们的教学实验十分重视对实验班教师的培训工作，我们希望通过教师的作用，来调动学生学习的积极性和能动性，发挥其主体作用，进而完成"领会知识→发展智能"的教学过程。

(二)明确课堂教学目标，制订课堂教学规划

思维的"三棱结构"模型认为，思维是主体和客体的交互作用中，在感性反映形式基础上产生的一种理性认识，这种理性认识以自觉地定向，能动地预见未来，做出计划，有意识地改造自然、变革社会、调节自己为前提。所以，目的性是思维的根本特点，它反映了思维活动的自觉性、有意性、方向性和能动性，并构成思维结构中的核心要素。作为一种有目的、有计划地促进学生学习知识、发展能力、形成态度、促进发展的课堂教学，必须有明确的教学目标。布鲁姆的教育目标分类学在认知、情感和心理动作领域完成了教育目标分类，对课堂教学中推动目标教学，产生了巨大的作用。但在基础教育课堂教学改革中，出现了两种趋向，一方面机械地

---

① [德]第斯多惠：《德国老师教育指南》，《西方资产阶级教育论著》，357页，北京，人民教育出版社，1964。

出示教学目标，直接把教师备课时确定的目标告诉学生；另一方面，错误的理解教学的生成和学生主体地位的发挥，教学目标完全由学生自主确定。根据思维结构，任何思维活动都应该有目标，而思维是课堂教学中教师和学生的主要活动，因此，第一，要根据学生、教师和教学内容，制订比较明确的课堂教学目标和教学规划。在教学过程中，教师要监控课堂教学，根据学生的学习情况，及时调整教学目标。第二，在教师创设的教学情境中产生问题，引起学生认知冲突，从而使学生明确教学活动的目标，并激发学生积极主动的思维。教学中尽量产生高认知问题，以便学生积极思维。

(三) 突出知识形成过程，注重各种方法教育

思维的过程是思维的"三棱结构"模型的第二个成分，不仅强调分析、综合、抽象、概括、比较、归类、系统化和具体化，而且强调思维活动的框架和指标为：明确目标—接受信息—加工编码—概括抽象—操作运用—获得成功。应用在课堂教学中，要求突出知识的形成过程，注重各种方法教育。安德森（L. W. Anderson）和克拉斯沃（D. R. Krathwohl）等人对布鲁姆的认知目标分类进行了修订，将布鲁姆原来的一个维度分成了两个维度。新的分类采取了"知识"和"认知过程"二维框架，知识包括事实性知识、概念性知识、程序性知识和元认知知识；认知过程包括记忆、理解、应用、分析、评价和创造。这一目标分类不仅重视知识，而且重视认知过程。新课程改革中也提出了过程和方法的教学目标。思维的"三棱结构"模型为教学中突出知识形成过程特别是认知过程，以及加强方法教育提供了心理学的依据。教学中要做到如下几点：第一，重视概念、规律、理论等的形成过程。如对概念的教学，要让学生明确为什么要引入这一概念，如何引入这一概念，概念的内涵和外延是什么，概念如何在规律中体现，概念之间的联系与区别是什么，如何应用概念解决实际问题等。现行教学中，部分教师忽视知识的形成过程，在学生匆忙记住概念、规律本身后，就让学生做题，这样的教学表面上体现了学生的学习和知识的落实，实质上对学生能力的发展和学业成绩的提高有负面影响。第二，让学生掌握建立概念、探究规律、形成知识、分析问题、解决问题的方法。能力是顺利完成某种

任务的个性心理特征，完成任何任务，都需要一定的方法，因此，教学过程中，要结合知识的教学，不仅要重视观察方法、实验方法以及分析、综合、抽象、概括、比较、归类等抽象思维方法，而且要重视表象转换、图形推理、空间认知、想象、联想等形象思维方法和发散思维、类比思维、臻美思维、迁移思维、重组思维、头脑风暴、突破定势等创造性思维方法。在学生学习知识和活动的过程中，是否能让学生掌握学科的基本方法，是衡量一节课好坏的重要指标。在基础教育课程改革中，部分教师强调学生活动过程本身而忽视知识和方法的教育，这种现象应当扭转。第三，重视探究教学。探究是指学生用以获得学科知识、领悟学科思想和方法、促进学科能力发展而进行的各种活动，包括提出问题、猜测与假设、制订计划、收集数据、检验与评价、表达与交流等。探究体现了思维活动的框架，是课堂教学中体现知识形成过程的重要教学方法，不仅科学教学中需要探究，而且其他学科教学也需要加强探究。探究作为基础教育课程改革强调的一种教学方法，然而有些教师不论什么问题都让学生探究，表面上看学生积极主动地学习，实际上学生的思维并不积极。根据思维的"三棱结构"模型，能够引起学生认知冲突的高认知问题才有探究的价值，学生能否积极主动地思维是衡量探究效果的重要指标。

(四)重视联系已有经验，体现认知建构思想

思维材料的"三棱结构"模型的第三个成分，包括感性材料和理性材料。同时，思维结构是动态结构和静态结构的统一，随着思维目的、思维材料、思维过程、思维环境等方面的变化，思维结构也发生变化，动态性是思维结构的精髓。课堂教学中要使学生积极主动地思维，必须丰富学生的感性认识，联系学生的已有知识，并不断促进学生认知结构的发展和完善。思维结构的动态性和思维材料的思想，应用到课堂教学中，首先体现了建构主义理论关于认知建构的基本思想：学习是一个积极主动的建构过程；知识是个体经验的合理化，而不是说明世界的真理；对学习者来讲，先前的经验是非常重要的；从教学的过程来看，教学就是学生主动建构知识的过程。其次，反映了德国瓦根舍因"范例教学"的理论。"范例"就是隐含着本质因素、根本因素、基础因素的典型事例，通过"范例教学"，可以使学生"掌握科学

知识和科学方法论"，让学习者从选择出来的有限的例子中主动地获得一般的、本质的、结构性的、原创性的、典型的以及规律性的东西。"范例教学"中的"范例"实际上代表思维结构中的思维材料。在现行的教学中，有些教师不重视学生的感性经验，甚至"讲"实验而不是"做"实验；有些教师不注意将新旧知识联系起来，造成学生不能掌握知识之间的关系和学科的基本结构。课堂教学中，教师应恰当地列举生活中的典型事例，唤起学生已有的感性认识，运用观察和实验来展示有关事物发生、发展和变化的现象和过程，联系学生已有的生活经验和已有知识进行教学，这样才能使学生真正理解和掌握知识。

（五）激发非智力因素，推动学生主动学习

非智力因素是指与智力、能力活动有关的一切非智力（非认知）、非能力的心理因素，包括情感因素、意志因素、个性意识倾向性、气质和性格，是思维结构的主要成分，对学生的学习活动起着动力作用、定型作用和补偿作用。非智力因素是思维结构的重要组成要素的思想，不仅说明课堂教学中应将非智力因素的培养作为一种目标，而且说明非智力因素的发展有助于学生有效思维和学习。新课程改革中将情感、态度、价值观作为教学目标，无疑是正确的，但按照非智力因素理论，教学目标还应包括兴趣、动机、理想、信念、世界观等。近几年来，在教学实践中产生了愉快教学法，这种方法旨在课堂教学中，教师为学生创设一种愉快的氛围，使学生积极主动地学习。讲究教学方法，调动积极情绪，使学生产生愉快感，师生情感交融，共同体验学习的乐趣和喜悦，是愉快教学法的本质表现。卢家楣教授提出了情感教学模式，通过对教学中情感因素的充分重视和有效调动，最大限度地发挥情感因素的积极作用，优化教学，促进学生素质的和谐发展。在课堂教学中，情感是基础，创设愉快的教学情景无疑是重要的，但不能仅仅停留在愉快层面，而要激发学生积极主动地思维。愉快教学理论和情感教学模式虽然也强调思维，但教师在实际使用过程中，往往错误地理解愉快是课堂教学的目标。聚焦思维结构的智力理论不仅为愉快教育理论和情感教学模式提供了心理学依据，而且有助于人们认识到在课堂教学中愉快氛围的创设和情感因素的调动仅仅是一种手段，其目的是促进学生

积极主动地思维，避免教学中只有形式上的生动活泼。

(六)监控课堂教学，注重师生反思

思维心理结构的"顶点"是思维的监控，即自我意识在思维过程中的表现，指人们在思维活动中，将活动本身作为意识的对象，不断对其进行积极主动地计划、检查、评价、反馈、控制和调节的能力。按照这一观点，课堂教学中不论是教师还是学生，都应不断进行自我监控，其中包括反思。杜威重视反省性思维，他提出了"反省的思维的分析"，认为思维和反省思维是一种观念，观念来源于事实。在此基础上，杜威提出了思维的五个步骤，并提出了教学过程的五个阶段：从情境中产生疑难；从疑难中提出问题；做出解决问题的各种假设；推断哪一种假设能解决问题；经过检验来修正假设、获得结论。熊川武认为，反思性教学既是一种教学理论，也是教学主体借助行动研究不断探索与解决自身和教学目的以及教学工具等方面问题，将"学会教学"和"学会学习"统一起来，努力提升教学实践合理性，使自己成为学者型教师的过程。思维监控的思想不仅强调了教师教学过程中的反思和学生学习过程中的反思，为反思教学理论提供了心理学依据，而且强调计划、检查、评价、控制等，从而更全面反映了教学的基本要求。

(七)创设教学情景，促进学生思维

根据思维结构模型，积极思维的前提条件是具有良好的思维环境。情境教学理论在课堂教学中的操作要素，概括起来有四条。一，以"情"为纽带，以情育人。强调利用学生的情感，使其成为主动投入、参与教学过程的力量。二，以"思"为核心，以智育人。强调教学应始终以学生思维发展为重点，设计组织教学过程，努力开发学生的智力，并以"发展学生的创造力"作为不懈追求的教育的高境界。三，以"儿童活动"为途径，促进学生主动发展。强调课堂教学中，实践活动是促进学生素质发展的重要途径。四，以"美"为境界，以美育人。强调将"美"作为教学的切入点。从这四条来看，情景创设实质上是一种激发学生思维的手段，教师只要抓住思维这个核心，也就为有效的课堂教学打下了良好的基础。在应用情境教学理论指导

课堂教学实践的过程中，有些教师不能深入理解情境教学的真正本质，仅仅停留在情境的创设上，不知道创设情境的主要目的。聚焦思维结构的智力理论，不仅为情境教学理论提供了心理学依据，而且使教师认识到，课堂教学中创设情境的目的是激发学生积极主动地思维和学习，避免了情境教学的错误使用。为了使学生积极思维，问题情境是重要的教学情境，首先，教师对待学生的提问应持积极态度。教师对待学生提问的态度是指教师对学生提问产生的一般而稳定的心理倾向，包括积极倾向和消极倾向。积极倾向表示教师喜欢、支持、鼓励、引导学生提问，消极倾向表示教师回避、厌恶、憎恨学生提问。在现实的教学情境中，有的教师怕误事，觉得学生自己提问太浪费时间，影响教学进度，从而对学生的提问行为采取消极的态度。其次，应尽量提高认知问题。所谓高认知问题，就是能使学生产生认知冲突，激发学生积极思维的问题。思维结构中有关思维环境的思想，充分体现了建构主义学习理论有关社会建构的思想，教师只有创设师生互动和生生互动教学情境，才能真正有效思维。同时，互动包括情感互动、行为互动和思维互动，情感互动是基础，行为互动是表现，思维互动才是核心。

总之，思维是智力和能力的核心，也是课堂教学中师生最主要和最本质的活动，聚焦思维结构的智力理论，不仅为各种教学理论提供了心理学依据，而且能够有效解决基础教育课堂教学改革中出现的一些主要问题，是一种指导基础教育课堂教学的有效理论。

三、思维能力的培养

我们的教学实验，自始至终将思维能力的培养放在首位。在对思维能力的培养中，我们主要抓住三个可操作点。其一，从思维的特点来说，概括是思维的基础，在教学中抓概括能力的培养，是思维能力培养的基础。其二，从思维的层次来说，培养思维品质或者智能品质是发展智力的突破口。思维品质是指智力活动特别是思维活动中智力与能力特点在个体身上的表现，包括深刻性、灵活性、批判性、敏捷性和独创性，体现了个体的思维水平、智力与能力的差异，是思维结构的核心要素。结合学科教学训练思维品质，正是我们教学实验的特色。其三，从思维的发展来说，最终发展学生的三种逻辑思维能力，包括实践或操作能力、形象逻辑思维能力和抽象逻辑思维能力。

（一）概括是思维的第一特征

有一位中学生问其数学老师："怎样才能提高数学能力？"老师似乎毫不思考地脱口而出："注意合并同类项。"合并同类项就是概括能力的一种表现形式。

所谓概括，就是在思想上将许多具有某些共同特征的事物，或将某种事物已分出来的一般的、共同的属性、特征结合起来。概括的过程，把个别事物的本质属性，推及为同类事物的本质属性，这个过程，也就是思维由个别通向一般的过程。正因为如此，注意"合并同类项"在学生数学能力的形成中就显出了其重要性。

思维乃至智力的最显著特性是概括性。思维之所以能揭示事物的本质和内在规律性的关系，主要来自抽象和概括的过程，即思维是一种概括的现象。概括在思维乃至智力的发展及其训练中的意义是十分重要的。

从理论上说，概括是人们形成或掌握概念——思维细胞的直接前提，学生掌握概念的特点，是直接受他们的概括水平高低所制约的；概括是思维活动的速度、灵活迁移程度、广度和深度、创造程度等智力品质或思维品质的基础；概括是一切科学研究的出发点，是掌握规律的基础，任何科学研究的结论都来自概括过程。

从教学实践上说，学习和运用知识的过程是概括的过程，知识迁移的实质就是概括。没有概括，学生就不可能掌握知识，运用知识和学到知识；没有概括，就难以形成概念，那么由概念所引申的公式、法则、定理、定义就无法被学生所掌握；没有概括，学生的认知结构就无法形成，于是通过学习形成一个在意义上、态度上、动机上和技能上相互联系着的越来越复杂、越抽象的模式体系，就会发生困难；没有概括，学生就很难形成学科能力，因为任何一门学科能力都是通过概括表现出来并形成的。以语文学科的听说读写能力为例，听的关键是"听得好"，即会听，听得准确能抓住别人讲话的中心，理解所听内容的实质，这是"听"中的概括能力的表现；说的关键是"说得清"，即逐步地掌握准确、鲜明、生动的口语表达特点，做到词达意明、层次分明、说到"点子"上，这是"说"中概括能力的表现；读的要素较多，分析课文，即分析段落层次、提炼中心思想、掌握文章脉络是读的重点，它也是以学生的概括能力为基础的；写作能力发展也是一个概括化的过程，中小学生从"说"到"写"，从"读"到"写"（仿写）两个过渡，都要通过书面语言条理化地、生动地表达出事物的内在联系，这里就有一个综合、提炼的过程，即概括过程。数学能力也是以概括为基础的，数学能力在一定意义上说就是对数学知识的概括能力，所以中学数学特级教师李观博先生在课堂里进行基本概念的讲授时，就是遵循以下三点，以突出数学概括能力的训练：①重要的数学概念反复出现、反复巩固，以便学生合并同类项；②用简洁、明白和通俗易懂的语言，引导学生一步步深入地概括；③引导学生看书，在看书中慢慢地理出头绪，以提高数学概括能力。

由此可见，概括性在思维过程中的地位以及概括能力在现实中的作用十分重要。正因为如此，概括性成为思维研究的重要指标，概括水平成为衡量学生思维发展的等级、标志；概括性也成为思维乃至智力训练的重要方面，智力水平通过概括能力的提高而获得显现。我们实验点之一的北京市通县六中（现通州六中）一改后进面貌成为北京市的"特色学校"，措施之一就是县教科所和六中重视对学生概括能力的培养：①明确概括的重要思路，引导学生从猜想中发现，在发现中猜想；②在把概括的东西具体化的过程中强化发现猜想；③通过变式、反思、系统化、各级推动同化、顺应的深入进行；④大力培养形式抽象，根据假定进行概括的能力。不难看出，学生从认识具体事物的感知和表象上升到理性思维的阶段，主要是通过抽象概括。因此，我们在中小学生的教学实验中强调，要积极引导学生通过观察或语言描述为概念与知识所提供的感性材料；分清事物的本质特征或属性；给各类概念作解释或下定义；对已有的概念逐级归类组成新的概念。把训练学生的概括能力，作为发展学生思维乃至智力的一个重要环节。

（二）正确前提下的敏捷性

智力的敏捷性，又叫思维品质敏捷性，它是指智力活动，特别是思维活动正确而迅速的特点。中小学生思维的敏捷性主要表现在学习知识时，快速、准确地抓住所学内容的本质，在头脑中予以内化；在运用知识解决问题时，迅速准确地将问题信息输入大脑中，利用原有认知结构，找到解决问题的关键所在，并迅速、适当地提取知识和方法，周密地进行考虑，正确地解决问题。有了智力敏捷性，在处理和解决问题的过程中，就能够适应迫切的情况并积极地思维、周密地考虑、正确地判断和迅速地得出结论。有人说，智力敏捷性主要指速度而不包括正确的程度。但我们认为，思维的轻率性也绝不是思维或智力的敏捷性品质。

1. 智力敏捷性的意义

信息时代的今天要讲究时间。时间就是生命，效率就是金钱，这正是当今时代的一种写照。"信息灵"才能"决策准"，因此，智力敏捷性的训练，是时代对人类的要求。对于中小学生来说，智力敏捷性是学习活动的需要。各种学科对学生都提出了正确而迅速的学习要求。例如，中小学生的数学学习，明确有要训练正确而迅速的运算能力的规定。又如，近几年的高考语文卷子，少则一两千字，多则达到九千字，别说做题的时间，就是看一遍又要花多少时间呢？因此，没有智力敏捷性，完成学习任务是困难的。

中小学生的智力敏捷性有四种表现：正确而迅速，正确但不迅速，迅速但不正确，既不正确又不迅速。我们教学的任务，当然是要培养正确而迅速的智力品质。

2. 智力敏捷性的前提是正确性

我们提倡的是正确性前提下的敏捷性，所以强调培养中小学生正确而迅速的智能。例如，全面准确地理解所阅读内容的要点，把握作者的意图，是形成敏捷的阅读能力的基础。正确地思维，正确地作业是训练的结果。我们强调，学生年龄越小越要加强作业正确率的训练。例如，小学数学课，对于低年级，教师狠抓学生的运算正确率。落实到学生身上，一是认真审题，画出重点词；二是题题有验算（如逆运算）；三是错题立即更正。落实到教师身上，要加强"及时强化"，养成每天当堂批改作业的习惯。对的打"√"，错的不表态，让学生在运算中获得及时的肯定与否定，从记忆到思维，有一个及时刺激的条件，强化正确的"条件联系"。在我们的课题里，几乎对每个阶段、每门实验学科都有"正确性"的要求，以达到正确思维的目的。

3. 智力敏捷性的关键是迅速

智力活动的速度往往以其他智力品质为基础，而有其自身发展的特点。这种智力活动的速度，和每一个不同个体的遗传因素有关，具有一定的先天性，但主要是来自后天的培养。中小学生每一阶段在学习每门学科时，都应有速度的要求。例如，我们课题组对中学生的阅读训练提出了三点要求：①提高阅读速度，三分钟不低于 1000 字；②学会速读、跳读、浏览、泛读等方法，提高读书速度；③迅速捕捉到所读内容的主要观点和自己所需的主要材料。而后天培养的方法，主要是在上述正确性基础上的练习。例如，我们在提高小学生运算能力敏捷性的练习方面，主要抓两条措施。一是抓速度的练习，在低年级我们将正确而迅速运算的要求作为学习常规的重要内容，在形成一定学习"常规"的基础上，每天坚持 5 分钟左右的速算练习，有口算、速算比赛，接力完成一个复杂题，包括应用题等；到中高年级，强调在数学运算中把正确迅速与合理灵活结合起来，平时的数学作业，一律要有速度的要求。二是教给学生一定的速算要领与方法，速算方法有上百种，我们课题组按照不同年级学生所学的不同数学内容，分别教给他们各种方法，使他们提高运算的速度。心理学家认为，重复练习是形成习惯的重要条件，教会速算方法，反复练习，学生就能从领会这些方法到应用这些方法，逐步地熟能生巧。而一旦变成习惯的"生巧"，不仅可以丰富数学知识，还可以促进智力敏捷性品质的发展。我们的实验点——内蒙古赤峰市教科所范有祥所长领衔许多县的小学进行思维品质训练的实验中，就突出了智力敏捷性的培养。1996 年 8 月 3 日，数百名小学生速算表演，结果运算速度超过计算器。谁能想到，这一大批思维敏捷的"小速算家"，竟来自 18 年前十几分可以升初中的教育落后地区。难怪"聪明"一词又可以写成"聪敏"，智力敏捷性提高了，人也就变聪明了。

学生敏捷性品质的训练，还需要做到如下三点：第一，使学生深度理解所学知识及其之间的关系，掌握所学学科的思维方法和学科结构，结合问题的解决，在大脑中形成合理的"知识组块"；第二，教给学生一定的提高速度的方法；第三，通过练习等手段，提高速度。

(三)合理而灵活的思维品质

1. 灵活性品质的特点

智力灵活性，又叫思维品质灵活性，它是指智力活动的灵活程度。它的特点包括：一是思维起点灵活，即从不同角度、方向、方面，用多种方法解决问题；二是思维过程灵活而不死钻牛角尖；三是概括迁移能力强，运用规律的自觉性高；四是善于组合分析，伸缩性大；五是思维的结果往往是多种合理而灵活的结论。我们提出的智力灵活性，与美国心理学家吉尔福特(J. P. Guilford)所提出的发散思维的含义有一致的地方。发散思维的特点是多端、灵活、精致、新颖。例如，研究者出了一道题："砖有什么用处?"让学生发散求多种结论。吉尔福特认为发散思维的实质是求异。我们也同意灵活性来自求异思维，但求异从哪儿来，我们认为应来自迁移。因为灵活性越大，发散思维越发达，越能多解，说明这种迁移过程越显著。"举一反三"是高水平的发散，正是来自思维材料和知识的迁移。而迁移又是哪里来的呢?从思维心理学的角度来说，迁移就是概括。"触类旁通"，不就说明灵活迁移——旁通，来自于概括的结果——触类吗?从中不难看出，培养中小学生智力灵活性，不仅是今天学习的要求，而且是使其明天变得更加机灵的需要。

中小学生在学习中所表现出的上述各方面不足都是思维灵活性差的表现，除此之外，还有两个方面应考虑。第一，容易受消极的思维定势的影响。思维定势是人们在思维活动中所倾向的特定的思维模式。它有积极的一面，积极的思维定势有利于知识的学习和问题的解决；同时也有消极的一面，消极的思维定势是指学生将头脑中已有的、习惯了的思维模式生搬硬套到新的情境中去，不善于多向思维，不善于变换认识问题的角度和改变解决问题的方式。经常表现为学生先前的学习对后继学习的消极影响；在问题的条件发生变化时，不能采取新的思维方式和解决问题的方法，由此出现知识和方法的负迁移。第二，不能形成事物和问题的动态图景，不善于对过程进行分析，不能抓住问题的本质，而常常只考虑一个状态，从对一个状态的分析就直接得出问题的答案。

2. 灵活性品质的训练

灵活性品质的训练方法：①抓住知识、方法间的"渗透"与"迁移"；②引导学生发散式思维、立体思考，培养学生一题多变、一题多解、一题多问、多题归一的能力；③教给学生灵活选择研究对象和解决问题的方法，并加以训练；④帮助学生形成事物正确的动态图景；⑤使学生掌握科学中的辩证关系。最简单的办法是求多解的练习。例如，为适应数学教学的实际，提高学生一题多解、一题多变、同解变型和恒等变型的能力。又如，在语文教学中，强调字词练习的一字多组(词)和写作练习的一材多题的做法。

以数学的一题多解为例。从各种规律中找出规律，便能举一反三，比盲目多做题的效果要好得多。数学知识浩如烟海，即使在一个课目内，谁也不能举出一切类型来。一味追求多做题，无限地扩大宽度，势必把学生的思想淹没在题海之中。所以我们应该精选例题，按类型、深度编选适量的习题，再按深度分成几套，进而发展学生的智力灵活性，使学生在知识与智力上都"更上一层楼"。在引导学生一题多解、一题多变中我们应注意如下三点：①在基础知识教学中从不同层次、形态和不同交结点揭示知识间的联系，从多方位把知识系统化；②在解题教学中，从不同的认识层次、观察角度、知识背景和问题特点进行一题多解、一题多变；③从多方面分析特点，抓住问题的特殊性，探求一题多解、一题多变。

语文教学也有不少求多解的练习，如词的搭配练习就是一个典型。一个"说"字，可以搭配成："说明"(偏正式)、"说唱"(联合式)、"说服"(补充式)、"说理"(动宾式)和"众说"(主谓式)等。类似的练习还有一字多组、填空练习、换词练习、选题练习、改错练习、联句练习等，按照不同练习以提高中小学生词汇学习的智力灵活性。

其实，每一门学科都可以引导学生做求多解的练习，发展其一题多解的发散思维，但是，在强调这种发散思维训练的同时，绝对不能忽视寻求一个正确答案的辐合思维。我们认为，辐合思维与发散思维是相辅相成、辩证统一的，它们是智力活动中求同与求异的两种形式。前者强调主体找到对问题的"正确答案"，强调智力活动中记忆的作用；后者则强调主体去主动寻找问题的"一解"之外的答案，强调智力活动的灵活和知识迁移。前者是后者的基础，后者是前者的发展。在一个完整的智力活动中，离开了过去的知识经验，即离开了辐合思维所获得的一个"正确答案"，就会使智力灵活失去出发点；离开了发散思维，缺乏对学生灵活思路的训练和培养，就会使思维呆板，即使学会一定知识，也不能展开和具有创造性，进而影响知识的获得和辐合思维的发展。因此，我们在培养智力灵活性的时候，既要重视"一解"，又要重视"多解"，且将两者结合起来，我们可以称它为合理而灵活的智力品质。

(四)智力创造性

今天，社会进步的标志之一就是创造和创新。通过创造，使社会处于日新月异的变化之中，这正是我们时代的特色。正因为如此，美国、日本的教育界早在20世纪初期提出，把培养创造型人才作为培养21世纪人才的指标。今天我们把素质教育作为国策，强调的就是以创新精神为核心的教育。我们就是把从小培养创造性作为教育国策定了下来。所有这些，对我们的教育改革，无疑是一种启示。

创造性思维、智力创造性、独创性或创造力，可视为同义语。如果强调创新的过程，则为创造性思维；如果强调人与人之间创新的差异，则称创造性或独创性；如果强调创新能力的大小，则叫创造力。实质是"创新"或"创造"的表现，即一个现象的多种形态。它是人类思维的高级形态，是智力的高级表现；它是根据一定目的，运用一切已知信息，在新异情况或困难面前采取对策，在独特地、新颖地且有价值地解决问题的过程中表现出来的智力品质。任何创造、发明、革新、发现等实践活动，都是与智力创造性联系在一起的。智力创造性，在人类社会生活的一切领域和活动中，在幼儿游戏、学生学习、成人劳动、工作、科研等各方面，都发挥着重要的作用。捕捉学生学习中的创造性，加以因势利导的训练，正是我们课题组的一条重要措施。智力创造性，突出地表现出五个特点，我们课题组正是抓住这五个特点来培养中小学生的智力创造性或创造力的。

一是新颖、独特且有意义的思维活动。"新颖"是指不墨守成规、破旧布新，前所未有；"独特"是指不同凡俗，别出心裁；"有意义"是指有社会或个人的价值。新颖、独特加上有意义就叫"创新"。在教学实验中，我们首先强调创新地解题、作文、活动等。例如，我们课题组曾抓小学生自编应用题，以此突破难点，使学生进一步理解数量间的相依关系，不仅提高他们解应用题的能力，而且也促进其智力创新力的发展。又如，我们课题组要求中学生在写作时做到：①观察问题的角度新，分析问题的眼光新，叙述事物的方式新；②选材力求新颖，立意不同一般；③语言表达上逐步形成自己的个性及风格。为此，实验点教师又深入将这些要求具体化，指导各个年级作文的教学，以提高学生写作能力的创新性。

二是在内容上是思维加想象，即通过想象，加以构思，才能解决别人未能解决的问题。在创新的过程中，想象比知识更重要。中小学每一学科的教学成效，都与学生的想象力有着密切的关系。因此，我们在教学实验中的做法是：①丰富学生有关的表象；②教师善于运用生动的、带有情感的语言来描述学生所要想象的事物的形象；③培养学生正确的、符合现实的想象；④指导学生阅读文艺作品和科幻作品。

三是在智力创造性或创造性思维的过程中，新形象和新假设的产生带有突然性，常被称为"灵感"。灵感是劳动的结果，是人的全部高度积极的精神力量，一般在"原型"启发下凸显出来。我们小学语文课本中有"鲁班发明锯"的课文，鲁班的锯的原型是茅草。灵感跟创造动机和对思维方法的不断寻觅联系着。灵感状态的特征，表现为人的注意力完全集中在创造的对象上，所以在灵感状态下，创造性思维的工作效率极高。小学生没有灵感，在中学阶段，灵感也只是一个开始，还很不明显。但是中小学生灵感的基础之一是有意注意，所以我们课题组十分重视中小学生有意注意的培养，在培养学生有意注意的过程中，除了从非智力因素入手之外，我们在改革教学内容和教学方法上下了功夫，我们课题组所编的中学语数两科补充教材和小学语数两科实验教材、思维品质练习材料都有利于调动学生学习的积极性，增强有意注意，为灵感的萌生奠定基础。

四是分析思维和直觉思维的统一。分析思维就是按部就班的逻辑思维；而直觉思维则是直接领悟的思维。人在进行思维时，存在着两种不同的方式，一是分析思维，即遵循严密的逻辑规律，逐步推导，最后获得符合逻辑的正确答案或得出合理的结论；二是具有快速性、直接性和跳跃性（看不出推导过程）的直觉思维。例如，一位数学教师在黑板上出了一道有一定难度的因式分解题，题刚出完，就见一名学生冲上去用"十字相乘"的方法解了题。教师问:"能否说出解题的道理?"学生直摇头。"你是怎么想的?""说不出来。""那你为什么要用'十字相乘'法?""我也说不清,只是一看就知道这么做对。"这是较典型的直觉思维的例子。从表面来看,直觉思维过程没有思维间接性、推导性,但实际上,直觉思维正体现着概括化、简缩化、语言化或内化的作用,是高度集中地同化或知识迁移的结果。难怪直觉思维被爱因斯坦视为创造性思维的基础。所以,我们在教学中对学生的直觉思维,一要保护,二要引导,尤其八年级以后,逐步引导学生学会"知其然,又知其所以然"。

五是智力创造性是发散思维和辐合思维的统一。对这两种思维,上边论述"思维灵活性"时已经做了阐述。

我在第一章里已阐明,学习分两种,一种叫重复性学习,另一种是创造性学习。我希望学生在学习中敢于除旧,敢于布新。从小多一些创新,长大后就多几分创造、改革和发明。学生在学校里固然是以再现性思维为主要方式,但发展他们的智力创造性或创造性思维,也是教学中必不可缺的重要一环。

这里我还要强调一点,有了创造性的思维或智力,并不一定能成为创造型人才。创造型人才,不仅需要创造性智力,还要有创造性的人格,这就是说,需要非智力因素。这一点,我们到第九章再去展开。关于创造型人才的培养,我们在第十一章详细介绍。

(五)思维批判性强调"知其所以然"

1. 批判性品质的特点

智力批判性,是指思维活动中善于严格地估计思维材料和精细地检查思维过程的智力品质。"知其然,知其所以然",就是智力批判性的表现,具体表现为五个特点。①分析性。在思维过程中不断地分析解决问题所依据的条件和反复验证业已拟定的假设、计划和方案。②策略性。在思维课题的面前,根据自己原有的思维水平和知识经验在头脑中构成相应的策略或解决问题的手段,然后使这些策略在解决思维任务中生效。③全面性。在思维活动中善于客观地考虑正反两方面的论据,认真地把握问题的进展情况,随时坚持正确计划,修改错误方案。④独立性。即不为情境性的暗示所左右，不人云亦云，盲从附和。⑤正确性。思维过程严谨，组织得有条理；思维结果正确，结论实事求是。为此，我们在实验点采取了许多措施，其中之一是"学法指导"。我们认为小学二年级以后就可进行学法指导，引导学生学习前有计划，学习中讲策略，上课时要自我调节，课后尤其是考试后会反馈总结，坚持数年以形成学习风格。这样，一大批学生当了学习的主人，把学习搞活了。

心理学里有一个概念叫"元认知"，指的是对认知的认知，对思维的思维。具体地说，元认知包括三个方面的内容：一是元认知知识，即个体关于自己或他人的认识活动、过程、结果以及与之有关的知识；二是元认知体验，即伴随着认知活动而产生的认知体验或情感体验；三是元认知监控，即个体在认知活动进行过程中，对自己的认知活动积极进行监控，并相应地对其进行调节，以达到预定的目标。因此，元认知过程实际上就是指导、调节我们的认知或认识过程，也就是选择有效认知或认识策略的控制执行过程。在一定意义上，这种元认知在每个个体身上表现，就是智力活动的批判品质。例如，学生不断检查自己说话的内容及思维过程，及时加以调整。这既是元认知的表现，也是区分学生间说话能力、批判性水平的一种指标。所以，智力批判性的训练，主要是从提高认识或认知、体验和行为三方面的监控能力入手的。

不管是智力批判性还是元认知，都是思维过程中自我意识作用的结果。上一章我们提到了自我意识，它在思维或智力结构中是一种监控系统。这就是说，通过自我意识系统的监控，人们不仅能够认识自己的思维过程，而且也能根据活动的要求，及时地调节思维过程，修改思维的课题和解决课题的手段。这里，实际上存在着一个主体主动地进行自我反馈的过程。因而，思维活动的效率就得到提高，思维活动的分析性就得到发展，思维过程更带有主动性，减少了盲目性，思维结果也就具有正确性，减少了那些狭隘性和不准确性。我国古代思想家老子说："知人者智，自知者明。"这正说明，人在思维活动中，自我意识的监控所表现出来的批判性，体现着一个人思维活动的水平。心理学研究表明，那些后进的学生的自我评价往往是非批判性的，创造性思维和自我概念存在着高相关。对此，我认为一个学习好的学生，应该是善于反思其学习过程的学生。

中小学生学习过程中，由于自我意识的发展、学习的深入、知识的增加、知识结构的完善，逐步表现出不满教师和课本对客观世界的描述和解释。他们爱独立地进行分析，提出质疑，发表不同的见解；能够区分表面上相似但本质上不同的概念、规律和问题；能够排除问题中多余的无关信息的干扰；能够克服非智力因素对学习的消极影响；能排除前概念的干扰；能自觉地计划思维活动，及时地调节思维过程，修改思维的课题和解决课题的手段等。这些都是良好的思维批判性品质的表现。

2. 批判性品质的训练

所以，我们课题组对各学科能力的批判性提出了训练的要求，主要有如下做法。①鼓励独立思考。在课堂教学中，教师引导学生独立提出问题、分析问题和解决问题，在习题教学中，主要教给学生分析问题的方法和思路。②鼓励提出质疑。北大附中老校长赵钰林教授咨询了几位北大院士取得成就的根本原因，发现来自"质疑"二字。因此，鼓励学生对课本和教师对客观世界的描述和解释提出质疑，发表不同的见解，反复检查解决科学问题时所拟定的假设和方案，客观地分析正反两方面的论据，养成不人云亦云、盲目服从的习惯。③指导学生排除多余的无关信息的干扰。④训练学生的自我监控能力。例如，对中学生运算的批判性的要求是：解题时能看清题目要求，自觉采取合理步骤运算；运算中能正确选取有用的条件和中间结论；运算中能及时调整解题步骤和方法，特殊问题能采取特殊解法；善于发现运算过程中出现的错误并及时纠正；在使用运算法则时不容易发生混淆；善于运用各种方式检查运算结果的正确性。又如，对他们写作的批判性要求为：掌握文章修辞的基本方法和步骤，有较好的修改作文的习惯；学会自评作文，写作文小结、作文集序跋；及时总结自己的写作经验，针对不足进行有目的的训练，以提高写作水平和质量。推广到中小学各科教学，我们无非是在启发学生，使其善于对问题的可解性做出正确的估计；善于对具体问题做具体分析，思路清晰；善于发现推理过程中出现的错误并及时纠正；善于克服学习过程中的"负迁移"；善于考虑正反两方面的论据，做出正确判断；善于调节思路，目的性强；等等。总之，让学生的自我意识对其思维活动各个环节、各个方面进行分析，调整和校正，以提高他们智力的批判性。

（六）深刻性是思维品质的基础

智力深刻性，又叫思维深刻性，它不仅表现在思维的逻辑性上，而且也表现在思维的深度、广度和难度上。

1. 智力深刻性的实质

人的思维是语言思维，是一种理性的认识。在感性材料的基础上，经过思维过程，去粗取精，去伪存真，由此及彼，由表及里，于是在人脑里生成了一个认识过程的突变，产生了概括。由于概括，人们抓住了事物的本质，事物的全体，事物的内在联系，认识了事物的规律性。个体在这个过程中，表现出深刻的差异，智力深刻性集中地表现在善于深入地思考问题，抓住事物的规律和本质，预见事物的发展进程方面。这就是我们平时说的"透过现象看本质"，也正是我们所强调的智力的深刻性。

智力的深刻性是一切智力品质的基础。智力的灵活性和创造性是在深刻性基础上引申出来的两个品质。而智力的批判性是在深刻性基础上发展起来的品质，只有深刻的认识，周密的思考，才能全面而准确地做出判断；同时，只有不断自我评判、调节思维过程，才能使主体更加深刻地揭示事物的本质和规律。智力的敏捷性是以智力的四个其他品质为必要前提的，同时它又是其他四个品质的具体表现。我们在第三章提到的实验教材正是以这五种品质的内在联系为基础编写的，而目前市场上所发行的《小学生数学思维能力训练与提高》和《小学生语文思维能力训练与提高》也是为突出这五种品质及其内在联系的物化材料，这套可操作性颇强的训练教材之所以提供给小学生使用，目的在于培养他们健康的智力品质。

2. 中小学生思维品质的深刻性表现

中小学生思维的深刻性表现在以下四个方面。

（1）思维形式的个性差异，即在形成概念、构成判断、进行推理和论证上的深度是有差异的。

（2）思维方法的个性差异，即在如何具体地、全面地、深入地认识事物的本质和内在规律性关系的方法方面，诸如，归纳和演绎推理如何统一，特殊和一般如何统一，具体和抽象如何统一等方面都是有差异的。

（3）思维规律的个性差异，即在普通思维的规律上，在辩证思维的规律上，以及在思考不同学科知识时运用的具体法则上，其深刻性是有差异的。只有自觉地遵循思维的规律来进行思维，才能使概念明确、判断恰当、推理合理、论证得法，具有抽象逻辑性，即深刻性。

（4）思维的广度和难度的个性差异，即在周密的、精细的程度上是有差异的。一个具有广度和难度思维的人，能全面地、细致地考虑问题，照顾到和问题有关的所有条件，系统而深刻地揭示事物的本质和内在的规律性关系。

3. 深刻性品质的训练

作为一切智力品质基础的智力深刻性，我们课题组训练的方法较多，这里归纳为两个方面。

一是抓概括能力的训练。这一点，我们在前文已有专门论证，恕不赘述。

二是抓逻辑推理能力的训练。人靠什么能力来解决问题呢？靠逻辑推理能力。逻辑推理是思维的重要形式，是解决问题的主观基础。结合各个学科的教学，我们着重培养中小学生的四对推理能力，即直接推理与间接推理；综合法与分析法；归纳法与演绎法；类比推理与对比推理。例如，让学生计算 $\frac{1}{4}=?$ ，学生回答是 0.25；分子分母各乘以 2、5、10 呢？即列为 $\frac{1 \times 2}{4 \times 2}=?$ $\frac{1 \times 5}{4 \times 5}=?$ $\frac{1 \times 10}{4 \times 10}=?$ 三个式子，分别获得三个 0.25 的答案。教师问："你们从中看到了什么？""分子分母同乘以一个数，大小不变。"教师出示" $\frac{1 \times 0}{4 \times 0}$ "，问："难道不变吗？""零除外。"教师又写出 $\frac{8}{32}$ 获得 0.25，分子分母各除以 2、4、8，同样获得三个 0.25，又问："你们从中又看到了什么？""分子分母同除以一个数，0 除外，大小不变。"教师再问："如果将上边两句话'加'在一起又是什么？"学生的兴趣更大了，"话也能'加'在一起？""是的！分子分母同乘或同除以一个数，0 除外，值不变。"教师告诉学生："这就是分数的性质。"由此，不仅能又快又好地使学生领会分数性质，而且能让学生在学习知识的同时，掌握了从"个别到一般"的归纳推理和二次归纳推理。有的教师还要"快"："你们在二年级学过除法的性质吗？""学过。被除数和除数同乘或同除以一个数，0 除外，值不变。"教师在此引导学生比较了分数与除法的关系(相同点),很快地运用类比推理获得分数性质。同样地,我们的实验点教师就这样一点又一点,一步又一步地通过相应的训练,教会学生掌握各种逻辑推理,指导他们学会思维,以提高学生智力的深刻性,进而培养他们的智力与能力。

(七)重要的是发展学生的逻辑思维

平时我们一提逻辑思维,往往是指抽象逻辑思维,其实,逻辑思维应该有三种:动作逻辑思维、形象逻辑思维和抽象逻辑思维。

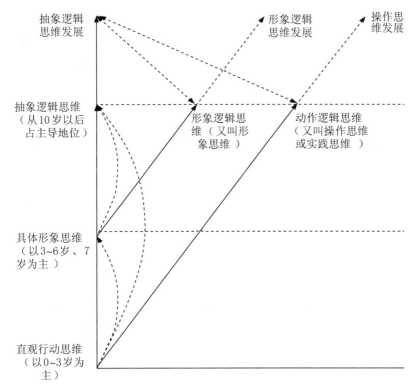

图 5-3　思维发展示意图

1. 思维发展的趋势

思维和智力是怎样发展的?一般认为:直观行动(或感知动作)智力阶段(约 0~2、3 岁)→具体形象(或前运算)思维阶段(2、3~6、7 岁)→抽象逻辑思维阶段。它是一种新的代替旧的，低级变成较高一级层次的发展过程。这样分析是有一定道理的。但是，如何揭示这些思维或智力阶段之间的关系和联系，对此，人们往往困惑和难解。

我们在研究中发现，直观行动智力在个体思维发展中向两个方面转化，一是逐步发展为具体形象思维；二是向高水平的动作逻辑思维发展，即它以动作为思维的重要材料，借助于与动作相联系的语言物质外壳，形成一种动作思维加抽象逻辑思维的动作逻辑思维，在认识中以操作为手段，来理解事物的内在本质和规律性。所以动作逻辑思维又叫实践思维或操作思维。例如，提倡优秀足球运动员要用"脑子"踢球，实际上是让运动员在踢足球时要运用动作逻辑思维。运动员和技术工人等是与动作打交道的职业者，擅长的正是动作逻辑思维。

具体形象思维在个体思维发展中也向两个方面转化，一是抽象逻辑思维的直接基础；二是形象思维的基础，即以形象或表象为思维材料，借助鲜明、生动的语言为物质外壳，通过抽象逻辑成分渗透而形成的，在认识中带有强烈的情绪色彩的一种特殊思维活动。例如作家、艺术家的思维，他们擅长形象思维，适合从事形象描述的写作能力和艺术思维等活动。所以形象思维，又叫形象逻辑思维，它具备思维的各种特点，它的主要心理成分有联想、表象、想象、情感和语言。

我们在教学实验中提出，要重视各种逻辑思维的发展。既要发展学生的抽象逻辑思维，又要发展他们的形象逻辑思维和动作逻辑思维，发展的目的都在于发展中小学生的逻辑思维能力。理由呢？三种逻辑思维不仅各有各的用途，为人才的塑造奠定了智能类型的基础，而且其差异正是个性或人格差异所致，也就是说，个体在抽象逻辑思维、形象逻辑思维和动作逻辑思维上的不同表现，既来自先天的天赋，又来自后天的教育培养，只要承认个体差异的存在，就要对个体的逻辑思维坚持因材施教。在我们的教学实验中，我们提倡不偏废这些思维中的任何一种，根据不同的学科特点，不同的年级(年龄)，对不同的学生提出不同的要求，以发展其各种各样的动作逻辑思维、形象逻辑思维和抽象逻辑思维。

2. 形象逻辑思维能力的培养

形象逻辑思维为学生的学习和问题解决提供形象支柱，便于对问题的整体把握和定性分析，并且常常能唤起直觉和诱发灵感，是一种创造性过程中很重要的思维形式，形象逻辑思维能力的培养应该得到高度的重视。

第一，帮助学生形成正确的表象。表象是人脑对当前没有直接作用于感觉器官的、以前感知过的事物形象地反映。形象思维从表象开始，主体可以对它进行自由地加工和整合，并借助于抽象思维对各种表象进行分析、综合、概括，产生更一般的各种表象，形成表象系统。因此，表象既是形象逻辑思维的基本元素，又是形象逻辑思维的基本形式，如时空表象、图景表象和图形表象。时空表象是在头脑中形成的问题的时空形象，包括明确物体系中各物体在某时刻的空间位置、空间位置随时间的变化、物体间位置之间的相互关系、场在空间中的分布及其随时间变化的情况等。图景表象是指具有形象性的图景，如一个问题可以认为是一个具体、形象、生动的图景，一个实验可以认为是一个图景，一个过程可以看作是一个图景，唤起学生已有的表象也是创设图景。图形表象是各种各样的图形在头脑中的内化。形成正确的表象是进行科学形象思维的基础，只有形成正确的表象，才能使视觉参与思维，才能画出有利于问题解决的示意图，才能排除次要因素的干扰，抓住问题的本质特征，才能在原有表象的基础上创造出新的形象。一是充分利用实验和现代化的教学手段。在教学中，要采用挂图、模型等手段，使课堂教学形象生动；充分利用信息技术等现代科技的优势，让学生进入一个形象的世界；通过动态的画面将一些看不见、摸不着的微观世界、图景、形象、抽象概念形象化；将在课堂教学中不便演示的现象和内容以立体的信息输入学生的大脑。二是要善于利用已有知识的逻辑展开。简要复习已有的知识，构想出已有知识的逻辑框架，分析这个框架中存在的问题，由此引入新课题，从而形成一个具体的、生动的、形象的问题情境，再带领学生解决问题，得出结论。三是唤起学生已有的经验、表象。在教学中，运用科学的、准确的、形象的、生动的语言描述学生已感知过的现象、过程、图景，从而使学生回想起已有的形象。四是换生活图景为科学图景。生活图景是指学生在日常生活中所形成的自然常识、信息以及经验，科学图景是指反映客观事物本质特征的图景。当生活图景与科学图景一致时，能帮助学生形成正确的形象，否则，将阻碍正确形象的形成。在教学中，一定要通过多种形式，将学生的生活图景转换为科学图景，将正确的形象植根于学生大脑中，从而提高他们的形象逻辑思维能力。

第二，培养学生运用形象进行思维的习惯。在头脑中建立正确的表象的目的是运用形象分析研究问题。从建立形象到运用形象是一个飞跃，要有效地培养学生的形象逻辑思维能力，必须在建立正确的表象的基础上，将运用形象进行思维贯穿在教学的各个环节和方面。一是在概念和规律教学中运用形象思维。教学中要使学生充分感知现象，获得丰富的感性认识，形成正确、鲜明的形象；在此基础上，对各种各样的感性材料、形象进行加工，改造，重组，通过分析、对比、归纳、想象等一系列思维操作，概括形成反映事物本质特征和内在规律的理性形象；再舍弃形象材料，抽象出概念，建立规律。二是在解决问题的过程中运用形象思维。一般来讲，学生解决问题经历两个阶段。在第一阶段，主要是调用储存在大脑中的形象材料，进行形象思维，做整体和定性的分析；在第二阶段，主要是调用大脑中的抽象材料，进行抽象思维。根据这个指导思想，问题解决教学应遵循：让学生根据问题情境构建出典型形象，形成正确、清晰的图景；启发学生活化构建的典型形象，依据对象、过程、条件，正确选取定律、公式和理论等；指导学生运用形象进行推理、讨论和计算，得出结论。三是借助图象分析过程。在分析和解决问题时，可以借助图象对复杂的过程进行分析，使问题变得更加直观和明显，使学生易于分清运用的各个不同阶段，找出各阶段的特有属性及其相互联系，帮助学生建立问题情境，明确过程，理解过程内在的规律性，发现解决问题的思路和方法，提高学生分析问题和解决问题的能力，同时，可以有效地发展学生的形象逻辑思维能力。

第三，培养和发展学生的想象力。想象是人脑对已有的表象进行加工改造并创造出新形象的过程，它是形象思维的一种高级形式。在当前的教学中，存在教师重视结果而忽视过程的倾向，这会导致学生头脑中表象储存过少，无法展开想象。同时导致学生死记硬背，学而无用。教师一是要培养学生形成图景的能力。没有图景，就会使本来生动丰富的知识变成一堆枯燥难懂的材料，无法进行形象逻辑思维，也不可能有想象力。因此，培养学生形成图景的能力是培养学生想象力的基础。二是培养学生建立空间关系的能力。建立空间关系，就是形成问题中有关物体的空间位置、物体间位置之间的相互关系、空间位置随时间的变化等。有计划地训练学生画出问题示意图的能力是培养学生建立空间关系的有效途径。在学生的空间想象力较低时（如初中生），要尽量画出问题的示意图，帮助学生理解问题情境。但随着学生空间想象力的发展，要去掉问题中的原始图形，逐步引导学生自己根据问题的文字表述画出示意图，以提高他们的空间想象能力。实践表明，即便是高中学生，在解决问题的过程中对于示意图的依赖也是很强的，如果教师不去掉题目中的图形，学生就不会有意识地构建问题的空间关系，也就限制了他们空间想象力的发展。三是培养学生构建理想化形象的能力。理想化形象是在多维的具体形象中，抓住最具有本质特征的主要形象，舍弃次要形象，建立的轮廓清晰、主题突出、易于研究的新形象，教学中教师要培养学生构建这些理想化形象的能力。要让学生明确，在建立理想化形象的过程中，必须以事实为依据，考虑到所研究问题的精确度，通过分析、综合、比较等思维过程，抓住影响该问题的主要因素，合理舍弃次要因素，正确抽取研究对象和研究过程的本质特征并将同类研究对象和过程的本质特征概括起来。只有这样，才能得出切合实际的、有助于问题解决的理想化形象。四是强调类比，鼓励联想。在解决问题的过程中，类比常常具有启发思路、提供线索，借助于某种范例而举一反三、触类旁通的作用。因此，在教学过程中，教师要将许多微观世界的图景、抽象的概念与宏观世界的图景、形象化的概念相类比，利用类比将新旧知识联系起来，从而加深学生对知识的理解，同时发展学生的想象力。

3. 抽象逻辑思维能力的培养

抽象逻辑思维是以概念为思维材料，以概念、判断和推理的形式反映事物的本质，达到对事物的本质特征和内在联系的认知过程。在学生学习和问题解决中，抽象逻辑思维具有十分重要的作用，它不仅是提出问题、建立概念、获得规律、知识系统化及解决问题的重要思维方式，还是学好知识、培养能力的重要手段和必要条件。我们可以从如下几个方面培养中学生的抽象逻辑思维能力。

第一，加强抽象概括能力的培养。抽象就是在思想上把一事物的本质属性或特征和非本质属性或特征区分开来，从而舍弃非本质属性或特征，并抽取本质属性或特征。经过抽象过程，事物的本质属性和非本质属性的界限清楚了，这样认识便上升到了理性阶段。概括是在思想上将许多具有某些共同特征的事物，或将某种事物已分化出来的一般的、共同的属性或特征结合起来。概括的过程，就是把个别事物的本质属性，上升到同类事物的本质属性，这也是思维由个别通向一般的过程。抽象逻辑思维之所以能揭示科学事物的本质特征和内在规律性，主要来自抽象和概括的过程。抽象和概括在思维的发展和培养中起着十分重要的作用，这一点在前文已经论述过。

第二，建立合理的教学内容的逻辑结构。学科结构是以基本概念为基石，以基本原理为骨架，以基本方法为纽带所构成的逻辑体系，这些内容之间存在紧密的逻辑关系。因此，在教学过程中，应抓住这种关系，精心设计教学内容，使之具有合理的逻辑结构。①课堂教学中应按照提出问题—分析问题—解决问题的逻辑主线展开教学内容，做到提出疑问以激发学生的学习兴趣和吸引学生的注意力，分析疑问以启发学生积极思考和正确推理，以培养学生思维的逻辑性和严密性，结论简练（引导学生自己总结）以培养抽象和概括的能力，深度理解所学知识。②使所学知识系统化，形成知识结构。形成合理的知识结构，不仅有利于学生对知识的理解和掌握，而且有利于学生抽象逻辑思维能力的发展。布鲁纳的认知结构学习理论、皮亚杰的建构主义学习理论和奥苏贝尔的认知同化学习理论都重视认知结构，我们的智力结构理论也重视知识结构、学科结构、能力结构等。在教学中，教师要引导学生不断进行总结，将所学知识系统化。这不仅可以使学生搞清各部分之间的逻辑关系，明确各知识点在知识结构中所处的地位、各个概念及规律之间的联系与区别，而且还可以培养学生的归纳和概括能力。值得注意的是，教学内容的逻辑结构和课堂教学的逻辑主线既要符合每个学科的特点，又要符合学生的年龄特征、心理特点、认知结构和认知规律。

第三，使学生掌握抽象逻辑思维的基本方法。抽象逻辑思维的方法主要有分析与综合的方法、抽象与概括的方法、归纳与演绎的方法、比较与分类的方法、科学推理的方法等。要在知识教学、问题解决、课外活动中，让学生通过亲自探究，掌握这些方法。如数学建模利用了抽象逻辑思维方法，教学中教师要说明引入模型的必要性、可能性和合理性，使学生认识到把复杂的问题简化既有必要性又有意义，同时，使学生掌握如何将实际问题转化为数学问题、如何简化研究对象和过程。概念是抽象思维的成果，在概念教学中，不仅要使学生搞清概念所反映的现象、过程的本质，而且要使学生明确建立概念的事实依据，引导学生在感性材料的基础上运用分析、综合、比较、抽象、概括等方法得出概念，同时了解概念的外延及与有关概念的区别和联系，搞清概念的来龙去脉。

4. 动作逻辑思维（实践思维）能力的培养

《国家教育事业发展"十三五"规划》（以下简称《"十三五"规划》）指出，"十三五"是我国经济转型升级的关键时期，迫切需要教育为社会培养输送各类人才和高素质劳动者，同时要求教育在创新发展上有更大的作为。针对这些要求，在人才培养方面，《"十三五"规划》提出了学生的思想道德素质、科学文化素质、身心健康素质明显提高，社会责任感、法治意识、创新精神和实践能力显著增强；创新型、复合型、应用型和技术技能型人才培养比例显著提高，人才培养结构更趋合理。实践思维能力是学生实践能力的关键，是应用型和技能型人才素养的核心成分。教育部于 2017 年印发了《中小学综合实践活动课程指导纲要》，强调学生综合运用各学科知识，认识、分析和解决现实问题，提升综合素质，着力发展核心素养，特别是社会责任感、创新精神和实践能力，以适应快速变化的社会生活、职业世界和个人自主发展的需要，迎接信息时代和知识社会的挑战。要求学生亲身经历各项活动，在动手做、实验、探究、设计、创作、反思的过程中进行体验、体悟、体认，在全身心参与的活动中发现、分析和解决问题，体验和感受生活，发展实践创新能力。综合实践活动的落实，实践思维能力的培养，要重视如下三个方面。第一，构建STEAM 与创客融合的中小学 STEAM 教育体系[①]。加强活动是实践思维能力培养的基本要求，而 STEAM 与创客是国外都高度重视的活动类课程，旨在培养学生的STEAM 整合能力和创新能力。近年来，随着制造技术、信息技术、计算机技术等的创新教育运用，我国很多中小学也开展了机器人、3D 打印、创客等一系列 STEAM活动，并取得了一定的效果，但由于缺少政策支持、学科渗透、教学创新、教师发展、有效评价、整合活动等的系统建构和有效实施，学生科学素养和 STEAM 整合

---

① 胡卫平、首新、陈勇刚：《中小学 STEAM 教育体系的构建与实践》，载《华东师范大学学报（教育科学版）》，2017（4）。

性能力的发展都受到很大的限制。基于国际 STEAM 教育的经验，以及我们多年的研究实践，要有效提高 STEAM 教育的效果，需要从政策、课程、教学、师资、活动、评价等方面着手，构建具有中国特色的 STEAM 教育体系。STEAM 教育政策是 STEAM 教育持续良好发展的前提，对 STEAM 教育背景、目的、结构、财政、设施、环境等起基础指导和宏观调控作用。STEAM 教师是 STEAM 教育的保障，教师在其中主要起实践和推动的作用，其师资力量及专业化水平直接影响政策落实、课程建设、教学过程的好坏。STEAM 教师发展要着重从入职培养、教学过程、教学理念、专业素质等方面进行不断规范和完善。STEAM 学科课程、活动课程及其有效教学是 STEAM 教育的关键，强调"做中学"和"学中思"，它往往借助新技术(如 3D 打印、开源硬件等)作为媒介开发课程内容。STEAM 有效教学主要是通过基于项目的、证据的、CDIO(构思 Conceive、设计 Design、实现 Implement 和运作 Operate)工程教育理念的教学过程激发认知冲突、自主建构、自我监控等思维活动，实现迁移运用的高层次思维发展。STEAM 教育评价引领 STEAM 教育的发展，评价方案一方面要监测学生的 STEAM 学习过程，形成过程性评价方案；另一方面还要监测学生的 STEAM 学业，评估核心素养水平，形成阶段性评价方案。STEAM 评价主要体现诊断、监督、管理功能，它有利于教育决策者了解群体 STEAM 能力状况，进而基于证据进行教育决策。

第二，开设基于思维的活动课程体系。我的学生胡卫平教授在我的智能理论基础上，经过从 2000 年到现在近二十年的研究与实践，构建了"学思维—学探究—学创新"三层级活动课程体系。基于思维的"三棱结构"模型，胡卫平教授提出了思维能力的三维立体结构模型(TASM)，开发了"学思维"活动课程(包括"学思维"网络游戏)，包括从学前中班到八年级的 300 多个活动，系统培养学生的批判性思维和创造性思维能力。活动内容涉及语文、数学、科学、社会及日常生活等领域。学思维活动以发展思维为主线，以探究、合作、项目学习为过程。从 2003 年至今，400 多所学校的 40 多万学生参加了学思维活动课程的实验和推广，跟踪研究结果表明：经过一年半左右的学习，实验组学生的思维能力、创造力、学业成绩、学习策略、学习动机、自我效能等得到明显提高，教师的教学行为也有明显的改善。学思维活动课程促进学生创造力发展的神经机制研究表明，经过一年半的训练，学生大脑的功能有显著的改善。"学探究"是"学思维"的发展，旨在培养学生的科学探究能力。以项目形式开展的"学探究"活动主要是同伴之间探究、合作学习的过程。这一过程包括学生个体的认知建构过程和同伴间的社会建构过程。认知建构主要是探究过程中建立概念、规律，形成分析问题、解决问题的方法；社会建构是同伴合作互动过程所建立的团结友爱、互帮互助的正向情感。认知建构和社会建构往往交织在探究、合作学习的过程中，有效促进项目活动的进行。胡卫平教授主持开发了适合于小学生的《创意科学》，包括288个科学探究活动。同时，课题组还开发了适合于初中生的100多个探究活动。在"学思维"活动基础上，让学生参与这些探究活动，有效提高了学生的科学素养。"学创新"是"学探究"的深化，旨在培养学生的科学创新素质。一是新技术引领的活动课程，包括智能机器人活动课程、虚拟现实教育活动平台，从高中生和大学生的反馈来看，新技术便于学生感知、体验、探究和互动，促进了创造性思维的发展；二是开发"学创新"活动模式，基于对陕西省部分中学的学校环境、师生创新素质的调查，实施了大学与中学联合培养创造型人才的"春笋计划"，选拔少数具有创造潜质的中学生参加综合实践活动，进入高校实验室参加课题研究；组建专家组指导学生进行研究性学习；高校重点实验室面向中学生施行开放日活动，在实验室开展实地研究指导。采用观察、访谈、问卷、测验等方式，发现一年期间学生的创造力和创新素质得到显著提高。这样的课程体系可以有效培养学生的创意设计、动手操作、技术应用和问题解决能力。

第三，开展社会实践活动。加强社会实践，是培养学生实践思维能力的重要途径。一是学生通过研学旅行、职业活动、社团活动等，初步体悟个人成长与职业世界、社会进步、国家发展和人类命运共同体的关系，增强根据自身兴趣专长进行生涯规划和职业选择的能力，形成规则意识，认同国家，具有文化自信等；二是学生参与社区服务与社会实践活动，关注社区及社会存在的主要问题，热心参与志愿者活动和公益活动，增强社会责任意识和法治观念，形成主动服务他人、服务社会的情怀，理解并践行社会公德，提高社会服务能力。值得注意的是，在活动中要让学生主动参与、积极思维、不断反思，这样，才能真正提升学生的实践能力。

第六章

建构核心素养和学科能力

从 1980 年开始，我一直在从事心理能力（智力与能力）发展与培养的研究，并在此基础上，研究中国学生核心素养的发展。在研究中我发现，各学科教学的重要目标是提高学生的学科能力，也就是要发展学生各学科的核心素养。

一、核心素养的建构

核心素养是学生在接受相应学段的教育过程中，逐步形成的适应个人终身发展和社会发展需要的必备品格和关键能力。研究中国学生发展核心素养有助于深入回答教育要"培养什么人、怎样培养人和为谁培养人"这些重大问题。通过核心素养的教育政策研究、国际比较研究、传统文化分析、课标分析以及实证调查等支撑性研究，我们建构了具有三大领域、六个指标的中国学生核心素养总框架与指标体系。

（一）背景与意义

第一，建构学生发展核心素养体系，是贯彻党的十八大和十八届三中全会精神、落实立德树人根本任务的迫切需要。党的十八大报告指出："坚持教育为社会主义现代化建设服务、为人民服务，把立德树人作为教育的根本任务，培养德智体美劳全面发展的社会主义建设者和接班人。"党的十八届三中全会明确要求："全面贯彻党的教育方针，坚持立德树人，加强社会主义核心价值体系教育，完善中华优秀传统文化教育，形成爱学习、爱劳动、爱祖国活动的有效形式和长效机制，增强学生社会责任感、创新精神、实践能力。"为贯彻十八大精神，教育部启动了"立德树人"工程。同时，随着时代的变迁和社会的发展，"德智体美劳全面发展"的内涵也在逐渐发生变化。为此，迫切需要立足国情，结合时代特点，根据学生的成长规律和社会对人才的需求，把对学生德智体美劳全面发展总体要求和社会主义核心价值观的有关内容具体化、细化，建构学生发展核心素养体系，明确学生应具备的适应终身发展和社会发展需要的必备品格和关键能力，以深入回答教育要"培养什么人、怎样培养人"的问题。学生发展核心素养体系是教育目的的具体体现，是连接宏观教育理念、培养目标及课程与教学目标的关键环节，也是建构科学的教育质量评价体系及推进教育问责的重要基础和依据。建构具有中国特色的学生发展核心素养体系，有利于落实党的教育方针、教育目标，是完成立德树人根本任务的必要保障。

第二，建构学生发展核心素养体系，是顺应世界教育改革发展趋势、大力提升我国教育国际竞争力的迫切需要。随着经济全球化、信息化时代与知识社会的来临，各国综合国力的竞争日益加剧，各国之间已从表层的生产力水平竞争转化为深层的以人才为中心的竞争。以经济发展为核心、致力于公民素养的提升，已成为世界各国发展的共同主题。在此背景下，各国教育改革中无法规避的一个核心问题就是：21世纪培养的学生应该具备哪些最核心的知识、能力与情感态度，才能成功地融入未来社会？才能在满足个人自我实现需要的同时推动社会的健康发展？针对这些问题，经济合作与发展组织于21世纪初率先提出了核心素养的指标体系。随后，世界主要发达国家或地区也纷纷启动以核心素养为基础的教育目标体系研究，建构起符合本国或本地区实际情况的核心素养指标体系，并在此基础上开发和完善以学生核心素养为基础的课程改革方案，全面提升教育质量，以更好地为社会发展服务。鉴于此，为了提升我国教育的国际竞争力，并顺应世界教育发展趋势，应研究并建构符合中国国情与现实需要的"学生发展核心素养体系"。

第三，建构学生发展核心素养体系，是全面发展素质教育、深化教育领域综合改革、提高教育质量的迫切需要。当前素质教育改革已取得了初步成效，而如何进一步深化与推进素质教育的内涵，是新一轮教育改革中必须考虑的问题。虽然改革成效是显著的，但不可否认的是，当前我国所培养出的学生已表现出身体素质滑坡、适应社会能力不强、负面情绪较多、实践和创新能力不足等素养发展不全面的问题。同时，由于我国长期形成的以中考、高考成绩作为教育质量评价标准的观念引导，以素质教育为本的教育质量评价体系尚未建立和形成，导致素质教育的真正推行遭遇重重困境。这些现状与问题都迫切需要教研人员转变教育质量观念，进一步丰富素质教育的内涵，深入推进素质教育的改革，真正确立起以"学生核心素养"为基本框架的教育质量评价体系和课程体系，以促进素质教育的深化与落实。通过对我国现行课程标准的深入分析也发现，尽管"素养"一词在各课标中被频繁提及，凸显了其重要地位，然而却缺乏明确的内涵界定和系统阐述，对跨学科素养的培养相对忽视。此外，由于缺乏基于核心素养的顶层设计，不同学段的课程目标之间缺乏有效的垂直衔接，不同学科的课程目标之间的横向整合不够，进而导致素质教育目标难以得到落实，给一线教师的实际教学带来很大的困惑。因此，围绕"培养德智体美劳全面发展的社会主义建设者和接班人"这一教育方针和目标，亟待开展相关研究，界定和遴选学生发展核心素养指标，为全面推进素质教育改革，全面提升教育质量奠定有力的基础。

(二) 框架与表现

基于对学生核心素养的教育政策研究、国际比较研究、传统文化分析、课标分析和实证研究等支撑性研究结论的整合，课题组初步遴选出了十二项学生核心素养指标，形成了学生发展核心素养总框架。经过多轮专家意见征询，课题组又将总框架的核心素养指标归纳为六个。最终学生发展核心素养总框架的界定为：中国学生发展核心素养，以"全面发展的人"为核心，包括文化基础、自主发展和社会参与三个领域、六项核心素养指标，综合表现为学会学习、健康生活、责任担当、实践创新、人文底蕴、科学精神。根据这一总体框架，可针对学生年龄特点进一步提出各学段学生的具体表现要求。

1. 文化基础

文化是人存在的根和魂。文化基础，重在强调能习得人文、科学等各领域的知识和技能，掌握和运用人类优秀智慧成果，涵养内在精神，追求真善美的统一，发展成有深厚文化基础、有更高精神追求的人。

文化基础包括人文底蕴和科学精神。人文底蕴主要是学生在学习、理解、运用人文领域知识和技能等方面所形成的基本能力、情感态度和价值取向，具体包括人文积淀、人文情怀和审美情趣等基本要点。科学精神主要是学生在学习、理解、运用科学知识和技能等方面所形成的价值标准、思维方式和行为表现，具体包括理性思维、批判质疑、勇于探究等基本要点。

2. 自主发展

自主性是人作为主体的根本属性。自主发展，重在强调能有效管理自己的学习和生活，认识和发现自我价值，发掘自身潜力，有效应对复杂多变的环境，成就出彩人生，发展成有明确人生方向、有生活品质的人。

自主发展主要包括学会学习和健康生活。学会学习主要是学生在学习意识形成、学习方式方法选择、学习进程评估调控等方面的综合表现。具体包括乐学善学、勤于反思、信息意识等基本要点。健康生活主要是学生在认识自我、发展身心、规划人生等方面的综合表现。具体包括珍爱生命、健全人格、自我管理等基本要点。

3. 社会参与

社会性是人的本质属性。社会参与，重在强调能处理好自我与社会的关系，现代公民的养成必须遵守和履行的道德准则和行为规范，增强社会责任感，提升创新精神和实践能力，促进个人价值实现，推动社会发展进步，发展成有理想信念、敢于担当的人。

社会参与主要包括责任担当和实践创新。责任担当主要是学生在处理与社会、国家、国际等关系方面所形成的情感态度、价值取向和行为方式。具体包括社会责任、国家认同、国际理解等基本要点。实践创新主要是学生在日常活动、问题解决、适应挑战等方面所形成的实践能力、创新意识和行为表现。具体包括劳动意识、问题解决、技术应用等基本要点。

学科教学是落实学生发展核心素养的重要途径，因此，每一个学科需要根据本学段学生核心素养的主要内容与表现形式，结合本学科的学科内容与特点，提出该学科实现本学段核心素养的具体目标，要体现本学科特色。每个学科的关键能力即学科能力，是学科核心素养的最重要组成部分。

二、学科能力的建构

心理能力不是空洞的，它总是要和一种活动，或者和一种认知联系在一起。其中一种显著的表现，就是和学科教育相联系，构成学生的学科能力。各学科教学是否有成效，关键在于能否形成学生的各种学科能力。

所谓学科，有两种含义：一是指一定科学领域的总称或一门科学的分支；二是指学校课程的组成部分。学科教育，系学校设置学科的教育，其内容并不完全随科学的分化而分化，而是受教育目标和学生身心发展水平的制约，它按知识结构和逻辑体系展开论述，旨在提高教学效果，传授学科知识，发展学生的心理能力，其中突出的一点，就是培养学生的学科能力。

(一)学科教育与学生智能发展的结晶

学科能力是学科教育与学生智能发展的结晶，这是我对建构学科能力设想的出发点。

1. 学科教学教育的三个概念

学科与教学科目通用。中国古代的"六艺"，即礼、乐、射、御、书、数；欧洲古代的"七艺"，即语法、修辞、逻辑或辩证法、算术、几何、音乐、天文学，都是当时学校设置的学科。近代学校教学内容不断丰富，课程设置日益烦琐，所列的学科随之增多。于是，围绕学科教学教育的研究也深入地开展起来。

学科教学教育研究中有三个概念，且表现出一定的演变过程。

一是学科教学法。又称分科教学法，它是学校各门学科教学法的总称。学科教学法是在教学论的一般原理指导下，分别研究各科教学中的任务、内容、原则和方法等具体问题和具体规律。尽管关于学科教学法的研究，在古代就已开始，但各学科教学法形成一门独立学科的情况，还是在近代出现的。

二是学科教学论。在学科教学法研究的基础上，出现了学科教学论，即分科教学论。学科教学论的出现，主要是学科教学研究范围的扩大所致。学科教学论研究的范围，扩展为包括某学科教学的目的、内容、方法、评价及其自身研究的对象、方法等。换句话说，学科教学论成为以某门学科教学的规律为主要研究对象的教学理论。

三是学科教育学。学科教学论研究范围的进一步扩展，就形成了学科教育学。学科教育学不仅主要研究学科教学论，同时，也体现出以教学为教育的主要内容，每一门学科，不仅要有自己的学科体系，即按照学习心理学原理和教学要求，兼顾科学知识的内在联系，组成各门教学科目的系统，还要体现德、智、体等诸方面的全面发展。因此，学科教育学主要研究学科教育的性质、特点及其与其他社会现象之间的关系，学科教育的目的、任务和内容，学科教育的途径、原则、方法、手段和组织形式，学科教育中教师与学生的关系等。

随着各国教育改革的深入，对学科教学教育的研究将会进一步开展，于是学科教学教育研究必然会遇到许多新问题。但不管面临什么样的问题，都涉及学生学科能力的发展与培养问题。

2. 学科能力的提出

从某种意义上说，教学的中心任务就是对学科做出教育学和心理学的解释，这种解释要依据学生对该学科的掌握情况，考虑学生对该学科已有的知识和理解。如上所述，杜威强调教师必须把学科知识"心理学化"，以便于学生理解。学科知识心理学"化"，尽管包含着教师根据学习心理来传授知识的内容，但最终的目的还是使学科知识内化、概括化，或者类化为学生的学科能力。因此，一方面，学科能力依学科知识而转移，要发展学科能力，就需要掌握学科知识；另一方面，学科能力又不能归结为学科知识，它是学生通过对学科知识的内化、概括化或类化等智力活动形成的比较稳固的心理特征。换句话说，学科能力既源于学科教学教育促使学生掌握的学科知识，又依赖于学生心理能力本身的发展，即他们掌握知识的难易和速度也取决于其智力与能力发展的原有水平。在一定意义上，这正反映了知识与智力的关系。由此可见，学科能力正是学科教学教育与学生智力发展有机结合的产物。

3. 发展学科能力是教育改革的一个重要内容

当前基础教育正在推进基于核心素养的课程、教学、评价等的改革，学科能力是学生学科核心素养最重要的成分，因此，学科教育改革面临的各种问题，都是围绕学科能力这个中心议题而展开的。

首先是学科教学教育目标的改革，要把过去以传授知识为主的再现型教育，转变为在传授学科知识的同时，重视发展智力和培养能力的发现型教育。这种发现型教育所强调的智力与能力，就建筑在学科能力的基础上。通过某学科的学习，学生能表现出有现代科学知识、有较强的适应性和富于创造精神，以迎接新的技术革命的挑战。

其次是学科教学教育内容的改革，不仅重视基础知识学习，更新课程内容，实现教材现代化，而且加强三方面内容的改革。一是增加选修课，二是广泛开展课外活动，三是实现文理渗透，促进学科之间的综合化。通过这些改革，能有利于学生发展特长，增强创造力。而所有这些，又都与学科能力水平有直接关系。

最后是学科教学教育方法和组织形式的改革，提倡启发式教学、电子计算机辅助教学、培养学生自学的方法等。强调学生最重要的学习是学会学习，最有效的知识是自我控制的知识，以便学生在各学科的学习中寻求如何获得知识的策略，从而学会怎样学习，怎样自学，以提高学习能力和学科能力。当然，在各学科教学教育中，既有一般的要求，又有各自教学教育的特殊要求和特殊问题。这就需要我们去研究具体的学科能力，讨论各种学科能力的建构、学科能力与智力活动、非智力因素的联系和关系。

以上三点，正是我们对当前实施"素质教育"过程中改革课程设置的一些想法，我们课题组及教学实验点正朝着这个方向而努力。

(二) 学科能力是怎样构成的

所谓学科能力，通常有三个含义：一是学生掌握某学科的特殊能力；二是学生在学习某学科的智力活动及其有关的智力与能力的成分；三是学生学习某学科的能力具有明显的个体差异。

任何一个学科能力，不仅体现在学生有某学科一定的特殊能力，而且有学科能力的结构；这种结构，不仅有某学科能力常见的表层表现，而且有与非智力因素相联系的深层因素。

考虑一种学科能力的构成，应该从以下四个方面来加以分析。

1. 某学科的特殊能力是这种学科能力最直接的体现

要探索一种学科的学科能力，首先要揭示这种学科的特殊性，找出最能直接体现该学科特殊要求与特殊问题的特殊能力。这就是我理解的学科的核心素养。

与语言有关的语文、外语两种学科能力，听、说、读、写四种能力是其特殊的表现，这应看作语文能力与外语能力的一种特殊能力，只不过母语与外语在内容与形式上有差异罢了。任何一种语言，听、说、读、写互为前提。听、说是读、写的前提，读、写也是听、说的前提；听、读是说、写的前提，说、写也是听、读的前提。在听、说与读、写的关系中，听、说是口头语言的理解与表达；读、写是对书面语言的理解和表达。口头语言和书面语言各具特点，口头语言生动、形象、活泼，口头语言表达要求思路敏捷、灵活；书面语言简练、严谨、规范，书面语言表达要求思路严密、有条理，但它们又是相关的。口头语言是书面语言的基础，书面语言又可净化口头语言。在听、读与说、写的关系中，听、读是说、写的前提，说、写也是听、读的前提。因为听、读是"输入"，是"吸收"，是"内化"；而说、写则是"输出""应用"和"外化"。这一进一出，吸收和应用，内化和外化本是辩证的统一。听、说、读、写四种能力，共同构成语文能力或外语能力的特殊能力系统。

与数学学科有关的能力，首先应是运算（数）的能力和空间（形）的想象力，同时，数学是人类思维的体操，数学的逻辑思维能力也明显地表现为数学学科的能力。按高中数学核心素养观念把运算能力发展为数学运算和数据分析，空间想象能力现在称为直观想象，而数学的逻辑思维能力发展为数学抽象、逻辑推理和数学建模。尽管有出入，但从基层的角度看1952—2013年数学教学大纲（课标）还是比较重视这三种能力的。运算不仅是指数或数学运算，还包括各种数学式子及方程的变形，以及极限、微积分、逻辑代数的运算等。空间想象包括对空间观念的理解和对二维、三维空间几何图形的运动、变换和位置关系的认识，以及数形结合、代数问题的几何解释等。这两种能力的核心和基础是数学的逻辑思维能力，它包括数或数学的概念、判断、推理等基本思维形式以及比较、分类、概括、类比、归纳与演绎、分析与综合等思维方法。运算、空间想象和数学中的逻辑抽象思维，共同构成数学能力的特殊能力系统。

每个学科都有特殊性，所以要揭示每个学科能力的特殊表现，例如，科学学科(中学的物理、化学、生物和小学的自然常识等)涉及各种实验能力，思想政治学科须有明辨是非的能力，等等。所有这一切能力，都体现了某一学科的特殊能力，是这种学科能力结构的表层成分。至于具体的成分构成，有待各学科进一步研究。

2. 一切学科能力都要以概括能力为基础

如第五章所述，思维或智力活动有许多特点，概括的重要性，不仅表现在理论上，而且表现在教学实践之中。

我们要重视学生在教学实践中概括能力的表现，因为学习和运用知识的过程就是概括的过程。每一种学科能力，都是以概括为基础的，都是概括能力在其中的表现。

语文的听、说、读、写四种能力，在一定程度上是语文方面的概括能力。例如，别人在"指桑骂槐"，有人就听不出来，只能说其"听"的概括能力不强；有人在说话时口若悬河，滔滔不绝，甚至到"口吐白沫"也说不到"点"子上，只能说其"说"的概括能力太差；有人在阅读中不会分段，找不出段落大意，归纳不出中心思想，只能说其"读"的概括能力不行；有人有着丰富的生活内容，但就是写不出主题鲜明的文章来，主要还是说明其"写"的概括能力尚待提高。所以学好语文，离不开概括能力的培养。

数学能力也是如此，掌握好诸如"合并同类项"是对数学能力最形象的说明。因为数学教学的重点在于讲清楚基本概念，而数学概念的掌握需要概括能力作基础，同时它又促进概括能力的发展。因此，数学概念的教学和学生概括能力的发展是有机联系着的。数学概念的概括是从具体向抽象发展，从低级向高级发展的。例如，从"自然数"到"正整数""有理数""实数""复数"，一直到"数"，这就体现了一个概括的过程，反映了从儿童到青年的思维能力、智力发展水平的提高。所以我们在上一章强调数学能力必须以概括为基础，在一定意义上说，数学能力就是数学概括能力。我们应该重视学生数学概括能力的培养。

物理、化学、生物如此，地理、历史、政治也是这样。例如，思想政治课中每一个概念都是学生透过日常现象看本质，归纳类似"合并同类项"的结果。思想政治课重视对知识"举一反三"，没有概括，谈不上"举一反三"，学生就不能运用思想政治课知识，也学不会思想政治课知识。如果说概括是思维研究的重要指标，那么概括水平就成为衡量学生思维能力发展等级的指标；如果说概括能力是智力培养的重要方面，智力水平通过概括能力的提高而获得显现，那么学生的学科能力正是其在获得学科知识的基础上通过概括化而形成的。抓住了概括能力，也就抓住了学科能力的基础与核心问题。因此，发展学生的概括能力，是发展其学科能力，乃至培养其智力与能力的一个重要环节。

3. 某学科能力的结构，应有思维品质参与

任何一种学科的能力，都要在学生的思维活动中获得发展，离开思维活动，无所谓学科能力可言。因此，一个学生某学科能力的结构，当然包含体现个体思维的个性特征，即个体思维品质。

如上所述，在一定意义上说，思维品质是智力与能力的表现形式。智力与能力的层次，离不开思维品质，集中地表现在深刻性、灵活性、独创性、批判性、敏捷性五种思维品质上。思维品质的这些表现，可以确定每个个体某学科能力的等级和差异。所以在研究某学科能力的结构时，应考虑到思维的深刻性、灵活性、独创性、批判性和敏捷性这五种思维品质。为此，我以语文与数学两科能力为例，设置了四个大点的中小学生数学与语文能力结构的四个附表(见表6-1至表6-4)，分别用语文与数学语言来构建并表达这两个学科能力中思维品质的表现。

根据上面三点考虑，我们才把语文能力看作以语文概括为基础，将听、说、读、写四种语文能力与五种思维品质组成20个交结点(小学为16个交结点，没有考虑批判性，因小学生批判性发展较差)的开放性的动态系统；把数学能力看作以数学概括为基础，将三种数学能力与五种思维品质组成15个交结点(小学为12个

交结点)的开放性的动态系统。

4. 学生的学科能力要体现其自身的特点

学生的学科能力,是具体指每个学生身上所体现的学科的特殊能力、智能成分和思维品质。一方面,我们要重视学生学科能力的成分,它应包括学习某学科的学习能力、学习策略与学习方法;另一方面,我们又要重视每个学生的擅长、偏好和特长。我并不同意对学生早早分科,中小学阶段应倡导全面发展。尽管我对美国心理学家加德纳(H. Gardner)的多元智力观也有过质疑,但多元智力所强调的数学逻辑智力、空间智力、语言智力、音乐智力、运动智力等,都是学生个体的学科能力的体现,多元智力观的优点正是强调学生的学科能力的差异,强调的正是因材施教。

三、学科能力的结构及特点

(一)不同学科能力的不同智能成分

不同学科能力的建构,存在着明显的思维或认知的特殊性。按大学科分类,学科可归纳为理科与文科,这相应地与抽象逻辑思维和形象逻辑思维、认知和社会认知紧密地联系着。一般说来,理科的学科能力,更多地要与抽象逻辑思维、与认知相联系;文科的学科能力,更多地与形象逻辑思维、与社会认知相联系。至于大学科下属的具体学科,当然大致要和大学科的思维或认知成分相对应,但具体学科可以做具体分析,包括交叉学科,更有其特殊性。不过抽象逻辑思维与形象逻辑思维、认知与社会认知却体现着建构不同学科能力中思维或认知成分的特色。

1. 抽象逻辑思维与形象逻辑思维

在实践活动和感性经验的基础上,以抽象概念为形式的思维就是抽象逻辑思维。这是一切正常人的思维,是人类思维的核心形态。抽象逻辑思维尽管也依靠实际动作和表象,但它主要是以概念、判断和推理的材料表现出来的,是一种通过假设的、形式的、反省的思维。换句话说,抽象逻辑思维是撇开具体事物运用概念进行的思维,是通过假设进行的思维,使思维者按照提出问题、明确问题、提出假设、检验假设的途径，经过一系列抽象概括的过程，以实现课题的目的。抽象逻辑思维，就其形式来说，是形式逻辑思维和辩证逻辑思维。前者是初等逻辑，后者是高等逻辑。两者既有区别，又有联系，它们是相辅相成的。

理科能力，特别是数学能力，主要与抽象逻辑思维相联系。例如，前文曾谈到对数的概念的扩充及定义的展开，从"自然数"到"正整数""有理数""实数""复数"，一直到"数"，这就体现着一个概念逻辑的抽象概括过程，反映了各年龄阶段的学生的思维能力，乃至智能发展的水平。

上一章已出现"形象逻辑思维"，即形象思维的概念，它是以形象或表象作为思维的重要材料，以鲜明、生动的语言为物质外壳，在认知中带有强烈的情绪色彩的一种特殊的思维活动。一方面是鲜明的形象，另一方面又有着高度的概括性，能够使人通过个别认识一般，通过事物外在特征的生动具体、富有感性的表现认识事物的内在本质和规律。形象思维具备思维的各种特点，如上一章所述，除了语言之外，它的主要心理成分有联想、表象、想象和情感。特别是想象的过程，在一定程度上就是形象思维的过程。想象的发展，当然是形象思维发展的过程；想象的结果，往往也就是形象思维的结果。想象和形象思维很难从本质上去分清界限。形象逻辑思维的活动，有抽象思维的参与，它使形象逻辑思维能作为一种具有必然性和普遍性的完全独立的思维活动。

文科能力，特别是文学、艺术等学科的学科能力，主要与形象逻辑思维相联系。因为文学、艺术形象的创造，主要是自觉表象运动的直接结果，文学、艺术学科能力的发展，更多地体现在想象力的发展。

我们强调某些理科能力和文科能力，分别更多地与抽象逻辑思维和形象逻辑思维相联系，"更多"，仅仅指为主，体现某些学科能力的特殊需求，绝不能将这些能力分别与抽象逻辑思维或形象逻辑思维等同起来。因为每一种学科能力，除了更多地与某种思维相联系之外，还要包含另一种思维的成分。例如，数学能力是典型的理科能力，可是它却包含空间想象能力；语文能力是一种典型的文科能力，但是它既离不开形象逻辑思维，也离不开抽象逻辑思维。

2. 认知与社会认知

认知是人类个体对客观世界的认识过程。认知心理学对认知的看法尽管不能统一，但突出一点，认知是为了一定的目的，在一定心理结构中进行的信息加工的过程。信息加工的对象是客观世界，客观世界包括无生物界、生物界和人类社会三大部分。前两者统称自然界，国际心理学界通称之为"物理世界"，而把后者称为"社会世界"。因此，认知既包括对物理世界的认知，也包括对社会世界的认知，两者共同构成认知的全部内容。从这个意义上说，认知和对社会世界的认知并不是同一层次上的并列关系。对社会世界的认知，即社会认知是认知的一个属概念，它所对应的是非社会认知（nonsocial cognition）或对物理世界的认知，即物理认知。但我们平常所讲的"认知"，在一定程度上可以说是"非社会认知"或"物理认知"。由于传统认知理论主要建立在个体对物理世界的认知研究的基础之上，这些理论已相对成熟并自成一体，国外心理学著作大多在认知之外另设社会认知（social cognition），以示其为一个独立领域。所以，我们在这里也沿用这个理解，把认知分为广义认知和狭义认知，广义的认知包括对物理世界的认知和对社会世界的认知两个方面，而狭义的认知则专指非社会认知或物理认知。如果上一章更多的是在讲认知或智力的特点，那么这里必须分析一下社会认知的特点。

首先，社会认知的对象具有特殊性。一个人社会认知的对象正是他生活于其中的社会世界或社会环境。社会认知的内容第一位的是"人"，这里的"人"绝不限于个人，它还包括人与人之间的关系。此外，社会认知的内容还包括风俗习惯、生活方式、行为准则、生产方式、语言文字、知识技术、政治要求、中外历史以及其他文化遗产等。所以，个体社会认知的发展也就是一个不断地利用认知机能获取社会知识，并逐渐将其内化以指导、调节自己行为反应的发展过程。正因为个体社会认知的对象是其生活的社会环境，所以个体不是作为单纯的认知者，而是作为积极的实践者，在与他人实际的频繁的相互作用的过程中实现对这个环境的认知。

其次，一个人的社会认知发展不是其一般认知的一种简单的重复或反映。社会认知能力与智力之间只存在低相关或至多中等程度的相关关系的事实说明，一个人的社会认知能力不是完全由一般智力决定的。也就是说，社会认知的发展与非智力因素的发展有着密切的关系。

再次，与对物理世界的认知发展相比，人们的社会互动（人与人之间的交换、接受、沟通和加工信息)经验和社会生活环境包括社会文化特点，对其社会认知的内容、结构、发展速度以及发展水平起着重要的作用。社会互动经验对人们社会认知的作用表现在直接和间接两个方面：一方面，社会互动可以直接促进一个人社会敏感性的发展，使其获得关于他人的直接知识；另一方面，一个人与他人的交往可以为其提供认识他人观点、思想的机会，促进其观点采择或选择能力的发展，而观点采择能力又是一个人社会认知的基础和核心成分。

最后，情感在一个人的社会认知中起着重要作用。在社会认知中通常伴随移情(即感情共鸣)过程的发生。这是社会认知区别于物理认知的又一重要特点。

无疑地，理科能力总是更多地与狭义认知或物理认知联系在一起；文科能力则更多地与社会认知联系在一起，并呈现出明显的层次性来。例如，从社会认知的特点出发，我们可以把学生的思想政治学科能力分成三个层次。第一层次，学生的思想政治学科的特殊能力，包括分辨是非能力、参加社会实践的能力和观点采择(或分析各种观点与问题)的能力三个部分。第二层次，学生的思想政治学科的能力结构。学生思想政治的学科能力，尽管不像理科能力那样，与智力存在高度的一致性，但它与智力活动的水平还是有一定联系的，特别是与思维活动更有密切的关系。所以，我们将思想政治学科能力结构理解为：以对思想政治课知识的概括为基础，把分辨是非能力、参加社会实践能力、观点采择能力与五种思维品质(思维的深刻性、灵活性、独创性、批判性、敏捷性)组成 15 个交结点的开放性的动态系统。第三层次，学生的思想政治学科能力的深层结构。社会认知的特点强调情感，强调非智力因素。我们从中受到启发，思想政治的学科能力，有一个深层的结构成分，这就是信念的因素。所谓信念，是一个人对某一理论准则、思想见解坚信不疑的看法。信念不仅要以主体向往和追求完善的标准作为认识的前提，而且伴有较强烈的情感体验，它是认识和情感的"合金"。在下一章，我会对信念展开分析。由于思想政治的学科能力结构中有信念的成分，使思想政治的学科能力具有很大的能动性，在分析问题、采择观点上具有明显的选择性。这是思想政治的学科能力与其他各学科能力最大的区别。

(二)学科能力的特点

学科能力,既作为人类智力与能力的一种表现形式,又具备学科教学的必要条件,所以它是学科教学与人类智能的合金,并表现在学生身上。从这一点出发,我们可以获得学科能力的如下四个特点。

1. 学科能力以学科知识为中介

一个人的智能与其知识是相辅相成密不可分的。所以,学生的学科能力必须以学科知识经验为中介而实现。因为学生对每一门学科的学习,都是一种思维活动,最终形成的学科能力,是学生在学科的学习活动中,在感性认识、特别是表象的基础上,借助于词、语言等工具,以学科知识经验为中介而完成的。这里的中介功能,是指学生从掌握学科知识经验,过渡到学科能力的桥梁作用。以学科知识为中介,也反映了学科能力与记忆的相互关系,有了记忆,人才能累积知识、丰富经验,记忆是学生对学科知识经验的储备;它是运用学科知识经验进行思维、认识学科问题、解决学科问题的前提。没有记忆,学科能力失去材料,就没有知识经验这个中介了。

作为学科能力材料的知识经验,如上一章所述,在内容上主要是语言、数和形。在形式上大致可分为两类:一类是感性的材料,另一类是理性的材料。这是不同性质的材料。感性材料,包括感觉、知觉、表象等,学生的学科活动是凭借这些感性材料,特别是表象来进行的。例如,尽管小学中低年级学生掌握了数学符号性表象,但在运算中也要以感性材料为支柱,需要教师运用直观教具激发他们的具体经验。理性材料,主要指各学科的基本概念。概念是思维的细胞。概念的形成和发展,与判断和推理是不可分的。例如,中学生在数学学习中,依靠数字、字母、字词逐步掌握各种数的概念、定义、公式、法则,学会判断,利用推理来加以运算,依靠这些理性材料来提高数学学科的能力。有时可以将感性材料和理性材料结合起来培养学生的学科能力。例如,我们强调中小学生写作能力的培养要抓好两个过渡,一是从"说"到"写",主要抓"看图说话—看图写话—忆'图'(景)写话";二是从"读"到"写",主要抓"仿写"。这两个过渡要运用上述的两种材料,并贯穿到中小学写作的全过程。看图写话,应从小学一年级入学第二个月开始,高中三年级仍要坚持"看图写话"，只不过"图"的抽象性是不同的。难怪高考作文题多次出现"看图写话"。"仿写"，应从小学二年级下学期开始，一直可延续到高中，这是提高学生写作能力的一项重要措施。"仿写"的关键有两个：一个是选好范文，另一个是引导学生练习。从小学阶段"照猫画虎"开始，到中学阶段，学什么体裁就写什么作文，散文、议论文、诗歌、小说、剧本等都可通过"仿写"来提高写作能力，"仿写"绝不是原先材料的重复，更不是"抄袭"，"仿写"中有创新，是仿照某一范文格式对写作的感性材料与理性材料的再创造。由此可见，学生学科能力的发展之所以表现出多样性，原因之一是在作为材料的学科适应经验上，不仅有数量的增减，而且有质的变化。学科能力发展过程中质的变化的重要途径，是通过作为材料的学科能力之中介——"新质要素"的逐渐积累和"旧质要素"的逐渐衰亡和改造而实现的。

2. 学科能力是一种结构

从上述学科能力的构成中可以看出，学科能力具有系统性，它是一种结构，并且是静态结构与动态结构的统一。

如果单纯分析学科能力构成的具体成分，可以将学科能力的结构看成是静态的；但从学科能力构成的内在关系和联系上来说，即从其发展来说，这个结构是动态的。学科能力的系统性正是这种静态和动态结构的统一，而且，动态性是学科能力结构的精髓。首先，动态性表现出学科能力的结构是主客观的统一，是主客观交互作用的结果。也就是说，学生逐步地主动积极处理其学科教学环境，并从解决各种问题的过程中完善他们学科能力的结构。其次，动态性表现在学科能力结构的发展上。学科能力结构不仅指的是内在结构、成分及关系，而更重要的是有发生与发展的特征，这是一个本质的问题。最后，动态性表现在学科教学活动是学科能力结构的起点与动力。在教学活动中，当学生掌握某种操作程序且获得不断发展的时候，当感知、表象、语言、思维相互结合的时候，他们的学科能力结构也就逐步完善和发展起来，并出现了各种学科能力的模式。

3. 学科能力具有可操作性

学生的学科能力要在各个学科的教学实践中获得具体化，并表现出较强的操作技能和善于运用知识的特点。换句话说，在各科教学实践中，已经形成的学科能力有助于学生主体对各学科的学习，并为顺利地进行学科学习提供符合知识运用和操作技能要求的程序、步骤、环节、策略和方法等。

学科能力的可操作性，可以用具体的学科语言来表示，例如，我们要在表 6-1、表 6-2、表 6-3、表 6-4 中用数学语言规定数学能力的操作要求，用语文语言规定语文能力的操作要求。探索和选择适合一定学科的语言来界定学科能力及其操作要求，使各科教学中培养有关学科能力有据可循，并发挥学科能力的更大的操作性，这是当前学科能力研究中的一个重要课题。

4. 学科能力是稳定的

如果说，智力与能力是成功地解决某种问题(或完成任务)所表现的良好适应性的个性心理特征，那么，学科能力则是成功地完成学科课题的个性心理特征。当然，智力与能力有一定的区别。如上所述，智力是偏于认识，能力是偏活动的稳固的心理特征。而学科能力，则既要解决认识，即知与不知的问题，又要面对活动，即会与不会的问题，教学的实质就在于认识和活动的统一，所以，学科能力是学生在学科教学中所表现出的智力与能力的统一，是一种稳固的心理特征的综合体现。

学科能力的稳定性，主要是指个体的稳固特征。这并不排斥个体学科能力的发展变化，因为每个人的各种学科能力都处于发展变化之中，但又显示出各自较稳固的个体差异来。正如第四章所述，到了十一年级前后(15~17 岁)逻辑思维趋于成熟的时候，个体的学科能力差异水平，也趋于初步的定型，这样，使学科能力的个体心理特征更加明显。个体逻辑抽象思维成熟前学科能力发展变化的可塑性大。成熟后的学科能力，尤其是理科能力发展变化的可塑性小，尽管某些文科学科能力还有"大器晚成"的表现，但对绝大多数个体所拥有的多数学科能力来说，与其成年期的水平基本保持一致，尽管也表现出一些进步。因此，对学生学科能力培养的重心，应放在基础教育阶段。

从历史的角度来看，传统的教育标准是内容取向的，主要关注学生在教育中所掌握的知识技能的实际表现水平，很少体现现代意义上的学科核心能力的表现水平。当前，国际上发达国家最新研制的教育标准中都非常强调学科或跨学科能力与学科学习内容的整合。结合国际上发达国家对学科能力模型的研制和国内外有关学科能力的研究成果，我们可以认为，学科能力结构是制定教育质量国家标准、落实宏观教育目标的关键核心环节，也是统领和规范不同学科及不同学段学生成就水平的重要科学依据。

四、中小学生数学与语文能力结构的列举与剖析

表 6-1　对小学生数学能力结构的列举与剖析

制作者：潭瑞、李汉

	运算能力	逻辑思维能力	空间想象能力
思维的敏捷性	①表现在概括过程中：只需借用少量运算实例，就能迅速概括出一般运算法则、定律、性质及其他规律或技巧。②表现在理解过程中：只需通过少量实例说明，就能明白运算道理与基本步骤和过程，就能模仿规范进行运算。③表现在运用过程中：只需通过少量范例，就能正确、迅速地进行运算；善于抓住问题本质，运算过程跳跃大、跳得恰当，步骤简捷，心算、口算好。④表现在时耗上：反应敏捷停顿少，完成运算（特别是难度较大的）耗时少。	①表现在概括过程中：只要通过少量实例，就能概括出数、式及数量关系中的数学特征、规律与相应的解题技巧。②表现在理解过程中：只需通过少量实例就能弄懂数、式及数量关系中的特征与规律，能很快地抓住问题的实质，能熟练地做等价变换。③表现在运用过程中：只要通过少量实例，就能准确运用数、式、数量关系等知识，说明实际问题中的数学道理，解答比较复杂的数学问题，而且思路清晰弯路少，推理跨度大。④表现在时耗上：解答和说明问题落手快，完成推理过程耗时少。	①表现在概括过程中：只要通过少量实例，就能概括出几何形体中常见的数学特征及相应的计算公式（周长、面积、体积、内角和公式等）。②表现在理解过程中：只要通过少量实例，就能懂得几何形体的有关定义、性质、公理，能很快地抓住几何形体间的本质联系。③表现在运用过程中：只要通过少量实例，就能概括具体问题中的几何本质联系，选择正确的方法，准确地解决几何度量、作图和计算等问题；在说明几何问题过程中，几何表象清晰，重现迅速，能快捷地进行分解、组合、等积变换。④表现在时耗上：心到手到，连贯迅速，耗时少。

	运算能力	逻辑思维能力	空间想象能力
思维的灵活性	①表现在概括过程中：善于运用运算结果比较分析，并联系生活经验归纳、概括运算的意义、法则、定律、性质；能灵活选用数学技巧，紧扣目标展开思索。 ②表现在理解过程中：善于利用已有的数、式、运算等知识、技巧和生活经验，从多侧面去弄懂数学运算问题。 ③表现在运用过程中：善于自觉地调用运算意义、法则、定律、性质和技巧，善于根据计算目的灵活调节运算过程、选用运算方法进行合理、巧妙的运算；既以用一般的方法、规则进行运算，也能用特殊技巧进行运算，还能用多种方法解同一个运算问题。 ④表现在运算效果上：流畅、停顿等；富于联想，解法多；方法灵活，恰当。	①表现在概括过程中：善于调用已学数学知识与学习经验，从不同角度进行比较、归纳、假设，概括出数与运算、数量关系中的规律。 ②表现在理解过程中：善于调用已有的数学知识、技巧、经验，灵活采用分析、演绎、模仿、想象、尝试等思维方法，去弄懂数学问题（包括概念和需求解的问题）。 ③表现在运用过程中：善于灵活调用数、式、几何知识，从不同角度、方向和环境出发考虑和解决问题；善于用一般的方法和特殊技巧解决同一个问题；求同思维与求异思维兼容，正向与逆向、扩张与压缩变换机智灵活，善于运用变化的、运动的观点考虑问题的习惯表现。 ④表现在推理效果上：目标跟踪意识浓，方向、过程、技巧及时转换，水平高，解法多。	①表现在概括过程中：善于画图和动手实验，灵活调用已学知识、技巧，较容易地概括出几何形体的基本特征与性质（包括公式）。 ②表现在理解过程中：善于调用已有的几何知识与经验，从不同角度、用多种方法（推理、实验等）去理解几何形体的位置与度量关系、某些性质（如稳定性、圆锥体中高与底面积的反比例性质等）。 ③表现在运用过程中：善于灵活地从不同角度、运用不同的几何知识，去分析几何问题，解决几何问题；善于在某个条件不变的情况下，变换几何位置与形状，去解决某些几何问题；善于由已知几何条件联想到多种几何位置、形状与度量有关系，并灵活地解答各种变形问题。 ④表现在几何想象效果上：空间想象能力强、变换多，不仅能从一种几何状态想象到另一种几何状态，而且还能根据某些算式想象出具有相应的度量性质的几何形体；解题思路多，方法选择得当，善于解答组合形体问题。

续表

	运算能力	逻辑思维能力	空间想象能力
思维的创造性	①表现在概括过程中：善于用独特的思考方式，去探索、发现、概括运算方法（技巧）。②表现在理解过程中：善于用独特的方式，去理解和解释运算方法与规律。③表现在运用过程中：善于用独特的、新颖的方法，进行运算（包括解方程、化简比、繁分数等）。④表现在运算效果上：解法新颖，有独到之处。	①表现在概括过程中：善于发现矛盾、提出猜想、给予验证（论证）；善于按自己喜爱的方式进行归纳，具有较强的类比推理能力与意识。②表现在理解过程中：善于模拟和联想；善于提出补充意见和不同的看法，并阐述理由或依据。③表现在运用过程中：分析思路、技巧调用独特新颖；善于编制机械模仿性习题。④表现在推理效果上：新颖、反思与重新建构能力强。	①表现在概括过程中：善于用独特的思考方法去探索和发现几何形体的数学特征与度量性质。②表现在理解过程中：善于提出等价的几何公式和修正意见；善于用一般化的和运动的思想方法去认形体中的数学特征。③表现在运用过程中：善于创设几何环境；善于制作几何模型；善于用独特、新颖的方法分析、解答几何问题。④表现在想象效果上：想象丰富、新颖、独特。

续表

	运算能力	逻辑思维能力	空间想象能力
思 维 的 深 刻 性	①表现在概括过程中:善于广泛地调用所学的数学知识,去细致负责地分析有关运算的问题,善于紧扣本质与内在联系,去概括和形成新的有关运算的意义、法则、定律、性质等概念。 ②表现在理解过程中:善于从四则运算之间的辩证统一关系,去深入理解各运算的意义;善于从整、小、分(百分)数间的内在联系,去深入理解运算定律和性质;善于从计算经验和生活实践出发,去弄清有关运算公式、法则和性质成立的理由。 ③表现在运用过程中:善于进行数和算式的等值变形;善于辩证统一地处理运算和解变形的或不常见的运算问题;善于用一般的方法解文字题和方程;善于进行难度较大的运算;具有良好的检验习惯,能自觉做到每步运算依据充足,漏弊防范能力强。 ④表现在运算效果上:过程正确、严谨,技巧化水平高,解答难度较大的运算问题能力强。	①表现在概括过程中:善于在具体数学材料中抓住本质,概括出有关数、式和数量关系的基本概念与公式;善于在较复杂的应用题中概括出基本数量关系;善于在解题过程中概括出知识结构、习惯类型并进行解答技巧分类。 ②表现在理解过程中:善于正确理解数学名词与符号的意义,在头脑中建立各种数学概念;善于发现知识间的内在联系,能将头脑中的知识重新进行建构。 ③表现在运用过程中:善于进行数量关系的等价变换,掌握多种描述同一数学性质的语言技巧;善于辩证统一地运用四则运算意义说明实际问题中的数量关系、用具体数量关系解释四则运算与规律;善于区别相近数学概念、发现不同数学现象间的本质联系;善于将知识的技巧进行组合、分类,使之系统化、结构化;善于全面、严谨地思考问题,能用充分的理由说明数学现象和解答问题的过程;善于自觉地用分析、综合、归纳、演绎、模拟、类化、假设、想象等方法,解答难度较大的问题。 ④表现在推理效果上:全面、严谨、深刻、力度大,技巧系统化水平高。	①表现在概括过程中:善于从不同状态、不同角度与方法,去正确地形成有关几何概念、度量性质和比例尺、统计图表的现象。 ②表现在理解过程中:善于用变化的、辩证的思想去认识,并发现几何形体中某些量间的比例关系和不同形体间的联系;善于用初步经验与解法去认识新的几何形体;善于用几何现象解释某些计算公式和变化规律。 ③表现在运用过程中:善于对常见几何形体按几何特征式度量性质进行分类;能根据文字题想象出相应几何形体,并正确地分析几何特征与隐含的数量关系;能将一抽象的算式解释成具体几何环境中的数量关系;善于对组合图形(体)做丰富的想象,并转换成一些常见的简单图形来进行数量关系分析,善于恰当地设计并绘制正确的统计图表,分析难度较大的几何问题做到理由充足。 ④表现在几何想象效果上:解答由文字抽象描述的几何问题能力强,几何形体的分解与组合变换形式多样、理由充分;头脑中有鲜明、准确的方位、方向、形状、度量观念和广阔的几何交换空间。

表 6-2 对中学生数学能力结构的列举与剖析

制作者：孙敦甲

	运算能力	逻辑思维能力	空间想象能力
思维的敏捷性	①只要通过少量的具体例子，就能概括出一般的运算方法。 ②只要通过少量的例题，就能正确运用公式和法则进行难度较大的运算。 ③善于抓住问题的本质，迅速选择正确的方法和步骤。 ④运算步骤简捷。	①只要通过少量的例题，就能掌握一种方法。 ②只要通过少量的例题，就能正确运用定理解决难度较大的证明问题。 ③思维效率高，能很快抓住问题的实质，推理过程所走的"弯路"少。 ④推理论证步骤简捷。	①只要通过少量的具体图形，就能概括出图形的一般性质。 ②只要通过少量的例题，就能进行难度较大的图形分析。 ③能够迅速地找到图形的本质联系。 ④分析几何图形的步骤简捷。
思维的灵活性	①善于灵活运用运算律、运算法则和运算公式。 ②从考虑一种运算方法容易转向考虑另一种运算方法。 ③善于将公式灵活地变形。 ④善于将公式中的变元及方程中的未知量灵活地代换。 ⑤从式子的运算容易转向式子的分解，从一种运算容易转向它的逆运算。 ⑥善于运用多种方法解一个运算问题。	①善于灵活运用法则、公理、定理和方法，概括迁移能力强。 ②善于灵活变换思路，能从不同角度、方向、方面运用多种方法去着手解决问题。 ③善于运用变化的、运动的观点考虑问题。 ④思维过程灵活，善于把分析与演绎、特殊与一般、具体与抽象有机地联系起来。 ⑤从正向思维容易转向逆向思维。 ⑥思维结构多样、灵活。	①善于灵活运用图形的性质。 ②善于从不同角度用多种方法去分析图形性质。 ③善于从图形的位置、度量关系的变化来发现规律。 ④善于在保持图形已知条件的要求下灵活变换图形。 ⑤善于解决轨迹问题。 ⑥善于从已知图形中联想到多种位置和度量关系。

续表

	运算能力	逻辑思维能力	空间想象能力
思维的创造性	①善于探索、发现新的运算规律。 ②善于提出独特、新颖的解题方法。	①富于联想，善于自己提出新的问题，并能独立思考，探索和发现新的规律。 ②对定理法则有自己独特的理解，并能够进行推广；善于提出自己独特、新颖的解题方法。 ③能编制有一定水平的习题。	①善于探索发现新的图形关系中的规律。 ②善于提出独特、新颖的方法进行图形分析。 ③能设计制作有一定特色的几何教具。
思维的批判性	①解题时能看清题目要求，自觉采用合理步骤。 ②运算中能正确选取有用的条件和中间结果。 ③运算中能及时调整解题步骤和方法，特殊问题能采取特殊解法。 ④善于发现运算过程中出现的错误并及时纠正。 ⑤在使用运算法则时不容易发生混淆。 ⑥善于运用各种方式检查运算结果的正确性。	①善于对问题的可解性做出正确的估计。 ②推理过程中能恰当选取有用的条件和中间结论。 ③推理的思路清楚，具体问题具体分析，能及时调节、修改思路。 ④善于发现推理过程中出现的错误并及时纠正。 ⑤不容易受到错误的"引诱"，不容易产生错觉，善于克服学习过程中的"负迁移"。 ⑥善于考虑正反两方面的论据，做出正确的判断。	①分析图形关系的目的性强。 ②善于从复杂图形中取出有用的基本图形加以分析，善于正确添置辅助线。 ③善于发现作图及图形分析中产生的错误，并及时纠正。 ④容易摆脱具体图形产生的错觉。 ⑤善于变换具体图形来检验分析得到的结论的正确性。

续表

	运算能力	逻辑思维能力	空间想象能力
思维的深刻性	①能正确形成有关数、式、方程和函数的概念以及各种运算和式子变形的概念。 ②善于概括各种运算及式子变形的类型，并能正确地判断一个具体问题属于哪种类型。 ③善于对式子、方程、函数做一般研究，善于解字母系数的习题。 ④善于找到有关公式之间的联系，并运用这种联系去掌握公式。 ⑤善于自觉运用基本运算律、指数律，以及加减统一、乘除统一、乘方开方统一的思想，去掌握其他公式和法则。 ⑥能自觉做到每步运算或变形的依据充足。 ⑦能弄清公式、法则成立的理由。 ⑧善于解决难度较大的运算问题。	①能正确形成各种概念，正确理解名词及符号的含义。 ②善于概括各种数学证明的类型及一般方法。 ③掌握例题结构及四种命题之间的关系。 ④善于将知识系统化、结构化，善于抓住各概念及知识之间的联系，从不同角度分析组合，概括地形成知识结构的系统。 ⑤善于自觉运用分析和综合、对比和类比、归纳和演绎、直接证法和间接证法，去进行推理论证。 ⑥能自觉按照逻辑规律进行推理，做到推理的每一步都有理由。 ⑦善于掌握定理的证明。 ⑧思考问题全面、细微，能从事难度较大的推理论证，解决难度较大的综合问题和应用问题。	①能正确形成几何图形的有关概念以及数轴、直角坐标系、方程的曲线（面）函数的图象等概念，善于给出某些代数问题的几何解释。 ②善于对几何图形、方程曲线及函数图象进行概括、分类，抓住各种图形之间的联系。 ③善于根据文字叙述想象出几何图形，善于根据几何图形正确地分析出有关的位置和度量关系，并能用语言文字表达。 ④善于根据方程想象曲线的形状，善于由曲线的形状看出方程的特点。 ⑤善于根据函数关系式想象图象的形状，善于由图象的形状掌握函数的特点。 ⑥能自觉做到对几何图形、方程曲线、函数图象的分析，有充足的理由。 ⑦善于分析难度较大的几何问题。

表 6-3　对小学生语文能力结构的列举及剖析

制作者：耿盛义、樊大荣

思维品质	听	说	读	写
敏捷性	①能够适应不同速度的语音符号的传出。 ②能迅速接受语音符号，准确地识别音调，并在瞬间把其还原为语义内容。 ③能紧跟讲话人的思路进行思考，善于抓住对方说话的内容要点，周密分析、判断，迅速做出反应。	①能以各种速度送出语音符号。 ②能够适应迫切的情况，积极思维，反应快速，对答如流。 ③能迅速将听到的语音还原为语义内容，储存并复述出来。 ④在极短时间内，能针对变化做出分析判断，及时调整说话内容。	①视读广度宽，具有一定的阅读速度和阅读效率。 ②能在较短时间内迅速抓住材料的要点，捕捉住中心。 ③能够边读边从文字中择取有价值的信息。	①文思敏捷，能按要求迅速构思，在限定时间内成文。 ②能按照表达意思的需要，对平日积累的词语迅速做出选择、判断。
灵活性	①在变化的不同环境中，均能听清、听准对方发出的语音符号。 ②善于接收双方在不同情绪下发出的语音符号，能进行综合分析。 ③善于多角度地分析不同场合中的语言信息，概括、迁移。 ④善于从听话中得出多种合理而灵活的结论。	①能在变换的环境中正确地发出语音符号。 ②善于在双方不同的情绪下，发出语音符号，说话得体。 ③善于从不同角度、方面、方向进行分析概括；顺应变化，机敏地加以调整，巧妙应对。	①善于从不同角度思考所读的内容。 ②善于灵活地采用不同的阅读方法，集中精力吸收有用的材料信息，处理没有信息价值的材料。 ③善于变换阅读速度，"没有用的地方"快速读，内容丰富而有实用价值的地方慢速读。	①作文思路开阔，善于从不同角度、不同方面选材。 ②善于灵活运用表达方式和修辞方法。能够在不改变原意的前提下，改变原材料顺序，进行创造性设想。

续表

思维品质	听	说	读	写
创造性	①善于从所听内容出发进行比较分析，发现规律性的特点。 ②善于对所听内容进行想象和联想，产生独到的体会和新异的感受。 ③善于运用求异思维，提出与所听内容不同的观点或思想。	①不为别人的意见所左右，不人云亦云，能说出新颖、独特的见解。 ②善于想象和联想，即兴发表意见，能够出口成章，谈出独到的体会和新异的感受。	①阅读时善于比较、联想、发散和鉴别。 ②阅读过程能够再现语言中所描述的现象，进行创造性复述。	①立意新颖。 ②构思、表达不落俗套。 ③能够运用与原文不同的方式，重新表达原文内容。
深刻性	①能抓住说话人的思路，明了说话的主旨和要点。 ②能洞察对方说话的用意，听出"弦外之音"、言外之意。 ③能预见对方说话的结论。	①说话时思路清楚，语脉明晰，中心突出。 ②说话有深沉丰富的内涵，言虽尽而意无穷。 ③说话所表达的观点中肯、深刻，能提示事物的本质和规律，一语破的，言近旨远。	①能准确理解所读内容的要点，在了解"是什么"和"怎么样"的基础上，能弄清"为什么"。 ②善于深思，能理解体味文章的内在含义和字底意思。	①立意有一定的深度。 ②能很快地抓住要表达的事物的中心，用准确、简练、生动的书面语言表达，叙事说理周密而精确。

表 6-4　对中学生语文能力结构的列举与剖析

制作者：吴昌顺

思维品质	听	说	读	写
敏捷性	①迅速接受语音符号，做出判断推理。②适应各种速度的语音符号的传出。③善于抓住对方说话的内容要点，迅速做出反应。	①迅速根据说话需要和命题要求组织语言材料，表达出来。②及时敏捷地说出自己想说的话，语言干净利落，不带零碎。③简明扼要有条理地表达自己的思想、观点和感情。	①提高阅读速度，不低于每3分钟1000字。②学会速读、跳读、浏览、泛读等方法；提高读书效率。③迅速捕捉到所读内容的主要观点和自己所需的主要材料。	①善于观察，迅速将观察到的材料分析、加工，变成写作的素材、题材，组织剪裁成一篇文章。②对书面材料迅速分析、抉择，同中见异，异中求同，做出判断。③能在较短时间内，根据要求，迅速构思，写出各种文体的作文。
灵活性	①在各种环境中听清、听准对方发出的语音符号。②善于接受对方的语音符号，听懂对方的话。③能在各种场合接受语音符号传达的信息，并善于从多角度去分析。	①善于生动形象地用口头语言表情达意，概括性强。②善于多角度、多层次地运用多种方法（如比喻、引用、正反、比较、衬托等）表达自己的观点，以增强说服力。③在谈话过程中因人、因时、因地制宜，善于随时变换方式、语气来适应听者的接受心理，增强说话的效果。	①掌握多种阅读方法，善于概括所读内容要点。②善于从不同的角度、方向、侧面思考所读内容，并得出各种合理灵活的结论。③善于在阅读中运用联想、想象、比较和迁移，以提高阅读效益。④善于学以致用。	①文章观点力求鲜明，但要有弹性，不牵强不绝对，合理而又能让人接受。②灵活运用多种表达方式和修辞方法。③善于多角度、多方位、多层次地观察事物，分析材料，选择素材，组织题材。④同一题材表达不同观点，同一观点运用不同题材，不同体裁写法。

续表

思维品质	听	说	读	写
创造性	①善于由此及彼地产生联想，并有独到的体会和新鲜的感受。 ②善于运用求异思维，提出与所听内容不同的观点或思想。	①自觉独立地运用语言表达自己对问题的看法。 ②面对面地谈话和讨论，能找出不止一个的答案或结论。 ③表达的内容总含有新的因素、个人的感受和见解。 ④有自己的语言风格和个性。	①根据自己的需要和水平选择适当的阅读内容与合宜的阅读方法。 ②阅读中善于联想、比较、鉴别，有个人独到的心得，获得美的享受。 ③创造性地运用阅读中所学到的知识、观点和方法。	①观察问题的角度新，分析问题的眼光新，叙述事物的方式新。 ②选材力求新颖，立意不同一般。 ③语言表达上逐步形成自己的个性及风格。
批判性	①及时发现所听内容的长短优劣，加以鉴别。 ②在听话过程中不断进行分析，吸收有益有用的内容，对于不正确的无益的内容加以删除淘汰。 ③在批判过程中有所领悟，想到与之对立的观点。	①旗帜鲜明，有批判精神，在谈话、辩论中服从真理，修正谬误。 ②辩证地分析问题，有策略地表述观点，在谈话中发现对方的不足，进行讨论、辩论。 ③不断检查自己说的内容及思维过程，及时加以调整。	①对阅读内容进行辩证分析，善于汲取精华，剔除糟粕。 ②掌握顾及全篇、顾及作者本人和作者所处时代的全面评价作品的方法。 ③善于运用比较发现阅读内容的风格特色，并切实地转化为自己的能力。	①掌握文章修辞的基本方法和步骤，有较好的修改作文的习惯。 ②学会自评作文，写作文小结、作文序跋。 ③及时总结自己的写作经验，针对不足进行有目的的训练，以提高写作水平。
深刻性	①理解说话人运用判断、推理、证明的逻辑过程。 ②概括所听内容的主旨和要点。 ③听出说话人的目的。 ④听出言外之意。	①表达自己的思想观点能抓住要点，一语破的。 ②说话有较强的逻辑性，既全面而又有侧重，富于辩证性。 ③说话前有周密思考，表达时能触及实质。	①全面准确地理解所谈内容的要点，把握作者意图。 ②深入思考所读内容，从中发现规律和本质的东西。 ③抓住不同时代、不同作者作品的阅读规律。 ④善于运用比较，能举一反三地通过阅读提高对客观事物的认识水平。	①观察事物，能透过现象看到本质，分析全面而具体。 ②观点和材料一致，表达时二者结合紧密。 ③阐述观点，表达感情，叙述事物力求周密、精确、有规律可循。

第七章

探索德育中品德形成的机制

在第一章中我已经指出，诸育以德育为首。因为德育为一切教育之本，是教育内容的生命所在，德育工作是整个教育工作的基础。

当前我国的德育，许多人都在提倡全方位、多渠道地探索德育途径，这是对的。然而，不管途径有多少，关键要注重德育的科学性和实效性。所谓科学性，意指德育工作要讲究科学，上要符合国家要求，即根据教育目的和德育任务的内容；下要针对学生特点，在其主体内部新旧思想的矛盾统一中发展，以使其达到应有的效果。这里的学生特点，无非就是我在第四章中所述的学生身心发展的规律和特征。所谓实效性，是指德育工作要讲究效果，通过实实在在的工作，将无形的德育工作落实到学生的观点和行为实处上来，以便真正取得应有的效果，这是最终的归结点。

学校德育过程是在一定社会条件下，通过教育者的工作，将一定社会的要求和道德规范转化为受教育者个体思想品德的过程。这个过程表现在四个方面：①学校德育是一个系统；②德育过程是在作为主体的学生同作为客体的外界事物相互作用或实践活动中，由教育向其提出的要求所引起的新需要，同其已有的思想品德结构产生矛盾是其思想品德发展的动力；③德育过程是社会思想政治道德个体化的过程；④德育过程是一个受教育者思想品德从量变到质变的过程。[①] 德育的对象是学生，每个学生接受了德育最终还要落实到品德形成上。从内涵来说，品德是思想政治、道德现象在个体身上的体现，或者说品德是一种道德个体化的现象，反映个人

---

① 曹承慧：《试论学校的德育过程》，载《北京师范大学学报》，1990(3)。

的思想道德面貌。因此，它又叫作道德品质，而个体道德的好坏，又称作德性。揭示品德形成的机制，不能说是德育的全部内容，但它涉及学校当前德育的目标、内容、方法和手段问题，关系到德育过程能否顺利完成的问题。因为每个学生的品德发展了，说明学校德育的目的达到了，更说明德育途径对头了。所以探索德育中品德形成的机制问题，无疑是一项加强德育科学性和实效性的有价值的研究。

一、特殊的人格
——品德的特性

德育的对象是一个个生龙活虎的学生个体，认识个体的道德品质或品德有何特性，应该是提高德育认识的前提。

(一) 品德内容的社会性
品德是一定社会道德关系的体现，它最显著的特性就是社会性，它反映的是人的社会特性。这种社会性，主要有两层含义。

其一，品德反映着一定历史条件下的某种社会关系，并且是历史性、阶级性和全人类性的统一。品德反映的是社会道德现象。社会道德取决于经济基础，不论道德准则、规范、行为、风尚，都体现了一定社会、历史或阶级适应于当时整个社会关系状况和发展的客观要求，作为个人道德面貌的品德，它必然是这种社会内容的个体化，而绝不是脱离历史发展的抽象观念。于是，一个人的品德就表现出历史性，即在他的道德面貌中体现出历史的特点和时代的特色。一个人的品德表现出阶级性，即在他的道德面貌中反映了一定的阶级利益和要求，并为特定阶级的道德规范和伦理体系所制约。但是，一个人的品德也包含着全人类的因素，体现了品德的全人类性，这是个体心理对道德全人类因素反映的结果。在人类社会道德的发展中，存在着许多共同的道德观念和道德规范，存在着许多共同用以表达道德的心理形成和行为方式，存在着许多共同的道德功能及其表现形式。这些共同特性一旦形成，往往成为若干时代、若干阶段、若干民族所共有的道德财富，并以不同程度和不同形式体现在社会成员的品德上。雷锋的品德是高尚的，"雷锋精神"体现了时代的先进特点，是当今社会完美道德的代表；雷锋精神体现了社会主义的觉悟，是先锋队战士完整的形象；雷锋精神体现了一种人类美德，是人类的一笔精神财富。学习雷锋就是要继承弘扬这种完善的道德品质。

其二，品德的发展变化，主要取决于社会因素。品德是可以发展变化的，社会风气也可以发展变化。今天社会上存在着"滑坡论""爬坡论"和"边滑坡边爬坡论"，正是对现时期品德发展变化的看法的种种分歧。品德的形成、发展和变化，从根本上说，要受社会条件，特别是社会生产方式的制约；都是在社会实践活动中实现的；都是在社会实践的基础上，外部条件通过内部条件发生作用的结果。今天"滑坡论"所遇到的困惑，在很大的程度上应该到社会环境中去寻找根源。例如，一些有害于学生身心健康的歪风邪气的泛滥，"一切向钱看"的价值观的侵袭，社会风气中腐败因素的存在，都是由于片面追求升学率而放松德育的后果，都是不利于学生思想品德良好发展的因素而造成的"大滑坡"。"爬坡论"也可在社会环境中找到原因，有些人认为我们在改革中正在建构新德性，正在爬向新的高峰。因此，当前的德育工作，绝非是一个单纯的学校管理问题，必须由学校教育同家庭教育、社会教育密切配合来进行。

所以，品德是人的社会属性，它反映的是人的社会特质。正如马克思和恩格斯说的："特殊的人格的本质不是人的胡子、血液、抽象的肉体的本性，而是人的社会特质。"①

(二)品德结构内在的统一性

品德是一个极为复杂的整体结构，它是道德动机与道德行为的有机统一；是道德意识倾向性与道德心理特征的有机统一；也是道德认识(知)、道德情感(情)、道德意志(意)与道德行为(行)的有机统一；还是道德内容与道德形式的有机统一。这些共同构成了品德结构的内在统一性。对于这个问题，我们准备在下一节做专门

---

① 《马克思恩格斯全集(第1卷)》，270页，北京，人民出版社，1995。

的分析。

(三) 道德品质的稳定倾向性

毛泽东说过，"一个人做点好事并不难，难的是一辈子做好事，不做坏事"①。这里也可引申出一层意思，任何人的品德都是在他处世接物的实际行为中表现出来的。这种行为所表现出来的是体现重要和持久的道德关系的心理特征，这一类心理特征的综合，就组成一个人完整而稳定的品德。也就是说，每一个人的品德，既包括许多与众相同的道德行为，也包括许多与众不同的道德行为。品德是道德行为整体的稳定倾向，每一个人的道德行为整体都是各种道德行为独特的组合，反映出他完整的道德面貌。日常见到的"言行一致"，固然是说明道德行为的整体性；而"言行不一致性"同样也说明了道德行为的整体性。因为言行不一致，只是一个人用两种不同的行为——言和行，来表达某种特定的道德动机。所以，言行相脱节也反映出一个人的特定的道德动机与道德行为的统一，体现出他的品德特点来。

品德经常表现为一个人某种持续行为的稳定倾向，它是个体在某一实践领域、某一活动阶段，甚至一生全部行为的综合。正如黑格尔所说的："一个人做了这样或那样一件合乎伦理的事，还不能说他是有德的，只有这种行为方式成为他性格中的固定要求时，他才可以说是有德的"。② 可见，品德与性格有相重叠的部分，它只是属于同道德伦理有关的范围，它与性格一样表现出一个持续而一致的稳定特征来。因此，品德是一种特殊的人格心理，这种特殊性，就是体现一定社会道德的原则和规范，具有稳定的个人道德意识和道德行为总体这一根本属性。所以说，品德是个性中具有道德价值的核心部分。在中小学德育管理中，可以引出两点启示。第一，知道一个学生的品德特性，常可以预知在什么情况下，他将怎样行动。教师把握一个学生的品德特性，就可以把德育工作做得更加出色主动。第二，在学生品德成熟前，特别是小学和初中阶段的道德教育，主要应从每个学生经常、稳固地表现出来的个性特点入手，进行深入细致的工作，以培养他们良好的道德品质和稳定倾

---

① 《毛泽东文集(第二卷)》，261 页，北京，人民出版社，1993。
② ［德］黑格尔：《法哲学原理》，107 页，北京，商务印书馆，1961。

向性。

(四)品德抉择的自觉性

品德的一个显著特点，就是它的自觉性，自觉地抉择行为，自觉地按一定的道德准则来控制行为，在学习英雄人物的过程中，我们从他身上所见到的可贵的道德品质之一，是他自觉的思想觉悟。可见，品德是自觉意志的凝结，它是一种自觉意志的行动过程。一方面，主体的行为是根据自觉的目的来进行的；另一方面，正是通过这种意志对行动的支配、调节或控制，自觉的目的才能得以实现。

品德抉择的自觉性，来自道德信念，且形成道德习惯。道德信念是道德需要的一种表现形态，它是构成品德自觉性的前提。信念有两个特点，一个是带有情绪情感色彩，按信念去行动产生肯定的情感，否则就会产生消极的情感。当一个人形成道德信念之后，就能根据对社会、对他人的某种自觉态度而自觉地抉择行为。这就使品德有别于法律行为。法律带有强制性，所以法律行为带有被迫性；而品德则通过内在信念来控制，因此道德行为就具有自觉性。由于有道德信念的作用，使个体对于是与非、善与恶、正义与非正义、正当与非正当等产生评判的标准。于是符合道德信念则心情畅快，不符合道德信念就会在思想上感受到压力。这样，就使道德行为产生一定的目的性和方向性。信念的另一个特点是带有"习惯性"，自然而然地按照自己的信念去行动。道德习惯正体现了道德意识与道德行为自觉统一的程度和水平。它表现了道德行为的自动化。品德不是简单的、一般生活的行为习惯，而是一个人按照自己的信念程度，凭着自己意志的审慎抉择之后逐步形成的一种社会性习惯。道德习惯体现出品德的水平，表现出一个人自然而然的道德行为。

(五)品德层次的区别性

品德是一种人格或个性心理现象，当然表现出个别差异来。这种差异使不同人的品德呈现出不同的层次、水平和等级。品德层次的区别性主要表现在道德规范、道德范畴和心理结构上。

1. 道德规范上的差异

道德规范是指道德行为的准则或行为善恶的准则，它是某一社会关系的行为善恶标准。个体所涉及的社会关系，主要有三类：一是个人和社会整体的关系，即个人对国家、民族、阶级、政党、社团、集体等的关系，其核心成分是爱国主义；二是个人和他人的关系，即与朋友、家庭、长幼之间的关系，当今要抓的主要准则是"孝"字；三是个人对自己的关系，即自我道德修养的准则。人与人品德的差异，首先表现在如何对待这三类社会关系上。在这三种社会关系上，产生了各种各样的品德标准。以我国为例，从孔夫子到孙中山，都推崇对国家的"忠"，对父母和长者的"孝"，对人民的"仁"，对朋友的"义"的品德要求。中华人民共和国成立后，多次强调"五爱"：爱祖国、爱人民、爱劳动、爱科学、爱护公共财物（20世纪60年代将爱护公共财物改为爱社会主义），并以此作为品德标准。我国台湾地区教育家冯定亚提倡将"五心"作为品德的准则：把忠心呈给国家，把孝心献给父母，把信心留给自己，把热心传给社会，把爱心送给大家。以上的品德标准或准则，都是用来衡量人与人之间品德的区别性的。

2. 道德范畴上的差异

道德范畴是反映个人对社会、对他人、对自己的本质的，典型的，一般的道德关系的基本概念。道德范畴受道德规范的制约，又是道德规范发挥作用的必要条件。人与人之间的道德差异，从内容上来说，主要表现在道德范畴上。伦理学比较重视的道德范畴有义务、良心、荣誉、幸福等，而我们社会主义核心价值观所提出的更为深刻的道德范畴是：爱国、敬业、诚信、友善。针对这些道德范畴，就自然地会产生各种不同的品德标准，以此来判别人与人之间品德水平的差异。当然，这些标准本身也不一致，一般情况下，它是历史性、阶级性和全人类性的统一。

3. 心理结构上的差异

品德是一个统一的心理结构。它既包括动机和行为的系统，又包括道德认识、情感、意志和行为等过程的系统。人与人之间品德的差异，从品德结构来说，分别表现在这些组成品德结构的成分上。针对品德各成分的差异，也会产生多种多样的品德标准。根据这些标准，我们可以分析不同个体品德的区别。

(六)品德功能的调节性

品德调节着主体的行为,从而使一个人完善其社会关系、人际关系和自身修养。品德的调节性,突出地表现在自觉的调节上。品德的调节,既不同于政治和法律,又不同于宗教。品德一般通过良心来调节,不具备政治和法律那样的强制性和惩罚性。如果品德调节过程有时也具有一定程度的强制性的话,那它往往出自内心自省而产生的内疚、不安、惭愧的道德心理,从而使人调整自己的行为。由此可见,品德的调节是一种自觉的调节,它可能不如政治、法律那样直接和迅速,不如文艺感染那样强烈,不如宗教那样盲从。但是,由于自觉调节来自道德动机,要诉诸主体的内心信念,于是其功能必然具有相对的稳定性和持久性。

品德的调节范围具有广泛性。这一点它有别于政治、法律、宗教。品德所调节的主体行为,不仅广及整个社会生活,而且要调节无人监督、控制,不受舆论和教育的影响、没有其他启示下的自身行为,这种自身调节的程度,反映了一个人的品德水平和涵养高低。例如,有人在场和无人在场表现一样,做好事不留名,拾金不昧,等等,都说明了品德自身调节的结果,这些正是我们今天要大力提倡的道德品质。

品德的调节性,反映了品德在心理现象中的相对独立性和特殊地位。它说明在人类社会中,主体不是消极的适应者,而是一个积极的活动者;在实践活动中,主体总是要按照自己一定的社会性、德性、道德面貌去分析世界,调节和控制自己,促进社会的物质文明和精神文明建设。从这个意义上说,把道德之威,看作国威之一的提法,正是"德治"的道理所在,体现了品德是一种特殊的人格。

总之,在中小学管理和德育过程中,认识上述的这些品德特性,不仅使我们的工作能够有的放矢,也给我们提供了分析和研究学生品德水平的指标。所以,品德的特性是值得我们重视和探讨的一个问题。

二、多层次多形态的系统
—— 品德的结构

品德并不是单一因素的实体，而是一个复杂的整体结构。这就是为什么要坚持德育多开端的基础。[①]

（一）关于品德结构观的论述

早在两千多年前，孔子就讲过品德的结构，并把它划为道德认识、道德情感、道德意志和道德行为四种成分。孔子认为道德品质的形成是有一个过程的。第一，道德品质的形成，首先在于道德认识的发展，其关键在于学习。孔子的道德核心是"仁"。"仁"是孔子的最高的道德概念，含义就是"爱人"。孔子的道德认识的内容体系是以"孝悌"为本、以"礼"为规范、以"中庸"为准绳的。这就是他道德评价的标准。第二，道德认识和道德情感是密切相连的。"仁"这个道德认识不仅含有"爱人"的情感，而且也能引导人去爱谁或恨谁。孔子主张用"诗"和"乐"来发展学生的道德情感，并成为培养学生道德情感的途径。所以，仁者得人，得人心的有德之君得天下。第三，道德的意志过程就是孔子的"自省"和"自克"过程。他提出应从立志、磨炼、持恒三个方面来培养道德意志。第四，在"行"和"言"的比较中，孔子更为重视道德行为，认为"行"重于"言"，因此他主张言行一致，他要求言而有信，提倡时时刻刻都要服从道德目标。孔子提出的关于品德结构的思想，对我国古代教育史、思想史以及心理学史是有很大影响的。

目前，国际上的不少学者，在讨论品德结构时，还没有形成一致的看法，归纳起来有以下几种提法。

第一，以"三分法""二分法"和"四分法"的观点，来研究品德结构。"三分法"就是知、情、意。即道德观念、道德情感和道德行为；"二分法"就是认识和意向，

---

① 林崇德：《品德发展心理学》，16页，西安，陕西师范大学出版总社，2014。

即道德知识和道德行为;"四分法"就是知、情、意、行。即道德认识、道德情感、道德意志和道德行为。从这三种提法中可以看出,他们对品德结构的划分过程并不存在实质性的区别,在进行品德的形成和发展的研究时,也都是从认识、情感和行为三个方面开始的。

第二,从分解特定道德行为的构成因素来进行道德结构的研究。这种观点认为品德是由理解道德情境,寻找出适当的道德行为途径,决定道德行为的计划,执行并实施道德行为的计划四个部分组成并从分解特定道德行为的构成因素出发,注意各种行为的内部和外观行动的联系,特别重视道德情感在道德行为中的作用,从而提出了品德结构的问题。

第三,从价值和结构概念的联系中进行道德结构的研究。从道德价值结构的形式与内容、道德价值结构与道德决策的研究中,可以看出道德价值是人们关于自身道德观念、道德行为对社会和人的意义的衡量。当一个人接受某一个道德规范时就成为个体的道德价值观念,所以个体的道德价值观念不是彼此孤立存在的,而是以结构的形式有机地联系在一起的。

(二)品德结构的成分

在品德结构的研究中,辩证唯物主义是哲学方法论,辩证唯物主义坚持的普遍联系和不断发展的观点,是正确理解品德结构的理论基础。系统科学是处理复杂品德结构问题的最普遍的方法论。从上面两点出发,品德结构是人的道德活动特征的整体联系,它是一个系统:①它是从属于社会、自然、心理的一个子系统;②它是由不同层次、水平、序列所组成的整体;③它体现了内容与形式的统一;④它本身处于发展变化之中;⑤它是统一性与差异性的矛盾统一。哲学界的结构主义,强调任何一个结构,都是既有深层结构,又有表层结构的。这使我们在研究品德结构中吸收了有用的养料。因此,我认为品德结构是一个多层次、多侧面、多形态、多水平、多联系、多序列的动态的开放性的整体和系统。

首先,从表层和深层结构的系统来分析,应该把品德看成是一种道德行为方式和动机系统的统一。道德的行为方式,就是下边要分析的知、情、意、行的心理过程，它可以理解为品德的表层结构，而深层结构成分则为道德动机系统。任何道德行为方式或举止，都有它产生的根源，这就是道德动机，因此道德动机是引起道德行为的原动力。我们在研究一个人的行为举止时，必须揭示它的动机。这样才能判断这种行为举止的实质，预见行为举止重复的可能性，分析行为举止的价值。从结构成分中分析，可以看出道德动机是品德的深层结构、内在动力系统。谈论一个学生品德的好坏，首先要分析其内在的动力系统，分析其好与坏的根本原因。

道德动机系统，就是品德的意识倾向性，它是"需要"的表现形态。动机，就是和满足某些需要有关的活动动力。如果需要是人的各种积极性的实质，动机则是这种实质的具体表现。作为动机系统的需要，可以表现为与道德有关的兴趣、欲望、信念、理想等各种形态，这些都是道德动机系统中的组成因素。其核心因素是道德信念和道德理想。在上一节我们已分析了信念及其作用。今天德育的首要任务是抓道德信念和道德理想。现在我们的学生以什么为信念？有人说一个字"钱"，我不同意。但这却引导我思考一个问题，如果一个国家培养出来的人才缺乏远大的目标和理想，缺乏信念，而一心追求金钱，那我们的国家的前途将会怎样呢？为此，我十分赞同"继承和弘扬中华民族传统美德"的提法，使传统美德伴随着"有理想、有道德、有文化、有纪律"的目标，把我们的学生培养成一代有崇高信念的新人。此外，在众多的道德动机成分中，必定有一种或几种优势动机或占核心地位的动机，它们往往是动机斗争中的获胜者，并主导着整个道德动机系统，从而决定着某种道德行为，以至于形成一个人的品德。

其次，从品德的心理过程和行为活动的关系看，那便是知、情、意、行。

一是道德认识。它是对道德规范、道德范畴及其意义的认识，它是人的认识过程在品德上的表现，一般成为品德的理智特征。道德认识表现在以下两个方面。①道德思维发展水平。它主要表现为道德认识的形式。反映道德思维水平的道德认识，首先表现在道德知识、道德判断和道德评价上，人的思维能力的高低，也同时影响到道德认识水平。所以，道德思维的发展，不仅反映了时代、阶级、社会的特点，而且也反映了不同社会中人类共同的道德规范。道德思维的发展，反映了品德发展在认识方面的量和质上，都存在一个从不知到知，从不成熟到成熟的过程。

②道德观念变化的程度。主要体现为道德认识的内容。道德认识水平的高低，表现在各种道德范畴的观念，特别是道德是非的观念上。因此，道德观念的变化、发展，正是主体对诸如良心、善恶、荣誉、义务、正直、幸福、节操等道德范畴认识的变化。

二是道德情感。它是直接与人所具有的，与一定道德规范的需要相联系的一种体验，即人的情感过程在品德上的表现，一般成为品德的情感特征。道德情感表现在以下两个方面。①道德情感的形式。道德情感形式可以分成三种：第一种是直觉的情绪体验；第二种是道德形象所引起的情绪体验；第三种是伦理道德的情绪体验。每一种道德情感形式都有程度、水平和等级问题。②道德情感的社会性内容。道德情感的社会性内容可以表现在不同方面，如爱国主义情感、劳动情感、集体荣誉感、义务感、正义感、责任心等。

三是道德意志。它是一个人自觉地克服困难去完成预定的道德目的、任务，以实现一定道德动机的活动。道德意志是品德的意志特征。它是调节道德行为的内部力量，也是人的意志过程或主观能动性在品德上的表现。道德意志表现在以下两个方面。①道德意志的品质。道德意志的品质又包含道德行为的自觉性、果断性、坚持性和自制力。这些品质，不但能保证主体道德行为的目的性、毅力的实现，而且也能作为区分人们之间道德意志好坏的标志。②言行一致性。这个问题在下一节会展开分析，这里不做赘述。

四是道德行为。在一定道德意识支配下所采取的各种行动就是道德行为。它是一个人道德意识的外部表现形态，一般成为品德的行为特征。道德行为包含道德的行为技能和道德习惯两种成分。道德的行为技能又叫道德行为方式方法，它主要是通过练习或实践而掌握的。一个人养成道德习惯是进行道德训练的关键。道德行为有两种表现：①不稳定的、有条件的道德行为，这是一种不经常的道德行为；②无条件的、自动的、带情绪色彩的道德行为，这种行为已经形成了道德习惯。良好的道德行为习惯，可以使品德从内心出发，不走弯路而达到高境界；不良的道德行为习惯，会给改造不良品德的工作带来阻力和困难。从系统科学的观点来看，道德习惯是一种自动化道德行动的过程，是由不经常的道德行动转化为品德的突破点，是品德发展的质变的指标。良好的道德习惯的形成是品德培养的重要目的。

最后，从品德的心理活动和外部活动关系及组织形式看，品德是一个定向、操作和反馈的系统，即"内化于心，外化于行"的过程，它表明道德活动及其结构是一个动态结构。

品德定向系统。是指主体对道德规范的意识、定向或注意，以提高道德活动的自觉性和正确性。同时也指主体是一个积极的个体，能意识到自己在一定环境中的地位和作用，因此具有一定的动机、定向和行动方式。

品德操作系统，是个体在具体的道德环境中产生道德行为的一系列内部和外部因素所组成的一个系统。它包括同化道德环境、外化过程和具体化过程。所谓同化道德环境，可以分为以下三个过程：第一是认知当前情境，把自己纳入人际关系系统；第二是认知情境的结果和品德定向系统联系的过程；第三是自我设想过程。同化道德环境就是个体在面临具体的道德环境时，把当前道德环境的内容纳入主体业已具有的品德的定向系统中，对符合原道德经验的信息进行加工，把同化的结果转化为具体的道德动机；反之，就要停止活动或产生新的定向系统。所谓外化过程，就是把一系列内部过程转化成外部行为。其整个过程包括明确问题、确认道德途径、做出道德决策、实施道德计划四个阶段。所谓具体化过程，就是把外在过程产生的内部结果转化为外部的行为，通过行为产生的社会效果达到自己的道德目的。总之，品德操作系统的三个环节是相互联系的，同化与外化是具体化的基础，具体化产生的影响对同化和外化又具有反作用。

品德反馈调节系统。品德反馈调节系统方式很多，信息来源上分为两类，即他人反馈和自我反馈。前者是教师、同学、家长、社会的道德评价，后者是自我教育。如前所述，我的思维结构观强调的是自我监控，古人"吾日三省吾身"就是自我监控后的自我反馈。每个人都应学会照镜子，即"镜像自我"，从而进行自我监控。一般来说，肯定的评价（如表扬、奖励）要比否定的评价（如批评、惩罚）效果好。同时，品德进程都必须通过自我意识和自我教育才能达到调节行为的作用。

（三）对学校德育评价系统的看法

现在大家都在讨论德育的评价问题，我认为品德评估应从品德结构出发，即对学生品德的评估应考虑到他们品德的完整结构。根据多年来我们在教学实验点的做法，我提出下列看法。

1. 理论教育系统

(1)目的：系统地学习理论，帮助学生明确是非，树立正确的方向。

(2)形式：以思想政治课为主，辅之以课外阅读和其他有关活动。

(3)特点：依据科学体系编制教材、以课堂教学为主要形式，辅之以参观、访问、调查；有专业教师或行家作指导，伴之以学生形式的自学，培养其自学能力。

平时考核，例如检查旧课，检查新课自学能力，检查课堂讨论水平，检查小论文、调查报告等的水平；与班主任意见相结合，了解其言论、观点等。

定期考核，主要指期中、期末考试。这两种考试可以采取开卷与闭卷相结合、口试与笔试相结合，教师命题与学生命题相结合的形式。

2. 实践教育系统

(1)目的：实践锻炼学生，帮助他们了解社会及其各个阶层，分辨是非，以提高思想觉悟，帮助他们提高独立工作和处理人际关系的能力。

(2)形式：以参加实践活动为主，例如，参加生产劳动、军事训练、社会调查、参观访问、竞赛活动、科研性实践等，辅之以上课等有关理论指导。

(3)特点：有目的地组织学生参加一定的实践活动；将实践教育纳入教育计划；有生产单位、军训单位、调查单位成员作指导和帮助，伴之以教师的辅导作用；学生参加实践管理教育的行列，如担任各级小干部、管理伙食、生活等。

(4)考核：主要采取以下形式，如实地考察等，深入学生的实践活动，掌握直接信息，制定等级(分数化)，以评价学生在教育活动中的效果；评比法——通过评比检查教育活动的效果；联合评分——教师与实践单位的领导及指导者联合按原定等级评估学生的成绩。

3. 行为教育系统

(1)目的：培养学生的良好行为习惯，特别是道德习惯，帮助他们将德育内容落到实处，做到言行一致，表里如一。

(2)形式：训练，即按规定要求进行反复练习为主，辅之以理论指导和模仿等活动。

（3）特点：推行有目的、有要求的行为规范系统和条例；训练活动纳入教育计划；特别是纳入班主任的工作计划；对行为规范执行的效果有及时的正负强化。

（4）考核：将行为分类，例如，待人行为、卫生行为、纪律行为、助人行为等类别，并将每种类别分解到各年级实行等级化（便于按要求打分）。

定期评比，通过值日教师、值日生和班主任、班干部合作，定期逐项检查，这样既可推行行为规范的贯彻执行，又可获得每个年级、每个班和每个学生的考核成绩。

联合评定，学校经常召开年级教师会、干部会、家长会等，收集学生在各种不同场合的行为规范的特点并按原先等级加以评定。

4. 情操教育系统

（1）目的：培养学生的健康情感，特别是爱国主义情感、道德感、集体荣誉感等，帮助他们将思想、政治和道德准则转化为内心的体验，并发展以情感为基础的信念、良心等思想品德要素。

（2）形式：以感染力较强的报告、演讲、参观、影视和谈话等生动教育形式为主，辅之以理论指导和其他有关活动。

（3）特点：有目的地以各种生动的教育方式，并通过班会、年级会、校会以及团队活动来进行；将各种有感染力的教育活动纳入教育计划；有班主任"爱的教育"的力量，加上班集体舆论的影响，学生接受教育时容易动情，但每个人的巩固程度却有很大差别。

（4）考核：将各种道德情感和有关行动分类，并将每种类别分解到各年级实行等级化。以班主任为首，各科任课教师一起讨论评定；在重大事件或环境变化时（如组织实践锻炼时期情感的变化），班主任与有关人员做出评定；联合评定，同行为教育系统的"联合评定"。

上述评价系统，仅供各校参考。如有条件，可以制作量表，也可以用计算机编出程序以方便操作。

三、德育工作的出发点
—— 中小学生品德发展的年龄特征

所谓中小学生品德发展的年龄特征，是指不同年龄段，即小学、初中和高中期品德发展的一般、本质、典型的特征。它反映不同阶段学生品德的普遍性、稳定性、代表性的道德面貌。

(一)小学生品德的年龄特征

如第四章所述，协调性是小学生品德的主要年龄特征。对于这一特征我们可以从以下三方面去理解。

1. 小学生逐步形成和谐的道德认识能力

我们的研究材料证明，系统的道德认识以及相应的道德行为习惯是在小学阶段逐步形成的。他们形成了自觉地运用道德认识来评价和调节道德行为的能力。当然，这种道德认识的能力带有很强的依附性，同时也缺乏原则性。但发展的趋势是和谐的，并且有一个稳步的发展过程。第一，在道德认识的理解上，从直观、具体、较为肤浅的理解逐步过渡到较为抽象、本质的理解；第二，在道德品质的评价上，从只注意行为效果，逐渐过渡到较为全面地考虑动机和效果的统一关系；第三，在道德原则的掌握上，道德判断从简单依附于社会的、他人的规则，逐渐过渡到受内心道德原则的制约。

2. 小学生的道德言行从比较协调到逐步分化

小学生有了正确的道德认识，并不能保证有良好的道德行为。所以更重要的是如何把道德认识转化为道德行为。在这个过程中，小学生在品德发展上的认识与行为、言和行基本上是协调的。因此，年龄越小，言行越一致；而随着年龄的增加，逐渐出现言行一致与不一致的分化。其原因在于，学生年龄越小，越不善于掩饰自己，行为越简单，易于外露。而年龄较大的学生，他们日益学会掩饰自己的行为，行为比较复杂。造成小学生言行不一致的原因很多，一是模仿的倾向，模仿是小学生的特点，他看到模仿有意思，明知是不正确的举动，往往也要模仿。二是出于无意，常常无目的地做出一些举动。三是在不同的人面前，有不同的举动。虽然小学生知道什么是好的行为，什么是不好的行为，但在不同的人面前，仍然会表现出不同的行为来。四是只会说，不会做。道德行为说起来容易，做起来要克服困难、有毅力，才能收到良好的效果。由此可见，小学生在品德上的认识和行为脱节的情况及原因较为复杂。但是，这种脱节是容易克服的，只要采取一些有效的方法，通过循序渐进、积极地引导，小学生的品德就能得到发展。

3. 自觉纪律的形成和发展在小学生品德发展中占有相当显著的地位

所谓自觉纪律，是一种出自内心要求的纪律，是在对纪律认识和自觉要求的基础上形成的，这是一种不依靠外力强制的纪律。小学生自觉纪律的形成是从外部教育要求转为内部需要的过程。一般要经过三个阶段，即依靠外部教育要求阶段(教师制定具体规定及检查)；过渡阶段(还未形成自觉纪律，但已体会到纪律要求并能遵守纪律)；把纪律原则变成自觉行动阶段。

由此可见，小学生的品德是从习俗水平向原则水平、从依附性向自觉性、从外部监督向自我监督、从服从型向习惯型过渡的。所以，这一时期小学生的品德是过渡性的品德，发展较为平稳，表现出协调性的特点。

(二)中学生品德的年龄特征

在整个中学阶段，中学生的品德迅速发展，他们处于伦理形成的时期。在初中学生品德形成的过程中，伦理道德已开始形成，但在很大程度上却表现出两极分化的特点。而高中学生的伦理道德则带有很大程度的成熟性，他们可以比较自觉地运用一定的道德观念、原则、信念来调节自己的行为，伴之而来的是世界观的初步形成。

1. 中学生品德的特征

中学生个体的伦理道德是一种以自律为形式、以遵守道德准则并运用原则、信念来调节行为的道德品质。这种品德具有六个方面的特征。

(1)中学生能独立、自觉地按照道德准则来调节自己的行为。伦理是指人与人之间的关系以及必须遵守的行为准则。伦理是道德关系的概括，伦理道德是道德发展的最高阶段。从中学阶段开始，中学生逐渐掌握这种伦理道德，并且能独立、自觉地遵守道德准则。我们所说的独立性就是自律，即服从自己的人生观、价值标准和道德原则；我们所讲的自觉性，也就是目的性，即按照自己的道德动机去行动，以符合某种伦理道德的要求。

(2)道德信念和道德理想在中学生的道德动机中占据重要地位。中学阶段是道德信念和理想形成，并开始用道德信念和理想指导自己行动的时期。这一时期的道德信念和理想在中学生的道德动机中占有重要地位。中学生的道德行为更具原则性、自觉性，更为符合伦理道德的要求。这是人的人格或个性发展的新阶段。

(3)中学生品德心理中自我意识的明显化。前文提到的"吾日三省吾身"，从中学生品德发展的角度来看，是提倡自我道德修养的反省性和监控性。这一特点从中学阶段开始就越来越明显，它既是道德行为自我强化的基础，又是提高道德修养的手段。所以，自我调节品德心理的全过程，是自觉道德行为的前提。

(4)中学生道德行为习惯逐步巩固。在中学阶段的青少年品德发展中，逐渐养成良好的道德习惯是进行道德行为训练的重要手段。因此，与道德伦理相适应的道德习惯的形成，又是道德伦理培养的重要目的。

(5)中学生品德发展和世界观的形成是一致的。中学生世界观的形成与道德品质的发展有着密切联系。一个人世界观的形成是其人格、个性、品德发展成熟的重要标志。当中学生的世界观开始萌芽和形成的时候，它不仅受主体道德伦理价值观的制约，还赋予其道德伦理以哲学基础，因此，两者是相辅相成的，是一致的。

(6)中学生品德结构的组织形式完善化。中学生一旦进入伦理道德阶段，他的道德动机和道德心理特征在其组织形式或进程中，就形成一个较为完善的动态结构。表现为：其一，中学生的道德行动不仅按照自己的准则规范定向，而且通过逐渐稳定的个性，产生道德的和不道德的行为方式。其二，中学生在具体的道德环境中，可以用原有的品德结构定向系统对这个环境做出不同程度的同化。随着年龄的增加，同化程度也在增加，能做出道德策略，同时还能把道德计划转化为外部的行为特征，并通过行为所产生的效果达到自己的道德目的。其三，随着中学生反馈信息的扩大，他们能够根据反馈信息来调节自己的行为，以满足道德发展的需要。

2. 中学生品德处于动荡向成熟过渡的阶段

（1）初中阶段即少年期品德发展的特点是动荡的。从总体上看，少年期的品德虽然具备了伦理道德的特征，但仍旧是不成熟，不稳定的，且具有较大的动荡性。少年期初中生品德动荡性特点的具体表现是：道德动机逐渐理想化、信念化，但又有敏感性、易变性；他们道德观念的原则性、概括性不断增强，但还带有一定程度的具体经验特点；他们的道德情感表现得丰富、强烈，但又好冲动而不拘小节；他们的道德意志虽已形成，但又很脆弱；他们的道德行为有了一定的目的性，渴望独立自主地行动，但愿望与行动又有一定距离。所以，这个时期，既是人生观开始形成的时期，又是容易发生两极分化的时期。品德不良、走歧路、违法犯罪多发生在这个时期。如前所述，这是处于人生十字路口的阶段。究其原因，有如下三点：第一，生理发生剧变，特别是外形、机能的变化和性发育成熟了，然而心理发育却跟不上生理发育，这种状况往往使初中学生容易产生笨拙感和冲动性。第二，从思维品质发展方面分析，少年期的思维易产生片面性和表面性。因此，他们好怀疑、反抗、固执己见、走极端。第三，从情感发展上分析，少年期的情感时而振奋、奔放、激动，时而又动怒、怄气、争吵、打架；有时甚至会走向泄气、绝望。总之，他们的自制力还很薄弱，容易产生动摇。正因为如此，当有人问到我："你教过中小学生，教过大学生，又带研究生，你认为哪个阶段的学生最难教？"我不加思索地回答："初中生！""为什么？""软硬不吃，刀枪不入。"所以我建议我们的初中教师，特别是八年级的教师，应从"爱的教育"入手，从各个方面帮助他们树立正确的观点，特别是人生观、价值观和道德观，以便他们做出正确的抉择。

（2）高中阶段或青年初期是品德逐步趋向成熟的时期。这一时期的品德发展进入了以自律为形式、遵守道德准则、运用信念来调节行为的品德成熟阶段。所以，青年初期是走向独立生活的时期。成熟的指标有两个：一是能较自觉地运用一定的道德观点、原则、信念来调节行为；二是人生观、价值观、世界观初步形成。一位高中生听说老师讲"为人要正"的时候，他马上反应为"三观正确"。这个阶段的任务是形成道德行为的观念体系和规则，并促使其进取和开拓精神的发展。

然而，这个时期不是突然到来的。初中阶段是中学阶段品德发展的关键期，继而初中升高中，开始向成熟转化。其实在八年级之后，一些学生在许多品德特征上已经逐步趋向成熟。而在高中初期，却仍然明显地保持许多少年期动荡性的年龄特征。

(三) 中小学生品德发展的年龄特征是中小学德育管理的出发点

教师注意掌握中小学生品德发展的年龄特征，从而因材施教是十分重要的。否则就会出问题，带来不应有的损失。所以，我们认为，在教育工作中必须提倡科学性，重视中小学生品德发展的年龄特征。

1. 教师要把中小学生品德发展的年龄特征作为德育工作的出发点。

例如，凡在中学教育中实践多年的教师都认为，在整个基础教育阶段，初中学生是最难对付的，简直是"软硬不吃，刀枪不入"，这是事实。原因是初中生处在少年期，是品德发展成熟的前夜，动荡而不稳定。作为教师，一定要针对这一特点，动之以情、正面诱导，有的放矢地做好德育工作，引导他们的品德向正确的方向发展。

2. 教师要重视中小学生品德发展的关键期，并采取合理的教育措施。

根据多年的教育实践，我认为，三年级和八年级分别是小学和中学品德发展的关键期。学校领导在安排人事时，不能只考虑一年级基础或毕业班的"把关"问题，也应该注意在这两个年级配备得力的教师。但据我们了解，目前，中小学多把最得力的教师配备在"两头"，即小学一年级和六年级，初中一年级和三年级。这样做的结果是放弃中间年级"关键期"的德育工作。这对学校的德育工作和学生的成长都是十分不利的。

3. 教师在教育实践中，应考虑到相邻的年龄阶段之间的区别和联系。

目前，在中小学教育的衔接上存在着很多问题。中学教师认为小学教师对学生管得细、窄、死；小学教师则认为中学教师对学生管得粗、宽、放。如果双方能了解中小学生品德发展的联系性，这个问题就不难解决了。在小学高年级多培养一些学生的独立性及自制能力；在中学时期，教师还应多管一些，以使新生适应新环境。没有教育的衔接，是不会抓好德育工作的。

4.教师在因材施教的过程中，既要重视品德发展年龄特征的稳定性，又要注意这一特征的可变性。

在中小学教育中，教师既要重视品学兼优学生的教育工作，又要重视品德不良学生的教育工作，做到"抓两头"，带"中间"，处理好三者之间的关系是教师必备的教育技巧。

四、习惯成自然
—— 良好的道德习惯培养

在品德形成的过程中，我反复强调的是两个因素，一是前述的道德信念，另一个是通过"养成"教育，培养道德习惯。在中小学教育管理中，"养成"教育是德育管理中一个不可忽视的内容。

人的行为不仅依赖于其动机，而且取决于他的习惯。透过一个细微的行为习惯，往往能分析一个人的思想、作风、道德或文明的程度。随手关灯的习惯，看起来是件小事，却让人赞扬；随地吐痰尽管常见，却是一个恶习。从习惯所具有的社会意义来看，它可以分为良好的或有益的、不良的或有害的两种。养成各种良好的道德习惯，是培养中小学生良好道德品质的途径。

(一)培养道德习惯的意义

如上所述，良好的道德行为习惯，能使品德从内心出发，不走弯路而达到高境界；不良的道德行为习惯，会给改造不良品德工作带来困难。因为从系统科学的观点来看，道德习惯是一种能动的自组织过程。一定的道德环境使个体品德达到一个临界状态，品德系统的相变(质变)特点由道德习惯这种序参量所决定。在客观的道德环境的作用下，主体的道德习惯往往将一些单个行动协同起来，自动地做出一系列的道德行动。可见，道德习惯是一种自动化道德行动的过程，它是一个人由不经常的道德行动转化为品德的突破点，是品德发展的质变指标。

这么分析,会不会否定品德结构中的其他成分呢?不会。品德的发展,是指在一个人道德动机作用下的道德认识、情感、意志和行为的全面发展。其中一个显著的特点,是提高道德行为水平,形成道德习惯。因为,由道德知识经验的领会和掌握而引起的品德发展,是一个由量变到质变的过程,要经历很多阶段。品德整体结构的发展是在掌握和运用道德知识、练习和重复道德行为的过程中完成的。如果一个学生不学习道德知识(例如法律知识),不练习道德行为规范,他的品德是得不到发展的。道德知识、认识、训练是品德发展的基础。也就是说,学生的品德是在他们"知"的反复提高和"行"的反复训练中逐步发展起来的,并需要经过一个又一个阶段。可见,学生品德水平取决于:一是他们所领会的道德认识,二是他们对正确行为规范要求的不断练习。前者要求背诵和理解,以铭记在心中;后者要求形成良好的习惯。品德发展每一个阶段的特征,都集中体现在道德行为习惯的变化上。从这个意义上分析,德育的目的,简单地说,就是养成良好的习惯。因此,良好习惯的形成,是一个人的完整品德结构发展中质变的核心。

(二)习惯养成的途径

习惯和道德习惯是可以培养的。一般来说,习惯的养成或形成的方式与途径有:①简单重复;②模仿;③有意练习;④与坏习惯做斗争。如何培养中小学生的良好道德习惯呢?我们应该从下面四种形成方式与途径上入手。

1. 选择良好的榜样,作为学生效仿的对象

许多同学将雷锋视为榜样,团结同学,乐于助人。榜样使他们树立远大的志向,而且注意从一件件具体事情做起,严格地锻炼自己的意志和能力,并养成良好的道德行为习惯。从中我们看到,良好的道德习惯的养成应注意如下几点。

(1)榜样的选择要有针对性,即针对学校、班级,乃至每个学生其一方面的特点来选择。

(2)榜样的选择要有情绪性,即能使学生产生敬佩、爱慕、愉快、可接受等体验而效仿,因此,选择的榜样不仅是有权威的英雄人物,而且要接近学生的实际,要树立起学生中的典范。

（3）榜样的选择要有具体性，即特点生动、突出，便于在行为上重复。学生为什么爱模仿影视中的反面人物的言行，其原因也正是这些人物的特点明显、突出，有感染力。

2. 创造重复良好行为的情境，坚持有意练习

重复和练习是习惯形成的关键。不论是良好的道德行为习惯还是不良的道德行为习惯，都是靠重复和练习而形成的。长期重复一种行为，就能使这种行为趋于自动化，一旦不再重复，往往使人从情感上难以接受，这说明重复养成了习惯。在有意练习和重复时，要明确练习的意义。例如，要使"文明礼貌用语"成为人们的习惯用语，就要在明确意义的基础上加以练习和重复。我国是文明古国、礼仪之邦，今天，社会上竟有如此多的人连文明用语都不会使用，这是与我们的国情极不相称的。要使文明用语普及，唯一的办法是在明确意义的情况下反复练习，使之习惯化。任何良好的文明习惯和道德习惯，都是靠重复和练习养成的。

3. 下定决心，自觉地与坏习惯决裂

据我们所知，目前中小学生中有不少不良的习惯，当然，这也表现在道德方面和社会公德方面。有的学生对此很苦恼，有的学生想与坏习惯做斗争，又迟迟没有效果，为此也很焦急。其实，要根除不良的道德习惯，关键在于人。在中小学里，一要靠教师的引导，二要靠有不良习惯者痛下同旧习惯决裂的决心。在做法上，应注意以下两点。

（1）必须知道坏习惯的害处，必须增强克服坏习惯的信心。

（2）必须运用各种有效的具体方法，如活动替代法，铭记警句法，创造条件并利用人为动作，不给自己重复不良行为的机会。有不少工读学校就是这样做的，例如，他们杜绝不良行为重复的机会，以防止不良道德习惯形成；创造良好环境，引导工读学生对良好行为加以重复和练习，以形成良好的道德习惯。

4. 形成优良的集体，使学生在良好的集体风气中养成良好的习惯

学生在学校、班级中生活。学校和班级是一种集体，即一种正规的团体。集体，具有以下几个特征：①有明确的共同目的以及由此而产生的共同行动，每一个

集体成员都为共同的任务而行动着，彼此关心，互相督促；②有统一的领导；③有共同的纪律，每一位成员都要使自己的意志服从于集体的意志，使自己的利益服从于集体的利益；④有共同的舆论，舆论是集体形成的重要标志，舆论制约着集体成员的行动。

如果说个人的习惯只是使一个人的行动自动化，那么一个集体或一个社会的习惯势力，却具有无比强大的力量。这里就校风和班风的健康而言，不仅能够促使集体成员良好道德习惯确立和定型，而且能够改造那些与良好集体行为相违背的不良行为习惯。由此可见，习惯的力量是巨大的，并且，集体习惯的力量更大于个人的习惯。所以，中小学校管理工作的一项重要任务，是创建一个有良好风气的社会环境，即学校创好校风，班级创好班风，这对于学生具有良好的影响力，特别是良好的道德习惯的形成，也是非常有益的。

集体风气影响着学生道德行为习惯的形成水平，因此，我们要引导学生养成对集体活动的兴趣，尊重集体和社会的舆论，维护集体荣誉，学习良好社会风尚，无论对学生形成各种良好的道德习惯，还是培养他们的健康性格都是有意义的。

5. 在培养中小学生的道德习惯中，既要有共同的措施，又要针对不同年级分阶段进行

(1)制定好行为规范。目前中小学都在执行教育部颁发的行为规范。小学生的行为规范，应该制定得比中学生守则更细、更具体。它要对小学生在学校、家庭、社会及日常生活等方面的行为提出一系列的具体要求。同小学阶段相比，中学生的行为规范不宜定得太细和太具体。一般来说，它可以以"中学生守则"为准绳。教育部颁发《中学生日常行为规范》中的五个内容具有概括性：①自尊自爱，注重仪表；②真诚友爱，礼貌待人；③遵守纪律，勤奋学习；④勤劳俭朴，孝敬父母；⑤遵守公德，严于律己。其教育实施也涉及学校、家庭和社会各个方面，这五条纲要简练明了，便于中学生记忆与思考。

(2)分阶段进行。尽管中小学生道德行为规范是中学生和小学生分别要遵守的，但执行时要根据不同年龄(级)特征区别对待，这样更有利于中小学生形成各具特色

的道德习惯。

小学阶段：低年级应侧重常规教育及良好的常规训练；中年级应侧重热爱集体、热爱学习和遵守纪律的教育，培养自觉纪律；高年级应侧重社会公德、意志品格和爱国意识教育，培养文明待人的习惯，并防止不良的行为习惯。当然，低、中、高年级的要求必须是交叉的，在中年级强调自觉纪律教育和常规训练，并不是说低年级和高年级就不需要了。在统一要求、全面规划小学生的行为规范和习惯培养的前提下，按照各年级提出不同的要求，目的在于更好地实施培养计划。

中学阶段：初中一年级可侧重于社会公德与遵守纪律的教育及文明待人和自觉守纪的习惯培养。这样与小学阶段高年级的要求就趋于一致，有一个衔接性。八、九年级应侧重于意志品格、道德伦理和国家、民族前途的教育，让学生用意志力去自觉地加强道德修养，并养成初步的伦理道德习惯。如果在这个阶段形成了良好的道德行为习惯，往往是终身受用的。高中阶段则可在进一步加强道德伦理教育的同时着重强调世界观和人生观的教育，同时也要帮助高中生改造过去形成的一些坏习惯。同理，中学各年级的要求也必须是互相交叉的，不能绝对化。

（3）严慈相济，引导学生有目的地进行道德行为练习。小学生的道德行为习惯的培养，靠"讲"（要求），靠"练"（按要求逐个练习），靠"表扬"，靠"带"（榜样带动）。这里，教师既要严格要求，又要耐心训练、指导。由于小学生自制力差，常常身不由己地违反行为规范，因此千万不能急躁，要正向引导，多表扬，少批评，以情促行，持之以恒。

中学阶段，特别是初中阶段的可塑性很大，积极性较高，好激动，重感情，易受感染，好听表扬，经不起打击。因此，在引导他们有目的地进行道德行为练习时，必须以真挚而深厚的"爱"作为情感基础。然而，严格要求也是必要的。没有严格要求，就激发不起中学生前进的需求；没有严格要求，就没有约束力，激发不起青少年长期坚持练习道德行为的自觉性。

（4）善于客观地评价。对道德品质的评价，不仅是德育过程的重要环节，而且是培养道德习惯的有效手段。因为它既是科学地了解学生的一种途径，又是教育他们、帮助他们进行自我教育的一种方式。对小学生品德的评估，既要考虑他们的认识水平，又要考虑其行为表现，亦即采用知行综合评价。评估中要注意客观性，及时反馈，使正确行为得到强化，从而尽快形成良好行为习惯。在对中学生进行品德评估时，要充分考虑他们心理、品德发展的原有水平与结构，要尊重他们的正确意见和选择，以利于发展他们的各种兴趣、各自个性和正当要求。因而在评估中既要有统一的指标，又要照顾个人的特点。

第八章

班主任工作

　　我曾经当过两届初中的班主任。班主任工作给我留下了美好的回忆，我深切地感受到，作为一位中小学教师，如果不做班主任，他就不会尝到当教师的真正滋味。

　　当好班主任，这可是真功夫。软的硬的都要讲究，红脸白脸都得扮演。德、智、体等哪育也离不开班主任，似乎班主任是个多面手。社会、家庭和学校，教育空间大得很，跟社会各界三教九流都得打交道；"三教一体化"，班主任就是一座桥梁。班主任工作应从何入手？当然是没有固定的公式，用个"多开端"概念，倒有点合适。班主任在学生心田中耕耘，对学生做教育工作，可能从认识（知）入手，即让学生"晓之以理"；也可能从情感（情）入手，即"动之以情"；还可能从意志（意）入手，即促使学生"持之以恒"；又可能从行为（行）入手，"执之以行"；还可能是知、情、意、行一起上。好像"十八般武器"，班主任要样样"精通"。

　　班主任工作往往给学生留下一辈子的影响。记得在 1988 年某天，我当班主任的首届弟子们近 30 人集会，为的是"黑土地的怀念"（他们初中毕业时，我送其到东北兵团，在黑土地上军垦）。当我应邀进入会场的那一时刻，立即响起模仿我当年朗诵毛主席诗词的南腔北调："天高云淡，望断南飞雁……"我顿时愣住了，这么多人，模仿的是十几年前我的声音，又是多么的像啊！那天我们师生谈了很多很多，他们对我和往事记得那么清晰、深刻且有感情。2003 年，29 位弟子到北京师范大学来看我，师生再次团聚。我从首届弟子身上联系到曾读过湖南岳阳二师的陈建明所写的《先生——献给我永远的恩师——第一任班主任》①，颇有感触。

　　　　远远看这两个字
　　　　　　就像两片微黄的叶子
　　　　　　　　在阳光下闪着质朴

　　　　先生出没于村庄
　　　　　　打开清晨门扉和书本
　　　　　　　　山外的清新
　　　　山花的烂漫
　　　　　　瓜果的芬芳
　　　　　　　　次第从叶子中溢出
　　　　使这两个字生动无比
　　　　　　冬天山塬和风雪

　　　　　　　很多日子已然模糊
　　　　先生守着
　　　　　　一支笔一盆炭火和我们
　　　　　　　　一起用低沉的声音
　　　　歌唱
　　　　　　先生泪流满面
　　　　　　　　濯我少年的心事

　　　　先生永远的名字
　　　　　　想用文字拾起
　　　　　　　　您散落于岁月中的珍珠
　　　　我知道我必将一无所得

------

① 陈建明：《先生——献给我永远的恩师——第一任班主任》，载《班主任之友》，1998(4)。

> 九月十日的子夜
>
> 先生穿过遥远的时空
>
> 抵达我的诗中

班主任的工作就是如此，平凡但却给学生留下如此具体的记忆痕迹。这就是一位优秀班主任的魅力。

一、一位职权不大的领导者
——光荣的职责

我当班主任的第一个体会是把班级看作一种正式组织，把班主任工作视为一种管理工作。因为班主任是学校里全面负责学生班级工作的教师。班主任的职权不大，但也算是位"主任"吧，也就是说，班主任是位领导者、组织者和管理者。所以，我想应该从管理的角度来探讨班主任工作。

（一）班主任的职责

1988 年国家教委颁布的《小学班主任工作的暂行规定》指出："班主任是班集体的组织者和指导者，是学校贯彻国家教育方针，促进学生全面健康成长的骨干力量。他对学校教育教学计划和其他各项管理的实施、协调本班任课教师的教育工作和沟通学校和家庭、社会教育之间的联系，起着重要的作用。"《中学班主任工作的暂行规定》指出："班主任是班集体的组织者和指导者，是学校领导者实施教育、教学工作计划的得力助手。班主任在学生全面健康的成长中，起着导师的作用，并负有协调本班各科的教育工作和沟通学校与家庭、社会教育之间的联系的作用。"

根据以上的两个规定，结合自己的体会，我把班主任的职责归纳如下。

其一，着重领导班级德育。班主任工作的核心是德育工作，学生的思想、政治、道德和心理四种面貌是班主任工作好坏的"晴雨表"。离开了班级德育，就无班主任的工作可言。班级是学校行政进行教导工作的基层单位，学校德育工作计划的实施，首先通过班级落实到每个学生身上。在我的记忆中，班级德育工作相当繁杂，它既包括细水长流的稳定性的德育工作，例如，日常思想、政治、道德教育，爱国主义教育，学习动机教育，纪律教育，这些都是经常性的工作；又包括突如其来的临时工作，例如，班级里发生了思想、道德、纪律等问题，甚至是意想不到的事件，都要及时处理。它既包括定期的或周期性的工作，例如阅读"周记"，每学期对每个学生的思想鉴定或操行评定，做好优秀学生的奖励工作等，还包括学校、社会附加的无规律的工作，例如配合社会重大事件的时事教育和国情教育；它既包括一般性的面上工作，针对全班的或针对某一学生的德育工作，例如，对学生学会"做人"的教育，又包括时间性很强的工作，例如入学常规教育、毕业班的职业理想教育和思想工作，这些都需要因人因事因地制宜。班级德育工作就是如此千头万绪，它需要班主任逐步地理出头绪来，以便对学生进行积极的引导。

其二，积极协调各科教学。学校里的教学工作是分班进行的，各任课教师在一个班级里教学，需要由班主任来协调。班主任与各任课教师密切配合、及时联系，不仅可以了解学生的学习情况，从而有的放矢地、一步步地激发学生的学习动机，提高教学质量；而且可以掌握并调整学生的各种活动和课业负担；还可以帮助解决任课教师和学生之间产生的各种各样的矛盾，便于他们之间的相互适应。

其三，全面提高学生素质。班主任是班级里最关心学生的人，他要按照德、智、体等全面发展的要求，开展班级工作，去全面地关心学生，促使他们成长、成熟、成才。因此，除了班级德育、各科教学之外，班主任还要关心学生的体育锻炼、营养保健和卫生习惯；组织学生参加生产劳动，增强其劳动观念和劳动习惯；引导他们参加文娱活动，发展其审美观念和美育能力；指导他们处理好人际关系，提高其人际交往的能力；等等。只有当学生达到或基本达到上述要求的时候，班主任才会产生一种尽责尽心尽力的自我体验。

其四，进行班级日常管理。班主任领导的是班集体，他对班级的日常管理为的是要充分发挥这个班集体的作用。例如，通过班级活动等形式，进行班级德育工作；组织学生社会实践和人际交往，进行人际交往和团结友爱的教育；建立班级常规，促使学生遵守"学生守则"和"学生行为规范"；增强学生法纪观念，加强安全教育；指导班委会和本班团队工作，培养学生干部，以建立奋发向上的班集体。

其五，指导校外、课外活动。班主任的管理工作，不仅涉及校内、课内，还包括校外、课外生活和活动。因此班主任要支持和组织学生开展各种有益身心健康的科技、文娱和社会实践活动，鼓励学生发展正当的兴趣和特长。

其六，为家庭教育和社会教育提供协助。班主任的管理工作，还应包括联系本班学生家长，了解各个家庭的特点以及家庭教育的特点，这不仅能使本职工作取得家长的支持和配合，而且还可根据各个家庭以及家庭教育的特点，做到因"家庭"施教。同样地，班主任联系社会，不仅可以了解社会的特点，分析社会上对学生教育的有利和不利的因素，帮助学生趋利避害，而且能取得社会有关方面的支持，共同做好学生教育工作。

面对错综复杂的班主任管理工作，要履行好上述种种职责，必须要有两个前提：一是制订周密的班级工作计划和严格的实施方案；二是充分地了解学生，讲究工作方法。我们将在第三、四节再对其展开分析。

(二) 出主意，用干部

毛泽东曾经指出："领导者的责任，归结起来，主要的是出主意，用干部两件事。一切计划、决议、命令、指示等等，都是属于'出主意'一类。使这一切主意见之实行，必须团结干部，推动他们去做，属于'用干部'一类。"[①]

班主任也是一位领导者，所以要在"出主意，用干部"上下功夫。为了出好主意，班主任必须有系统的目的性和计划性，有集体的决定，有命令和指示。而"用干部"则是班集体建设的基础。20世纪80年代初，我曾调查了一百名先进班主任（下文引用时简称"调查"），90%以上的班主任的成功经验里有"抓好班干部"的做法。[②] 要抓好学生干部，班主任必须在四个方面做工作：识别学生干部，使用学生干部，爱护学生干部，轮换学生干部。记得我当班主任的岁月里，一接新班，先去学生原先各个学校一一调查，再考查学生，特别是小学干部进入初中新集体的各种表现，经过较全面的调查研究和考察物色后，我再提出班干部的候选人名单，提交

---

① 《毛泽东选集》(第二卷)，527页，北京，人民出版社，1991。
② 林崇德：《班集体对中小学生品德形成中的作用》，载《心理学教学与研究》，1980(2)。

班里选举。我选择干部的标准是：作风正派，办事公道；以身作则，在学生中有影响；肯为同学服务，一心扑于工作；有一定组织能力。在使用班干部时，我除了经常出主意，注意培养他们的独立工作能力之外，还充分相信他们、依靠他们、尊重他们对问题的处理意见，让他们放手工作，使他们敢于负责。我对班干部格外爱护，经常了解他们的困难，及时帮助他们解决来自人际关系的、学习的和自我的等方面各种各样的困难；定期检查他们的工作，帮助他们总结经验，发扬优点，克服缺点。学生干部，不能固定不变，需要经常轮换。有突出表现的，我往学校推荐；表现较好的，作适当留任；表现一般或较差的，特别是缺乏工作能力的，要加以适当调整。对于班级里每一位学生，包括班级里的"个别生"，我都安排机会，让其当一下干部。我这么做的目的是让每个学生都去尝试一下当学生干部的滋味，充分地利用机会让每个学生都得到锻炼。对原先的班干部来说，适当地调整，照顾了他们的工作负担和学习负担，也不会滋长那种干部"特殊地位"的思想；对广大学生来说，我利用人人当干部达到了人人关心班集体的目的。

干部轮换制的前提是班主任做好细致的思想工作。干部队伍建设好了，班集体就坚强了，班风也自然而然正了。记得我第一次任班主任的班级，原来有学生52人，有7个人是所谓的"后进生"，但由于我们班干部队伍力量强，班级面貌蒸蒸日上，集体舆论又有威力，所以，并没有因为这些品德不良学生的存在而受到影响。第二年，我们班来了10名新同学，其中3个是后进生。由于我及时抓"两头"，特别是重视班干部队伍的建设和发挥其作用，加上我对这些后进生的"感情投资"，凡事做到"动之以情"。就这样，使班级仍保持在全年级的前列，我们班用正风正气改变了这些后进生，使得班级里直至毕业也没有一个掉队者。

(三)班主任的管理准则

班主任对班级的管理，是以师生关系为前提的。我的"调查"表明，凡是先进班集体，师生关系都是亲密的、融洽的和彼此信赖的。而这种关系的建立，要以班主任为人师表和热爱学生为前提，要以其调查研究和了解学生结果的真实性为基础。至于具体的管理准则，主要体现在以下八个方面。

第一，上梁与下梁。当好班主任，使班级里的学生个个服从领导且有所发展，教师必须以身作则，当好上梁。上梁正才能使下梁不歪。我当过13年中小学教师，不管是当班主任还是教导主任，凡是对学生提出的要求，我都事先做到，当好表率。那些年我早来晚走，像现在的中小学优秀教师那样，对学生充满了爱，且事事处处做出了良好的榜样。在大学工作的20多年，同样如此，凡是要求学生做到的，自己必须首先做到。我爱党，爱社会主义祖国，爱教育事业，而我的15位学生按时从国外回来，多少也反映了一些上梁与下梁的问题。

第二，一视同仁。班主任在管理班级时，应把师爱均匀地洒向学生，使每个学生的心田都有我们师爱的雨露、师爱的阳光，不因个性、美丑、贫富、学习成绩的好坏、进步与落后而有所偏爱，必须一视同仁，一样地爱。6年班主任的生涯还没有发现一个学生说我有过"偏心"的。

第三，严慈相济。我的做法是，严要严在该严处，爱就爱在细微中。这是教师，特别是班主任严慈的原则。我认为，爱不是迁就、纵容，当学生有问题时，该严就要严，加上认真、耐心地帮助、教育，才能使其健康发展。

第四，权威与平等。我历来主张教师在学生中应享有威信。威信来自教师的人格与学识。教师如果没有威信，就不可能发挥其教育的功能；班主任如果没有权威，就不可能很好地担当起领导者、组织者和管理者的角色。在我当班主任时，有人说我"师道尊严"突出，也有人夸我很"平易近人""没有架子"。这两种评价都对，因为作为班主任，我体现了权威与平等的统一、威信与亲情的统一。这也反映了师爱的原则性。

第五，表扬与批评。正面教育应该是班主任的主导性教育，积极的正面教育可以体现班主任的管理原则，体现师爱，但班主任也不能忽视批评的作用。批评和处分看来是一种辅助手段，或说严厉的做法，然而却能使学生走上他们应该走的道路。我曾处分过不少学生，等毕业时又撤销了对其的处分。还没有发现有因为受处分而憎恨我的学生。我认为，表扬是爱，批评也同样饱含着对学生的爱。

第六，以发展的观点去看待学生。任何一种事物都是发展的，每个学生也是发展的。有的学生可能因为种种原因，暂时处于后进状态，但班主任如果能全面、发展地去看待他们，学生最后还是能够通过班主任的师爱和期望而成长和发展起来的。能够看到后进生的"闪光点"，这也是我们班主任师爱的一种表现。

第七，讲究方法，使班主任对班级的管理落到实处。学生各有差异，遇到的问题也不一样。针对不同的学生，采用不同的方法，把班主任对班级的管理落到实处，使他扬长避短，保持优点，克服缺点。

第八，集体与个体。班级的管理工作主要靠集体，班主任通过集体，促进班级里各种人际关系的沟通，以此来陶冶集体的每个成员。但是又必须细致地做每个个体的工作，用班主任的认真引导，来促进每个班集体成员的自我调节。集体与个体往往是互补的，两个方面的工作都做到家了，班级管理工作也就自然而然地有效果了。

二、酸甜苦辣咸五味齐全
—— 艰苦的任务

我的6年班主任经历是什么？跑断了腿，磨破了嘴，流了不知多少汗水和泪水……

这又是为了什么？首届全国十佳师德标兵之一、北京市第22中学数学特级教师孙维刚回答得好："是把为什么人、做什么人的教育贯彻始终。"①只有这样，才能换得桃李芬芳，遍布天下。这就是班主任甜、酸、苦、辣、咸的历程，以此来完成班主任的基本任务：按照全面发展的要求，开展班级工作，培养良好班集体，以全面教育、管理和指导学生，使他们成为有理想、有道德、有文化、有纪律的未来公民。

我不想在这里系统地论述班主任的任务，只想从一点，即"开展班级工作，培养良好的班集体"入手，介绍我的"调查"。"调查"中我看到，一个先进班集体是通过集体力量形成正确的集体舆论、信念、情感、意志行动和行为习惯的。这个集体

① 北京市教育委员会中小学教师"师德"讲座：《教师职业道德修养》(内部资料)，1998。

从两个方面影响着集体成员——个体的品德诸因素的发展：第一，先进班集体促使大部分学生形成良好的品德；第二，先进班集体改造品德不良的学生。同时，这正是我当年在完成班主任任务时的基本途径和较突出的经验。

(一)先进班集体的舆论特点

舆论是代表集体倾向的占优势地位的言论。在调查中我们看到，集体舆论对集体成员的作用表现在以下方面：①对个体的行为权威性地做出肯定或否定，鼓励或制止，是"强化"的信号；②直接影响个体道德认识的提高；③是集体荣誉感的源泉。以作用程度为指标，一个班集体的舆论分为三级水平：①有压倒一切的正确集体舆论；②正确舆论能占上风；③无正确的舆论。我的"调查"显示：①没有一个先进班集体是没有正确集体舆论的，集体舆论是先进班集体的组成部分；②先进班集体的舆论水平和对集体成员的良好思想行为的作用力量是不一样的，区级以上的先进班均属于第一级水平就是例子；③集体舆论是集体变化的重要指标。

(二)先进班集体的信念特点

集体信念对集体成员的思想行为的作用有：①成为个体行为的准则；②促使个体对前景的向往，提高形成思想道德的自觉性；③使个体更好地提高集体观念，服从集体利益。以此作用程度为指标，一个班集体的信念分为下面三种水平：①把班集体的要求变成绝大部分成员的行动指南，他们始终知道自己为什么这样做；②班集体的要求一般还能起作用；③班级成员无任何信念与原则。"调查"显示一个先进班集体，集体的成员不可能没有任何信念与原则。信念水平越高，班集体力量越强。但目前先进班级里，真正把集体要求变成绝大多数成员的行动指南，自觉地按照信念去行动的也是少数(只占29%)。

(三)先进班集体的情感特点

集体荣誉感、责任心和义务感等都是良好的集体情感，对个体思想行为的影响作用是相当大的：①它使学生的行为是否符合社会的要求而产生荣誉或羞愧、自豪或内疚等体验；②直接影响个体正确的道德感的形成；③感情的可近性，使集体成员之间互相学习、互相模仿正确的品德行为产生可接受性体验。我们在"调查"中看到，按上述作用的程度，对一个班集体的情感也可分为三级水平：①有正确的集体荣誉感、义务感，集体成员热爱班集体，同学之间互助友爱；②尽管同学之间有不齐心的现象，但大部分同学还是以重感情或讲义气等来维护班集体的荣誉；③集体成员对班集体无情感，同学之间互不团结，有的要求离开这个集体，没有集体荣誉感。一百个先进班集体，不仅全部有集体荣誉感，而且绝大部分(82%)的班级达到了第一级水平。可见一个良好的班集体对于中小学生道德感的形成、良好道德行为的内在态度和动机的确立，起着决定性的作用。

(四)先进班集体的意志行动特点

"调查"中我们看到，先进班集体的意志行动不仅直接影响集体成员形成良好品德的既定目的，而且也能提高集体成员为形成良好品德而克服困难的自觉性。以我们调查的 100 个先进班集体纪律表现为例，所有被调查的中小学生中，课上课下听指挥、守纪律的占 73%，表现一般的占 23%，不能自觉地遵守纪律的仅占 4%，可见先进班集体的集体力量。以既定目的性与克服困难自觉性两项指标为依据，我们把一个班集体意志行动分为三级水平：①统一地按照集体目标齐心协力地去行动；②靠班主任的决定去行动，班主任的决定就是班集体的行动要求；③班集体没有力量，如一盘散沙。先进班集体达到第一、二级水平的分别为 46% 和 54%，由此可见，集体的力量对于个体形成道德意志，自觉纪律和有目标的行动的作用是十分明显的。先进班集体使集体成员统一行动，保持和维护良好的道德风尚的要求，约束着集体成员的越轨行动。集体性越强，集体的力量也就越显著。

(五)先进班集体的行为习惯的形成

班集体行为习惯水平的确定，主要指标是常规与班风形成的程度。良好的常规与班风，对集体成员的思想、行为的作用是很大的：①它们促使个体良好的道德习惯的确定、定型；②良好的常规训练与班风的建立，促使个体对道德行为不断练习，逐步巩固；③改造个体与良好集体行为习惯相违背的不良行为习惯。一个班集体的班风，也有三种水平：①形成了良好的稳固的班风；②班风虽未形成，但常规逐渐建立，班内的主导作风还是健康的；③未形成良好习惯，或形成了不良的班风。一个先进班集体，一般都形成或基本形成良好的道德习惯，直接影响集体成员品德习惯的建立；班集体的先进性越显著，班风则越稳固，对个体良好品德习惯形成的影响就越大。在"调查"中，我们还看到班风的水平也表现在班风的特色上，如不同先进班集体具有不同特点的班风，这种特点的差异反映了先进班的程度和水平，也反映了对个体习惯形成的影响。

（六）先进班集体对于纠正不良品德的作用

在"调查"中我们不仅看到先进班集体对形成正确道德品质发生着决定作用，而且对于纠正学生的不良品德也发挥着深刻的影响。从我们的"调查"中，发现品德不良学生集中在中学阶段。中学的 50 个先进班集体中品德不良的有 175 人，占中学生总数的 7%。这 175 名品德不良的学生，曾被作拘留以上处理的 53 人，占 24.6%；一般不良的 132 人，占 75.4%。在研究中我们看到以下两种现象：①先进班集体对品德不良的学生的影响是很大的，它们使不同类型与性质的品德不良学生不仅受到影响，而且大部分在不同程度上起了变化，基本不变的是极少数（9.7%～11.7%）。②变化程度的差异反映了品德形成及其内外因素的复杂性。在先进班集体力量的压力下，品德不良的学生在班内的"市场"变小。先进班集体与班内的品德不良学生之间是互相影响的，但由于先进班集体的力量，控制和约束这类学生的活动，这些学生在班内找不到活动的"市场"。先进班集体改造着品德不良学生的不良习惯，使这些学生在校内外的恶习得到改变，具体分两种结果：①品德不良学生迫于班集体的压力，在校内外均不敢肇事；②在校内不敢活动，在校外仍有私下活动。按调查材料统计，属于第一类的有 131 人，占 75%，属于第二类的只有 4 人，占 1.25%。由此可见，先进班集体对品德不良学生的不良习惯加以反面"强化"，促使他们品德行为的进步。

我想通过当年的调查说明两点：①班集体的力量是相当大的，这是班级成长和班级每个成员进步的基础，也是一位先进班主任完成其基本任务、成功带班的经验所在；②班主任在形成一个先进班集体及其舆论、信念、情感、意志行为和习惯（班风）时花费了极大的心血。但先进班级毕竟是少数，绝大多数班主任还须在各自的班集体建立过程中迈着艰苦的步伐。要完成这个任务，这里的甜、酸、苦、辣、咸只有班主任自己知道。正是这五味齐全，才能充分发挥这个班集体的作用，并通过班级活动等形式，逐步地完成班主任的任务。

三、一切为了塑造学生的灵魂
——周密的计划

马克思说："蜜蜂建筑蜂房的本领使人间的许多建筑师感到惭愧。但是，最蹩脚的建筑师从一开始就比最灵巧的蜜蜂高明的地方，是他在用蜂蜡建蜂房以前，已经在自己的头脑中把它建成了。"[①]

这说明了人的劳动、工作存在目的性和计划性。班主任要把管理工作做好，也有其目的性和计划性。目的性和计划性就是教师的工作决策，它是教育监控能力的一种表现。班主任的工作，需要有周密的计划，而这种计划的目的是一切为了塑造学生的灵魂。我相当熟悉此类案例：由于某些家庭的娇惯、溺爱、纵容，独生子女养成了任性、不爱劳动、独立性差、难以合群的消极性格，可是我接触的一批我们实验点的班主任，他们班级的这类"问题儿童"却越来越少。

北京市通州区第六中学曾一度是基础薄弱学校，不少学生在学习困难时，客观上归因于教师教得不好，主观上归因于自己脑子笨，可是王文荣等班主任却帮助学生学会正确的归因，培养学生的非智力因素，在沈、王二校长的领导下，激发学生的主观能动性，一改学校的面貌。

学习困难的学生往往难在学习方法上，可是北京市二里沟学区的班主任们加强对学生的学法指导，不能说那里再也没有学习困难的学生，但至少提高了学生的学

---

① 《马克思恩格思文集：第五卷》，208 页，北京，人民出版社，2009。

习水平。

至于品德不良的中学生，他们面临着的是滑坡，甚至于到了犯罪的边缘。可是我的"调查"中的 100 名中学先进班集体的班主任，挽救了 175 名失足的青少年。

这里我毫不夸张地说，上述的班主任们用自己的人格塑造着学生的人格，用自己的心灵铸造着学生的心灵。然而，灵魂工程师的劳动比建筑师还要艰巨，所以，他们的劳动、工作的目的性和计划性要更强。

（一）制订计划的基本要求

班主任制订计划，有四个基本要求。[①] 首先，应根据班主任的职责和班主任的任务而提出具体要求，主要是围绕学生德、智、体等诸育全面发展的培养目标，特别是要在培养他们学会做人上来制订工作计划。其次，班主任要做好三个集体的工作，即班级或学生集体、本班任课教师集体和学生家长集体。班主任要把三个集体联系成一个整体，进行"口径一致"的统一教育工作，依靠这三个集体的力量，更好地培养每一个班级集体的成员——学生。再次，保证教育方式方法的多样性和灵活性，不能千篇一律。班主任计划要讲究个性，就像班主任本人的人格或个性，不能呆板地只限于班会和个别谈话，我们提倡班级活动丰富多彩，要讲究因势利导，不放过任何一个教育的机会。最后，班主任管理工作要从实际出发，这个实际含有三层意思：一是教育任务与班级特点；二是客观条件，包括环境条件和学生条件，因为学校基础不相同，学生基础也不一样，其觉悟有高有低，进步有快有慢，条件当然不尽相同；三是主观条件，特别是班主任的自我条件。于是，对需要解决的具体问题要做具体的分析，不能一刀切，所以，在制订计划时要坚持实事求是，适当地留有余地，不要太满，不必攀比，不求雷同，切忌主观性和片面性。

（二）计划的内容

班主任制订计划时的关键问题是目标。因为每一位班主任计划的具体内容大同

---

① 唐文中：《教育学》，362 页，哈尔滨，黑龙江人民出版社，1986。

小异，没有太多的特殊性，可是每个班主任要达到的目标却往往差距很大，这就成了班级差异的一个重要因素。

1. 班主任制订计划的具体内容

班主任在制订计划时，由于基本依据和要求相同，一般都要围绕以下八个方面来进行。

（1）为开展德育工作制订方向性计划。教育内容主要是上述的班级德育，也包括评定学生的操行。教育方式，主要通过班级活动和个别细致工作来进行。教育特点，要注意经常性、及时性、细致性和个别性。

（2）为开展学习目的教育提高教学质量，而制订核心性计划。教育内容，包括学习动机、学习目的、学习能力、学习方法等。教育方式，主要是根据学生成绩起伏，进行有针对性的工作；结合学科教学，给予具体指导；利用课外活动，培养学习兴趣等。教育特点，要注意个别性、互助性、交流性（组织交流学习经验，提高和改进学习方法）和兴趣性等。

（3）为开展健康教育制订机制性计划。教育内容，包括身体健康、心理健康和社会适应性等。教育方式，主要制定合理的作息时间表，安排好劳逸结合；注意卫生，特别是青春期卫生，培养卫生习惯；亲自进行或协助有关教师抓好心理健康和社会适应性的教育（北京市海淀区多数中学的心理健康教育课由班主任来承担）；强调安全第一，防止少年期的"意外伤亡"（少年期是一生中意外伤亡最严重的阶段）。教育特点是注意制度化、习惯化、预防性和细致性。

（4）开展社会教育制订实践性计划。教育内容，包括生产劳动、军事训练、课外活动、校外活动和社会服务性工作。教育方式是要通过各种社会实践活动来进行。教育特点是注意实践性、兴趣性、坚持理论联系实际等。

（5）为指导组织活动制订自治自理性计划。涉及内容包括班委会、共青团和少先队工作。教育方式主要是通过培训干部，发挥干部的作用；抓好组织，发挥组织的功能；培养良好集体，发挥上述集体的力量。教育特点是注意组织性、独立性、群众性和有效性。空洞无味或不符合学生年龄特征的活动或不利于学生身心健康的活动，不宜开展。

（6）为联系家长工作制订辅助性计划。涉及内容包括家访、家长会、电话联络，请家长参加班级活动，协助学校办好家长学校等。教育方式，主要是有计划地与家长保持联系，共同教育学生。教育特点是注意尊重家长、互通情况、改善亲子关系、家庭教育辅导等。

（7）为联系社会工作制订扩大教育空间性计划。联络内容主要是宣传部门、文娱单位、生产劳动部门、部队和专政机关等。教育方式是取得社会教育的支持，体现社会办教育、教育社会化的趋势。教育特点为广泛性、丰富性、严肃性，应注意处理好各种关系。

（8）为开展创造教育制订提高性计划。涉及内容是体现第一章创造教育中"创造型教师"的内容。关键在于班主任本身是否有创造性，并能否尊重学生的创造性。教育方式，我想提出六个"敢不敢"：即敢不敢让学生多提几个"为什么"；敢不敢让学生有不同的看法和不同的做法；敢不敢让学生可以"不听话"或否定自己的意见；敢不敢让学生提出"我自己来"；敢不敢允许学生有自己的思路和方法，尤其是有"新方法"或"新招术"；敢不敢让学生超过自己。教育特点为允许"创新"，讲究实效。班主任应成为学生创新求实的支持者、关心者和引导者。

2. 计划的目的性

我们实验点的骨干、内蒙古自治区优秀教师、赤峰市十中马素侠的班主任计划包括八个方面：①奋斗目标；②团队班干部的作用；③班主任工作要点；④班风；⑤学风；⑥体育卫生状况；⑦自理自治能力；⑧班容班貌。

马素侠的计划突出地表现为目的性和目标性，它体现了计划的导向功能、激励功能和培养功能，它包括以下三方面的内容：①目的的性质，即计划的明确导向性。她的"班集体的目标"是年年"全校第一"，届届"赤峰市先进"。从1979年以来，几乎每届学生在每年都达到了这个目标；②目的的内容，是激励学生全面发展，所以她的计划涉及面较宽，但又紧紧地围绕着"全面发展"这个中心而展开。所以，她所带班的学生在德、智、体、美、劳等诸方面获奖最多，特长生最多，考试成绩仅次于自治区重点中学赤峰二中；③目的的规格，是培养不同层次的人才，经过赤峰市教委、教科所多年追踪调查，马素侠带出的班级的学生，考上重点高中和大学的比例高；在各条战线成为骨干的数量多，用人单位反应好。正因为如此，她带的班年年有插班生，到初中毕业时，一般都达七、八十人。她的班主任工作和教学工作，作为赤峰市的一项优秀科技成果(一等奖)，成为内蒙古自治区教育界的一面旗帜。

(三)注意点

我的切身体会是，在制订班主任计划时应该注意五点。一是要简明扼要，不要套话、不出现空话，严禁"穿靴戴帽"，贴政治标签，更不要搞没有实效的形式主义。二是时间适宜。太长了，计划跟不上变化，难以保证计划实施；太短了，看不出成效，达不到目的。三是稳定性与可变性。有了计划，应严格执行，但难免有一定的变化，具体问题要做具体分析。四是连续性，新接一班班主任在制订计划时，应充分考虑到连续性。我当过年级主任和教导主任，当时我反对后任班主任否定前任，我承认班主任工作有班主任本人个性或人格的特色，但也要考虑到工作的延续性。五是周密性，不仅计划较全面，而且措施也要周到，所以制订计划前，班主任要充分听取任课教师的想法，征求班干部的意见。有计划必须有检查，经不起检查的计划最好不要出台。

四、新颖独特且有意义的策略
——创新的方法

一谈到班主任的工作方法，几乎每一个班主任都知道班主任工作方法主要是三种：一是研究学生，了解学生，一切从学生出发；二是培养良好的集体，充分依靠集体的舆论、信念、情感、意志和班风的力量；三是组织各种教育活动，把活动作为引导学生积极向上的基础。然而，有人工作很出色，把班带出来了，有人却成绩平平，还有人带成了"乱班"。这种现象的产生除了因为学生生源、班主任的投入程度以及班级基础的不同之外，主要取决于班主任的创造精神和创造能力。

（一）研究学生的方法

班主任研究学生是了解学生的基础。只有研究学生，才能把握学生思想行为的脉络；只有了解学生，才能把自己的师爱倾注于班级的每一个学生身上，对其采取有针对性且有效的措施，以达到教育的目标。班主任研究学生，其侧重点分为学生的个体和群体两种。

第一，对学生个体的研究。教育的对象是一个个个体的学生，所以要研究学生的个体，要研究每个学生的家庭背景、个人经历、身体状况、个性特征、学习态度、人际关系、兴趣爱好和习惯特点等。每个方面都必须了解，每个方面对教育都很重要。当年我曾遇到一位颇顽皮的学生郭某，我了解他的家庭情况，知道他母亲患有甲亢，易激动。我遇到郭某的问题一般都找郭某父亲商议，但只要发现郭某的长处，我便向郭某母亲报喜。我利用自己对其所了解的情况作为工作的基础，促进郭某的进步。时间久了，我和郭某全家都相处得很好。

研究个体的方法是我们在第十二章要阐述的观察法、谈话法、问卷法和访问调查法等。每种方法的操作都是一种创新过程。例如由我们主持，在国内十省市中学生的"理想、动机、兴趣"调查中（1980）出过那么一道问卷题："立交桥上站着一个年轻的男性临时清洁工，他手里拿着大扫帚，两眼远视着前方，在思考着问题。请问他此时此刻在想什么？"结果是，省自治区市重点校的学生和中国科技大学少年班78级学生中有76%的被试回答诸如"他在想，当初不好好学习，今天落得扫马路（或当临时工）的下场"；一般学校学生有追求实惠的倾向，"他在想多扫地多挣钱""临时工该转正了""改变一下工种吧"……；有些农村中学生被试干脆回答"如果我能进城当临时工（或当清洁工），我也知足了"。其实这道题的真正意图是了解学生的理想，学生回答得大相径庭，说明达到研究者的目的了。我们研究所的首届成人教育续本科毕业班的成员主要是中小学教育工作者，几乎有一半是班主任。他们了解到这道题后，纷纷"创作"，编了上百道这类研究学生、了解学生的"投射试题"。班主任就应该这样创造性地来研究学生，了解学生的思想脉络和行为倾向。

第二，对学生群体的研究。班主任的工作对象同时也是一个班集体，因为每个学生都生活在群体之中，他们之间形成了各种各样的关系，表现出各种各样的类型。例如，上述的舆论、信念、情感、意志、习惯的类型。又如，按照群体内关系的状态，可以分为松散型(集体形成前状态)、小团体型(由兴趣、爱好、居住远近出现的各种小团体)、社团型(某种活动中产生出来的且有核心人物的一批学生)、集体型(出现有班级共同奋斗目标，有舆论、纪律、骨干的集体)等。当年我接第一班学生时，学生一入学分派较严重，按不同民族分派，按不同的毕业小学分派，按不同地段分派，按不同文化背景分派(知识分子、干部子女与一般劳动人民子女)。我在了解各种"派"别后，坚持深入做工作。在一个班级里，我不允许学生从小滋生"拉帮结派"的苗头，即使有些"小山头"也得削平，学生必须服从以班主任为核心的班集体原则，否则我绝对不让任何一个"派别"核心人物当班干部。我们班后来的发展，证明我当时对群体的了解是符合实际情况的，措施也是对头的。

研究群体的方法仍然要靠观察法、访谈法、问卷法和访问调查法。其中有一种社会关系测量法是较重要的。它可以使我们班主任找到每个学生在群体内的地位和所起的作用、个体在人际交往与相互作用的过程中形成喜爱、冷淡或反感的数量指标。例如，我当年曾使用过类似现在常用的"春游图"来说明"你在下周麦收劳动时最愿意和哪一位或两位同学在一起"这个问题。某小组 10 人的结果如图 8-1 所示。

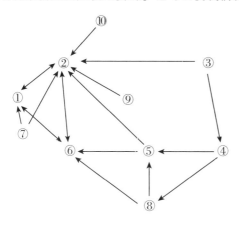

图 8-1　"春游图"

当年这幅类似"下周春游时你最喜欢和谁在一起"的社会关系测量中的"春游图"，使我了解了同学之间哪些人是相互吸引的，哪些人是相互排斥的，哪些人起到联系人的作用，哪些人在班级里影响比较大或人缘比较好。使用这种方法有助于我选拔干部、了解信息传递通道，并能帮助我找出某问题解决的途径。

因此，如何研究学生、了解学生，要靠班主任的创造性劳动。优秀班主任的特点之一是及时把握集体及其每一个成员的状态。我十分敬佩北京市优秀班主任、北京五中的高级化学教师董正中，班集体里发生任何一件小事情，哪怕是相当秘密的，不出两天他准知道，正因为他情况明，所以才能够决策准，带出一个又一个好班，培养出一批又一批人才。

(二) 培养班集体的方法

集体是由人们的共同目的和任务联合起来的，在有社会价值的共同活动过程中达到高水平发展的群体。班集体是一种集体，是一种以学生亚文化为特征的社会群体，又是一种以教学为中介的共同活动体系。优秀的班集体应该有六个特点：①具有共同的目标；②要求班级成员团结一致，即具有价值定向的统一性；③有领导核心，即学生干部队伍；④靠集体舆论实现集体主义的认同作用；⑤强烈的集体荣誉感以维护班集体的利益；⑥良好的班风促使对共同活动的结果赋予承担责任的客观性。

怎样培养班集体呢？我的体会如下。

首先，提出一个适当的奋斗目标。这个目标有什么特点？第一，应从本班的实际情况出发，任何一个班都有有利条件和不利条件。选择目标要反复权衡利弊、得失，可以考虑选择一个次佳目标。第二，有长期的目标，也要有短期能够实现的具体目标。目标的提法要适合学生的接受水平，便于理解和记忆。第三，目标一经提出，班上的一切工作都要围绕目标来进行，使学生感到目标不是空的，它同日常工作、学习、活动是紧密联系在一起的。它体现在班上的庆祝活动、运动会、作业展览会、大扫除等一切活动之中。

其次，要选择、培养和使用学生干部。前面已经谈到了"用干部"一事，这里不做赘述。只是强调一点，在选择、培养和使用干部中，"培养"是关键。我班当年有一个姓董的班干部，按我上述的选择标准，他几乎每条都符合，学习又好，经常帮助任课老师批改作业，就是一条让我费心：比较脆弱，遇事爱哭鼻子。于是我每次交给他任务时，总是提出高于他的原有水平，经过努力又能达到的要求，甚至带有适当"冒险"的内容，让他去碰钉子，但他又肯定能够胜任所给的任务。就这样，经过近两年的锻炼，他不仅逐步克服了爱哭鼻子的毛病，而且为班集体做了大量的工作，还在一次单独面对三个闯入学校的小流氓时，勇敢应付，没有让对方的目的得逞，因此，他在全校赢得了较高的威信，当上了学校的学生干部。之后，他插队、进工厂都是一位好干部，出国留学后，在美国开了家公司，担任了经理。他每次来信，都感激我当年对他的培养。其实，我也感激他为建立班集体而做出的贡献。不是所有的班干部在班里样样都能做榜样，有时在某方面还会存在不少问题。我首届弟子中有个姓王的学生，淘气得出众，可是却天天在学校做好事，我提名他当选班里的生活委员。有一次我在教学楼三层给别的班上课，位于四层的我们班有人用绳子放下一个铃铛，每到一层响一次铃，惹得三层、二层、一层教室里一次次发出哄笑声。三层的同学冲我说："林老师，这是您班的玩意儿。"我听后十分恼火，不用查，这个人准是王某，可是下了课我回班一问，他硬不承认。不久，街道来贴表扬信，说王某从女厕所背出并救活一名老太太，他揭掉表扬信，硬说没有这回事。事后我了解他是不愿听"女厕所"三个字，生怕别人起哄。他可真是软硬不吃。一天我病了，便捎信给王某，请他起个早为我去挂个号，没想到此事改变了他对我的看法，认为我最信任他。从此，他遵守纪律，当好班干部，也不许别人违反纪律。现在，他已是"知天命"的外贸官员。我的体会是，班主任只要培养出一批得力的干部，不用两年，他的工作就轻松多了。

再次，培养良好的班风。我坚持一个观点，即班风是班主任人格的扩展。记得有一次麦收劳动中，我的草帽上不知何时沾上一根青草，因为忙我也来不及将它取下来，好多男生以为我是故意放上去的，一个个模仿起来。于是我们班所有男生清一色地在草帽上插上一根青草，这成为我们班的一个风尚。为此，我更感到自己为人师表、以身作则的重要性。其实，良好的班风来自正确的集体舆论，班上要树立正气，使班集体敢于坚持正确的言论和行动，抑制和反对错误的言论和行为，这在心理学中叫作"社会助长""群体压力"和"个人从众"现象。为此，我们班主任就要逐步培养和形成班集体的正确集体舆论。舆论从哪儿来，当然是由班主任导演形成的，而班干部就是形成正确舆论的基本力量。没有班干部作为舆论基础，正确舆论的形成就是一句空话。班主任的决定，在变成正确舆论的过程中，班风在逐渐形成中，班级常规已经建立，班内主导作风是健康的；从正确舆论占上风，发展到有压倒一切的正确的集体舆论，此时，形成了良好的稳固的班风。形成了正确的班风，集体信念、集体荣誉感、集体意志就自然而然地形成并日渐发挥着应有的作用。

总之，培养班集体，要靠班主任的创造性劳动。

(三) 组织各种教育活动

组织各种教育活动，把活动作为学生积极向上的基础，这是班主任常用的教育方法。

教育活动内容丰富多彩，形式也灵活生动。例如，定期举行班会，向英雄模范、专家学者学习，组织参观访问，组织文体活动和兴趣小组活动，等等。

班级教育活动，主要是班级德育工作的一个途径，但也包括智育活动，诸如学习方法研讨会，外语学习经验交流会，"红五月"班级征文活动，科技新进展漫谈，围绕某种国情或时事教育的小组知识竞赛，等等，这些都是在中小学班级活动里常见的。这类活动，不仅可以提高学生智育水平，而且也是一种学习目的的教育。任何教学中都含有教育性，这类活动当然有教育意义。这类活动依靠什么？靠班主任知识的渊与博，因此班主任要向"全才"方向努力。1997 年 9 月 10 日《北京日报》的一篇长文，写了对优秀教师孙维刚的刚毕业的第三轮班 20 多名同学的采访，其中有一句话："我们最骄傲和最钦佩的是，我们的老师是全才。"而孙老师却谦虚地表示："我并不是全才，但这是学生们的期望。"他颇含深情地谈道："班主任工作，不仅是一项管理工作，也不仅仅是为学习创造良好的环境，更不是维持局面，而是一场进军，班主任则是这场进军的统领。所以班主任尤其应当在自己所教课程上造诣高深，精益求精。同时，尽可能熟知各个领域，这对班级整体优化，是十分必要的，班主任应努力向全才发展。"由此可见，组织各种班级活动，更要靠班主任的创造性劳动。

第九章

非智力因素的激发

北京通县(今通州区)第一、第二和第六中学三所学校,1986年招收的新生,入学考试的最低成绩分别为193、185和121.5(满分为200)分;智商测定分别为114.5、104.8和87.79(正常智商为90~110)。但通州六中狠抓学生的非智力因素培养,经过3年的努力,在初中毕业升高中时,名列全县第二,仅次于通州一中。智商不满90的学生挤入智商超过110学生的行列,做到智力有所发展,学习能力明显进步,学习成绩极大提高。1994年,通州六中被评为北京市中学"特色学校"。从这里不难看出教师在学生智力发展中的主导作用,以及从非智力因素入手来训练学生的智力与能力,从而提高教育质量的重要性。这也是我主持的全国26个省、自治区、市各实验点的一个共同的突出措施,即抓学生的非智力因素或非认知因素的培养。由此,我得出一个结论:一个学生的成才,不仅要依赖于智力因素,而且更重要的是要依靠非智力因素或非认知因素。

燕国材教授曾推荐我读一下清代彭端淑的文章《为学一首示子侄》。

天下事有难易乎?为之,则难者亦易矣;不为,则易者亦难矣。人之为学有难易乎?学之,则难者亦易矣;不学,则易者亦难矣。

吾资之昏,不逮人也,吾材之庸,不逮人也;旦旦而学之,久而不怠焉,迄乎成,而亦不知其昏与庸也。吾资之聪,倍人也,吾材之敏,倍人也;屏弃而不用,其与昏与庸无以异也。圣人之道,卒于鲁也传之。然则昏庸聪敏之用,岂有常哉?

蜀之鄙有二僧:其一贫,其一富。贫者语于富者曰:"吾欲之南海,何如?"富者曰:"子何恃而往?"曰:"吾一瓶一钵足矣。"富者曰:"吾数年来欲买舟而下,犹未能也。子何恃而往?"越明年,贫者自南海还,以告富者。富者有惭色。西蜀之去

192

南海，不知几千里也，僧富者不能至，而贫者至之。人之立志，顾不如蜀鄙之僧哉？

是故聪与敏，可恃而不可恃也；自恃其聪与敏而不学者，自败者也。昏与庸，可限而不可限也；不自限其昏与庸而力学不倦者，自力者也。

力学不倦，则天赋不高的人也会突破"昏""庸"的限制而有所成就；反之，摒弃不学，即使天生"聪""敏"的人，也无济于事。我们的古人早已揭示了智力与非智力因素的关系，这对我们是一种极大的启示。

一、非智力因素的来龙去脉
——问题的提出与发展

"非智力因素"这一概念，从其孕育、产生、发展到今天，已有80多年的历史了。它的发展大致可以分为如下三个阶段：20世纪50年代以前是非智力因素研究的产生阶段；从50年代到80年代是非智力因素研究的发展阶段；80年代以后对非智力因素的研究有了新的进展。只有了解这些发展史，才能避免一些不必要的分歧。

(一)"非智力因素"概念的提出

20世纪初，智力测验的蓬勃发展，形成了非智力因素概念产生的土壤，而因素分析方法在智力研究中的普遍应用，则为非智力因素概念的提出与界定提供了合适的方法。

早在1913年，韦伯(E. Webb)对一组测验和一些评定性格特质的评价进行因素分析时，从中抽取一个名为"W"的因素，将之称为正直性或目的的恒定性，认为它是一种与智力有关的因素。[①]

1935年，亚历山大(W. P. Alexander)在《智力：具体与抽象》(*Intelligence*, *Con-*

---

① Webb, E., *Character and Intelligence: An Attempt at an exact study of Character*, Cambridge, Cambridge University Press, 1915.

crete and Abstract: A Study in Differential Traits)一书中,详细地介绍了他对一系列言语测验和操作测验进行的因素分析,并以对成就测验和学习成绩的分析为辅来探讨智力问题。结果发现,除 G 因素(一般智力)、V 因素(言语能力)和 P 因素(实践能力)之外,相当一部分的变异可由另外两种因素来解释,他把这两种因素分别称为X 因素和 Z 因素。X 因素是一种决定个体兴趣的"关心"因素;Z 因素是气质的一个方面,它与成就有关系。X 因素和 Z 因素在不同测验上的比重变异是比较大的,即使是一些 G 因素的测验,也包括一些 X 因素和 Z 因素,几乎所有的操作测验都显示出相当大的 X 因素和 Z 因素的比重,正如所预期的,这些因素在学术成就或技术成就中起着相当大的作用。例如,在科学方面的成就,X 因素的比重是 0.74,而 G 因素的比重只有 0.36;在英语方面,X 因素的比重是 0.48,而 G 因素的比重是 0.43。因此,亚历山大推论,在某种意义上,仅用智力与能力不足以很好地解释学生学习失败的原因。于是在他的文章中,首次使用了"非智力因素"一词。

在亚历山大等人的启迪下,韦克斯勒(D. Wechsler)于 1943 年提出了"智力中的非智力因素"概念。测验的直接经验使韦克斯勒越来越重视非智力因素的研究,于是他强调了"智力不能与其他的个性因素割裂开来"的观点。1949 年,他再次撰文探讨了非智力因素,题目叫作《认知的、欲求的和非智力的智力》(Cognitive, Conntive and Nonintellective Inteltigence)①,文章发表在第二年的《美国心理学家》杂志上,专门就非智力问题进行了广泛的探讨。文章中他公布了自己对相当数量的诺贝尔奖获得者青少年时期智商的调查结果,发现这些人中的绝大多数是中等智商(IQ 为 90~110),而不是超常的智商,但这些获奖者的非智力因素却是非常人可以比拟的。于是他认为,一般智力不能简单地等同于各种智慧能力之和,还应包含其他的非智力因素。根据他的观点,非智力因素主要是指气质和人格因素,尤其是人格因素,并且还应该包括先天的、认知的和情感的成分。心理学界将韦克斯勒的这篇文章,作为非智力因素概念正式诞生并进行科学研究的标志。到 1974 年,韦克斯勒对非智力因素的含义又做了进一步的说明:①从简单到复杂的各个智力水平都

---

① David Wechsler, "Cognitive, Conntive and Nonintellective Intelligence," *American Psychologist*, 1950, vol. 5.

反映了非智力因素的作用；②非智力因素是智慧行为的必要组成部分；③非智力因素不能代替各种智力因素的各种基本能力，但对后者起着制约作用。

(二)"非智力因素"研究的发展

20 世纪 50 年代以来，心理学家继续广泛深入地探讨这一问题，对非智力因素的研究有了进一步发展。这不仅表现在心理测量领域，在其他领域内，有关这方面的研究也日益增多。这里主要谈的是两个领域，一是发展心理学领域，二是认知心理学领域。这两个领域称非智力因素为非认知因素。

在发展心理学领域内，关于非智力或非认知因素及其与智力相互关系的研究是很多的，但在理论上有代表性的人物是皮亚杰（J. Piaget）。皮亚杰对儿童的非认知因素，特别是情感性发展及其对智力发展的影响是很感兴趣的。他在 20 世纪 50 年代曾做过智力与情感性相互关系的系列讲座，后来用法文汇集成《智力与情感性：在儿童发展过程中它们的相互关系》一书，该书直到 1981 年才被译成英文[1]。这本书共包括三大部分：引言，情感机能（功能）与认知机能，智力发展阶段与情感发展阶段。在前两部分，皮亚杰阐述了他对认知与非认知、智力与情感之间关系的基本看法。他认为，情感与智力的机能（功能）有关，它源于同化与顺应之间的不平衡，因提供能量而发挥作用，而认知为这种能量提供了一种结构。皮亚杰还用"个体内情感""直觉性情感""规范性情感""理想主义情感"和感知运动智力、前运算表征、具体运算思维、形式运算思维相匹配，提出平行发展的理论。

认知心理学家对各种认知过程与非认知运算的关系也进行了研究。具体的实验研究很多，我们不能在此一一介绍，仅简要介绍几位认知心理学家的观点，作代表性的分析。"认知心理学之父"是奈瑟尔（U. Neisser），他于 1963 年在《科学》杂志上，发表了一篇题为《机器对人的模仿》的文章，详细论述了人工智能与人类思维之间的差异[2]。他指出，认为机器能像人类一样进行思维的观点，是一种对人类思维

---

[1] J. Piaget, *Intelligence and Affectivity: Their Relationship during Child Development*, Palo alto, Annual Review Inc, 1981.

[2] U. Neisser, "*The Imitation of Man by Machine,*" *Science*, 1963, vol. 139.

性质的误解，人类思维所表现出来的发展性、情感基础、动机多重性这三个基本的、相互联系的特点，是计算机程序所不具备的。在论述后面两个特点时，奈瑟尔提到了非认知因素。在奈瑟尔之后，西蒙(H. A. Simon)于1967年发表了《认知的动机监控与情绪监控》①一文，专门就奈瑟尔提出的动机与情绪在人的认知活动中的作用机制进行了阐述。认知心理学在20世纪50年代末60年代初诞生以后，经过20世纪70年代的发展，到20世纪80年代初，各认知活动领域的研究已积累了丰富的资料，非认知或非智力因素在认知活动中的作用也进一步明朗化。诺曼(D. A. Norman)提出的"关于认知科学的12个问题"②是有代表性的，这12个问题是：信念系统、学习、意识、记忆、知觉、操作、技能、思想、语言、情绪、发展、交互作用，它们构成了认知与非认知因素关系的基本框架。

(三)非智力因素概念研究的发展趋势

智力与非智力因素关系的研究，越来越受到人们的重视。在这一领域内，研究发展的新趋势，可归纳为以下三个方面。

一是建构理论模型。在过去的几十年里，心理学家对非智力因素与认知活动的关系进行了大量的研究，积累了丰富的资料，为建构理论模型奠定了基础。现在心理学家们开始试图提出种种理论模型，来解释非智力或非认知活动。例如，关于情绪与记忆相互关系的理论，比较有影响的有记忆与情绪的联想网络理论。

二是各国普遍重视。除美国外，俄罗斯对非智力因素问题也较为重视。在我国，最先使用"非认知因素"概念的是朱智贤、吴福元等，朱老于1982年在《外国心理学》的一篇文章中提出了这个概念③。后来他在与我合著的《思维发展心理学》(1986)中，仍使用"非认知因素"这一概念，如第五章所述，并将它作为思维结构的一个成分。第一次使用"非智力因素"概念的是我国心理学家燕国材、王极盛等人，燕先生于1983年2月11日在《光明日报》发表了《应重视非智力因素的培养》一文，

---

① H. A. Simon, "Motivational and Emotional Controls of Cognition," *Psychological Review*, 1967, vol. 74.

② D. A. Norman, "Twelve Issues for Cognitive Science," *Cognitive Science*, 1980(4).

③ 朱智贤:《思维心理学研究漫谈》，载《外国心理学》，1982(4)。

在我国心理学界和教育界产生很大的影响，受到理论工作者和实际工作者的高度重视。

三是密切联系实际。随着教育改革的深入进行，非智力因素问题在实际教学中日益突出。如何根据理论研究成果来指导教学，把研究成果应用于教育实际，这是各国心理学家所面临的新问题。在这种社会需要下，学界已有不少的尝试，诸如情感教学、审美教学等。美国心理学家德威克（C. S. Dweck）在 1987 年 8 月向我声明，她是搞"非智力因素"或"非认知因素"研究的。在我访问美国时，她请我捎回其于1986 年 10 月在《美国心理学家》杂志上发表的动机过程对学习影响的研究文章，以介绍她的观点①。她在美国搞"非智力因素"培养的实验，广泛地提高了教学质量。我国的情境教学、愉快教学和成功教育，在一定程度上都在强调非智力因素的培养。

二、智力中的非智力因素
——非智力因素的概念

如何界定非智力因素的概念，我想应该考虑三个前提：一是这个概念提出者的原意；二是国际心理学界运用的惯例；三是非智力因素或非认知因素的实质。在这三个方面，至今有几点是可以统一的：①强调智力活动中的非智力因素或认知活动中的非认知因素，即从智力与非智力因素的关系来界定非智力因素；②着重从人格（个性）方面来分析非智力因素；③从非智力因素在智力活动中的影响、效益和地位来认识非智力因素。正因为如此。朱老与我于 20 世纪 80 年代初在合著《思维发展心理学》时，才把非认知因素，即非智力因素列为思维结构的一个成分。

在这个前提下，根据上述的有关非智力因素的解说，我认为非智力（或非认知）因素，是指除了智力与能力之外，同智力活动效益发生交互作用的一切因素。它的特点有以下四点：①它是指在智力活动中表现出来的非智力因素，而不包括诸如豪

---

① ［美］德威克：《动机过程对学习的影响》，载《心理发展与教育》，1987（4）。

爽、大方、热情等与智力活动无关的心理因素。也就是说，它不是指智力因素之外的一切心理因素，而是指在智力活动中、除决定智力活动效益的智力之外的一切心理因素；②非智力因素是一个整体，具有一定的结构和功能；③非智力因素与智力因素的影响是相互的，而不是单向的；④非智力因素只有与智力因素一起才能发挥它在智力活动中的作用。事实上，不能把两者截然分开，在日常生活中，我们很难界定哪些是严格的智力因素，哪些又是非智力因素。

从以上对非智力因素的界定和分析，可以看出非智力因素的结构。除心理过程中"认识过程"的种种心理现象(属智力或认知范畴)和个性心理特征中的"能力"外，其余的一切现象，只要它在智力活动中表现出来，且决定智力活动的效率，均可称之为非智力因素。就是说，非智力因素是指与智力、能力活动有关的一切非智力(认知)、非能力的心理因素。一般来讲，非智力因素的结构包括以下几个方面：①情感过程；②意志过程；③个性意识倾向性；④气质；⑤性格；等等。

(一) 与智力活动有关的情感因素

首先是情感强度。情感强度对智力活动或智力与能力操作的影响是明显的。研究表明，情感强度差异同智力操作效果之间呈倒"U"字相关。过低或过高的情感唤醒水平，都不如能够导致较好操作效果的适中的情感唤醒水平。适中的唤醒水平是一种适宜的刺激，它既可以诱发个体积极主动地同化客体，又保证了智力与能力活动的必要的活动与背景，由此，适中的情感强度可以导致良好的操作效果。由此，学生面临各种大考，太紧张或压力太大，甚至吃不下饭睡不好觉，都会影响考生正常发挥；如果一点儿压力也没有，抱无所谓的态度，也肯定考不出好成绩来，所以，创设适度的紧张气氛，也是教师的一种基本功。

其次是情感性质。情感性质，与智力、能力的关系，表现在两个方面：一是产生增力与减力的效能，即肯定性情感有利于智力与能力的操作，否定性情感不利于智力与能力的操作；积极情感能增强人的活力，驱使人的积极性，消极情感则会减弱人的活力，阻抑人的行动。二是情感的性质对智力与能力操作效果的影响，与情感的性质同智力与能力操作加工材料的性质是否一致也有关系，例如，被试在愉快的情况下，容易记住令人愉快的事情；在不愉快的情况下，容易记住不愉快的事情。

最后是理智感。人在智力活动中，对于新的还未认识的东西，表现出求知欲、好奇心，有新的发现，则会产生喜悦的情感；遇到问题尚未解决时，会产生惊奇和疑虑的情感；在做出判断又觉得论据不足时，会感到不安；认识某一事理后，会感到欣然自得，等等。

现在社会上所谈论的"情商"，来源于"情绪智力"，实质就是情感因素或非智力因素。

（二）与智力活动有关的意志因素

意志最突出的特点，一是目的性，二是克服困难。它在智力与能力活动中，既能促使认识更加具有目的性和方向性，又能排除学习活动中的各种困难和干扰，不断地调节、支配学生的行为指向预定的目的。根据这一点，与智力活动有关的意志因素，主要是意志品质，即一个人在生活中形成比较稳定的意志特点，它包括意志的自觉性、果断性、坚持性和自制力。

（三）与智力活动有关的个性意识倾向因素

个性意识倾向性的成分很多，与智力有较大相关的因素，主要是理想、动机和兴趣。

对学生来说，理想的种类及其表现形式也很多，而与智力活动有直接关系的是成就动机。成就动机是追求能力和希望取得成功的一种需要，是以取得成就为目标的学习方面的内驱力。它以对未来成就和成功的坚定不移的追求为特点。成就动机层次有高低，成就动机层次高的学生往往根据学习任务和未来的目标确定远大而又现实的理想，并且表现出较大的毅力。他们能认识到自己的能力，学习中能做到持之以恒，并有高度的自尊心。

心理学家研究学习的动机，主要涉及五个方面的问题：动机的性质、种类、功能、过程和差异。在这类活动中，学习动机具备的功能是：①唤起动机是唤起和推动各种智力活动的原动力，它具有引起求知行为的原始功能及指导、监控求知行为的功能；②定向动机给求知行为或智力活动的客体添加上一定的主观性，具有维持求知行为或智力活动以达到目标的志向功能；③选择动机使主体只关注有关的刺激或诱因，而忽视不相关的刺激或诱因，主体因此可以预计其行为的结果；④强化动机使主体对自己的反应加以组织和强化，以便使求知行为或智力活动能够顺利进行；⑤调节动机使主体随时改变求知行为或智力活动以达到预期的目的。

如前所述，兴趣是一种带有情感色彩的认识倾向，它以认识和探索某种事物的需要为基础，是推动人去认识事物、探求真理的一种重要动机，是学生学习中最活跃的因素。有了学习兴趣，学生就会在学习中产生很大的积极性，并产生某种肯定的、积极的情感体验。

(四)与智力活动有关的气质因素

气质特点对智力活动的影响，主要表现为它能够影响活动的性质和效率。与此影响有关的气质因素，主要包括以下两个方面。

1. 心理活动的速度和灵活性

不同气质类型的人，其心理活动的速度和灵活性是不同的。有的气质类型的人，心理活动的速度较快，而且灵活性也较高，如多血质和胆汁质；而有的气质类型的人，心理活动的速度较慢，而且也不灵活，如粘液质。心理活动速度的快慢和灵活性的高低，必然影响到人的智力活动的快慢和灵活度。这就是说，速度和灵活性这两种气质，影响到智力活动的效率。

2. 心理活动的强度

心理活动的强度，主要表现在情绪感受、表现强弱和意志努力程度上。不同气质类型的人，在这两方面有不同的表现。多血质、胆汁质类型的人，情绪感受表现较强烈，而他们的抑制力又较差，使得他们的注意力很难长时间地集中于某种智力活动，较难从事需要细致和持久性的智力活动；而粘液质、抑郁质的人，其情绪感受表现较弱，但体验深刻，能经常地分析自己，因此，他们较适合从事那些需要细致和持久性的智力活动。

（五）与智力活动有关的性格因素

首先是性格的态度特征。个体对待学习的态度与智力活动有着密切的联系。个体对待学习是否用功、是否认真，对待作业是否细心，对待问题是否刻苦钻研等，一句话，个体是否勤奋，将直接影响其智力活动成果的好坏。

其次是意志特征。除了上述的意志品质对智力活动有影响之外，学生的性格意志特征，还集中表现在是否遵守纪律、有无自制力、有无坚持性和胆量大小四个方面，这四个方面对智力活动也有很大影响。

最后是性格的理智特征。这主要讲个体的智力差异在性格上的表现。①思维和想象的类型不同，例如有艺术型、理论型和中间型的区别。类型的不同，其智力活动的侧重点、方式以及结果都会有所不同。②智力品质的差异，例如第五章提到的思维的敏捷性、灵活性、深刻性、独特性和批判性等方面所表现出的差异。这些差异也会直接影响个体的思维活动。③认知方式的不一样，例如我们将在第十一章再展开分析的场独立性与场依存性这两种个性（人格）形态。认知方式使个体在对信息和经验进行积极加工过程中表现出个性差异来。

由此可见，我们是从智力中的非智力因素来分析非智力因素的结构和功能的。

三、"情商"概念的引入
　　——非智力因素的作用

美国心理学家斯滕伯格（R. T. Sternberg）于 1998 年在众多的智力理论中选择了五种智力理论作为最新的有代表性的智力理论，其中之一是梅耶尔（Mayer）的"情绪智力"。其实早在 1972 年斯托曼的《情绪心理学》中已经论述到情绪情感的作用。西方教育界由此热衷起"情商"，心理学界也像研究智商那样尝试编制情绪量表来测定情绪年龄，但未正式使用，而只根据生活经验来观察分析情绪年龄。目前，不论是外国还是我国，教育界比心理学界更重视"情商"的概念以及在教育实践中论述其培养的措施。斯滕伯格对"情商"这个概念是有兴趣的，他多次用情商代替非智力因素来使用。现在社会上所谈论的"情商"，与情绪智力有关，实质就是情感情绪因素或非智力因素。

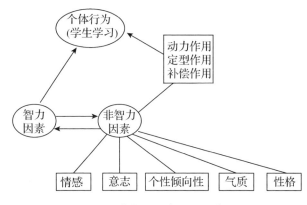

图 9-1　非智力因素作用示意图

(一)非智力因素的重要作用

学生的学习活动是智力与非智力因素的综合效果。学生的学习成绩不仅与其智力水平的高低有关，而且与非智力因素的优劣有着密切的关系，这就是情商重于智商论的缘起。非智力因素在学习活动，乃至整个智力活动及其发展中有什么样的作用呢？我认为主要表现在下面三个方面。

首先起的是动力作用，它是引起智力与能力发展的内驱动力。具体地说，个性意识倾向性为学习活动提供动力，使学生能够顺利地选择和确定任务；成就欲、自我提高的需要与学习任务完成存在着正相关，维持学生智力活动朝着目标持续不断地进行；动机过程影响智力与能力的操作效果，促使学生发挥现有的知识技能，获得新知识技能，并将知识技能迁移到新情境中去。情绪情感是通过内在的心理过程影响认知活动的，对智力与能力具有增力或减力的效能。我于 20 世纪 90 年代初参加了一次家庭教育优秀论文的评奖，其中有一篇是关于中国科技大学少年班的调查。少年班的大学生并非个个都有天资，而他们的优秀成绩，多数来自于学习动机系统，包括强烈的求知欲、学习兴趣，从而产生强烈的学习主动性和积极性。因此，我们要重视学生兴趣的激发、学习动机的培养、积极情绪的调动等诸多方面。

其次起的是定型作用，气质和认知方式是以一种习惯化的方式来影响智力与能力活动的表现形式的。所谓定型或习惯作用，即把某种认知或动作的组织情况逐步固定化，因为智力与能力都是稳定的心理特点的综合，它们具有稳固性，在智力和能力的发展中，良好的智力或能力的固定化，往往取决于学生主体原有的意志、气质、认知方式等非智力因素及智力与能力各种技能重复练习的程度。以气质为例，它包括强度、速度和灵活度等因素，从而直接制约其智力与能力的性质、效率和特征。我多次强调过气质没有好坏之分，关键在于后天形成什么样的智力类型和性格。平时人们喜欢把胆汁质的人称为"脾气坏"的人，其实他们的工作效率往往最高，当然粗心大意也是他们所"定型"的智能活动的缺点。那些被人称为"好脾气"的粘液质者，尽管做事准确性较突出，然而干起事来，他们往往慢慢吞吞，不讲求速度甚至效率，这也是这种"气质"定型的智能特点吧。对于"定型作用"来说，每一种气质既有其长处，又有其短处，这些都是良好的或不良的智能非有不可的习惯要求。

最后起的是补偿作用。所谓补偿作用，就是非智力因素能够补偿智力与能力某方面的缺陷或不足。这种补偿作用从哪儿来？它来自非智力因素的定向（帮助人们确定活动的目标）、引导（帮助人们从动机走向目标）、维持（帮助人们克服困难）和调节（帮助人们支配、控制改变自己的生理能量与心理能量）等功能。① 作为非智力因素之一的性格在这方面的作用是比较突出的。比如，学生在学习过程中的责任感、坚持性、主动性、自信心和果断性等性格特征，勤奋、踏实的性格特征，都可以使学生确定学习目标，克服因知识基础较差而带来的智力或能力上的弱点，因此，"勤能补拙"的事例在我们的教学中是屡见不鲜的。说心里话，我这个人并不聪明，与我共过事的同仁都是这么评价我的。可是我性格中的"豁达"和"勤奋"，却是非常人能学习到的，这正是我今天能获得一些不足道成绩的原因，也是我的学生们所佩服的地方。难怪《中国青年报》（1997 年 9 月 27 日）用三分之二的篇幅刊登了对我的专访，题目为"豁达与勤奋——人生发展的两大风火轮"。是的，我最喜欢的非智力因素，就是这"两个风火轮"。我把"豁达"与"勤奋"四个字献给本书的广大

① 燕国材、马加乐：《非智力因素与学校教育》，15—16 页，西安，陕西人民出版社，1992。

读者，不知你们是否愿意接受？

（二）创造型人才与创造性人格

本章第一节提到的韦克斯勒，他曾收集了众多诺贝尔奖获得者少年时代的智商，结果发现，这些诺贝尔奖获得者中大多数不是高智商，而是中等或中上等智商，可这些创造型人才的非智力因素或创造性人格却都是十分惊人的。

当然，如第五章所说，创造型人才所需要的创造性思维或智力，在创新活动上表现出新颖、独特且有意义的特点；在内容上思维加想象是创造性的两种主要成分；在新形象和新假设的产生上带有突然性，常被称为灵感；在思维意识的清晰性上，创造性是分析思维与直觉思维的统一；在创造性的形式上，它是发散思维与辐合思维的统一。但是，创造型人才更需要创造性人格（或个性），即非智力因素。那么，创造性人格有哪些特征呢？

吉尔福特（J. Quilfort）提出八条：①有高度的自觉性和独立性，不肯雷同；②有旺盛的求知欲；③有强烈的好奇心，对事物的运动机理有深究的动机；④知识面广，善于观察；⑤工作中讲求理性、准确性与严格性；⑥有丰富的想象力、敏锐的直觉，喜好抽象思维，对智力活动与游戏有广泛的兴趣；⑦富有幽默感，表现出卓越的文艺天赋；⑧意志品质出众，能排除外界干扰，能长时间地专注于某个感兴趣的问题。

斯滕伯格提出创造力三维模型理论，第三维为人格特质，由七个因素组成：①对含糊的容忍；②愿意克服障碍；③愿意让自己的观念不断发展；④活动受内在动机的驱动；⑤有适度的冒险精神；⑥期望被人认可；⑦愿意为争取再次被认可而努力。

我则强调健康的情感、坚强的意志、积极的个性意识倾向性、刚毅的性格和良好的习惯等五种非智力因素。

由此可见，创造型人才不是完全表现在智力上，而更重要的是表现在非智力因素方面。创造型人才是创造性思维和创造性人格的统一，我们可以尝试根据这个设想来创办创造性教育。

创造型人才的培养和造就，要靠创造性教育。创造性教育应该在日常教育之中，它并不是另起炉灶的一种新的教育体制，而是教育改革的一项内容。所谓创造性教育，意指在创造型学校管理和学校环境中，由创造型教师通过创造型教学方法培养出创造型学生的过程。这种教育不需设置专门的课程和形式，但必须依靠改革现有教育思想、教育内容和教育方法来实现。

首先，要提倡学校环境的创造性，主要包括校长的指导思想、学校管理、环境布置、教学评估体系及班级气氛等多种学校因素。

其次，要有创造型的教师，就是指那些善于吸收最新教育科学成果，并将其积极应用于教学中，且有独特见解，能够发现行之有效教学方法的教师。教师的创造性主要包括创造性教育观、知识结构、个性特征、教学艺术和管理艺术。特别是教学方法，这是能否培养和造就创造型人才的关键之一。

最后，培养学生创造性学习的习惯。学习有两种，一种是重复性学习，另一种是创造性学习。正如我在第一章所指出的那样，创造性应被看作学习中必不可少的一环。为了促进学生创造性的学习，并养成创造性学习的习惯，我认为关键在于要努力做到以下几点。

1. 培养学生创造性的人格或非智力因素

任何创造性活动，都受人格或非智力因素的极大制约，都需要对已有观念、方法与理论的突破。所以应提倡创造性人格或非智力因素，促使学生一丝不苟地、独立地、自信地用严峻的眼光审视周围环境，不是人云亦云，而是勤奋好学，孜孜不倦，锲而不舍地探索未知世界。

2. 培养学生创造性学习的行为特征

创造型学生除了在人格或个性上有独特之处外，他们在行为表现上也是与众不同的。美国心理学家托兰斯（E. P. Torrance）对 87 名教育家做了一次调查，要求每人列出五种创造型学生的行为特征，结果如下（百分数为该行为被提到次数的比例）：

表 9-1 创造型学生的行为特征

行为特征	百分比
(1)好奇心，不断地提问	38%
(2)思维和行动的独创性	38%
(3)思维和行动的独立性，个体主义，自足	38%
(4)想象力丰富，喜欢叙述	35%
(5)不随大流，不依赖群体的公认	28%
(6)探索各种关系	17%
(7)主意多(思维流畅性)	14%
(8)喜欢进行试验	14%
(9)灵活性强	12%
(10)顽强、坚韧	12%
(11)喜欢虚构	12%
(12)对事物的错综复杂性感兴趣，喜欢用多种思维方式探索复杂的事物	12%
(13)耽于幻想	10%

由此可见，创造型学生的行为特征多是：好奇、思维灵活、独立行事、喜欢提问、善于探索等。既体现出智力因素，又更多地表现出非智力因素。这与实际情况也是吻合的。

3. 培养学生创造性的学习特点

创造型学生在学习中有许多不同于普通学生的表现。在学习内容上，创造型的学生不满足于对教学内容的记忆，许多人喜欢自己对未知世界进行探求；在学习态度上，创造型学生对感兴趣的事物愿意花大量的时间去探究，思考问题的范围与领域不为教师所左右；在时间安排上，创造型学生不按规定时间去学，除了完成课堂作业外，更多的时间花在阅读课外书或从事其他活动上；在学习目标上，创造型学生不仅能获得书本或教师传授的知识，而且还能对教师和书本上的知识进行批判地吸收；创造型学生对语词或符号特别敏感，能在与别人的交谈中发现问题；在学习动机上，创造型学生渴望找到疑难问题的答案，喜欢寻找缺点和进行批判，并对自己的直觉能力表示自信，相信自己的直觉。学习贵在创新。有人认为，学习只是接受前人的知识，学习书本上的知识，不是创造发明，根本谈不上创新。我们则认为，学习固然不同于科学家的研究，但也要求他们敢于除旧，敢于布新。学生在学校里固然是以再现性思维为主要方式，但发展他们的创造性思维，也是教育教学中必不可缺的重要一环。学校中多一分创造性学习，学生进入社会就多一分创新能力；学校中多一名创造型学生，进入社会则多一位勇于创新的人才。

我们正处于建设中国特色社会主义的伟大时代，这个时代需要数以亿计高素质创造型劳动者，需要数以千万计的高素质创造性专门人才。不论是创造性的劳动者还是创造型的专门人才，都必须具备创造型的意识，拥有创造型的才干，进行创造性的实践。让我们借这个时代的东风，从教育改革入手，培养和造就适合时代需要的高素质创造型人才，涌现出更多的创造型学校、创造型教师，从而产生更多的创造型学生。

四、一条新的德育途径

——非智力因素的培养

在德育工作中，我们不是经常在提倡要培养学生健康的情操、顽强的意志、积极的兴趣、正确的动机、崇高的理想、坚韧的性格、良好的习惯吗？那么，培养学生的非智力因素，就不仅有利于其智力与能力的发展，而且也成为德育工作的一个环节，因为这些非智力因素已构成思想政治课教学和心理健康教育不可忽视的成分。因此，我们要加强对学生非智力因素的培养。

(一)培养非智力因素，要掌握非智力因素概念的性质

和"智力因素"一样，"非智力因素"也是一个中性的心理学概念。这类概念说明一种心理现象，包含着水平、等级和品质的差异，所谓培养，无非是为发展奠定基础。目前教育界有人担心，非智力有很多因素，每一种因素都有着不同的性质，有的还有"好坏"之分，提出"培养非智力因素"，不是好坏不分了吗？其实，这种担心是没有必要的。平时我们常说"培养智力"和"培养能力"，其实智力与能力也

有高低之分、聪明笨拙之分和品质好坏之分等。例如，同样是灵活性，可能是"机灵"，也可能是"滑头"，但这丝毫不意味着提"培养智力""培养能力"就不应该。这里的培养，意味着提高、发展和矫正。同样地，几乎每一种非智力因素，都有一个水平、等级和品质问题，非智力因素的培养也意味着提高、发展和矫正，即发展其良好品质的部分，矫正其不良品质的部分。作为中性心理学概念的非智力因素，它的培养就是强调"扬长避短"，以利于主体的学习活动乃至智力与能力的发展。

(二)培养非智力因素，应重视从整体性出发

从理论上来说，可以分析非智力因素具体成分的功能；从实际上来看，非智力因素是一个结构，非智力因素和智力又是一个结构，构成一个整体。在智力活动中，尽管也存在某一种因素起的作用大一点，另一因素起的作用小一点的情况，但是，影响智力活动效益的是非智力因素的整体效应。因此，对非智力因素和智力因素在智力活动中的效益应该采用综合评价的方式，即特定评价与客观评价相结合，总结性(效果)评价与过程性评价相结合；专项评价与模糊评价相结合。例如，我们在研究学生智力与非智力因素在学习中的作用时，在对实验结果进行处理前，首先要对各项因素进行量比，求出其模糊值。量比是参与"评定(法)"的专家(10名，取其平均值)根据经验进行的。需要量比的方面有：一是智力因素与非智力因素在学习中的各自作用(权重)；二是确定各项智力因素在智力方面、各项非智力因素在非智力方面的权重。以下是当年研究的结果即六项智力因素在智力方面、四项非智力因素在非智力方面各自的权重：智力方面(0.525)包括感知和理解力(0.1125)、记忆力(0.14)、语言表达能力(0.18)、思维能力(0.275)、评价能力(0.13)、应用操作能力(0.1625)；非智力方面(0.475)包括学习的目的性(0.2375)、学习的计划性(0.225)、学习的意志力(0.2875)、学习的兴趣(0.25)。[①] 我们根据诸项因素综合起来的状况来培养非智力因素。显然，培养非智力因素的实验基础是做多因素分析。因为非智力因素是一个多因素的结构，在培养实验过程中存在着许多问题。如

---

① 申继亮：《心理模糊性的定量研究》，载《北京师范大学学报》，1990(增刊)。

变量的控制有时是不可能的；有时变量的控制是无意义的；从整体来看，在智力活动中，影响智力效益的可能是某一非智力因素，也可能是各种非智力因素的不同组合。所以，我们对各种非智力因素都应该予以重视，并且要从整体性出发加以培养。

（三）四条主要的措施

培养非智力因素，要尽量做到对具体的非智力因素做具体而谨慎的分析。在我们自己从事的教改实验中，主要抓住四个方面，即发展兴趣、顾及气质、锻炼性格、养成习惯。

第一，从非智力因素的正式提出开始，心理学界历来重视发展学生的兴趣。任何有成就的人，他们都热衷于自己的事业或专业，甚至到了入迷的程度。天才的秘密就在于强烈的兴趣和爱好，从而产生无限的热情，这是勤奋的重要动力。因此，应当把学生的兴趣作为正在形成某种智力与能力的契机来培养。今天我国教育界出现的"快乐教育""愉快教育"等，尽管分歧很大，但是他们有一条很重要的措施，就是从发展学生兴趣入手，这是值得肯定的，要发展学生兴趣，应该处理好理想、动机、兴趣三者之间的关系，培养师生的感情，提高教学水平引发学生兴趣。我们曾在全国十省市搞了一个较大范围的理想、动机与兴趣的调查。结果发现，中学生把政治课作为自己最感兴趣学科的只占 1.67%，再深入调查他们为什么喜欢政治课，回答却是共同的"老师教得好"，可见提高教学水平的重要性。因此教师应该引导学生将广泛兴趣和中心兴趣相结合，只有这样，才能使学生产生良好的学习兴趣，产生智力活动的自觉动力和追求探索的倾向。

第二，气质在智力活动中的作用并无水平高低之别，每种气质在智力活动中都能获得其应有的地位。例如，胆汁质的人性急，在智力活动中可以表现为迅速、强度大，也可以表现为冒失、不正确、缺乏计划性；多血质的人灵活，在智力活动中可以表现为发散性强，善于求异，也可以表现为动摇、受暗示性突出；粘液质的人迟缓，在智力活动中可以表现为正确、有条理、镇定，也可以表现为呆板、缺乏灵活性；抑郁质的人多虑，在智力活动中可以表现为好思索、深钻研，具有深刻性，也可以表现为疑心重、拿不定主意、退缩性强。由此可见，同样的气质，既可以成为积极的思维特征，也可以助长不利的智力与能力因素的形成。所以，在非智力因素的培养中，应该顾及学生的气质。

第三，对智力与能力有明显作用的性格特征是勤奋。"天才等于勤奋"，这是十分有道理的一个"公式"。勤奋往往和踏实、自信、坚韧、刻苦联系在一起，构成主动学习、坚持学习、顽强学习的学习品质。勤能获取知识，发展智能；勤能补拙，克服心理能力上的种种不足。我们在教改实验中相当重视勤奋，并要求实验班教师抓住勤奋学习的良好性格特征，加以有目的的培养；通过大量的强化训练，使学生形成勤奋的习惯。

第四，习惯不只表现在道德行为上，而且也表现在智力与能力中。从系统科学的观点来看，习惯是一种能动的自组织过程。一定的环境使个体心理能力达到一个临界状态，智力与能力的相变（质变）特点，习惯这种参序量是其决定因素之一。所以，智力与能力培养的智育过程，离不开良好的学习习惯和智能，特别是技能习惯的形成。为此，我们要按照年龄特征制定对学生学习习惯的要求：要训练必要的学习习惯；要严慈相济，引导学生有目的地进行良好学习行为以及心智与操作技能的训练；要使其形成良好的学习习惯，掌握先进的学习方法，培养优秀的思维品质。

总之，作为智力活动中的非智力因素，认知活动中的非认知因素，应该在智力活动中或认知活动中来培养非智力因素或非认知因素；从非智力或非认知因素入手来培养智力或发展认知。

第十章

做学生的心理保健医生

我十分赞赏我的挚友吴昌顺的一句话："教师要当好学生心理卫生的保健医生。"我们之所以强调教师要做好学生的心理保健医生，是因为心理健康教育是教育本身应有的内涵之一，是人们新的健康观的需要，是解决目前越来越突出的心理健康问题的要求。

教育的目标就是培养全面发展的人，而人的发展包括身体的、生理的发展和心理的发展。一个全面发展的人，身、心两方面都应该得到健康、充分的发展。因此，教育要促进学生身心的发展，就离不开心理健康教育。目前，中小学教育要推行素质教育，就必须全面提高学生的思想道德、文化科学、劳动技能和身体心理素质，促进学生全面健康发展。而在学生的整体素质中，心理素质本身占有重要的地位，心理素质的好坏也影响着其他素质的发展和提高。良好的心理素质是优良思想品德发展的基础，是有效学习文化科学知识和进行智力开发的前提，是增进学生掌握劳动技能的保证，是促进学生身体健康的必备条件。因此，素质教育应包括旨在提高学生心理素质的心理健康教育。由此可见，心理健康教育是教育应有的内涵之一，是素质教育的必要组成部分。教师作为教育活动的组织者和实施者，就必然要肩负起学生心理健康教育的重任，这就要求教师担当好"学生心理卫生的保健医生"这样一个角色，以有利于学生身心健康成长。

现在，人们逐渐达成了这样一种共识，即健康不仅包括身体健康，也包括心理健康。《世界卫生组织宪章》（1948）就开宗明义地指出："健康不仅是没有疾病和病态，而且是一种个体在身体上、精神上、社会适应上健全安好的状态。"健康已不仅仅是传统意义上的身体健康和没有疾病，而且包含良好的精神状态、健全的社会适应能力，即身心健康。当教师乃至整个社会都逐渐形成了这样一种新的健康观念时，就迫切需要中小学开展心理健康教育。只有在基础教育中抓好学生的心理健康教育，把他们培养成身心健康的人，他们将来才能顺利地适应竞争激烈的社会，并为社会做出贡献。正如教育部《中小学心理健康教育指导纲要》所指出的那样："良好的心理素质是人全面素质中的重要组成部分。心理健康教育是提高中小学生心理素质的教育，是实施素质教育的重要内容。"所以，广大中小学教师扮演好"学生心理卫生的保健医生"角色，是提高自己学生心理素质和引导学生建功立业的一项重要措施。

目前，中小学生越来越多地出现心理健康问题，迫切需要开展和加强心理健康教育。很多调查和中小学生的自我报告都表明，中小学生中普遍存在着嫉妒、自卑、任性、孤僻、焦虑、逆反、神经衰弱、社交困难、学习不良、吸烟饮酒，乃至自杀、犯罪等心理行为问题。有统计表明，中小学生中存在心理行为问题的比例约占 10% ~ 15%，但我认为中小学生的心理健康有两个主流：一是心理健康是主流，说明多数中小学生心理是健康的；二是要求接受心理辅导与咨询，说明中小学生要求心理健康是主流。至于 10% ~ 15% 的数字，心理健康问题是否有这么严重？有待于进一步研究，因为这里有一个心理行为问题指标的问题。指标不一样，可能数据的出入也很大。但不管怎么分析，目前中小学生存在着较明显的心理行为问题是客观事实。要解决中小学生的这些心理健康问题就离不开心理健康教育，这就要求教师同时要做一名合格的学生心理卫生的保健医生。

一、越来越多的心理健康问题

目前，教育领导部门十分关心中小学生的心理健康问题，心理学工作者、教育理论工作者和实践工作者，也都围绕着心理健康的问题开展调查，寻找问题的根源并有针对性地提出解决的办法。

(一) 问题的表现

在中小学生中存在各种各样的心理行为问题，既有"问题"学生，也有"学校处境不利"的学生。前者，通常指品格上存在问题且经常表现出来的学生，一是指品德发展上有缺点，二是指性格发展上有偏畸，这类学生在中小学里，较多地表现出纪律松弛、情绪消沉、焦虑紧张，甚至于闹学、混学、逃学和辍学等行为。后者通常指智能潜能正常，但在学校中处于低下地位，实际上被剥夺了学习权利和学习可能性的学生；也包括本身能力发展迟滞、学习成绩落后、行为不良等不能适应学校学习的学生和从较低水平学校转到较高水平学校时不能很快适应新环境的学生。

将心理健康方面存在的问题做一个归纳，主要表现在三个方面，一是人际关系的紧张；二是学习所造成的压力；三是在"自我"方面出现问题。北京市青少年心理咨询服务中心主任王建宗，统计了2002年以来五年中所接收的六万多人次的热线咨询内容，把各类问题做了分析，发现其中人际关系方面的问题占42%，学习方面的问题占27%，这两项占了70%，余下的是"自我"及其他方面的问题。咨询者来自重点学校的占45%以上，可是重点学校在所有中小学里的比例仅占5%。可见，重点学校学生在心理健康方面的问题要远远超过普通学校的学生。

首先，心理健康问题表现在人际关系上，具体分为：①师生关系的问题；②亲子关系的问题；③同伴或同学关系的问题；④对异性的看法问题；⑤人际交往困难。这五方面问题还可以细细分析，只要某一个环节的人际关系紧张，就会产生中小学生的心理健康问题。例如，一些工读学校统计，工读学生多半存在亲子关系紧张的问题。在这些工读学生的家庭教育中，因父母离异或关系恶化造成亲子关系紧张者占1/3，过分的溺爱或过分的专横(即所谓"棍棒教育")造成亲子关系紧张者占1/3，余下1/3的家庭也或多或少存在这样那样的问题。

其次，心理健康问题表现在学习上，具体分为：①学习压力问题，并由此造成种种心理行为问题；②厌学问题，即厌学情绪突出，据我们初步调查，中学生厌学者约占34.3%；③学习困难问题，我们在调查中看到，学习基础差的中学生占40%以上；④学习障碍问题，甚至出现极个别的"学校恐惧症"，尽管这类学生在学校学生中的比例不超过0.45%，但问题比较严重，例如，一进学校就头痛或肚子疼，一遇到考试就发烧，一上某教师的课就心慌、恶心。

最后，心理健康问题表现在"自我"上，具体又分为：①自我评价问题，过高或过低的评价，于是在自尊心、自信心上出现问题；②自我体验问题，由于体验的错误，往往出现自卑、焦虑或逆反心理；③自制力问题，因自我控制能力差，常常表现出耐挫力过弱的情况。如果这三个方面问题联系在一起，则会造成严重的心理行为问题。北京某初一女学生，其母亲工作繁忙来不及为她做好饭菜也来不及做详细解释，让她匆匆吃了顿方便面，但该女生自我认识较差，误认为母亲对她有看法，自我体验不准确，觉得失去了母爱，再加上缺乏自制力，结果因为吃了一顿方便面而自杀，酿成巨大的悲剧。

人际关系、学习和自我，三方面问题往往联系在一起构成并发症。有位小学就获大奖的三好学生，上市重点中学后其母对她寄予很大的期望，希望她在班里保持在上游，可是她的学习成绩不理想，母亲就以自杀相威胁。结果不仅造成亲子关系紧张，而且也给孩子的学习造成很大的压力。孩子感到失去自信心之后，离家出走了3天，险些酿成严重事件。幸亏学校及时发现，及时寻找回来，加上及时的心理辅导，才使她逐步摆脱了心理阴影，最后获得较好的发展。

(二)问题的起因

学生的心理健康问题或心理行为问题，并非现在才有，只不过今天的问题更为严重、更为突出。原因在哪里？这主要是因为面对新的形式和要求，学校德育工作和学生本身都很不适应。这里具体又分为外部原因和自身原因。

其一，外部社会原因。在新旧体制转换过程中出现了各种各样的矛盾，主要表现在以下几个方面：①社会上滋长的"一切向钱看"的消极现象，不仅妨碍学生树立正确的人生观和价值观，而且也助长他们产生拜金主义、享乐主义和极端个人主义的心理；②在片面追求升学率的条件下，容易产生重智轻德、分数至上的消极现象，它往往使学生产生焦虑情绪、挫折感和人格障碍，甚至于萌发"轻生"的念头；③家庭教育不当也会产生各种各样的消极现象。如离异家庭子女若失去双亲的教育，就易发情绪低沉，不能适应现实生活，致使学习成绩下降、人际关系紧张，甚至于品德滑坡、人格异常。有些独生子女家庭，由于娇惯、纵容、溺爱，致使学生任性、懒惰、独立性差、依赖性强、不够合群等问题严重；④大众传媒和网络中不健康的内容也是造成学生心理行为问题的重要原因。一些文艺、影视广播、出版、网络等部门，不是以爱国主义、集体主义和社会主义为主旋律，不是以科学的理论武装人，不是以高尚的情操塑造人，而是充斥着"拳头"加"枕头"的内容，对儿童青少年起着教唆作用。网吧、淫秽书刊、不良音像制品泛滥成灾，严重地影响儿童青少年，产生身心问题，沉溺网络，成为"网瘾者"（约占6%）。所有这一切，都同增强适应时代发展、社会进步，以及建立社会主义市场经济体制的新要求和迫切需要的素质教育相违背，都是产生"问题"儿童、"学校处境不利"儿童的社会根源。

其二，学生自身原因。除了社会方面的原因之外，还有学生自身的原因。因为学生心理行为问题较多的青少年期，正是上面提到的"危机期"。一些心理学家从西方文化特点、人际关系和家庭结构的现状所造成的青少年反抗社会、反抗成人、藐视法律、铤而走险的事实出发，认为个体发展的青少年期，不可避免地要发生反社会行为，要和现实、成人发生冲突，这种观点表现在各派心理学家的思想上。例如，斯普兰格（E. Spranger）将这个时期比喻为"疾风怒涛"阶段；霍林渥斯（L. S. Hollingworth）称这个时期为"心理断乳期"；埃里克森（E. H. Erikson）提出，这个时期的发展任务就是避免自我同一性的"危机"，等等。我们不必照搬西方心理学家的这些观点，但是，如第四章所写，青少年学生处于人生发展的十字路口。一方面，这个阶段是理想、信念迅速变化的时期，是价值观、人生观、世界观从萌芽趋于形成的时期，是开始以道德意识、道德观念指导自己行为的时期。另一方面，这个阶段又是生理迅速成熟，而心理发展跟不上生理发展的青春期，是逆反、对抗心理容易出现的时期，是幼稚与成熟、冲动与控制、独立性和依赖性错综复杂的时期。因此，青少年期心理发展，必然是两极分化严重的阶段。这个阶段的主要任务之一，是处理好由幼稚向成熟、童年向青年过渡时期的各种矛盾，并日渐趋于成熟化。处理不好，必然会使青少年产生这样或那样的心理问题。

总之，中小学生由于社会和个体发展阶段的原因造成了各种各样的心理和行为问题。要预防、解决这些问题，一条主要的途径是做好学生的心理健康教育工作，教师作为心理卫生的保健医生，也必然成为心理健康教育的主力。而教师要成为合格的心理保健医生，首先就必须搞明白什么是心理健康。

二、心理健康的标准

心理健康包括两个方面的含义,其一是没有心理障碍;其二是具有一种积极向上发展的心理状态。对于中小学生心理健康在每个方面的具体标准,我们很难包揽无遗地逐条列出,但是,根据上边提到学习、人际关系和自我三方面的问题,可从下面三点从正面加以概括:一是敬业,二是乐群,三是自我修养。刘华山、何立婴、俞国良、辛自强同我一起商议了中小学生心理健康的问题(参考《心理学百科全书》中"心理健康"的有关部分①),我们将学习上的敬业、人际关系上的乐群和自我(自我修养)这三个方面确认为标准,并作为研究课题成果报教育部督导办。

(一)学习方面的心理健康

学习是中小学生的主要活动。心理健康的学生是能够进行正常学习的,在学习中获得智力与能力,并将习得的智力与能力用于进一步的学习中。由于学习能充分发挥其智力与能力的作用,就会因此产生成就感;而成就感不断得到满足,就会产生乐学感,如此形成一个良性循环。具体地说,学习方面的心理健康,表现在如下六个方面。

1. 体现为学习的主体

心理健康的学生,时时处处表现出是学习活动的主人和积极的探索者。他们的学习积极性和自觉性是成功学习的基础,使他们学会学习,并主动地去学习。只有学生主动学习、主动认知、主动接受教育内容、主动吸收人类积累的精神财富,他们才能认识世界,并促进自己的发展。他们在学习活动中不仅能接受教师所教的知识,而且还能运用学习方法和学习策略消化这些知识,分析新旧知识的内在联系,发挥其能动性。

---

① 心理学百科全书编辑委员会编:《心理学百科全书》(第2卷),1435—1439页,杭州,浙江教育出版社,1995。

2. 从学习中获得满足感

这种满足感实际上是一种成就动机，为了实现成就动机，学生会从广泛性和深刻性上去进行学习。心理健康的学生从学习中获得满足感，并因此增强对自己的信心，使自己充分相信自己具有学习的能力，以后会进一步寻找机会发挥这种学习的能力。当然，这种成就感应是适度的，过强或过低都不好，因为急于求成和不想作为都是不好的。

3. 从学习中增进体脑发展

机体健康，尤其是大脑健康的学生是有条件从事学习的，但不能说能学习的人都会使用体脑。比如，有的学生怕用脑，有的学生滥用脑，有的学生不知如何运动，或者不运动，或者过量运动。而心理健康的学生能合理使用体脑，顺应大脑兴奋和抑制的活动规律，注重一定的运动调节；他们注重体脑活动与睡眠的关系，借此防止学习中常见的前摄抑制和倒摄抑制；他们能自觉地交替进行各种学习。这样一来，他们就能借助体脑获得智力和能力的更好发展。

4. 从学习中保持与现实环境的接触

每个人都有幻想，在这方面，心理健康和心理障碍的根本区别在于，前者的幻想有一定的现实基础并且在时间上比较短暂，不会妨碍其学习和人际交往，虽然他们也利用幻想补偿学习活动中未得到的满足，但在实际学习活动中却能面对现实、保持与环境的有效接触。后者则完全相反。

5. 从学习中排除不必要的忧惧

在学习中难免会有不愉快的情绪体验，例如忧愁、惊惧、悲伤焦虑、紧张等。心理健康的学生能摆脱消极情绪的困扰，进行合理调适，排除不必要的忧惧。正如数学家张广厚所说的："不管有多少艰难困苦，骑上虎背，就要一条道儿走到底。"①这才叫作心理健康的人。

6. 在学习中形成良好的学习习惯

学习习惯指学生无条件的、自动的带情绪色彩的学习活动。学习习惯有良好与

① 魏献忠、白庭阶：《古今名言荟萃》，19 页，福州，福建人民出版社，1983。

不良之分。有的学生会自己制订学习计划，独立思考，按时完成作业，经常复习、预习功课，长期坚持努力学习，经常综合整理所学知识，并逐渐养成良好的学习习惯。良好的学习习惯，有助于增进心理健康水平。

(二)人际关系方面的心理健康

人总要与他人交往，并建立一定的人际关系。中小学生的人际关系主要涉及亲子关系、师生关系和同伴关系等方面。学生与双亲、与教师的关系是一种垂直方向的关系，而与同伴的关系则是水平方向的关系。每个学生总是"定格"于人际关系网络中某个特定的位置，同时又与别人发生着各种方式的联系。学生处理错综复杂人际关系的能力直接体现了其心理健康水平。在人际关系方面，心理健康表现在如下六个方面。

1. 能了解彼此的权利和义务

人与人的交往是相互的，交往的双方应该是平等的，双方都有自己应该享受的权利和应该履行的义务。心理健康的学生了解彼此的权利和义务，既重视对方的要求，又能适当满足自己的需要。同时，做到孝顺父母、尊敬师长、亲近同学，这样才能保证人际关系的健康发展。

2. 能客观了解他人

心理健康的学生不会以表面印象来评价他人，不将自己的好恶强加于人，而是客观公正地了解和评价他人，既能看到别人的短处，又能看到别人的长处。

3. 关心他人的需要

世上最可贵的东西之一是人与人之间的相互信任、尊重和关心。实际上，每个人都希望为人所信任、尊重、关心和照顾。心理不健康的学生只愿意获得别人的关心，但心理健康的学生知道只有尊重和关心别人，才能得到回报；良好的关系只有在相互信任、尊重和关心中才能获得发展。这就是孔子的"君子贵人而贱己，先人而后己"的道理。

4. 诚心的赞美和善意的批评

心理健康的学生不是虚伪地恭维别人，而是诚心诚意地称赞别人的优点，对于对方的缺点也不迁就，而是以合理的方式加以善意的批评，并帮助他改正。

5. 积极地沟通

心理健康的学生对沟通采取积极主动的态度，在沟通中明确地表达自己的想法，并认真听取他人的意见；他们沟通的方式是直接的，而不是含糊其词。在积极的沟通中增进人与人之间的感情和友谊。真诚的友谊意味着健康，因为要更多地得到真诚的友谊，就要注意自己怎样做人和怎样交往，以不辜负好朋友的知人之明。

6. 保持自身人格的完整性

"君子和而不同"，心理健康的学生能和谐相处，并亲密合作，但不放弃自己的原则和人格，即在保持个性和差异的前提下亲密合作。因为如果一个人一味苟同于别人，处处附和他人，就会丧失自己人格的独立性和完整性。

(三) 自我方面的心理健康

心理健康的人了解自己，并悦纳自己。人贵有自知之明，心理健康的人能正确客观地认识自我，了解自己的能力、性格、需要，他们既不自卑，也不盲目自信；他们经常进行自我反思，看到自己的长处，更能容纳自己的不足，并寻求方法加以改进。心理健康的人常常能正确地认识自我、体验自我和控制自我。主要表现在以下六个方面。

1. 善于正确地评价自我

人人心中都有一架衡量自己的天平，问题是如何放置砝码，使自我与现实保持平衡。这平衡就意味着适应，意味着心理健康。诸葛亮曰："我心如秤，不能为人低昂。"由此可见，心理健康的学生必须学会正确地评价自我，不为他人的议论所左右。唯物辩证法强调"一分为二"地看问题，是很有道理的。自我评价标准也要一分为二。当然，这一分为二的评价标准，应该是正确的社会价值观。一位学生逐步掌握一分为二地评价自己、评价他人、评价自我与他人之间的关系，必然会逐渐地成为自信、自尊、自爱、自重的心理健康的人，成为逐步趋于社会化的人。

2. 通过别人来认识自己

人必须要自己评价自己，即"镜像自我"，但也要通过别人来认识自己。心理健康的学生能经常反躬自问:"我在某方面的情况与别人相比怎么样?"他们除同周围的人相比较外,还常与理想的自我相比。即从父母、老师、书本那儿获得知识和价值观,把它们融合成若干理想和模范,借此比较和仿效,作为判定自己位置与形象的量尺。当然,这种比较不只限于学习方面,还有做人的道理、立身处世的准则等等。别人也好像自己的一面镜子,当自己做得对时,别人就会给予肯定的评价;当自己的行为不当时,就会受到指责或反对,这时,心理健康的学生就能虚心地、批判地接受别人的评价,从中认识自我。

3. 及时而正确的归因能够达到自我认识的目的

因为学业成绩或工作成果,通常反映了一个人的能力大小或努力程度。但如何归因呢?是归因于运气、教师教得怎么样、是否提供条件等客观原因,还是主观的能力与努力程度?心理健康的学生,主要归因于主观原因,通过这些成绩或成果,就可以知道自己能力上的长短优缺,自己在某一方面用功与否,从而较为正确地确定自己努力发展的方向。

4. 扩展自己的生活经验

人的任何一项经验,都是在实践中、在与环境的交互作用中获得的。心理健康的学生对于新事物、新任务充满了兴趣和尝试的渴望。他们不断扩展自己的生活范围,乐于接触他人和新鲜事物,从中获取一些新的经验,体悟其中的甘苦和道理。这样就能不断充实自己,超越自我,悦纳新的自我。

5. 根据自身实际情况确立抱负水平

抱负水平是指一个人对自身成就预期的水平。如果自己确立的目标,是自己通过努力根本达不到的,就会导致挫败感;如果目标轻而易举就能实现,即使成功了,也不会体验到成就感和满足感。因此,在确定抱负水平时,一定要从自己的实际情况出发。心理健康的学生,首先能承认自己的短处,同时,又能看到自己的长处,即认识到自己并不是一无是处,通过努力,自己可以做得很好,然后设法弥补自己的不足,比如通过卓越的工作成绩来弥补生理的缺憾。他们善于根据自己的能力水平和目标的难易程度,把抱负水平定在既有一定的实现把握,又有可能冒失败风险的层次,以此激发自己去努力进取。

6. 具有自制力

自制力是人善于控制和支配自己行动的能力。心理健康的学生善于为既定的目标而克服困难，迫使自己去完成应当完成的任务；善于抑制自己的其他行动和冲动，做到既不任性，又不死气沉沉、呆板拘谨；善于自觉地调节自己的行动以服从既定的目标；遇到挫折，不忧郁、不悲愤，善于镇静对待，分析根源，保持乐观态度。尽量逐步去达到孙中山先生所教诲的"吾志所向，一往无前，愈挫愈奋，再接再厉"的境界。

三、心理健康教育的原则

如何进行心理健康教育，没有固定不变的方法，也没有统一的程序，但是，仍有一定的原则可以遵循。

(一) 坚持心理健康教育的科学性

心理健康教育，在发达国家一直受到重视，今天，它又被我国教育领导部门列入大中小学教育内容和教学课程之中，并写进中央的文件。之所以如此受到重视，是因为心理健康教育是门科学，科学性是其灵魂，坚持科学态度是教育工作者的职业要求。

所谓心理健康教育的科学性，主要有两层意思，一是理论和方法的依据是学校心理学；二是尊重学生的客观心理事实。

学校心理学是心理学的应用分支，是心理学与学校教育实践相结合的结果，是心理学应用和服务于中小学的具体表现。学校心理学是在发展心理学、教育心理学、临床心理学、咨询心理学等心理学分支的基础上发展起来的，不仅和这些分支学科关系密切，而且也是这些心理学分支相互融合的结果。学校心理学的研究对象是 5~18 岁的学生，尽管它也探索正常儿童青少年的心理特点，但其侧重点主要还是研究身心缺陷和学习困难的所谓"问题"学生。学校心理学的出现与崛起，为学生心理健康教育提供了心理科学的依据，学校心理学家进入学校，不仅为学生防止心理疾病、保持心理健康积极地开展工作，而且也是学习辅导、职业指导和德育工作不可缺少的力量。

心理健康教育要坚持客观性原则，特别是要尊重学生的客观心理事实。我们中小学教师，尤其是直接参与心理预防、咨询、评价和矫正的人员，必须根据第四章所述的学生心理发展特点和身心发展规律，坚持发展性目标，做到循序渐进，设置分年级阶段的具体教育内容，采用分年级阶段的教育形式和途径，使心理健康教育有针对性。必须以客观的实事求是的态度对待学生、对待他们的心理障碍和心理行为问题，必须以认真、坦诚加师爱的态度投入到心理健康教育中去，切忌主观性和片面性。在我国，担任心理健康教育的教育者，在相当长的一段时间内不可能是学校心理学工作者，而是学校的教职员。但参与这项教育工作的，尤其是参与心理预防、咨询、评价、诊断和行为矫正工作的教职员，必须事前接受相关心理学家的严格训练，否则不能轻易上岗。为此，我也建议心理学工作者，特别是学校心理学专家，应该义不容辞地参与心理健康教育，尤其是针对担任心理预防、咨询、评价和矫正的中小学教职员的培训工作，使其合格地上岗。

(二)尊重与理解学生

自尊是心理健康的核心，国际上的大量研究，发现自尊与心理健康之间是高度相关(一致性)的。所以，教师在进行心理健康教育时，必须尊重和理解学生。教师要把学生作为一个人、一个与自己平等的人来看待，做到完全地尊重他们。首先，对学生的尊重，有利于学生形成良好的人格。许多学生，特别是有心理行为问题的学生，自尊心较弱，缺乏自信，这时，教师对他们的尊重就意味着信任和鼓励，有助于他们形成积极的自我观念和健康的人格。同时，尊重学生是进行心理健康教育的前提条件。只有尊重学生，才能与学生建立起良好的信任关系，才能打开师生情感交流的渠道，这样，教师才能进行心理健康教育，这样的教育才能如春风化雨一般为学生所接受。为此，教师要建立起这样的信念：人人都有自己的价值和尊严，人人都是平等自由的。因此，要无条件地尊重学生，相信学生可以朝好的方向发展。

对学生进行心理健康教育还必须要理解学生。理解学生包括同情性理解、认识性理解两种。同情性理解，是指教师要站在学生的角度，用当事人的眼睛去看，用当事人的耳朵去听，用当事人的心去体会，设身处地地理解他们的忧伤与痛苦。认识性理解，指了解学生的心理状况、心理行为问题的实质以及问题产生的原因，这样心理健康教育才能做到有的放矢。

（三）预防、治疗和发展相结合

心理健康教育有两种目标。消极的目标是预防和治疗各种心理和行为问题；积极的目标是协助学生在自身和环境许可的范围内达到心理功能的最佳状态，使心理潜能得到最大程度的开发，人格或个性日趋完善。从积极的角度看，心理健康教育不仅仅针对有心理行为问题的学生，更重要的是促进每个学生最大限度地发展自己。因此，心理健康教育的对象，绝大多数是正常学生。我们要坚持正面教育，使学生积极向上。也就是说，要让学生心理更健康，素质提高得更快。即使从消极的角度考虑，上策也是预防而不是治疗。如果能预防各种心理行为问题的出现，那是最好不过的，因此在日常的心理健康教育中要坚持以预防为主和使每个学生充分发展的原则，一旦出现问题要坚持积极治疗的原则。总之，在心理健康教育中应坚持预防、治疗和发展相结合的原则。

（四）全体与个别相结合

心理健康教育作为教育的一部分，应该是面向全体学生的，目的在于使每个学生的心理潜能都得到充分发展，成为"四有"人才，成为高素质创造性的人才。当然也要同时预防各种心理异常和心理疾病的发生。对于较可能发生或已经发生心理行为问题的个别学生要做到个别辅导、重点治疗。可见，在心理健康教育的对象上，应坚持全体与个别相结合的原则。另外，全体与个别相结合还是一种教育方式。对于一般的日常心理健康教育，可以采取面向全体的教育方式，而对于少数需要帮助的学生则宜采取个别辅导、咨询和治疗的方式。在个别教育中，容易针对每个学生的个性特点和个别差异，采取相应措施。有的教育方式，如通过班级强化来改变学生的不良习惯，就适宜集体进行。而针对考试焦虑的治疗，个别辅导与团体辅导相结合似乎更适合。因此，在心理健康教育中要灵活地坚持全体与个别相结合的原则。

(五) 助人自助，最终达到教育目的

心理健康教育既然是教育，就必须坚持以教育为最终、最高的目标，促进全体学生身心健康、全面发展。当然，开展心理辅导和治疗也是这个教育的一个环节，而心理辅导与治疗，是帮助学生自己解决问题，而不是替其解决问题。辅导与治疗的最终目的是助人自助，即帮助学生学会独立地解决自己面临的问题。如果教师越俎代庖，对应该学生做的事也加以包办，不仅无助于其心理行为问题的解决，反而害了学生。从事辅导和治疗的教师好比"产婆"和"媒婆"，产婆的任务是帮助孕妇顺利生产，媒婆的任务是为青年男女牵线搭桥。然而，却没有产婆替人生孩子、媒婆替人谈恋爱的说法。因此，教师只能为学生引路，不能代替学生走路。在心理健康教育中教师的任务就是"助人自助"，这样才能收到良好的教育效果。

四、当好学生的心理保健医生

前面已经提到，目前中小学生出现越来越多的心理行为问题，这就要求教师承担起学生心理卫生保健医生的角色，积极开展心理健康教育。《教育部中共中央关于进一步加强和改进学校德育工作的若干意见》(1994) 已经要求："通过多种方式，对不同年龄层次的学生进行心理健康教育和指导，帮助学生提高心理素质，健全人格，增强承受挫折、适应环境的能力。"可见，国家已把心理健康教育作为教育工作的重要部分，这就要求我们广大中小学教师做好中小学生的心理健康教育工作，担当起这个"保健医生"的角色。我认为，应该抓好如下几个方面。

(一) 心理预防和心理卫生

心理预防，即预防学生在中小学期间可能出现的各种心理行为问题，以使他们

心理健康地发展，顺利完成学业。在心理卫生方面，应坚持的原则有：要使学生劳逸结合、保持身体健康；要按照不同年级或年龄安排好生活节奏；要正面教育、引导学生情绪情感良性发展；要积极开展青春期卫生教育（包括性教育）；要根据学生气质、性格和能力方面的特点，因材施教，充分发挥他们的潜能；要防止意外伤亡事故（在人生发展的各个阶段，意外伤亡事故最严重的时期在中学阶段，尤其是在初中期）的发生；还要特别加强中小学衔接阶段和心理发展的关键期或转折期（如三、四年级，八年级）的心理保健措施。心理预防和心理卫生问题，主要依靠常规的心理健康教育课和班主任工作来解决。

(二) 心理咨询

心理咨询的原意是指对人们，特别是对心理失常的人，通过心理商谈的程序和方法，使其对自己和环境有一个正确的认识，以改变其态度和行为，因此对社会生活产生良好的适应。来访者尽管有心理正常的人，但一般以心理行为问题或心理失常者为主。心理失常，有轻度的和重度的、机能性的和机体性的之分。心理咨询以轻度的、属于机能性的心理失常者为主要对象。心理咨询的目的，是要纠正个体心理上的不平衡，使其对自己与环境重新有一个清楚的认识，改变其态度和行为，以实现对社会生活良好的适应。

学校开展心理咨询，主要对象是学生，特别是那些"问题"学生和"学校处境不利"学生，其次是家长和教师。值得注意的是，许多家长和教师对学校心理咨询有误解，认为那只是针对咨询学生的，而与自己无关。实际上，许多家长和教师在教育学生的方式方法上不妥当，或面临着问题，他们也应该接受心理咨询。另外，学校心理咨询的目的是帮助学生学会解决心理发展中的各种疑难问题、克服各种心理障碍。要达到这一目的，学校心理咨询人员必须得到家长和教师的配合，一起会诊，分析学生的心理症状，掌握学生确切的征兆，把握病因，从而采取有针对性的措施以排除心理障碍。还应该指出的是，"问题"学生和"学校处境不利"学生，不只是一般学校里有，重点学校里也有。例如北京五中是一所高考升学率达 100% 的重点中学，但学校还是设置了心理咨询室。咨询人员都经过了严格培训，咨询室办得也科学，前来咨询的学生络绎不绝。有条件的地区，还可以开展热线电话心理咨询。北京市就开设了王建宗任主任的青少年心理咨询服务中心，上海、石家庄等地也开展得较好。当然，要办好心理咨询室或咨询中心，咨询人员除了必须参加专业培训之外，还必须遵循如下原则：针对情况，给予教育；启发对方，解除负担；以友相待，尊重信任；注意保密，维护德性；预防为主，促进健康。只有这样，才能使学校心理咨询工作顺利展开。

(三)诊断性评价

诊断性评价，是指根据一定的理论和标准，以使用心理学的方法和工具为主，对学生个体或群体的心理状态、行为异常或障碍，以及学生的成长环境进行描述、分析、归类、鉴别、评估的过程。诊断性评估是一个包括确定目的、观察现象、收集资料、查询原因、实施测量、综合评估等在内的完整过程。心理诊断是一项专业技术要求较高的工作，所以在开展中应做到：尊重客观心理事实；坚持科学严肃的态度；讲究系统整体性；从发展的角度对待诊断对象；注意保密；以教育为最终目标。在学校心理健康教育中，建立学生的心理档案，就是一种一般的诊断性评价。在对学生进行心理治疗前，心理老师也要对学生进行综合的或特定方面的诊断性评价，以确定症状，寻找原因，做出全面评估，并加以确诊，为进行心理干预做好准备。

(四)行为矫正

行为矫正，指对不同年级学生在语言、认知、行为和人际关系等方面的问题，进行心理学干预，具体地帮助道德越轨、学习困难、情绪挫折和社会性发展不良的学生获得正常的发展。目前，对多动症、学校恐惧症等的治疗中广泛应用了行为矫正。我的朋友、我国台湾地区心理学家林正文也为此来大陆做过系统的讲学，介绍行为矫正的方法。[1] 例如，有学校恐惧症的学生对离家上学极度害怕而表现出多种

---

① 林正文:《儿童行为的塑造与矫正》，北京，北京师范大学出版社，1998。

心理和行为征兆，如腹痛、头疼、呕吐、腹泻等躯体性症状，还伴有焦虑、抑郁和恐惧等心理症状。据统计，有 0.4% ~ 2% 的中小学生不同程度地患有学校恐惧症。学校心理学家对学校恐惧症的表现、病因及分类等问题进行了大量研究，并提出了基于经典性条件反射(系统脱敏法)和操作性条件反射的治疗理论，收到了较好的治疗效果。因此，中小学应与有心理学系或心理学专业的高等院校加强联系，只要是有这方面条件的高等学校，我想他们肯定能帮助中小学教师掌握矫正学生行为的方法，或者直接帮助中小学做好行为矫正。

(五)学习指导

所谓学习指导，是指帮助学生实现教育的价值，以教材为媒介所进行的各种活动。包括学习内容的安排、学习方法的辅导、学习成绩的评估及其反馈等。特别是需要比较细致地帮助学生掌握学习策略和选择学习方法，使他们学会学习，进而按照良好的学习目标和学习程序进行学习，以便获得系统的知识，形成一定的能力。

(六)职业指导

职业指导，即对学生如何选择适当的职业加以指导。目前，北京市不少学校在进行职业理想的教育研究，以此作为学校德育和心理健康教育内容的一项重要改革。我们可以通过心理测量等手段，对学生个人的能力、性格、体力、家庭、经历等进行考察，通过调查和统计获得各种职业对能力和特长的要求，并向学生提供就业信息，指导学生选择合适的职业。这样，具体地帮助学生发现自己的特点，唤起他们对将来的思考，指出机会并监督其工作和进展，使学生得以正确选择并从事合适的职业，以充分发挥其能力和积极性。

上述六个方面的内容及其措施，涉及学生在道德、学习、成才、择业、交友、卫生、生活等方面的心理健康教育主要领域。这些问题的研究和解决，一定能促使儿童青少年学生健康成长。做好心理健康教育工作，除了上述措施之外，还要加强如下几个方面。

第一，不同学校应根据自身的实际情况选择使用最佳的形式。学校心理健康教育的形式要根据不同情况体现多样性。在小学，应以游戏和活动为主；在初中，应以活动和体验为主；在高中，应以体验和调适为主。

第二，开设心理健康教育的选修课、活动课或专题讲座。这些活动包括心理训练、问题辨析、情境设计、角色扮演、游戏辅导、心理健康知识讲座等，旨在帮助学生掌握心理健康的知识和操作技能，增进心理健康的水平。为了开设心理健康教育的选修课、活动课和专题讲座，从中央出版社到地方出版社都在纷纷出版有关教材。在编写教材时，出现了诸多的名词、概念不统一的问题，成为目前一个令人瞩目的焦点。各地应根据教育部的文件精神，统一称为"心理健康教育"，使之规范化；所有的教材，必须通过教育部组织专家审定后方可使用，这样，使"一纲多本"更科学化、规范化。当然，心理健康教育不同于一般的教育，所编的任何一本教科书，不要满足于课堂效应，而在于针对性、实效性和实用性。

第三，提倡学校与家庭、社会"三教一体化"开展心理健康教育。必须建立学校、家庭、社会心理健康教育沟通的渠道，优化家庭和社会教育的环境。教育的环境，主要是学校。在学校、家庭和社会教育三位一体化的过程中，起主导地位的也是学校。学校中更主要的是教师。学校和教师应从实际出发，创造性地采取各种有效的方式，把经常与家庭、社会联系列入学校的工作计划，并不断总结经验，使家庭和社会教育为学校教育服务，共同发挥教育的作用。

第十一章

全面发展，学有特色

如第一章所述，我们主张中小学学生全面发展、学有特色。"全面发展"，既是马克思主义论著中阐释的思想，又是教育名家的观点。

马克思揭示了个体全面发展的规律：①个人全面发展的条件是大工业的本性所致；②教育是人的全面发展的重要条件；③个人全面发展的内容是智育、体育、技术教育和德育；④个人全面发展的意义有真正的科学基础以及具体的、时代的内容。① 恩格斯希望教育造就全面发展的一代生产者。② 毛泽东把教育目标定为"使受教育者在德育、智育、体育诸方面"全面发展。③ 邓小平强调"培养有理想、有道德、有文化、有纪律的社会主义新人"，保证"学生德智体全面发展。"④

从亚里士多德到斯宾塞（H. Spencer），国外许多思想家和教育家持有全面发展的思想。从孔夫子到王国维，我国历代思想家和教育家都在主张全面发展。"教育之宗旨何在？在使人为完全之人物而已。"⑤

"学有特色"是人的本质要求。人与人不论是从先天的角度还是从后天的角度都是有差异的，这是马克思哲学的常识。所以，因材施教致使学有特色，则成了国内教育家的共识。

"孔子教人，各因其材。有以政事入者，有以言语入者，有以德行入者。"⑥"因

---

① 《马克思恩格斯全集》第 16 卷，218 页，北京，人民出版社，1964。
② 《马克思恩格斯全集》第 3 卷，335—336 页，北京，人民出版社，1972。
③ 《毛泽东文集》第 7 卷，230 页，北京，人民出版社，1999。
④ 中华人民共和国教育部：《邓小平教育理论学习纲要》，北京，北京师范大学出版社，1998。
⑤ 王国维：《论教育宗旨》，《教育世界》第五十六卷，1 页。
⑥ （宋）程颐：《河南程氏遗书》，252 页，《二程集》卷十九。

而知教育者，与其守成法，毋宁尚自然；与其求划一，毋宁展个性。"①"教学必须符合人的天性及其发展规律。这是任何教学的首要、最高的规律。"②

提倡全面发展、学有特色，目的是提高学生的全面素质。

一、对"独木桥"的思考

—— 关于"应试教育"的分析

前几年社会上一直在议论"应试教育"。什么叫"应试教育"？目前还没有统一的定义。但一般是指对基础教育界以升学为中心，以应试为目的，以淘汰多数学生为代价，以片面追求升学率为标准的现象的一种表述。其实，这"应试教育"的提法不太好，容易让人与现行教育，特别是考试挂钩。不如直接提"片面追求升学率"的教育现象。因为"应试"与考试没有什么本质区别，办教育教学就会有考试。中国教育资源有限，如果不用考试的方法，如何来客观地选择人才呢？

当然，今天对"应试教育"已赋予其特别的含义，它绝对不是指现行教育，也不是泛指考试。这种"应试教育"现象的内涵是什么？又是从哪儿来的呢？

其一是文凭至上、学历第一的倾向。社会就业，多数用人单位，尤其是公有制的企业或事业单位，往往以文凭为准绳，而不是考核实际能力，丁是许多未被承认学历的毕业生或自学成才者进不了公有制单位，这种社会价值观中的文凭主义倾向，必然导致学生更愿意走升学之路。

其二是社会就业的困难。高中生、职教毕业生和民办大学的毕业生找工作并不是那么容易，而公有制大专院校的毕业生，由于受计划经济的影响，尽管取消了"分配"，但相对就业还是比较容易的。于是升学成为通向就业的重要途径。

其三是社会对学校，尤其是对重点学校的压力。我们自己对某城市家长进行过一次不完全的调查，问题是："您希望您的孩子取得什么样的学历？"结果有 26.7%

---

① 《蔡元培教育文选》，49 页，北京，人民教育出版社，1980。
② ［德］第斯多惠：《德国教师教育指南》，《西方资产阶级教育论著选》，342 页，北京，人民教育出版社，1964。

的父母希望自己的孩子取得硕士研究生学历，44.6% 为本科学历。"根据您孩子的实际情况，您认为您的孩子能够取得什么样的学历？"对这一问题有 11.1% 的父母回答为硕士研究生学历，33.8% 的父母回答为本科学历。可见，父母的教育期望远远高于孩子的实际水平。父母望子成龙心切，在"片面地追求升学率"方面，比教师更为严重，简直到了盲目地追求升学率的程度。于是，从家庭到社会，一起向学校施加压力。

其四是地方行政部门"指挥棒"的强化作用。领导也是人，他们也有巨大的压力，既来自下方（百姓），又来自上方（更高层领导），还来自中方（兄弟地区、姊妹学校）。于是有形无形地将升学成绩和考试成绩作为衡量学校好坏和教师水平的一个重要标准，甚至于唯一的标准。这是教育的悲哀！

其五是继续教育的软弱无能。我这里的"软弱无能"有三层意思：一是显得薄弱，名额有限；二是不被重视，电大、夜大的毕业生大多数解决不了改变社会地位的实际问题；三是不能像普通大专院校那样，一拿到文凭就可以与就业、与社会流动挂钩。

应该充分肯定，国家为了克服"应试教育"现象，自 1992 年以后，中国高校连年扩招，教育工作进入了一个新阶段，我国的普通高校规模以 6%~20% 的年增长率（高于国际增长率）迅速发展，1997 年在校生为 317.38 万人。1997 年招了 100.04 万的新生，至 2004 年大专院校已招 400 万新生。逐年扩招，看来增长率已很高了，但同年普通高中、职业高中、中专与中技毕业生共计 800 多万，高校的新生也只占高中毕业生的一半，占同龄人的 30%。如果统计一下，全国的大专院校毕业生约占总人口的 1.5%。因此，高考形成了一种走"独木桥"的情境。加上上面分析的五点原因，"应试教育"的现象，并非一时能够解决得了的。这又是为什么？因为高等院校还得用"独木桥"的方式来选拔人才，目前还没有更好的能替代这种办法的方式。广大的考生，尤其是普通高中毕业生希望自己能闯过"独木桥"，迈入普通高校的大门；处于较低社会阶层，特别是农村有志且有能力的青少年正把这种"独木桥"作为向上流动，成为较高社会阶层成员的途径。何况，目前高校毕竟是一块"净土"，深受广大人民群众的信任。

然而，"应试教育"的弊端也越来越明显。首先，由于以升学为中心，鼓励单一发展，忽视个性培养，势必违背全面发展的教育目标。其次，由于以应试或考试为目的，导致学校的教育片面化，即重记忆轻思维、重知识轻智能、重智育轻德育，不利于学生创造性的发展，不利于人才的成长。再次，由于以淘汰多数学生为代价，造成广大学生压力过大，负担过重，师生关系紧张，严重地影响了相当多学生的身心健康。于是造成大批学生厌学，作弊现象越来越多，逃学辍学者剧增。最后，由于以片面追求升学率为目标，过早出现文理分科，影响了学生完整知识结构的发展，加剧了教师队伍的不合理竞争，影响教师队伍的建设。另外，因为学生过多购买练习资料，也在一定程度上影响家庭的经济开支。

我希望通过教育改革，来逐步改变"应试教育"这种现象，克服其种种弊端。

二、着眼于全体学生全面素质的提高
——关于"素质教育"的想法

我一直重视全面贯彻党的教育方针问题，希望学生全面发展；我也一直强调自己领衔的课题组的根本研究目的在于为提高中华民族的素质而尽力。近年来，对"素质教育"的提法越来越响，我所欣赏的是下面三个观点。

一是推行素质教育，最终还是提高全体学生的全面素质，即全体学生都获得全面发展。近几年搞"素质教育"收获最大的一点，恐怕就是教育界重视起这"两全"问题的重要性，并为之努力改进工作。

二是我国的教育目标，还是提全面贯彻国家教育方针，保证受教育者——学生的全面发展。我在第一章提出，"素质"是质量的意思。邓小平同志早在1978年就曾指出："培养人才有没有质量标准呢？有的。这就是毛泽东同志说的，应该使受教育者在德育、智育、体育几方面都得到发展，成为有社会主义觉悟的有文化的劳动者。"[1]小平同志的论述进一步明确了我国教育的培养目标，使我国的教育目标更

---

[1]　中华人民共和国教育部：《邓小平教育理论学习纲要》，42页，北京，北京师范大学出版社，1998。

显得有连贯性。因此，提高学生素质的教育目标，就是我国的全面发展教育目标。

三是基于"立德树人"提出的核心素养。党的十八大以来，党中央、国务院多次强调把"立德树人"作为教育的根本任务，明确强调了教育的本质功能和真正价值，开始从国家层面更加深入系统地考虑"教育要立什么德、树什么人"或者说"教育要培养什么样的人"这一教育最根本的问题。立德树人是发展中国特色社会主义教育事业的核心所在，是培养德、智、体、美、劳全面发展的社会主义建设者和接班人的本质要求。但是，要把立德树人根本任务落到实处，必须首先回答好"立什么德、树什么人"这一关键问题，这一问题便是我们研究核心素养所要解决的根本问题。因此，提出的学生发展核心素养就是新时代全面发展教育的目标。

下面我谈谈对于这个问题的三点想法。

（一）为什么要提高全体学生的全面素质

如第一章所述，当今任何一个国家的教育发展水平，都是与适龄儿童青少年的"入学率""文盲率"联系在一起的，这说明了教育对象的全民性。我国普及九年义务教育的目的也正是体现这种全民性。教育对象的全民性就要求学校中每个学生的素质都获得提高，因为他们每个人都是我们的教育对象，每个人都有接受教育提高素质的权利。同时，他们又都是未来的国家公民，如果说今天我们在强调"振兴中华"，提高中华民族的素质的话，那么，民族素质归根结底是建立在提高每个个体成员或公民素质的基础上的。现在的教育能否面向全体学生，全体学生素质如何，直接决定了我们明天的科学水平和生产水平能够达到一个什么样的程度。现在的学生是国家未来的建设者和劳动者，他们的素质如何，直接关系到现代化建设的成败，关系到国家的前途和命运。为此，不少发达国家的领导人指出，衡量一个国家未来的国力不完全取决于今天的经济实力，而更重要的在于智力——在于教育培养出多少人和什么样的人。因此，我们应该从未来这样一个战略高度来发展我们的教育事业，来讨论如何提高全体学生的素质问题。

我们一次又一次地强调教育是以提高人的素质，即提高人的质量为目的的。这种素质或质量，绝不是指某一种单一素质如何表现，而是全面素质都得到提高和发展。全面素质提高和发展的人是全面"获得充分的自由的发展和运用"①的人。为什么要提高学生的全面素质呢？这是由于学校的三种功能所致。这三种功能是：一是社会化，二是选择，三是组织的维护。② 首先，社会化的功能透过德、智、体等诸育途径，重视学生在多元社会中的价值统整素质，完成其任务。其次，中小学教育的作用，之所以重视学生的全方位发展，原因之一是注意教育选择功能的发挥，因为未来社会所需要的人才，绝对不是仅仅满足于单一的考试能力，似乎会考试获高分就能胜任社会的工作。社会越发展，越需要适应于多变环境的多元素质的人才。因此，在发达国家和我国港台地区的失业大军中，硕士一大批，博士满街走也成了司空见惯的事情。相反，素质越全面，越能寻找工作，越不容易失业，这也是一种常识。再次，学校的组织维护功能也日益显得重要，现代学校的分工与协调、教师的权威、教师的角色、行政与教学关系等，都要各自发挥其作用，即从各自的任务出发，多方位培养学生的素质，中小学正是发挥各种组织系统，维护这种多元素质的培养。

鉴于上述分析，提高全体学生的全面素质，势在必行。因为我们教育者所持的理念是：一切为了学生的"一切"。

(二)什么是全面素质

在我国，全面素质有四种解释。

一是按教育目标解释全面素质。20 世纪 50 年代我国中小学教育目标为德、智、体三育；20 世纪 60 年代和 20 世纪 70 年代增加了美育和劳动教育。现在不同文件中有不同的提法，但提德、智、体、美、劳五育，一般能被广大师生所接受。我国台湾地区的中小学，20 世纪 60 年代之前，提倡的教育目标为德、智、体三育，即重视品格的陶冶、知识的传授、体格的锻炼。1968 年为贯彻九年义务教育增加了群育(人际关系或交往)，接着又增加了美育。不管是几育并重，事实上都有其社会意义，都体现了全面发展或发展全面素质。

---

① 《马克思恩格思文集》第 3 卷，563 页，北京，人民出版社，2009。
② 林清江：《教育社会学新论》，240 页，台北，五南图书出版公司，1996。

二是在倡导素质教育中提出了全面素质，即全面提高学生的思想道德素质、文化科学素质、劳动技能素质和身体心理素质。这里与德、智、劳三个教育目标比较，似乎加了一个"身体心理素质"。它强调了身心发展的全面性，旨在重视学生个体身心差异的基础上，使其在德、智、体、美、劳、群诸方面素质都得到发展；它强调就每一个学生全面或整体而言，各种素质总是相互影响、相互促进的，人的全面素质是各种素质和谐的整合结果。从一定意义上说，心理素质决定着各种素质发展的质量水平，甚至决定着学生最终能否成才。所以实施素质教育时必然突出心理素质教育，以便把素质教育提高到一个新的层次。

三是从"四有"人才去认识全面素质。从 1982 年起，邓小平同志多次提到"四有"人才。在党的十五大报告（1997 年）中，进一步把"培养适应社会主义现代化要求的一代又一代有理想、有道德、有文化、有纪律的公民"，作为中国特色社会主义文化建设的一项重要任务。"四有"是社会主义新人必须具有的基本素质，是包括思想道德素质和文化素质两个方面的统一整体。对中小学生来说，要加强理想教育，理想是人的奋斗目标，是其事业和生活的精神支柱；要加强道德教育，提高其思想道德素质；要加强科学文化教育，提高其科学文化素质；要加强法纪教育，增强其法制观念，提高遵纪守法的自觉性。

四是从学生发展核心素养认识全面素质。中国学生发展核心素养以培养"全面发展的人"为核心，分为文化基础、自主发展、社会参与三个方面，综合表现为人文底蕴、科学精神、学会学习、健康生活、责任担当、实践创新等六大素养，具体细化为十八个基本要点。核心素养展示了党与国家政策的内涵；传承了中华民族优秀文化的精神；传播了国际教育界的经验；揭示了课标的要求；反映了广大群众对教育的期望。在推进素质教育的过程中，对学生发展的核心素养体系进行全面系统的凝练和描述，可以使新时期素质教育目标更加清晰，内涵更加丰富，也更加具有指导性和可操作性。此外，核心素养也是素质教育过程中的途径手段和抓手。尽管素质教育已深入人心，并取得了显著成效，但我国长期存在的以考试成绩为主要评价标准的问题，导致培养出的学生身体素质滑坡、社会适应能力不强、负面情绪较多、实践和创新能力不足，影响了素质教育的实效。这些现状与问题都迫切需要转变教育质量观念，进一步丰富素质教育的内涵，深入推进素质教育改革，而以"学生核心素养"为基本框架的教育质量评价体系和课程体系，能促进素质教育内涵的深化与落实。

尽管以上四种对全面素质的提法及其解释有所不同，但精神实质却是一样的，即提高全体学生的全面素质。然而，不管哪一种提法，总是从某一个侧面在强调全面素质，要真正全面概括整体素质，是有一定困难的，例如，从 1998 年 5 月 4 日起，党和国家领导同志多次强调创新，提出我们的教育要培养和造就高素质创造型的人才。但以上三种解释，哪一种也没有提到创新，所以，今天强调的素质教育，是以创新精神为核心的素质教育，由此可以提高全体学生的全面素质。当然，关键还在于"两全"，只要我们教育工作者，不论是教育部门的领导还是教师，心中装有"两全"观念，并能真正付诸行动，那么我们一定能把自己的学生培养为具有全面素质的一代新人，踏踏实实地全面落实教育方针。

（三）怎样提高全体学生的全面素质

1. 要树立正确的人才观

什么是人才？传统的教育观念往往把人才等同于天才和全才，过去我们一般把那些"德才兼备""又红又专"的人称为人才。现代的教育观念则强调人才的多样性、广泛性和层次性，认为凡是为社会做出贡献的人都应该算是人才，换句话说，除了那些"德才兼备""又红又专"的人以外，那些在某一方面发挥了特长而与众不同的人也是人才。现代的教育观念还对学校如何培养未来人才的素质提出了新的要求，即要重视培养学生的现代意识，如珍惜时间，讲求效益，遵守信誉，善于合作，勇于竞争，等等；要重视培养学生的创新精神和创造才能，以及独立获取知识并运用知识解决实际问题的能力；要尊重学生的人格，重视发展学生的个性特长。

现代的人才观要求我们的学校教育必须从以下两方面入手：一方面，教育要面向全体学生，从而提高适应社会主义建设的各级各类人才的素质。另一方面，教育要使每个学生都在德育、智育、体育、美育、劳动技术教育等各个方面得到全面发展。如前所述，全面发展并不是平均发展，因此要发展个性，坚持因材施教。在人才发展中，我们的课题组提出，既鼓励"冒尖"，又允许暂时"落后"。目的在于致力于探索面向 21 世纪的现代办学模式，勇于改革，奋力开拓，坚持实施全面素质教育。

2. 要改革教学的内容

课堂教学是教学工作的主渠道，是素质教育的核心。科学文化素质在学生的基本素质结构中居核心的地位，对他们的全面发展具有极其重要的作用，因此，改革教学内容，即狠抓教材建设、课程设置、评估体系和考试改革，将其提高到教学改革最显著的位置上，能够全面提高教育质量，全面提高学生素质。

在教学实验中，我们一直呼吁教学评估体系的改革，也制作了许多评估的工具，因为评估是一种指挥棒。评估中，当然要把科学文化知识作为重要的内容，但更要充分重视全面提高学生素质、发展学生个性特长，即有同知识与智育相对应的德、体、美、劳、群的评估体系，发展每一个学生的个性，并注意挖掘各种各样的特长生。此外，评估要"因地制宜"，应极其真实地从各地教学第一线出发，而不是从学者角度出发。

如前所述，素质教育同样需要考试。从提高学生的全面素质出发，我认为考试应遵循如下六条原则：①加强基础。应该把中小学教学的基本科学文化知识以及基本技能技巧作为考试的主要内容。②落实素养。学生发展核心素养是检验和评价教育质量的重要依据。建立基于核心素养的学业质量标准，明确学生完成不同学段、不同年级、不同学科学习内容后应该达到的程度要求，把学习的内容和质量要求结合起来，可以有力推动核心素养的落实。③突出创新。在能力中创新或创造性能力最为重要，它不仅体现能力，而且也反映了创新的意识。所以试题必须要有测定创新的成分，以考核学生新颖、独特且有价值的答题内容和思路。④信度效度。试题具有客观性、可靠性和稳定性，不因为测定时间先后或场合变化而对成绩造成显著的影响；试题具有真实性、准确性，客观的考试应该与师生主观的评估具有一致性。⑤区分层次。智力测验里标准化处理有一个以难度水平为基础的"区分度"，我看不妨借鉴。试题太难或太容易都不好，难易水平的主要目的是通过考试，以区分出学生的不同层次等级来。⑥富有弹性。试题的弹性，不仅指区分度，而且指能否测出一定的个性特长来。总之，考试的成功与否、公平与否、客观与否不在"试"，而在于"题"，即用什么"题"考试。

3. 要改进教学方法

教育要面向未来，未来的社会需要大量具有高度文化知识和全面素质的人才，这就要求我们的学校教育，既要为学生今后的发展打下坚实的知识基础，又要从小注意发现和培养学生的特殊才能和全面素质。传统的教育方法往往利用大量累赘的知识和"标准化"的练习迫使学生死记硬背，没有时间消化，没有时间思考，完全忽视了对学生的积极主动精神和创造精神的培养，忽视了对学生自学能力和特殊才能的培养。目前，国外教育界正在提倡培养"T"型人才，中国教育界也积极响应。在他们看来，这以英文字母"T"为形象表示的人才，是指知识面广（用"—"表示），且有一门精深专业知识（用"｜"表示）的人才。而我按美国苹果公司等提出的人才要求，为"T"型人才概念赋予了新意，它是融东西方教育模式为一体，所培养的是学贯中西的创造型人才。这既包含改革旧的教学内容，又包含改革旧的教学方法的意义。所谓"T"型人才，"横"代表着西方的教育观念、教学方法、教学模式，"竖"代表着东方的教育观念、教学方法、教学模式。可以用图11-1来表示。

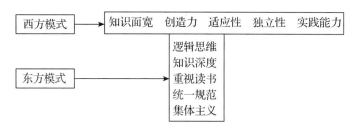

图 11-1 　"T"型人才示意图

为提倡培养这种新型的"T"型人才，我向中小学教师提出三点建议。其一是要善于质疑，提出富有启发性的问题，指明所学知识的价值，以激发学生对知识本身的兴趣，培养学生对真理的探索和追求精神。其二是要启发学生积极思考，并给学生以思考的时间，因势利导，使学生的认识向纵深发展；启发学生理解学习的过程，并结合学习过程对学生进行思维方法的指导，使学生掌握思维的方法，学会思考；引导学生亲自观察、动手操作，在多种教学实践活动中激发和培养学生独立解决问题的能力和创造能力。其三是要建立民主平等的师生关系，创造民主和谐的教学气氛，鼓励学生发表不同的见解，允许学生向教师提出质疑，重视在班级教学的统一要求下区别对待上、中、下各类水平的学生，尊重学生的个性差异。总之，培养"T"型人才，在一定程度上正是提高全体学生的全面素质。

三、培养创造型人才

提高自主创新能力，建设创新型国家，关键在于拥有大批创造性人才。随着世界多极化、经济全球化的深入发展和我国经济社会发展方式的加快转变，提高国民素质、培养创新人才的重要性和紧迫性日益凸显，党的十九大和《中国教育现代化2035》都将创造性或创新人才的培养作为我国未来人才培养与教育的重要战略目标。中国未来发展、中华民族伟大复兴，关键靠人才，基础在教育。研究创造型人才的成长规律，探索创造型人才的培养模式，既是我国的重大需求，也是国际社会和学术界共同关心的重大课题，还是学生全面发展的关键。

（一）创造型人才

创造性是人类思维的高级形态，是人类智力能力的最集中的表现。什么是创造性，这是一个有争议的问题。我们把创造性定义为：根据一定的目的，运用一切已知信息，产生出某种新颖、独特、有社会意义或个人价值的产品的智力品质。这里既指思维过程，又指思维产品，也是思维的个性特征。这里的"产品"，即以某种形式存在的思维成果，它既可以是一个新概念、新思想、新理论，也可以是一种新技术、新工艺、新作品。不管是强调思维过程，或者是强调思维产品，还是强调思维品质，共同的一点是突出"创造"的特征。产生这种特征的原因在于主体对知识经验或思维材料的高度概括后集中而系统的迁移，进行新颖的组合分析，找出新异的层次和交结点。概括性越高，知识系统越强，减缩性越大，迁移性越灵活，注意力越集中，则创造性越突出。

对于创造性的探索集中在两个方面：一方面是探索富有创造力的人究竟具有什么特点，无非是人格与思维（智能）。例如，梅肯诺（Mackinnon）在 1960 年曾分析富有创造力的建筑师和创造力较差的建筑师在人格心理特征方面的差异，这些差异表现在灵活程度、自信心、专心创新程度、勤奋等方面。有些研究者指出，富有创造力的人之所以能超过缺乏创造力的人，在于他对待自己和世界的动力、兴趣和态度等人格特征。另一方面是探索有创造力的人的智力过程，一般研究儿童、青少年的发散思维过程。有不少研究表明创造力或创造性与智力、特别是智力的天赋因素有关系，但不呈现高相关。从以上不同的四个阶段和围绕着两个主要方面对创造性探索的结果来看，创造性思维确实是有一个过程的，并且也有产品，但更重要的是与个性人格特征相联系，表现出创造力的个性差异，亦即创造性或独创性的智力品质。

根据上述分析，我们认为：创造型人才 = 创造性思维 + 创造性人格。创造性思维（属于智力因素），它有五个特点及其表现：①创造性活动表现出新颖、独特，且有意义；②思维和想象是创造性思维的两个重要成分；③在创造性思维过程中，新形象和新假设的产生带有突然性，常常被称为灵感。这里要指出，中小学生还没有灵感，最多是灵感的萌芽。灵感属于"顿悟"，在一定意义上说，它是有意注意的产物；④在思维意识的清晰性上，创造性是分析思维和直觉思维的统一；⑤在创造性思维的形式上，它是发散思维与辐合思维的统一。我们用以上五个方面特点来作为创造性思维的研究指标。我们将创造型人才的非智力因素或创造性人格概括为五个方面的特点及其表现：①健康的情感，包括情感的程度、性质及其理智感；②坚强的意志，即意志的目的性、坚持性（毅力）、果断性和自制力；③积极的个性意识倾向，特别是兴趣、动机和理想；④刚毅的性格，特别是性格的态度特征，例如勤奋，以及动力特征；⑤良好的习惯。我们用以上五个方面的特点来作为创造性人格特征的研究指标。

由此可见，要培养和造就创造型人才，不仅要重视培养创造性思维，而且要特别关注创造性人格的训练；不能简单地将创造性视为天赋，而更重要的是将它看作后天培养的结果；不要把创造性的教育限于智育，而是要将其看作德、智、体、美、劳诸育的整体任务。

(二) 创造型人才的成长规律

在 2003 至 2007 年间，我们承担了教育部哲学社会科学研究重大课题攻关项目"创新人才与教育创新研究"，通过对 34 位自然科学拔尖创新人才与 36 位社会科学拔尖创新人才的深度访谈，我们研究了这些拔尖创新人才的思维特征、人格特征、成长历程和创造性成果的获得过程，结果发现如下。

第一，拔尖创新人才的成长由自我探索期、集中训练期、才华展露与领域定向期、创造期、创造后期五个阶段构成。早期促进经验、研究指引和支持、关键发展阶段指引是这五个阶段的三种主要影响因素。所谓早期促进经验，包括父母和中小学教师的作用，成长环境氛围、青少年时期广泛的兴趣和爱好、具有挑战性经历和多样性经历，这些对"自我探索期"的形成是十分重要的。中小学阶段，学生表面上似乎在探索外部世界，其实是一个探索自己的内心世界、自我发现的阶段。这一阶段的探索不一定与日后从事学术创造性工作有直接联系，但却为后来的创造提供了重要的心理准备，是个体创新素质形成的决定性阶段。没有基础教育创新素质的奠基，任何创造型人才成长都是一句空话。在进入特定专业领域的阶段，大学本科阶段的教师和硕士、博士研究生阶段的导师对于创造型人才的培养起着关键的作用。这期间的主要收获体现在两个方面：一是获得扎实的专业知识；二是通过勤奋的学习和研究工作，坚定专业方向，热爱自己的工作，从研究进展中增强创新的信心，以至于最终能够实现自己的人生价值。其间名师的指导，对创造型人才研究习惯与思维方式的发展是至关重要的因素。在做出代表性创新成果的阶段，名师的指引和启发依然是做出重大科学创新成就的重要条件，与此同时，科学的环境氛围，交流、争议、合作和和谐团队关系，都是在具体学科领域实现创新所不可缺少的环境因素。在具体创造阶段，研究者本人质疑反思、勇于竞争、不怕失败的精神和扎实细致的研究工作很重要，例如收集资料、运用逻辑手段进行分析、一步一步经过社会、实践的检验，直到最后得到创新结论。

第二，自然科学和社会科学两个领域拔尖创新人才的成长，既有如上所述的共性，又有差异性。这种差异性表现在：其一，心理特征上有差别。自然科学拔尖创新人才的重要心理特征主要包括内部驱动力的动机形式、面向问题解决的知识构架、自主牵引性格、开放深刻的思维与研究风格、强基础智力等五个因素。而社会科学和艺术领域的拔尖创新人才的心理特征突出表现在人格方面，这些领域的创新动机不仅包括关注活动过程本身的内在兴趣，而且还包括价值内在化程度较高的外部动机以及与内在兴趣紧密联系的情感体验。其二，影响因素有差别。尽管自然科学和社会科学两个领域的拔尖创新人才在成长中都受早期促进经验、研究指引和支持以及关键发展阶段指引等影响，但人文社会科学拔尖创新还有几个关键的影响因素：政治人物、思想引导者、虚体人物、密切交往对象等，其影响效应体现在引导建立信仰、启蒙、入门、领域内发展引导、镜映现象（指个体对自我的概念是由别人的态度和观点来塑造的现象）和支持作用等。其三，对于创造心理特征的反省认知有差别。自然科学创造型人才关于科学创造成就的概念结构是二维的，分别是"成就取向/内心体验取向"和"主动进取/踏实肯干"；取得科学创造成就的重要特征是"成就取向"和"主动进取"。而人文社会科学拔尖创新人才自评人格特征分别是"纯正向特征""偏正向特征"和"偏负向特征"三个层次；自评的核心人格特征主要有独立、积极自我状态和有效心理动能、可靠外界结合、成熟自我把握和满足四种类型，其中独立的倾向性最强，满足的特征倾向性最弱。

第三，教师在创造型人才成长中起着独特的作用。与其他影响源相比，教师的影响居于第一位，这种影响不仅是综合系统的，而且是长期的。一个人的成长要经历不同的阶段，但是任何人都必须在特定的时期接受学校教师的激发、共鸣、熏陶、赞赏和培养。启蒙教育的作用一般发生在中小学教师的身上，课堂教学是培养学生创新素质的主渠道，教师的人格、品德、气质直接影响学生创新精神的成长。引导进入专业领域的老师通常在大学阶段。我们的研究揭示，大学教师在本科或研究生阶段是人们后来取得重要创新成就的领路人。尤其是大师级的教师，他们在授课或讲座时，帮助学生选择日后从事的领域，建构该领域的知识体系，并在科学研究方法上进行规范训练。可以认为，教师在创造型人才成长中的作用主要表现在四个方面：一是为学生提供一个良好的专业资源；二是帮助学生把握研究方向，引领相关领域的前沿，并找准突破点；三是用人格魅力激发学生；四是在研究思路和方法上为学生树立榜样。

(三) 创造性教育

创造型人才的培养和造就，要靠创造性教育。创造性的培养必须从小开始。创造性教育应贯穿在日常教育之中，它不是另起炉灶的一种新的教育体制，而是教育改革的一项内容。所谓创造性教育，意指在创造型的管理和学校环境中由创造型教师通过创造型教学方法培养出创造型学生的过程。

首先，创造性教育是在创造性理论的推动下，由创造力的训练而发展起来的。这种训练包括两个方面：其一，心理学家为了发展人类的创造才能，推荐了源于各种不同创造力的训练程序。例如，人的创造才能发展是与培养个体形成多侧面完整人格的整个过程分不开的，而不能单纯地局限于诸如"创造问题—解决过程"上，因为学生个性(人格)及其内在动机的形成，对创造力发展是至关重要的，而个性的形成必须接受教育的影响。又如，"提出问题—解决训练"和其他许多鼓励学生自己提出问题，或懂得教师是怎样提出某些问题的思路，以便呈现创造能力的方法。其二，教育措施的目的是保证主体的高效率，以及维持其高度创造力的心理状态。近年来，我们已经看到许多应用各种组织化程序刺激创造力的建议。例如头脑风暴法(brain storming)，即创造性解决问题的五步过程：发现问题—发现事实—发现观念—找到解决方案—寻找认可这个观念的同伴，并将观念应用于实践。又如举偶法(syntactics)，即对于别出心裁的思路而言，决定性的因素是程序。研究者将其定义为"形成熟悉的陌生"(making the familiar strange)，意思是：一个人正在形成一种在某些熟悉事物上具有新面貌的尝试，他审慎地假定一个不同于完全被认可的观点，并且发展了一个针对众所周知的现象和事物的非同寻常的尝试。

其次，创造性教育是学校的三种群体产生五种效能的教育。三种群体是指校长为首的管理队伍、教师队伍和广大的学生。五种效能为：由创造型校长创造出创造型管理；由创造型管理创造出学校创造型的环境；在校长的带动下，建设一支创造型的教师队伍；由创造型的教师进行创造型的教育教学；由这种教育教学工作培养出创造型的学生。具体地说创造性教育，它不需专门的课程和形式，但必须依靠改革现有的教育思想、教育内容和教育方法来实现，渗透在全部教育活动之中，特别要考虑到：①呈现式、发现式、讨论式和创造式的开放教学方式；②聚合思维和发散思维的教学效果；③创造教育教学与学生身心发展规律的关系；④学科教学、教学方法和课外活动的作用。在创造性教育中，第一，要提倡学校环境的创造性。这主要包括校长的指导思想、学校管理、环境布置、教师评估体系及班级气氛等多种学校因素。在学校众多因素中，有无民主气氛，是能否进行创造性教育的关键。第二，要建设创造型的教师队伍。教师的教育工作，不是单纯地传授知识、经验和文化，更重要的是体现培养人、塑造心灵、变革精神世界。在传授知识的时候，也要讲清知识来自创造、重在应用的道理。因此，一位优秀教师应该是教育目的的实现者、教学活动的组织者、教学方法的探索者和教育活动的创造者。创造型教师就是指那些善于吸收最新教育科学成果，将其积极应用于教育教学中，并且有独特见解，能够发现行之有效的教育教学方法的教师。他们具有创造性的教育观、知识结构、个性特征、教学艺术和管理艺术，特别是创造性的教育教学方法。创造型的教师队伍的建设是培养和造就创造型人才的关键。第三，要培养学生创造性学习的习惯。学生形成一种带有情感色彩且自动化的学习活动，关注呈现式、发现式、发散式和创造性的问题，这就是创造性学习。

再次，我们通过研究曾多次强调，人人都有创造性，创造教育要面向全体学生。在过去的心理学中，创造性的研究对象仅仅局限于少数杰出的发明家和艺术家。但是近 30 年来，研究者认为：创造性是一种连续的而不是全有全无的品质，人人都有创造性思维或创造性。我们在实验研究中看到，几乎每个幼儿在游戏中都有明显的创造性成分，幼儿时期是创造性的萌芽阶段。在小学的各种教学活动中，小学生们都表现出良好的创造性。青年期是创造性发展的关键时期，成年期(一般为 45 岁以内)则到了创造性的收获季节。由此可见，创造性教育要大众化，尤其在大、中、小学里人人都可以通过创造性教育获得创造性的发展，只不过人与人之间的创造性有大小不同的差异，千万不要对学生做出缺乏创造性的武断定论。在创造性的发展中，人人(包括伟人)都有弱点，也都有长处。创造性教育要贯彻"因材施教"的原则，使受教育者"扬长避短"。

最后，创造性教育的关键在于转变教育观念。在创造性教育中，要树立正确的教育观念，尤其是人才观念。现代教育观念强调人才的多样性、广泛性和层次性，认为能为社会做出贡献的都应该算是人才，在其能力中，肯定包含着不同程度的创造力，他们也都有创造性。现代教育观念还对学校如何培养未来人才的素质提出了新的要求，即要重视培养学生的现代意识，例如珍惜时间、讲究效益、遵守信誉、善于合作、勇于竞争等；要重视培养学生的创新精神和创造才能，以及独立获取知识并运用知识解决实际问题的能力；要尊重学生的人格，重视发展学生的个性特长。有了这种教育观念，我们不仅能稳妥地改革教材与课程，也会积极地改革考试内容，在考试中突出创新精神和创造性；才使我们能够改革教学方法，面向未来，培养"T"型人才，并为之大胆地投入改进教学方法的实验研究。

我们在实验学校实施创造性教育的基础上，还探索了三种创新人才培养的模式，包括活动课程模式、课堂教学创新模式和联合培养模式。①。

四、天生其人必有才，天生其才必有用

——因材施教

我曾参加了浙江省教育委员会组织的三个优秀教学成果鉴定，其中一个是1992年被省教委命名为"浙江省青少年创造学校"的新昌中学。新昌中学经过十余年的奋斗，形成了全面发展、培养个性的办学特色，不仅在每年高考中升学率为100%，而且有1000多项学生发明的作品在各级各类青少年创造发明比赛和科学讨论会中获奖，其中获省级发明奖124项，全国级发明奖34项，国际级发明奖3项，有2件作品被国家科委、共青团中央送日本和保加利亚展出，有2项发明获得国家专利。作品"两用柔性栏架"在北京钓鱼台国宾馆通过了部级鉴定，并投入生产，开创了国内学生发明、作品通过部级鉴定的先河，产生了良好的社会效益和经济效益。

---

① 胡卫平、林崇德：《创造性人才的成长规律与培养模式》，载《北京师范大学学报（社会科学版）》，2012（1）。

新昌中学的办学经验告诉我们，全面发展打基础，学有特色是目标。这是我们上述提倡"鼓励冒尖""允许落后"的缘由，因为"天生其人必有才，天生其才必有用"。

为什么要提倡"学有特色"，为什么强调"因材施教"？因为人才及其智能存在着个体差异：从其发展的水平的差异来看，可以表现为超常、正常和低常的区别；从其发展的方式的差异来看，有认知方式的区别，特别是表现为认知方式的场独立性与场依存性；从其组成的类型来看，可以表现为各种心理能力或学科能力的组合和使用的区别；从其表现的范围来看，可以表现为学习领域与非学习领域，表演领域与非表演领域，学术领域与非学术领域的区别。

由于上述学生智力与能力的种种个体差异，必须进行因材施教。我们在教改实验研究中坚持了因材施教，并看到了教学成果，如果离开了因材施教，就收不到应有的效果。

(一)智能发展水平的差异及其因材施教

同年龄或同年级的中小学生，他们在智力与能力发展的水平上是不一样的。

智力发展或某种能力，显著超过同龄或同年级学生平均水平者，称为超常学生；智力发展或某种能力，明显低于同龄或同年级学生平均水平，并有适应行为障碍者，称为低常学生；智力发展或某种能力，没有明显偏离正常和没有障碍的学生，称为正常学生。

这里所说的"发展水平"，也表现为智力与能力发展的年龄差异。也就是说，中小学生智力与能力表现有年龄早晚的不同，有的人智力与能力显露的早，即所谓"早慧"或"人才早成"；有的人智力与能力表现较晚，甚至有所谓"大器晚成"的现象。智力与能力显露较早者，有的属于智力超常学生，有的则只是属于智力与能力早熟而非超常学生，因为他们虽然能力显露的较早，但随着年龄的增长，就不再显示出超常的水平。而智力与能力表现较晚的，也未必不是"天才"，因为大器晚成的事例是很多的。所以，我们要全面地对待超常、正常和低常等发展水平的个体差异。

智商可用以比较中小学生智力发展水平的高低。若低于90，则表明其智力发展水平较低，大于110，则表示其智力发展水平较高（如表11-1所示）。

表 11-1　智力常数的通常分布

智商	类别	占总数的%
130 以上	智力超常	1%
110~129	智力偏高	19%
90~109	智力中常	60%
70~89	智力偏低	19%
70 以下	智力低常	1%

一般认为，智力商数有一定的稳定性，但在良好的环境、教育和主观努力下，可以有一定程度的变化。可见，智力低常、正常和超常，是稳定性和一定程度的可变性的统一。

根据学生智力与能力发展水平的差异，我认为，除了办好普通中小学教育之外，应该抓好"两头"教育。超常教育是应该创办的，我先后去过北京八中和中国人民大学附中，为他们的超常班做过鉴定；我也与中国科技大学少年班有过联系，公正地说，我国的超常教育是有成绩的，它为我们国家培养了人才。对于成绩落后的学生，甚至于智商稍低的学生，如果及时采取补救措施，他们也是能成才的。我们课题组先后改变了近六百所基础薄弱学校，多多少少有抓低常教育的味道，我们课题组里的郑士平老师，曾一度专门从事补救差生问题的研究，而且也取得了较显著的成绩。[1] 这里，我还要举一个有趣的事例，当今美国研究智力最有造诣的是前面曾提到的斯腾伯格。他在上小学和中学时智商不及格（低于90），但他发誓，这辈子如果成功了，绝对不是智商，而是"成功智力"，而"成功智力"正是他杰出的智力理论。

---

① 郑士平、张拓书：《中学生能力发展与培养》，北京，北京教育出版社，1992。

(二)认知风格的差异及其因材施教

认知有没有风格呢？有！它叫认知风格或叫认知方式。智力与能力的认知方式，对中小学生学习的影响是明显的。

所谓认知方式，就是个体在对信息和经验进行积极加工过程中表现出来的个体差异。它是一个人在感知、记忆和思维过程中，经常采用的、受到偏爱的和习惯化了的态度和风格。在众多的认知方式中，由威特金(H. A. Witkin)提出的场独立性和场依存性，是近年来研究较多的一个。

场独立性(field independence)与场依存性(field dependence)，是两种相对的个性形态。场独立性表明，个体在认知和行为中，较少受到客观环境线索的影响而注重主体性的倾向。场依存性表明，个体在认知和行为中，往往倾向于更多地利用外在的参照标志，不那么主动地对外来信息进行加工。

以典型的场独立性与场依存性为两个端点，构成了不同认知方式的一个个性连续体。一端在对信息加工时倾向于以内在参照为指导，另一端则常常倾向于以外部参照为指导。相应地，每个人在场独立性——场依存性连续体上都占有一定的位置，所以，除了少数人以外，大部分人都或多或少地处于中间位置。由于这种认知方式的个体差异，影响了中小学生的学习活动，乃至影响了他们的智力与能力的发展。我的弟子白学军的硕士论文，揭示了认知风格在思维品质诸方面的表现，并获得"在一定意义上说，思维品质不仅是一种思维特征，而且也是一种认知方式"的结论。由于生活实践包括学习中各种不同性质活动，对人们心理活动特征有不同的要求，因此，我们不要轻易地做出场独立性或场依存性两种认知方式好坏优劣的结论。

在自己的教学实践中，我强调思维品质诸特征和场独立性—场依存性是相互联系、相互补充的，共同构成全面而丰富的智力与能力的认知方式，充分考虑到不同学生学习所受客观环境影响的程度及主体主动对外信息加工的水平，以便有的放矢地对待，并帮助其一一建构适合自己个性特点的认知风格。

(三) 学科能力构成的差异及其因材施教

中小学生智力与能力的组成的类型突出地表现在学科能力类型上。构成中小学生学科能力类型的因素很多，大致有以下几个方面。

1. 学科能力本身组成的因素

如第六章中所讲的学科能力的结构，由于组成各学科内在结构因素的不同，构成了学科能力类型的区别，也造成了中小学生掌握学科能力的差异。针对不同学科能力的特点，我们实验点教师采用了不同的教学方法，以达到教学的目的。

2. 个体内在生理类型与学科能力交叉

在中小学生中间，有的属于艺术型，有的属于思想型，有的属于中间型；有的偏左脑功能，有的偏右脑功能，有的较为均匀。而学科又有区别，有的属文科，有的属理科，有的属于交叉学科。在众多的交互作用因素中，不同的中小学生掌握学科能力类型的明显差异。在教学中，我们实验点的教师既尽量不使学生过早造成偏科的倾向，又根据其特点，发挥其特长。在初三和高中职业指导上，充分考虑到各自的特长，给予积极的引导。如图 11-2 所示。

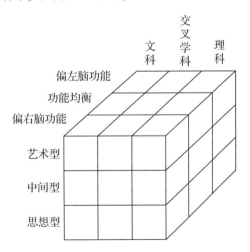

图 11-2 学科能力中不同类型的构成

3. 学生学科兴趣

中小学生心理能力的发展，往往取决于非智力因素，我们已经在第九章论述了这个问题。这里，只强调一点，中小学生学科能力类型，取决于其学科兴趣的水平。

中小学生的学科兴趣发展有一个过程。刚入学的新生，学习兴趣没有选择性和分化性。但到一年级下学期，就表现出对语文和数学爱好方面的个别差异，二年级时又有变化。表 11-2 是一个调查的结果。

表 11-2　小学低年级学生学科兴趣的差异

年级	喜欢语文和数学	喜欢语文	喜欢数学	不喜欢语文和数学
1	55%	30%	10%	5%
2	40%	40%	15%	5%

当然，这仅仅是学科兴趣个体差异的开始，随着他们知识的增长，小学生对语文、数学，乃至历史、地理、自然等，会表现出一定的选择性兴趣。但是小学阶段学生的学科兴趣总是不稳定、容易变化的。我们在教改实验中发现，小学生的学科兴趣很大程度上取决于其学习成绩的好坏。于是，我们设法帮助小学生提高学习成绩，这是使他们保持和提高对多种学科兴趣的重要因素。

中学阶段，学生学科兴趣分化较大，且随着年龄的递增而日趋明显化，还出现了男女学生学科兴趣的差异。在中学阶段，男、女生的学科兴趣有无差异，这在国际心理学界是有争议的。图 11-3 是美国和日本一些心理学家的研究成果。可见，日本与美国的高中男生重视理论的、经济的、权力的价值，女生重视艺术的、社会的、宗教的价值。两者的不同点在于，美国学生重视宗教的价值，日本学生重视社会的价值。

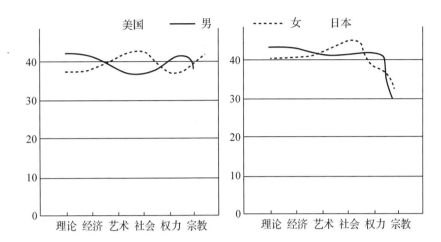

图 11-3 美国、日本高中生学科兴趣比较

通过调查发现，我国男女中学生对文、理两科的兴趣是有差异的。图 11-4 和图 11-5 表明：男生对理科的兴趣稍大于女生，女生对文科的兴趣又大于男生。这是我国中学生学科兴趣的一个重要表现。

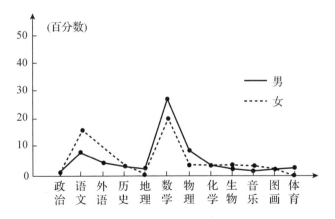

图 11-4 中国中学生最喜欢的学科比较

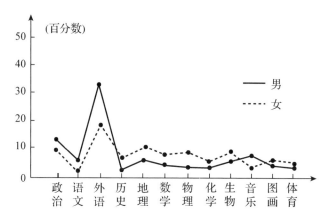

图 11-5　中国中学生最不喜欢的学科比较

　　针对男女生对不同学科兴趣的特点，从每个学生的学科兴趣出发，进行不同方式的引导，这是我们实验点教师对学生因材施教培养中所重视的一个问题。

（四）表现范围的差异及因材施教

　　智力与能力表现范围的差异有以下三个方面。

　　第一，学习领域与非学习领域的差异及其因材施教。中小学生在学习领域上的差异是显著的，而学习的好坏，尽管对后来的发展有相当大的影响，但并不一定表现出人才的优劣。1987 年我去美国参加第七届世界天才儿童青少年与天才教育学术大会，会上表彰了一名 17 岁学习成绩平平的中学生，称他是天才少年，因为他曾组织二三十名小伙伴，帮助公交和航空公司打扫卫生，结果使爱干净的美国人愿意坐该公交和航空公司的汽车和飞机，使其经营扭亏为盈。大会给予这名学生一万美金的奖励。对此我心里有点不平衡，回来向老教育家霍懋征老师汇报了此事。霍老师乐了，让其高足樊大荣老师给我讲述了一位北京第二实验小学毕业生的故事。该生曾上了九年小学，几乎每上一个年级就留级一次，而今，却靠完全正当的手段成了一位董事长。尽管当年学习不好，但现在他非常重视知识的重要性，聘用了不少博士硕士，用"借脑袋"的方式来发展自己。因此，在学习领域，教师更要突出因材施教，应该对学生一视同仁，尤其是对待那些学习成绩差的学生，更要给予耐心和热情的帮助，除了提高其学习成绩之外，还要鼓励他在非学习领域内成才。

第二，表演领域与非表演领域的差异及其因材施教。表演领域主要指体、音、美领域。在教改实验中我们看到，有的学生在体育领域、艺术领域表现出特殊才干，有的学生却在这方面能力平平，或几乎是没有发展前途。对前者，我们着重在表演领域加强辅导，给其吃小灶，为他们办展览和申报奖项，向有关部门积极推荐，让其发挥特长为国家做贡献。对后者，除了学好体、音、美应学的课程外，鼓励他们向别的领域发展。

第三，学术领域与非学术领域的差异及其因材施教。学术是指较为专门的、有系统的学问，学术领域的能力，主要围绕着学问而展开。中小学生在学校学习阶段，谈不上有什么学术能力，即使是在中学阶段出现的，也只是学术领域智能的萌芽。非学术能力范畴较广，诸如管理、行政、组织、服务、军事、宣传等。当然，这些领域也有学术问题，但这些领域的智力与能力表现，又是另一种性质的了。在中小学教育中，鼓励学生树立志向，是培养未来从事学术与非学术领域工作的一种途径，各科教学以及课外校外活动，是另一种途径。更重要的是上一章里阐述的职业指导，这是根据学生智能表现进行因材引导的一种好途径。从事学术领域工作的人毕竟是少数，中小学教育应为社会输出各种各样的人才，因此，我们在教改实验中把英才教育与提高普通教育质量统一起来，很重要的一点是大面积的提高教学质量，培养各种非学术的智力与能力。

我始终坚持一种观点，即"天生其人必有才，天生其才必有用"。中小学教育是打基础的教育，所以必须把全面发展和学有特色两者统一起来。只要帮助学生选择好既符合社会需要，又适合其人、其才、其趣的工作，我相信每个人就都能在各自的工作岗位上做出自己的成绩。如果机遇合适，成绩会更大，这就是"行行出状元"的道理。

五、敬·静·净·竞

——创设一个主动而生动活泼的发展环境

在我的实验点——北京市宣武区(现西城区)琉璃厂小学教学楼的大厅里，挂着

"敬、静、净、竞"四个大字。这并不是这所学校的校风、校规、校训,而是校领导要创造的一种办学的气氛,一种师生共同遵守的准则,一种有利于学生个性全面、生动、活泼、主动发展的环境。

毛泽东曾经指出,承认学生在学习过程中的主观能动性,就应当让他们生动活泼创造性地主动学习。毛泽东让学生生动活泼、主动发展的理论,主要包含了三方面的意义:一是把学生当作学习的主人,是学习过程中的首要因素;二是学校必须在各个方面充分体现出关心和爱护学生,使他们能够在一定良好学习环境中健康地成长和发展;三是学校在教学过程中,必须注意处理好普及与提高的关系,保证大多数学生能够在统一的教学大纲要求下,在按正常的教学秩序共同进步的前提下,注意因材施教,允许并鼓励学生发展其个性特长。①

"敬、静、净、竞"正体现了毛泽东的教育思想。如果让我来解释这四个字,我的看法是:

"敬"有两种含义,一为敬业,二为敬重。敬业,对教师来说是一种师德的要求,即忠于事业,教书育人;对学生来说是一种义务的规定,即好好学习,天天向上。敬重,指师生互敬,或尊师爱生,它体现了我们中华民族的传统美德。尊敬老师,是学生应有的品格和为人处世的规范;尊重学生,教师才能够关心和爱护学生。所以这一个"敬"字,体现了敬业乐群的思想,是一种事业的理想。

"静",不仅指为了学校教学工作顺利地开展,应保持校园环境的安静;而且还包含一种"守(有)纪律"的意义,用静衬托出纪律性。邓小平同志指出:"有了理想,还要有纪律才能实现,纪律和自由是对立统一的关系,两者是不可分的,缺一不可。"②所以这一个"静"字,体现了提高遵纪守法自觉性的思想。

"净",从字面上看是"干净"的意思。但"干净",绝对不是单纯指环境的干净,而是提倡师生要保持"心灵"的干净和纯洁。这干净和纯洁,在一定意义上又反映了儿童青少年生动、活泼、可爱的精神面貌。所以这一个"净"字,体现了让学生获得欢乐的童年期和青少年期的思想。

---

① 张键主:《毛泽东教育思想研究》,141 页,杭州,浙江教育出版社,1993。
② 中华人民共和国教育部:《邓小平教育理论学习纲要》,48 页,北京,北京师范大学出版社,1998。

　　"竞"字当然意味着竞争，这既有时代的意义，又预示着未来。竞争意识是一种现代意识。尽管同学关系可以亲如手足，但我们不能回避一个现实，诸如升学考试等就是一种竞争，学生时代的今天如此，走上明天的社会竞争会更为激烈。"竞"字激励教师力争上游，获取先进；激励学生从小树立竞争意识，激流勇进，争创一流，即当学习的主人，当命运的主人，以把握自我，主动发展。当然，我们的竞争是社会主义的竞争，是一种团结友好的竞争，要提倡互相帮助、互相促进、互相关心的竞争。所以这一个"竞"字，体现了团结奋进的思想。

　　我赞同"敬""静""净""竞"四个字。它们说明了我们要创设一个主动生动活泼发展的环境，创设一个学生个性全面发展的环境。创设这种环境的人，主要是教师，这里我丝毫不是要贬低学生的主动性和主体性。恰如苗圃里的园丁，每天面对着心爱的棵棵小树，小树成长有其自身的规律，但是它更需要园丁的修枝、除草、扶正、灌溉……因此，我特别喜欢"园丁"这个概念，并时时将教师比喻为"园丁"。记得 1971 年我看了一场电影《园丁之歌》，观后感慨万千，当晚提笔写了四句话：

　　　　谁说我不是园丁？

　　　　每天我都在学生心田中耕耘。

　　　　愿将我满头的白发，

　　　　去换得国家的栋梁成荫成林。

　　事后我因此受到了批评，但我一直坚持自己的观点，并把这四句话一次又一次地献给那些愿意让学生主动生动活泼地成长为国家栋梁之材的同行们。

第十二章

投入到教育科学研究中去

"教师参加教科研"是 20 世纪 80 年代初由我率先提出的，但到 80 年代中期还不被人接受。记得 1985 年在一次学术报告中，我提到自己的观点："教师参加教育科学研究，是提高自身素质的重要途径。"当时提的"教师"，主要是中小学教师，观点不仅未见成效，反而引起一些怀疑，有人当面斥我的观点为"天方夜谭"。但是，今天不会有太多的人反对这个观点了。这正是十一届三中全会以来教育改革的一大成功：让中小学教师走上教科研的道路。当然，从我个人的角度说应该感谢国家教委的各级领导，尤其是张承先和何东昌两位同志，没有他们的支持，就不会使这个观点被人认可。

教师是发展教育事业的主要力量。邓小平同志指出："一个学校能不能为社会主义建设培养合格的人才，培养德智体全面发展、有社会主义觉悟有文化的劳动者，关键在教师。"[①]是的，社会主义的办学方向、教育质量的高低优劣、教育出来的学生能否成为德才兼备的一代新人，都要靠教师这个环节来体现。

我国基础教育的师资素质正在逐年提高。但是，我们也不无忧虑地看到，在我们中小学教师中，也存在着种种问题。广大教师无论是思想素质还是业务水平都有待提高。前几年整个教育界抓了中小学教师的学历"达标"问题，这完全是必要的。可是有一个现实问题出现了：如果中小学教师学历要求每年达到或符合国家的要求（即小学教师为中师毕业生；初中教师为大专毕业生；高中教师为大学本科毕业生），甚至实现了有些省市的"五六一"工程（小学教师有 50% 为大专毕业生，初中

---

① 中华人民共和国教育部：《邓小平教育理论学习纲要》，54 页，北京，北京师范大学出版社，1998。

教师有 60% 为本科毕业生，高中教师有 10%～15% 拿到硕士学位或硕士研究生课程班的结业证书），那么教师培养工作是否就可以终止了呢？当然，答案是否定的。今后，我们仍然要把教师队伍的建设放到应有的战略高度。中小学教师素质提高的途径很多，我们认为，参与教育科学研究，特别是参与教育改革方面的教育科学研究工作，是一个重要的途径和方法。我们在全国 26 个省（市、区）的实验点所从事的教学实验研究，从一定意义上说，就是一场带领一大批中小学教师参加教育科学研究的试验。

一、新时期教育特点的一种表现

教师参加教育科学研究，是新时期教育特点的一种表现形式。第二次世界大战以来，教育改革的高潮一个高于一个，20 世纪 80 年代以后，教育的发展更为迅速，出现了不少新特点，突出地表现在两个方面。从这两个方面我们可以进一步来分析教育的新含义。

(一) 教育时空的扩展

这里所谓的教育时间，主要指受教育者的年龄；教育空间，主要是指教育的场所。近 30 年来，教育的时间和空间在迅速地扩大。

1. 时间

在个体受教育的年龄上，过去一般限于学龄期，主要是指中小学。中学毕业，上大学的还是少数。也就是说，最大到青年期，个体就完成了受教育的任务。随着受教育时间的扩展，向前推，早期教育发展很快；向后推，继续教育也迅速地发展，出现了青年人教育、中年人教育、老年人教育乃至终身教育。因此，终身教育倡导者认为，教育的概念要扩大，学校制度要改革，教育不仅要授予学生走向社会所需要的知识，而且要以终身教育思想为指导，发展学生继续学习的能力，以便将来能够不断地获取新的知识。

2. 空间

教育的场所，如第四章所述，主要是学校，随着教育空间的扩展，"无围墙学校"将兴盛，也就是要突破学校的围墙，使学校教育、家庭教育和社会教育三位一体。这是教育的社会化和社会的教育化的统一及其表现。此外，随着新的传播工具的发展，各国都越来越重视其对教育的作用和影响，无线电收音机、电视机、幻灯投影机、录音机和电影等都可发挥其传播知识和信息的巨大功能。现在有更多国家使用了电子计算机进行教学工作。这样一来，教育的空间和范围就大大地扩展了。

（二）向基础教育倾斜

基础教育，是对国民实施基本的普通文化知识的教育，一般是指中小学教育，现在有人也把幼儿园教育划入基础教育的范围。如前所述，在国民教育中，中小学教育是教育的基础，其中，小学是基础的基础，中学是教育的关键，今天，提高基础教育的质量成为各国普遍关注的大事。

1. 各国领导人都开始重视基础教育

20 世纪 80 年代以后，基础教育及其改革提上各国领导人的议事日程。特别是80 年代中期以来，各主要发达国家都对基础教育抓得很紧，由国家领导人亲自主持。1983 年年底，美国里根政府召开了一次全国质量会议，与会者达 2000 多人，专门研究基础教育质量的问题。在 1984 年与 1986 年还公布了教育质量的调研报告。1988 年布什上台，表示要当"教育总统"。他说："当我展望未来时，我认为只有教育才是答案。"①于是他非常重视基础教育。1992 年克林顿和布什竞选总统的纲领之一就是改革基础教育；1997 年，克林顿又提出了以基础教育为依托的"美国教育十点行动计划"。20 世纪 80 年代后，日本进入自明治维新以来的第三次教育改革。1984 年成立首相府的教育咨询机构——临时教育审议会，由首相中曾根直接抓。首相竹下登发表施政演说时提到"推进教育改革是必须全力以赴的国政"，而这里的教育改革，主要指基础教育的改革。另外，法国的密特朗总统，英国的首相撒切尔夫人，以及德国、澳大利亚等国家的领导人，也都重视基础教育的改革。我国也越来

---

① 王玉海：《象驴大战及其他》，138 页，济南，山东大学出版社，1991。

越重视基础教育的工作。1994 年全国教育工作会上，党和国家领导人都作了重要的讲话，强调基础教育"重中之重"的地位；1995 年 1 月，全国政协围绕着"全社会都关心和支持基础教育"开了常委会议，指出我国基础教育在教育事业中占有十分重要的地位；党的十八大和十九大报告强调"尊师重教"，并再次声明，抓好基础教育是发展我国教育事业的"重中之重"。

2. 重视基础教育的原因

首先，基础教育是提高生产力的关键。在我国，绝大多数人所得到的教育只是基础教育，因此，基础教育水平的高低，决定着劳动力质量的高低，这是关系到劳动生产率能否提高的一个重要前提。其次，基础教育是发展高等教育的奠基工程，没有坚实的基础，高等教育就没有可靠的根基。再次，基础教育关系到社会文明的程度。社会文明是由人来维持的，人的道德精神面貌、科学文化修养和身心素质，是社会文明的基本标志。而人的品德发展、智力发展、知识学习和身体发育，都和接受基础教育的程度有关。中小学生的素质水平，将直接影响到社会文明的水平。因此，基础教育的成败，是关系到未来社会的发展、国家的形象和国际地位提高的至关重要的问题。

鉴于上述原因，我们才始终不渝地坚持在基础教育的实践中进行实验研究。我们坚信，未来的国力竞争，更多的是依靠基础教育的水平和状况。所以，基础教育必须置于头等领先的地位。

3. 当前基础教育改革的主要课题

基础教育能否上去、从事基础教育的教育工作者能否全力以赴，关键的问题是基础教育的社会地位问题。为了提高基础教育的社会地位，从基础教育内部机制来看，是对当前基础教育进行改革，以提高其质量。这里主要是抓好以下四件事。

一是育人环境的改善。这里不仅指社会、家庭和学校（含校园文化）一体化的环境，还应包括教育投入。教育的过程，是以教育资源投入为物质基础的认识或认知的过程，取得的产出是学生的发展。在我国，基础教育经费虽有较大幅度的增长，但与基础教育发展的要求相比，仍然显得非常不够。我们仅用占全世界基础教育经费 0.7% 的投入，去办占全世界受基础教育 19.3% 的学生的教育，显然是相当低的。

我国教育经费在国民生产总值中所占的比重，1997 年为 2.8%。不仅比世界发达国家低得多，而且与发展中国家的平均数 4.1% 也存在着不小的差距。因此，在我国，提高教育投入成为十分迫切的任务。

二是德育工作的加强。重视德育是国际教育的一种潮流，西方发达国家如此，日本更是这样。在讨论 21 世纪人才的时候，日本提出培养世界日本人。我们且不去分析其意图，但他们的种种德育措施值得我们借鉴。例如，想方设法加强爱国主义教育；利用学生中午在学校就餐，尽量不吃日本人爱吃的大米饭，而供应世界各国食品；组织中小学生与幼儿园孩子去各国旅游，从中进行"世界日本人"的教育。

三是教育内容的更新。"给学生什么"已成为世界性的教育改革的课题。难怪有些教育家们（如克雷明）将教育定义为一切深思熟虑的学习活动。各国都围绕教育——学习的内容进行改革。美国的"2061"工程（要求到 2061 年在地球上重见哈雷彗星时要实现的教育目标的改革方案），涉及有关全面发展的思想、教育结构、课程设置，强调中小学着重抓英（语）文、数学、科学、历史、地理等，强调培养"知识经济"所需要的具有综合能力的通才或通才基础上的专才。日本、法国也有类似的改革内容。如何改变我国陈旧的教材，提高学生学习质量，减轻过重的负担，以达到全面发展、学有特色的要求，已成为我们亟待解决的问题。

四是教师队伍的建设。育人环境如何改善，德育工作如何加强，教育内容与教学方法如何改进，其关键问题在于教师队伍的建设。教育观念、教育内容、教育方法和技术手段的改革，教师这个环节是基础。在这个意义上说，教育就是教师有目的、有计划的"教书育人"的活动。正因为如此，我们才承担了基础教育改革与发展研究的课题，探讨基础教育师资素质提高的途径和方法。

怎样完成以上四个方面的改革呢？国外教育界提出首先应该抓教师这一关键环节，因此大力提倡培养专家型和学者型的教师。然而，这专家型和学者型的教师如何实现呢？尽管没有下文，但发达国家的整个社会普遍重视教改实验，重视教育科学研究，这与中小学教师参加教科研的思想已相当接近了。近年来，我国教育领导部门相当重视教师水平的提高，同时又指出教师参加教育科学研究的重要性。以国家教委名义颁发的中国教育学会"九五"纲要明确指出，"九五"期间要着重抓教师队伍的建设，要求有三条：一是学历未"达标"的地区要完成达标率；二是狠抓为人师表，即师德问题；三是强调参加教科研，用科研带教研，用教研促教改，以提高教师的整体素质。

鉴于以上分析，针对新时期教育发展的两个特点，专家型和学者型的教师队伍建设是一个中心环节。为了促进教师队伍更好的建设，出现更多的专家型和学者型的教师，教师参加教科研，尤其是参加教改的教科研显得越来越迫切。所以说，教师参加教科研是实现以上种种基础教育改革的基础，是新时期教育特点的重要形式和重要措施。

二、教师参加教科研的必要性与可能性

中小学教师参与教育科学研究，是必要的，也是可能的。

(一)必要性的表现

1. 懂得教育规律，提高教育理论水平，从而更好地从事教育工作

如前所述，我们要做好任何工作，都必须按客观规律办事，教育工作也是这样。要做好教育工作，就必须按照教育的客观规律办事，不能搞主观主义。中小学教师投入教科研，首先要学习教育理论，掌握教育规律。例如，在宏观上了解教育的实质、功能和目的，了解教育结构、体制和发展目标等；在微观上，了解教学过程、课程设置、考试规律、德育的特点、学生的特点和评价方法等。正是这些理论体现了一定的教育规律，于是，参与教科研的中小学教师，可以对照自己的教育实践，做到理论联系实际。因此，一旦中小学教师亲自参加这些教育科学的研究，他们就能更好地、亲身体验到科学研究所揭示的教育的客观规律，进而把它运用到实际工作中去，就能提高教育的质量。

2. 了解教育发展的趋势，更自觉地为建设具有中国特色的社会主义教育体系做出努力

教育科学研究的课题来自一定的教育理论和教育实际，它具有时代感、整体观

和创造(开拓)性。任何一个优秀的教育科学研究课题的提出，都存在"适应两个需要"的问题：一是适应国际教育发展的趋势。国际教育界目前正重视知识经济与基础教育关系的研究，这对参加教科研的中小学教师有很大的吸引力，他们也要使自己的研究课题同这个国际教育发展趋势相吻合。二是适应我国教育观念的更新。教育观念的更新是以教育任务为前提的。20世纪90年代我国教育发展战略的重要课题有：关于教育国情或教育环境的研究、战略目标研究、教育结构研究、教育质量研究、教育投入研究、教育体制研究等。[1] 如果中小学教师直接参加教育科学研究，能发现新情况，研究新问题，亲自投身于具有中国特色的社会主义教育体系的建设中，便能更直接地掌握教育工作的主动权。

3. 明确教育改革的实质，更好地当好教改骨干，并为深化教育改革做出贡献

教育科学研究，是教育改革的先导与基础，这就是"科研带教研，教研促教改"的来由。引导中小学教师参与教育科学研究，特别是教育改革实验的科学研究，这和他们的切身利益密切相关。改革旧的教育思想、教育内容和教育方法，是一件十分艰巨的工作，要下大力气。这里面既有感性认识问题，又有理论问题。教育改革的科学研究既使参与者中的中小学教师对教改实验的感性认识上升到理性认识，又使他们将一定理论知识带回教改实践中做出分析，从而使这些中小学教师不仅掌握教育改革的主动权，而且在教育改革中提高自身的素质；不仅提高教育改革的自觉性，而且也用科学的态度投入教改，从而提高教育改革的质量。

4. 教育科学研究能够提高教师的教育科研意识，改变教师的角色

中小学教师在教育的过程中参与教育科学研究，特别是教育改革的科学研究，使这个过程中的重大决策有一定的理论依据。中小学教师通过实地调查、实验研究、筛选经验、科学论证，实现着教育工作的科学化。这样，这些教师的教育、教学工作的模式就由"经验型"转向"科研型"；教师本身角色的模式也由"教书型"转向"专家型"与"学者型"。于是，教师不仅成为教育、教学的骨干，使教育、教学工作具有开拓性，而且具有一定的教育科学研究能力，从而按照教育科学意识指导

---

[1] 郝克明、谈松华：《走向21世纪的中国教育》，贵阳，贵州教育出版社，1998。

教育，使教育工作逐步走向规范化、科学化。如果联系本书各章对中小学教师的要求，教师的角色则出现了崭新的变化，如我的友人吴昌顺所指出的那样，"成为教育者、领导者、保健者和科研者"。

(二) 可能性的表现

中小学教师参加教科研是否可能，我先用下边的例子引路。

本书前面多次提到北京五中。五中在吴昌顺校长的带领下，自"七五"开始，逐步明确提出"科研导向，开辟德育新思路；科研领路，教学再上新台阶；科研搭桥，全面提高教师素质"，并为之进行了认真踏实的实践。校长带头承担课题，老中青三个年龄段的教育工作者都有典型，滚雪球式地逐步发展，以此来贯彻三个"全面"：全面贯彻教育方针，对全体学生全面负责，全面提高教育教学质量。80%以上的教师有论著，有的论著超过百万字，有的成果在社会上引起很大的反响。例如，梁捷老师编的由李立风导演执导的教学录像片《中学语文听、说、读教学》(18集)，在中央电视台播放；《美育之光》(12集)，在北京电视台播放。该校1998年70华诞之际，从获奖论文中选出51篇作品出版了《耕耘与收获》论文集。张岱年先生为之题写了书名，我受命作序。论文集表现出理论与实践相结合，研究内容和范围具广阔性，研究方法和手段具多样性三个特点。这所升学率100%、升入重点大学学生超过91.6%、考上北大与清华的毕业生名排北京市前茅的重点中学，十余年来在教师成为学者型与专家型角色中取得了显著成绩。

北京市宣武区(今西城区)琉璃厂小学原属于水平偏低的一般学校，周边环境差，生源差，原先的教师素质低，教学质量也差。该校的前门在一条胡同里，车子进不去，来了教学器具，少不了教师卖苦力。在齐国贤、谢美意、卜希翠先后几任校长、主任的带领下，学校投入教科研，奋斗6年后彻底改变了后进面貌。学生全面发展，学有特色，获奖项目多，举办了展览会，形成了良性循环。自1995年开始，该校成为接待兄弟省自治区市同行的开放式学校。1996年，该校获北京市优秀教育科研成果奖。全校教师普遍投入科研中，使得教师素质迅速提高，不少人开始著书立说。1997年首批毕业生成为一些重点学校重点选择的对象，学校声望大震。

由谢美意、卜希翠、刘宝才等主编的教师论文集《小学实验课型新探》和《提高教师素质培养学生能力》在全国同行中颇受欢迎。我请我校启功先生为该校题了"琉璃厂小学"五个大字,荣宝斋为其制作了一块大匾。位于琉璃厂的后门被打通成为前门,金光闪闪的大匾一挂,成为真正的琉璃厂小学。

1998年我们课题组召开学术研讨会,同时也是对20年教学实验的一个总结,在会上表彰了127个先进单位,他们中绝大多数是普通的中小学校。还有诸如黑龙江五常市教委、山西晋城市城区教委、河南偃师市教委等,在他们的领导下,全(县级)市的所有小学全部投入我们课题组的小学教改实验。我们抽样调查了全国小学实验点,发现随着实验时间增长,实验班和对照班在知识与能力测验成绩上的差异越来越大;对照班的标准差(或两极分化的离差程度)逐年增加(从一年级至五年级分别为10.2,10.6,15.6,21.0,24.5);而实验班却变化不大(从一年级至五年级的标准差在8.8~10.6之间)。中学的情况也类似。经过课题组所有成员的努力,实验点的教师荣获"特级教师"称号的有23名,晋升中学高级或小学教师享受中学高级待遇的超过150名。例如,浙江的特级教师王金兰、黄逸萍不仅是劳动模范,省小学语文和数学的学术带头人,还被评为优秀教学成果主持人。此外,课题组的中小学教师撰写的论文,有500多篇分别获得全国的、省级的、地级的和县级的奖励。由此可得出以下几个结论。

第一,中小学生蕴藏着极大的发展潜力。例如,上述事例说明中小学生的智力与能力是能够通过教育来培养的。教改或教改教科研的一个重要目的是提高教学质量,即增进学生知识的同时,发展其智力与能力。而学生心理能力提高的程度,又往往成为衡量教师素质高低的一个重要指标。

第二,中小学教师蕴藏着搞教改实验研究或教育改革科学研究的极大积极性和可能性。一旦这种积极性获得发挥,他们就能变这种可能性为现实性,成为教育改革科学研究,乃至整个教育科学研究的一支生力军。而我们所承担的国家教委的课题之所以取得一定的成果,正是潜伏在中小学教师中的教改实验研究的积极性所致。

第三,中小学教师可以在教育科学的研究中,特别是在教改的教科研实验中提高素质。教科研对重点学校来说是锦上添花，例如江苏扬州中学，校长沈怡文承担了"九五"国家教委重点教科研的课题；中老年特级教师如蒋念祖的语文、张乃达的数学教育专著誉满全省；青年教师积极投入教科研，他们的成长更快了，三十多岁的历史教师王雄成了特级教师。教科研对于基础薄弱学校来说则是雪中送炭。例如，1997 年 4 月我去海南讲学，一出海口机场，先奔参加我们课题组的二七小学。一进校门我大吃一惊，没有想到一所原先基础薄弱、设施落后的学校变成了一所花园式学校。一问，原来教师们在傅映柏校长的带动下，参加了教科研，自身素质提高很快，教学质量逐年提高，一改原来面貌，赢得当地老百姓的信赖，是老百姓帮助二七小学建设了新校园。1996 年小学毕业考试，海口市语文、数学平均成绩分别为 66 分和 79 分，可是二七小学却是 88 分和 98 分。难怪海口市教育局和教研室对此给予莫大的支持，并不断地扩大实验点。

三、教师参加教科研的特点

教师参加教育科学研究总的特点是十六个字：面向实际，站在前沿，重在应用，旨在质量。师生素质和教育质量的提高，是教师参加教科研的核心目标。

(一) 在研究过程中体现的特点

不同课题、不同研究有其不同的特点，我们只能用自己的教改实验做例子。我们在研究中，主要抓了一个目的，两种需要，三股力量，四条原则，五项设想。这在一定意义上也可以代表中小学教师参加教科研的具体特点。

1. 目的与课题提出

研究的目的来自研究的课题，所谓研究课题，意指研究什么，即规定的具体题目和具体内容，或要研究的问题。这些问题既是我们认识的成果，又是我们进一步认识的起点。如第三章所述，课题来自两个方面，一是来自理论，即前人的理论，或他人的理论，或自己的理论。二是来自实际，中小学教师研究的课题，主要是来自实验，像东海的海水一样，教育实际有中小学教师所需要的取之不竭、用之不尽的课题。

中小学教师研究课题选择的原则为：①必要性，既要满足社会需要，又要满足教改的需要，具有应用的价值；②科学性，必须有一定事实根据和科学依据；③创造性，选题有新意；④可能性，应考虑到各种主客观的条件；⑤兴趣性，适合研究者自己的兴趣。中小学教师按照这些原则选择个人或集体的研究课题。可以是宏观课题，更需要微观的课题；可以是教育或教学课题，也可以是自身素质提高课题；可以是教育实验课题，也可以是科学的经验总结；等等。

2. 适应需要与文献综述

中小学教师的教科研，是为了适应两个需要：一是迎合国际教育发展趋势的需要；二是符合我国亟待更新、转变的教育观念的需要。我们认为中小学教师参加教科研都有两个适应的问题。针对这两个需要，要求中小学教师在参加教科研时先要阅读有关论著，充分掌握材料，才能写好文献综述。任何一个研究，都要强调文献综述，它是回顾、综述已有国内外的有关研究，或概括研究，使研究者理清某些研究发展的脉络和背景。文献综述成为研究的基础，有助于研究者进一步研究问题，为提出假设提供经验和依据。文献综述不是对材料的罗列，而是根据自己的思路，既客观(已有的有关研究)又主观(按自己有关研究需要)地汇总而成的。

3. 研究力量

我赞同教育家陶西平的观点，教改教科研的成功，要依靠"有权之士""有识之士""有志之士"三股力量的共同努力。中小学教师参加教科研更需体现这三股力量的有机结合。

我们课题组的教改实验，正是专业工作者同教育部门的行政长官、中小学广大教师密切结合来进行的。在教学实验中，我们课题组不仅获得了国家教委和地方各级教育部门领导的支持，而且吸引了许多教育工作者的加入。各级教育部门的"有权之士"，从精神、财力、研究条件等多方面给予了我们帮助。

在教学实验中，专业工作者应该是中坚力量，或者说是各方面力量的中心。专业工作者不仅是研究方案的制订者和整个实验的主持者，还是"有权者的智囊""有志者的知己"。在一个较大型的教育科学研究项目中，专业工作者应该具备知识(专业知识和业务修养）、胆识（研究设计和各种决策）和见识（组织能力和团结精神），这才能称为"有识之士"。

在教学实验中，我们课题组有数以千计的实验班，有一大批参与实验研究的中小学教师和学校级领导，他们是教育改革的"有志之士"。他们有的在省、自治区、市级重点学校，更有大批的教师在一般学校或基础薄弱校工作。他们凭着坚定的志向、求实的精神、科学的态度、合理的措施，把教学实验逐步引向正轨，最后获得了可喜的成果。为了教学实验的成功，这些"有志之士"做出了很大努力。如果没有课题组一批事业心强、教学严谨、认真贯彻实验措施的骨干力量以及实验班教师，我们很难想象自己的研究能够成功。

4. 研究原则

教师参加教科研的原则是：客观性原则、系统性原则、优化性原则、不平衡原则。这四个原则，体现了我们在辩证唯物主义思想指导下的工作指针和方向。

（1）客观性原则

这是中小学教师参加教科研的出发点。它要求我们在实验研究中，必须坚持实事求是，一切从实际出发。因为，任何科学研究只有符合客观事物的真实面貌，才能达到真理性的认识。于是，在我们课题组的教学实验中注意如下几个方面：①我们的研究绝不是为了去论证和说明某一决策，去附和某一种预先准备好的"结论"，而是老老实实地实践和实验，从而验证或更新一定的教育理论，并为决策提供科学的依据；②我们课题组在实验研究中实行"大统一、小自由"，在统一的实验目的、要求下，允许各地按照自己的办学条件、师资水平、学生等实际情况，开展符合总课题精神的具体研究。研究成功的事实告诉我们，实事求是是科学研究的灵魂；③我们课题组对自己和别人的研究成果，进行评论时坚持客观的态度，例如，对自己课题的实验教材或补充教材，都是持同等的客观评价原则。在向实验班教师介绍我们的实施教材或补充教材时，我们不允许出现任何贬低其他教材的言辞。

（2）系统性原则

事物是以系统形式存在的有机整体，是由要素以一定结构组成的，具有不同于诸要素功能的系统，是由不同层次的等级结构组成的开放系统，它处于永不停息的自组织运动之中，有其产生、发展、消亡的过程。坚持系统性的原则，使我们更好地、全面地分析问题和研究问题。我们课题组在对中小学生能力发展与培养的研究中，注意从以下两个方面来贯彻系统性原则：①从整体观来看待中小学生能力发展与培养的全貌，研究了智力因素，必须要探索非智力因素，研究了学生，必须要探索教师，等等；②从整体观来看待中小学生能力发展与培养的具体研究方法，它也是一个整体。我们的课题，是一个由深入实际、调查研究、收集资料、确定课题、制订研究方案，做出具体实验设计、实验施测、统计处理、讨论解释等环节构成的系统。我们在研究中看到的任何一项研究结果都是该系统的综合效应，因此要科学地研究自己的课题，就必须按照系统、整体的观点，切实地掌握好每一具体研究过程中的每个环节。从整体性看，其中任何一个环节出现差错，都可能直接影响到结果的科学性和价值。

（3）优化性原则

教学实验是讲究效果的。中小学教师参加教科研，最终的目的在于教育，提高教育质量，一切不符合以教育为目的的研究措施都应该杜绝。在教育史上，明确提出"最优化思想"的是苏联教育家巴班斯基。巴班斯基从培养全面发展的人这一教育目标出发，提出最优化水平。[①] 我们的优化性原则和巴班斯基的思想有相似之处。目的是减少各种教育资源的投入，减轻师生的过重负担，提高教育质量，促进学生发展，以便为社会更好地培养人才。于是，我们在教学实验中注意到如下几个方面：①要花较少的时间和精力，取得在可能范围内的较大效果，其关键在于科学教学。于是我们加强对实验班教师的培训，系统地引导他们学习教育科学和心理科学的理论，使其探索改进教学的措施；②围绕学生发展的课题，在教材（教学内容）、教学方法和手段、学习积极性、学习策略等外部和内部两个方面着手改革；③将发展学生的智力与能力放在"优化性"教学的首位。在分析实验班与控制班学生智力、能力、学习成绩差异时，严格以"等组"为前提。但这"对等"的条件往往是不对等的，因为我们提倡实验班的各方面教育资源的投入要低于控制班，特别强调实验班

---

① ［苏］巴班斯基：《教育学》（中译本），吴式颖等译，北京，人民教育出版社，1986。

学生的学习负担要轻(或轻松)于控制班学生。

(4)不平衡性原则

由于种种原因,学生之间存在着各式各样的差异,以智能为例,就存在着不平衡性:一是在不同问题上表现出不同的智力与能力;二是在不同的活动上表现出类同智力与能力的最佳水平。这种智力与能力发展的不平衡性产生的原因有三个:一是来自问题的情境;二是来自学习活动的差异;三是来自学生主体,基础、个性特点及心理状态的差异。于是,我们在教学实验中注意下边几个方面的问题:①承认中小学生在智力与能力方面的个别差异是客观存在的。这就是我们提出"鼓励冒尖,允许落后"的理由。然而,这落后并不等于教师不管,它反映了我们实验研究中的一种思想,即对于学生的学习成绩,要做到"上不封顶,下要保底",既从实际出发,因材施教,又要防止个别人"滑坡";我们允许个别尖子跳级,但力争实验班学生不留级(事实上,实验班没有留级的现象);②针对在不同的问题上表现出不同智力与能力的事实,我们注意在智力与能力发展研究的设计中,考虑其内容、知识范围、活动的代表性。在评估(评价)的测查中,所测查的内容、材料、活动必须力争全面,并且对研究结果做出客观的分析;③针对在不同的活动上表现出不同的最佳智力与能力水平的事实,我们就在制订培养智力与能力的方案上做到有的放矢。总之,我们希望参加教科研的中小学教师在研究时也考虑到不平衡性原则,这样才能使研究设计更完善、更合理;才能使获得的研究结果更可靠、更富于代表性,才能使我们更加不拘一格地培养人才。

5. 理论设想

以我们课题组为例,我们在教改实验的指导思想或理论构想上,着重坚持五种观点。

(1)儿童与青少年心理发展的基本规律是教育改革的出发点;

(2)培养思维品质是发展智力与培养能力的突破口;

(3)数学能力和语文能力是中小学生智力与能力的基础;

(4)从非智力因素入手来培养学生的智力与能力;

(5)融教师队伍建设、教材建设、教法改进为一体,提倡教师参加教科研,以此作为完成这"三位一体"的基础,特别是提高自身素质的基础。

我们重视这五个观点,拙作《学习与发展》与《教育与发展》有一半以上的篇幅是围绕着这些观点而展开的。可见这五个观点是我们"学习与发展"和"教育与发展"观的精髓。但是中小学教师参加教科研,各自有自己的课题,也必然有自己的理论设想,这就需要我们学习理论知识,坚持理论联系实际。没有理论指导的教科研是不会成功的,至少不是一个完整的研究。

此外,教师参加教科研,还有一个选择研究方法的问题。随后我们会谈到这个问题。

(二)中小学教师参加教科研的基本特点

前文"在研究过程中体现的特点",并不完全是中小学教师参加教科研的基本特点,因为在这里的论述中,有我们专业工作者的参与和设想。现在许多地方都用这种要求去衡量中小学教师教科研的质量,那是极不公平的。所以下边我们来阐述以教师为主体的教科研,这种教科研主要从目标(功能)、方法(方式)和评估(标准)三个方面体现出来。所以,我们要重视并注意以下三个问题。

1. 注意教师科研与专业人员科研目标的区别

(1)教师参加教科研的出发点在于提高自身的素质和直接提高自己所从事的教育工作的质量;而专业人员从事教科研,他们追求的是科学性与理论性,尽管也强调为教育实际服务,去提高教育质量,但侧重点是为了用取得的理论去指导教育质量的提高,具有间接性。

(2)教师参加教科研的课题,更多地或基本上来自教育实践,以实际课题为主;而专业人员的课题虽然也有来自实践的,但更多的还是来自理论。

(3)教师参加教科研,对课题目标选择的原则是为了应用;而专业人员的研究类型分基础研究、应用基础研究和应用研究,他们目标选择的原则很少有纯应用研究,而是把前两种作为他们选择目标的原则。

2. 注意教师与专业人员科研范式的区别

(1)教师参加教科研采用的主要是教育实验或教育行动的研究;而专业人员在

教科研时采用的是综合方法，尤其是实验法，这里包含实验室的实验。

（2）教师参加教科研在队伍中强调"有权之士、有志之士与有识之士"三者结合；而专业人员也不排斥"三士"的结合，但更强调自身独立地从事教科研的工作。

（3）教师参加教科研的形式和步骤是确定问题—寻找解决问题的途径—应用解决问题的方法—理论分析—反思；而专业人员却是按照选择课题、预定假设、确定原则、选择类型、探索方法、分析结果、理论讨论等范式展开研究的。

3. 注意教师科研与专业人员科研成果评价标准的区别

（1）教师的研究成果，首先评价其是否达到自身的研究目的，他们主要是以能否大面积地提高教育质量和自身素质为首要的评价标准；而专业人员以科学性，特别是以所获成果能否证明反映自身观点和自身价值作为评价科研成果的原则性指标。

（2）教师的研究成果评价参照体系，主要是教育界的同行；而专业人员的教科研成果评价参照体系则是学术界，甚至于把自己的成果做国际比较，考虑能否站在国际前沿或居于国内领先地位，所以专业人员对研究成果评价时，往往要分析能否达到"国际领先""国际先进""国内领先"及"国内先进"四级水平。

（3）教师研究成果的评价原则，应更重视理论与实际联系性及优化性原则，而专业人员对研究成果的评价则更强调理论创新性和科学客观性的原则，科学创新或原创性成果是专业人员从事教科研所追求的核心要素。

四、研究方法的选择

有两种方法对我们中小学教师参加教科研是有意义的：一是经验总结法，把成功的经验上升为理论；二是教育实验法，这是投入实验研究的技术路线或手段。

（一）教育经验总结法

一提经验总结，自然而然地想到了"经验型"，而韩进之、张奇两位教授提出的教育经验总结，却是适合广大教师投入教科研的一种比较容易的方法。

我把他们的方法简化为图 12-1，并请张奇教授作简要的解释。

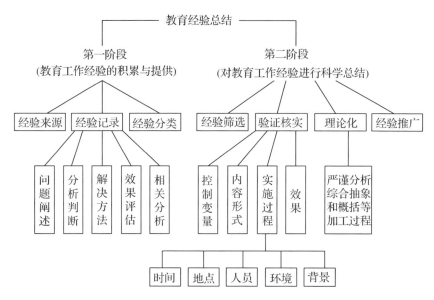

图 12-1　韩进之、张奇的教育经验总结法

先进的教育工作经验的科学总结法的实际操作过程分为两个阶段：第一个阶段是广大教师在教育和教学工作实践活动中的经验积累与提供。这个阶段的工作由广大教师在日常工作中来完成，关键要做好经验来源、经验记录、经验分类三个方面的工作，特别是要做好经验的记录。①对有价值的新经验要做详细的记录。②记录要客观属实，不能随意夸大或改变。③经验的记录应该包括对问题或现象的具体阐述、对问题的分析判断、解决问题的新方法、解决问题的实际效果和对不可控相关因素的估计。对第一阶段工作，中小学教师都比较熟悉。第二阶段的工作是对教育工作经验的科学总结。这个阶段的工作要由教育管理部门的行政领导（如校长和地方教委的负责同志等）和中小学教师共同来完成。这个阶段的工作要包括以下四个方面。一是经验的筛选，即选择那些有研究和推广价值的经验为先进教育工作经验，并作为科学总结的对象。二是经验的核实与验证。对经验的核实大致有三个方面的内容：①核实经验所提供的新的教育经验及其具体内容和形式；②核实某经验的新方法的具体实施过程；③核实新方法等的实际效果。要不要设置实验班和对照班，由学校根据具体情况自行决定。目的在于对比先进的教育方法与一般的教育方法的教育效果。验证对比，要考虑到和先进经验使用相似的时间、地点、人员、环

境和背景。最后根据实验班和对照班学习评定结果或与某一地区总成绩的差异检验来判定新方法是否有效。新教育方法的教育效果明显地优于一般教育方法的效果时，这种新的教育方法才能上升为理论或教育模式。三是对验证的经验及其方法进行理论化，即把经过实验验证为有效的教育方法进行理论分析、提炼和概括，将其上升为一般的教育理论或教育模式。这项工作要由理论工作者和实践工作者一起来做，使理论工作者概括出的理论更符合教育实际。四是先进教育方法或理论的推广。在这个过程中，原来的理论或方法还要根据实际运用的情况进行修改或补充，使之更进一步地完善，推广工作要有"点"有"面"，有步骤地进行。一般是先"点"后"面"，待其成熟后，才可大范围推广。推广的方式有多种，如教学观摩、经验报告和办短期培训班等都是可采用的好形式。

（二）教育实验法

我们在上面已经谈到教育实验的两个步骤：分析课题和写好文献综述。同时我们也分析了研究原则（如图 12-2 所示）。

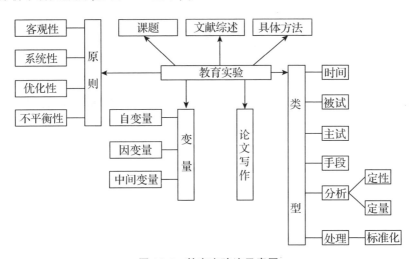

图 12-2 教育实验法示意图

对教育实验，我们还须做如下补充。

其一，关于类型。

从时间上分，教育实验的类型有两种，一种是横断研究，例如，对独生子女特点及其家庭教育状况的调查，即在同一时间内对某一年龄(年级)或几个年龄(年级)被试的特点、水平或成绩进行测查并加以比较。另一种是纵向研究，例如对班主任多年经验的总结或对学生的某学科能力发展的长期研究，即在比较长的时间内，对被试某特点、水平或成绩进行有系统的定期的研究，也叫追踪研究。

从被试分，可以对一个或少数几个被试(研究对象)进行个案研究；也可以把一组或许多被试当作一个组群进行研究。

从主试分，即研究人员，可以是个人，例如某教师独立研究，也可以是几个人或多数人，例如校长领导下的一个研究组进行的协作或集体研究。

从手段上分，可以采取一般技术，例如观察、谈话、测验或自然(教育性)实验；也可以采用现代科学技术，例如录音、录像、电子计算机或与专业人员合作利用现代化实验室的技术装备科学技术手段。

从分析上分，可以是定性分析，也可以是定量分析。这里涉及统计学问题，在"七五""八五"期间，北京市参与我们研究的中学教师，都学会了基本统计学知识，并加以应用。

从材料特别是对试题的处理，主要采用标准化的分析方法，求出试题的难度、区分度、信度(可靠性)和效度(真实准确性)等。

其二，关于变量。

在中小学教师参与的实验中，往往将某种指标(如学生考试成绩)归于某一动因，例如对教材的评价，可能是新教材编得好，也可能是教师教得好，换一位教师，这套教材就学不好。这里就引出三个变量控制的问题，即自变量、因变量及中间变量。所谓自变量，即刺激变量，指在实验研究中有意加以改变的事物，例如课题，环境条件，被试者(年龄、年级、性别、民族、文化背景等影响因素)，等等。这类变量有量的变化，也有质的变化。例如试题的数量可以做量的分析；不同教学方法，不同的设备、仪器、工具、条件，不同的教材等可以做"比较"实验，要做质的分析。所谓因变量，即反应变量，这是实验中拟测的指标，例如，反应时间、反应速度、反应延缓期，反应量、反应准确性(率)、测验成绩、反应灵活程度，等等。此外，还有被试的态度、习惯、动机、对被试的诱因、被试的准备状态、目标定势，以及主试的倾向性、指示语、和实验研究无关的动作、表情、口气等都足以影响实验研究结果，所以应加以控制和密切注意，这就是中间变量。以上三种变量的关系是十分复杂的。因此，在教育实验研究设计中，要全面考虑到各种变量的关系，也就是考虑到如何有意改变自变量，如何观察和记录因变量，如何控制中间变量，如何使指导语更好地符合研究目的要求。否则，研究结果不仅失去科学性，也不会使广大中小学教师，即同行们口服心服，反而引起反感等副作用。

其三，具体方法。

中小学教师采用的具体方法，主要是观察、谈话、问卷和自然（教育性）实验。观察法就是有目的、有计划地观察被试在一定条件下言行的变化，做出详尽的记录，然后进行统计处理，从而判定他（她）的行为的一种方法。观察分两种，一种是日常的观察，另一种是科学的观察。前者往往带有偶然性，缺乏组织性和计划性，也很少考虑影响行为产生和进行的所有重要条件；后者则不同，它要求必须从描述所观察的行为活动的事实转变到解释它的内在实质。观察是一门专门的技术。一个完善的观察要求必须注意如下几点：①明确目的，了解意义；②情境自然，客观进行；③善于记录，便于整理；④正确理解所观察到的现象，由表及里做出确切的、科学的、本质的解释。为了更好地观察，如有条件，可以采用一些现代化手段，如利用照相、录音、录像等。

谈话法又叫访谈法，它是通过谈话了解被试行为的一种方法。谈话中所获得的材料的丰富性和客观性，很大程度上依赖于研究者的机智和谈话的技巧。合理、灵活、恰当的谈话特点是：①要灵活，研究某一问题时，虽然对每个被试所提出的基本问题是相同的，但研究者可根据对方回答的具体特点做出灵活的反应；②用一个或一组问题开始向被试提问，研究者不仅要记下被试对问题的回答，而且须对方主动谈话，由被试的回答决定提问的过程；③整个谈话可以因人而异，可以采用不同的提问方式，不拘泥一定标准化程序；④在交谈时，研究者应尽量运用被试能够领会的语言，不打乱其思路，不暗示，更不强加研究者自身的观点；⑤在整个谈话（访谈）过程中必须注意目的明确，谈话的内容生动、风趣，使被试乐于回答，力求谈话机智，灵活地捕捉被试的思路，做好记录。

问卷法，就是把所研究的主题分为详细的纲要，拟成简明易懂的问题，印刷成册，分寄各地有关人员据实回答，或与学校的考试、测验、竞赛结合起来，让被试尽力完成，然后根据收回的答案，经过统计处理或文字总结，以解决问题。问卷分两种，一是封闭式的，所要回答的话尽量简短，可能时应只用"是""非"或画"＋""－""×""√"等方式；二是开放式的，让被试尽量答完整，或可以漫无边际地写出自己的想法。采用问卷法必须要谨慎，并注意下面几个方面：①问卷试题，其量适当多一点，但必须紧紧围绕所研究的主题，目的是对同一类问题从不同侧面来提问，防止说谎或漫不经心的回答。试题虽多，但中心明确，不蔓不枝，言简意赅；②内容要生动活泼、有情有趣，使被试既愿意积极配合，认真回答，又不明白研究者的意图，无法猜测、敷衍；③以封闭试题为主，开放试题为辅，便于统计，便于被试按照研究者创设的条件来答题，便于主试评分评级一致化；④正式问卷必须在预测的基础上进行，预测中出现典型答案，是充实正式问卷试题的来源之一，预测中出现五花八门难以区分等级或水平的试题，应及时删去。

自然（教育性）实验，兼有观察和实验室实验（中小学教师一般不用）的优点。它的一大特点就是把实验研究和日常教育教学活动加以密切结合。自然（教育性）实验分两类：一是研究被试某种行为特点以及影响因素，例如，我们曾研究了学习活动中，中小学生思维品质的速度、灵活程度、批判程度、独创程度和深刻程度的发展趋势、等级以及影响因素。二是研究教育教学条件与被试某种行为发展变化的关系，这一般又叫培养研究。在采用自然（教育性）实验研究被试某种行为（如成绩变化）时，一般都要将被试划分为若干组，至少是"教育经验总结法"提到的两个等组：一个实验组，一个控制组。控制组要完全保持正常的情况，毫不受实验因素的影响，其功用只是实验之后同实验组进行对照和比较。例如我们在小学生思维品质培养的实验研究①中，首先确定实验班与控制班，这种班的被试，都是学生一入学就开始追踪研究。研究前通过智力检查及语文与算术两种考试，成绩都无显著的差异，组成一一对应等组；使用教材相同（都是全国通用教材）；在校上课、自习及所

---

① 林崇德：《小学生运算思维品质培养的实验研究》，载《教育研究》，1983(10)。

留作业量相同，学生家长职业大致相似，没有发现任何特殊的家庭辅导，或增加练习量的现象。不同的是所选择的实验班的教师，应能与实验者积极配合，突出教学方法的改革，以利于实验班学生在运算中思维品质的培养；而控制班按照一般的教学方法进行教学，即不使用实验班的教学方法。通过一段时间的实验，实验班与控制班不论在思维品质方面还是在教学质量方面，都显示出显著的差异。从中可以看出，教育是作用于思维发展的决定因素，合理的适当的教育措施，能把握客观诸因素的辩证关系，能挖掘小学生运算中思维品质的巨大潜力，并能促进教学质量的提高。因此，对于学生思维发展的年龄特征的研究，必须使研究处于"动态"之中，即充分考虑到教育的主导作用，考虑到教育因素所产生的可变性，从变化中分析稳定性，才能使思维发展的研究获得可靠的、科学的结果。

近年来，我不提倡实验组与控制组的比较，也不把实验组对换，分别采用实验措施，即所谓的轮组法。因为目前中小学教师中的人际关系太复杂，实验组似乎是"优胜者"，控制组好像一定要成为"失败者"，这样不利于最终达到教育的目的。所以我提倡实验组与一般面上的成绩或等级相对照，这样同样可以统计，例如前述的海口市二七小学那样，达到了教科研的目的。教科研的目的不是滋长攀比之风，更不是花架子，而是扎扎实实地提高办学水平，提高自身的素质。因此，我们应该把参加教科研，提高科研水平和改革教育观念、教学内容、教学方法，提高教育、教学质量紧紧地联系在一起。

五、教科研论文的撰写

参加教科研的老师什么时候最高兴？通过教科研，自身素质提高了的时候，教育质量提高了的时候。

参加教科研的教师，每年都要总结自己的教科研工作经验和教训。每当一个课题结束，教师就要做出总结。

到底应该如何总结呢？当然不是流水账，也不是简单地罗列几条人人皆知、可总结或不可总结的材料，而是将它提到教育科学的理论高度来分析。哪些是符合原则的，哪些是违背原则的。一位优秀教师的教科研工作总结，不仅有助于自身素质和教育质量的提高，而且在一定意义上还可以去丰富与发展教育科学理论。如有条件，不妨根据一年或一轮教科研的工作总结，写出一篇教科研的论文来。

教科研论文，与通常的论文一样，有一般论文的要求，例如思想性与写作技巧的统一；突出科学性，这是科学论文的根本要求；有创造性，突出新意；文字通顺优美，论点正确鲜明，论据有说服力，符合逻辑要求，结论可信、合理。还要处理好论点与论据的关系，数据与文字表述的关系（正确使用统计图表），一般与典型的关系，等等。一般来说，参与教科研的教师的教育教学、科学总结乃至整个教科研论文的写作，应考虑以下五个方面的问题。

(一)突出课题

前边我们已经谈到什么叫教科研的课题，什么是教科研的目的。教科研论文，应从一定的目的出发，突出开展的课题来进行。课题的目的性很强，这目的性就是教科研总结乃至教科研论文的主题，就是一篇教科研论文的中心思想，也是论点。

教师的课题也可能有多个，因为，围绕自己的职责、任务、计划、方法都可以列题。例如，班主任如何热爱自己的学生；班主任如何开展班级德育工作；班主任与后进生；典型作用的问题；学生发展与班主任自我；班主任的人格研究；德才兼备人才的培养，等等。又如科任教师如何在传授知识的同时发展学生的智能；学生思维品质如何发展；学科能力如何建构；智力与非智力两因素处于怎样的关系，等等。

(二)确定类型

教科研工作总结乃至教科研论文的类型分为：①教育观察报告，指对某个教育对象或某种教育现象进行观察研究后所撰写的报告，例如，"对个别生转变的追踪观察""对离婚家庭子女行为表现的观察"等；②教育调查报告，对某个教育问题进行调查后所撰写的报告，例如，我在第八章第二节列举的自己的"调查"；③教育经验总结报告，对自己或别人的经验进行科学总结后所撰写的报告，例如，孙维刚的"热爱学生是师德的灵魂"；④教育实验报告，对某种教育现象进行科学实验后所撰写的研究报告，例如，我的许多实验点对学生思维品质培养的实验报告；⑤理论研究论文，把一些重大教育教学工作，作为教育科学中的一个组成部分，通过科学探索，予以重新认识或发展而撰写成论文，例如，孙敦甲、吴昌顺、谭瑞、李汉、耿盛义、樊大荣发表的中小学数学、语文能力结构的论文。这方面的论文很多，还有著书立说的。

(三) 注意体例

因为参与教科研教师的工作与研究内容、工作与研究方法的不同，而有多种的写作格式和体例。主要可归纳为三种。

第一，以直接研究，获取第一手资料为主撰写的论著。主要有上述的教育观察报告、教育调查和教育实验报告等。这些都是通过对某一教育现象、事件进行有目的、有意识、有计划的研究而写成的。例如，《对一万名流失生原因的调查》是以第一手资料为主写成的调查报告。

这里，除一般问题之外，还有两个要求：①对研究方法、对象、过程等必须写得完备详尽，以便别人根据同样的条件进行验证，或做更深入的研究；②具体格式最好按教科研研究报告的格式要求，这样较为规范。

第二，以研究间接的第二手资料为主撰写的论著。主要是教育理论研究论文。例如，某校长根据若干班主任的经验，写出了班主任的特点、方法等论文，甚至是专著。如果对某教师在教科研所取得成果做总结，从社会文化、教育的背景，又为教育做出贡献的角度来分析，许多第二手资料都值得概括。

第三，综合使用第一、第二手资料撰写的论著。常见的主要是教育经验总结报告。这在一般教师中更是常见。这类教师往往事先没有明确的课题或研究计划，只是在自己的教育实践中取得了成功，于是从结果逆向考察原因，总结有效的方法、经验，并使之上升到理论的高度。这类论文，既有第一手资料(实践)，又有从文献中获得借鉴而来的第二手资料。如一个优秀班主任在后进生转化工作方面颇有成绩，他写的论文，既有自己长期积累的素材，又有儿童青少年心理学、教育科学和国内外的观点。又如一位教师接了后进班，该班变化了，他照样可以写这类文章。

尽管这类论文可以没有研究计划，但写作前，必须制订计划、题目、内容、方法，有目的有步骤地进行总结材料的搜集、整理、分析和综合文献，然后撰写文章。

以上三种情况不是绝对的，而是以每个人的特点而具体展开的。

(四)讲究结构

参与教科研教师的教科研论文的结构应包括如下成分：①题目。②署名。③引言。指课题或问题的提出。④正文，包括方法(具体的研究方法)，结果与分析(研究结果并加以分析)，讨论(包括对上述结果分析的再深入分析；对以往文献中有关某一课题的论述、观点等提出相同或相异的看法；阐明新观点、新思想，表达创新的意识)。⑤小结(结论)。⑥文献(参考资料)。

(五)步骤安排

第一，确定论文的题目。要求：一是新颖；二是切口小(即题目不宜太大)；三是准确；四是简短。

第二，拟定提纲。提纲是论文写作的梗概。①提纲的种类有简单的和详细的两种。②提纲的要求：首先，安排好全文的结构，如重要论点与次要论点、论证的逻辑展开等；其次，安排好各部分材料的使用；最后，安排好论文的篇幅，论文的质量不在于字数，而在于其学术性、科学性和应用价值。一般地说，一篇较有分量的教科研论文，4500~7000字的篇幅比较切合读者的心理。

第三，写作。

第四，推敲修改。

第五，誊清(即齐、清、定的论文)。

第六，署名与致谢(对有关人员，注意其署名或给予鸣谢)。

我恳切地希望有更多中小学教师参加教科研，也衷心地期待着大家教科研的成功，并将这成功的花卉充实进我国教育科学的花圃，让其更千姿百态，更丰盛争妍，更欣欣向荣。

跋

———

中国基础教育的播火者[①]

在我国基础教育界，"发展学生的智力与能力，应该从培养思维品质入手""教师参加教科研，是提高自身素质的重要途径""家庭教育的重点必须放在孩子非智力因素的培养上"，等等，几乎成为无可争议的共识。这些脍炙人口、启人心智的感悟，大多最早出自著名心理学家、教育家林崇德教授之口。作为北京师范大学校务委员会委员、发展心理研究所所长、中国心理学会副会长、国务院学位委员会学科评审组成员、国家教委人文社会科学研究专家咨询委员会委员，他为此做了大半生的探索。

《世界教育报告》指出，教育所面临的主要任务是使全民教育成为普遍的现实，而不只是一种普遍承认的权利。基础教育作为一件事关国计民生的大事，正越来越受到决策者的重视。当今世界各国的政治经济军事竞争，归根到底在于教育的竞争，基础教育首当其冲。如何为我国的基础教育发展添砖加瓦，林崇德教授以他脚踏实地的研究工作和基础教育实践，呈上了一份优秀的答卷。

他的"根"在中小学

林崇德出生在素有"东海明珠"之称的浙东沿海城镇——石浦镇。作为大海的儿子，是大海给了幼年的林崇德博大的胸怀、坚毅的性格；作为母亲的儿子，是母亲

———

① 本文原载于《中小学管理》，1996 年第 12 期，略有改动，作者肖扬。

给了他厚道的心性、勤奋的品质；作为教师的门生，是人类灵魂工程师塑造了他日后作为教育家的雏形。时至今日，林崇德教授回忆起他早年的中小学求学生涯依然感慨万千。他最难忘自己在上海中学上高三时发生的一件事。

那是一天上午，班主任孙钟道老师上物理课。有名同学没能回答好孙老师的提问，这使年过半百的孙老师感慨不已。他说："同学们，再过几个月你们就要离校了，我希望你们能成为国家的栋梁之材。若干年后，当我看到你们每个人都取得成就，这便是我人生的最大欣慰与幸福；如果你们中谁做了对不起国家、对不起人民的事，那是我最大的不安、惭愧，甚至于……"说到这里，先生已激动得说不下去了，拿起板擦转身去擦黑板，可是黑板上还没有写过一个字，他又回过头来，眼里含着泪花，艰难地说："……甚至于耻辱！"那一刻，在青年林崇德的心灵上留下了深深的印迹。他坚定了自己的理想："我要当一位像孙老师那样的老师，要当一位杰出的教育家！"正因为如此，1960年，林崇德以优异成绩考入北京师范大学教育系心理学专业，为他的教育、教学生涯拉开了序幕。

也许是"天将降大任于斯人也，必先苦其心智，劳其筋骨"，正当林崇德大学毕业踌躇满志时，恰逢我国心理学专业面临"九分无用一分歪曲"的灭顶之灾。而其本人，作为"被树为红专典型转化成的白专尖子"到中小学任教。那是一个怎样的年代啊！然而，就是在那样恶劣的环境中，林崇德仍认真上课，当好老师和教导主任，同时利用业余时间开始了教育科学研究。他曾深入地研究了差生教育问题，十年如一日地对100多名品德不良学生进行了追踪研究……这些工作即便在今天，也当属不易。如果简陋的办公室有知，应能记得林崇德当年备课的认真勤奋；如果那辆破旧的自行车有知，应能记得他当年奔走于家访途中的辛劳……丰硕的成果历来垂青于艰辛不懈的劳动者，正是这13年深深扎根于基础教育的实践，为他后来的教育科学研究工作打下了基础，诚如他自己所言"我现在和将来的工作都可以说是这13年教学生涯的继续"。

是啊，他已把自己的根须深深地植于基础教育这片沃土中了！

教改实验的"播火者"

1978 年，这在我国历史上应当大书一笔，已经不再年轻的林崇德，依然执着于一个为中国基础教育做贡献的梦想，于是，他考回母校师从心理学泰斗朱智贤教授。那年，他已经 37 岁。37 岁，这是个使绝大多数人安于现状的年龄，而他却重新归队，扬起新的奋斗的风帆。

回母校伊始，当时年过古稀的恩师朱智贤教授与他分析这样一个现状：翻开西方的教育科学著作，几乎全部是西方学者自己研究的材料；翻开苏联的教育科学著作，几乎每本书都有一种强烈的俄罗斯民族自豪感。这使人们觉得是在"挑战"，似乎唯有他们的研究材料才是科学的。然而，当我们看一下我国自己的有关著作时，简直令人惭愧，1949 年前学习西方，20 世纪 50—60 年代主要照搬苏联，1978 年后又开始恢复西方热……如此下去，哪天才能建立起我们自己的教育科学体系？这位为中国教育科学与心理科学奋斗了一辈子的老专家语重心长地对自己的学生说："在师范院校，心理学属于教育科学。你回母校了，不能单纯钻书本堆和实验室，你要珍惜自己 13 年的中小学教育经验，为了中国的教育科学的研究，你必须选准美国的杜威和苏联的赞可夫为对手，通过教改实验，学习他们，赶上他们和超过他们。"从此，林崇德有了目标、对手，有了参照系和评价对象。他决心返回中小学教育第一线，从教改实验开始，既可吸收自己的教育理论的养料，又能为基础教育做贡献。

1978 年 9 月，他在北京市 124 中学的一次心理学讲座中，提出了培养学生的思维品质是发展其智力与能力的突破口。同年 10 月，他深入朝阳区幸福村学区抓了培养学生思维品质的实验班，这一抓就是 6 年，从一个实验班，扩展到 20 个实验班。每星期，三天上午，风雨无阻。早晨 7 点多钟，他已骑车赶到某一地方，与学区谭瑞校长一起到一个实验学校去听 3 堂课，讲评 1 小时，然后饿着肚子再骑 20 多里跑回家，每次到家都过一点钟了。1984 年，幸福村学区一批实验学校获得丰收，林崇德的实验班像滚雪球那样，在北京市中小学铺开了。

与此同时，从 1980 年起，内蒙古赤峰市教科所在许多中小学按林崇德的学术思想进行了教改实验，一搞就是 16 年。20 世纪 80 年代，林崇德应邀去了 3 次赤峰，其中 2 次是买不到硬座票而站了近 10 个小时到赤峰的，一去数天，讲学、听课、评课，却没有去过一次草原。

实验班在不断扩大，100 个、500 个、1000 个……1 个省、5 个省、10 个省，直到扩大到 26 个省（自治区、市）的 3000 多个中小学实验班。从黑龙江五常市到广东随溪县，从上海市黄浦区到新疆天山脚下，从内地偃师市到沿海瑞安市频频地传来喜报，几乎每一个实验班的教学质量都提高了，学生过重的负担减轻了，出现了全面发展、学有特色的景象。

通州六中原是北京市一所基础薄弱的学校。1986 年，通县（现通州区）一中初一入学语文数学两科的最低分为 193 分，二中为 180 分，六中只有 121.5 分。县里进行一次初一学生智商测定，一中平均为 114.5，二中平均为 104.8，六中却是 87.79（正常智商为 90~110）。林崇德与六中校长、教师一起搞实验，3 年后，中考成绩显示，这所学生平均智商不满 90 的学校，挤入了学生平均智商超过 110 的学校之列。在提高六中的教学质量上，林崇德教授是有功劳的，通州六中把他当成亲人。

1996 年 8 月 3 日，内蒙古赤峰市举行各旗县小学实验班速算表演，数百名小学生的速算与计算器比速度，结果小学生胜利了。谁能想象得到，这一大批思维敏捷，多次应国家教委、全国人大教科文组邀请进京表演的"小速算家"，竟来自 16 年前十几分就可以升初中的教育落后地区。林崇德带动的中小学教改实验，受益更多的是基础薄弱的学校，那里一批又一批的学生在教改实验中提高了素质。

众所周知，心理学教育性实验的特点是周期长，见效慢，工作难度大。特别是刚开始实验时，他没有助手，只能靠自己一个人跑。这些困难都没有难倒他，他坚持"夏练三伏，冬练三九"地骑着自行车到数十里以外的实验学校，一方面指导实验教师，另一方面进行调查研究。功夫不负有心人，勤奋的耕耘换来了丰硕的成果，这个实验课题 1986 年被列为国家教委"七五跨八五"规划的重点科研项目。从 1990年至 1994 年又承担教委主任李铁映发起的"基础教育发展与改革"总课题中的教师课题，从对学生的研究扩大到对教师的研究，从单科的教学改革实验到整体教学改革实验研究。他在实验中提出的"把儿童青少年心理发展的基本规律作为教育改革的出发点，以培养思维品质作为发展智力培养能力的突破口，并以思维品质为核心来建构学科能力，从非智力因素入手促进学生全面发展，以及融教师队伍建设、教材建设、教法改进为一体，从能力培养实验走向整体改革实验"的实验指导思想已深入人心。有一大批实验学校和实验班的教学质量有了明显提高，学生在德、智、体、美、劳诸方面获得了全面发展。

星星之火，可以燎原

1984年3月，林崇德成为中华人民共和国自己培养的第一个教育科学博士，从此，他根据自己13年基础教育的功底，在完成了"中小学生能力发展与培养"的研究后，开始了对教师素质的研究，特别是关于基础教育师资队伍素质和培养途径的研究，在教育界、理论界、学术界产生了广泛的影响。

林崇德教授在研究学生的实践中认识到教师的主导作用，重视和加强对教师的理论指导。20世纪80年代中期，他率先提出"教改教科研是提高教师素质的重要途径"的观点，并殷切地希望中小学教师的教育、教学模式，从经验型向科研型、从教书匠型向学者型转变。这两个从实践中得来的真知灼见，得到了中国教育学会会长张承先等同志的肯定和赞赏。目前，他所从事的教师素质研究，以及与此相关的教师教学监控能力系列量表，对我国基础教育的影响力已初露端倪。更重要的是实验点教师普遍提高了素质。例如，实验学校北京五中76.30%的教师有论著发表；全国有10余位实验骨干教师个人论著已超过百万字；北京五中梁捷老师还写了30部教学片，在中央电视台播放的有18集《中学语文听说读教学》和12集的《美育之光》。实验过程中，上千位教师晋升了职称，500多篇论文获奖，涌现出17名特级教师，不少省（自治区、市）把实验教师评为劳动模范、优秀教师和优秀教育工作者。

林崇德教授对中小学教师的培养和儿童青少年的发展可谓鞠躬尽瘁。他谦虚谨慎，胸无宿物，不管哪个实验点出了成绩，他都认为这是实验班教师的功劳。有个别实验班教师居功自恃，甚至对他有不逊的言词，他从来都是任劳任怨，不作任何解释。他的宁波实验点扩大到 67 个乡，大面积地提高了广大农村小学的全面素质。作为宁波教委课题的学术顾问，他多次去宁波，从来不计较个人得失、待遇，为此，1986 年 5 月《宁波日报》为他发了一篇消息《林崇德的三不（不要酬金，不住宾馆，不去旅游）》，引起了广大中小学教师的感慨。他每到一地，都是匆匆而去，又匆匆而回，默默地与当地教师一起在学生心田中耕耘。1993 年暑假，他为北京市海淀区 38 名骨干教师讲了 7 天课，不收任何报酬。这种例子不胜枚举。他领衔主编的《中国少年儿童百科全书》已发行近 60 万套，该书不但是新闻出版署"1988—2000 年全国辞书编写出版计划的唯一一部少年儿童百科全书"，1992 年获第六届中国图书奖一等奖，而且还被第五届全国书市（1992，成都）和第六届全国书市（1994，武汉）评为十大优秀畅销书之一。他主编的《中国小学教学百科全书》《中国中学教学百科全书》（副主编）和《中国学前教育百科全书》等，洋洋 3000 多万字，深受全国中小学教师和幼儿园教师的欢迎。与此同时，他还积极为培养中小学师资尽心尽力，从 1990 年开始在北京、天津与有关部门合办了小教大专班、续本科班等，先后毕业 500 多名学员。目前在北京顺义与有关方面合办的小教大专班，以及落实北京市"五六一"工程的"中学教师研究生班"，都从培养学科能力出发，提高中小学教师的素质，取得了良好的效果。凭着对中国基础教育事业的一腔热血，凭着踏踏实实的科研工作和一丝不苟的治学态度，林崇德的名字在中小学掀起了一股"旋风"。

杭州，1987 年 9 月 6 日《浙江日报》报道：临海市浙商小学教师王金兰在多年的教学实践中，根据学生心理特点，创造了"快乐的教学法"，使学生学得有兴趣，教学质量提高，得到北京师范大学教授林崇德的指导和支持。

北京，1993 年，《中国小学教学百科全书》新闻发布会。北京市第一实验小学田校长说："《中国小学教学百科全书》主编林崇德教授是北京市小学教育界家喻户晓的人物。"

北京通州，1996 年，第 12 届教师节庆贺会。北京市教委基教处方副处长说，北京市有 17 所中学特色校，因林崇德教授的教改实验而得此殊荣的学校有 4 所，这从一个侧面反映了他的教改实验在中学的影响力。

全国优秀教育工作者、全国政协委员、特级教师、北京五中校长吴昌顺说："林崇德是中小学教师的知心朋友，是我们最欢迎的名教授之一。"

《中国教育报》，打破常规，分 7 期连续介绍了"林崇德的'学习与发展'观"。

《光明日报》，三次追踪报道了林崇德教授的教改实验及其成果。

……

林崇德教授，已经把自己的命运和中国基础教育的发展捆在同一条"船"上了。

矢志耕耘与搭桥

展望未来，林崇德教授充满信心。他矢志继续坚持在教育实践中研究儿童青少年心理学，加强心理科学的现代化建设，从而使心理学更好地为基础教育服务。具体来说，就是他酝酿已久的"三三三工程"，即到 2000 年，培养 30 名博士，使这些学子成为国内学术界有一定造诣的教学科研骨干，并为基础教育的理论建设与实践服务；培养 300 名专家型的中小学优秀教师，培养 3000 名教改实验骨干，使这些中小学教师既懂得教育规律、科学理论，又能得心应手地把理论和实践有机结合起来，成为理论工作者和实际工作者联系的纽带。目前这项工程已经初具规模，且初见成效，他培养的 13 名博士已有 4 人被破格晋升为教授、博士生导师，在读的 18 名博士生的博士论文选题大多与基础教育有关；分布在全国 26 个省(自治区、市) 3000 多个实验班的实验教师，在教改科研过程中，自身素质和教学素质都不断提高，相当一部分已成为基础教育界的新秀。①

难怪美国的《肯特日报》把林崇德与美国当代大教育家斯波克(Benjamin Spock)相媲美，称他为中国的教育改革家。何东昌同志曾表彰林崇德教授的教育研究实验为理论与实际、普及与提高、专家与群众、基础研究与应用研究相结合的典型。这

---

① 林崇德教授的"三三三工程"早已实现，特别是在其培养人才上，截至 2005 年暑假，他已带出 6 名博士后，培养了 53 名博士，他们中已有 31 人晋升为教授，25 人成为博士研究生导师。2004 年入选国家"百千万人才工程"的 819 位优秀专家中，有 2 名是林崇德教授的博士。——肖扬注

可谓一语中的！确实，中国基础教育界，呼唤着这样的名教授"下海"，为中小学教育把诊、开药方、指点迷津。

谈起这些令人瞩目的成就，林崇德教授谦虚地说："如果说我在基础教育界有了一些名气，那是因为我实验点教师的辛勤工作和努力耕耘，各位心理学界、教育界同仁对我的爱护；其次才是我的科研成果。我还要继续搭好理论与实践的桥梁，培养更多的中小学教育骨干。"

谦逊的人格！博大的胸怀！

SHIHUN

师　魂

《师魂》高教版前言

2012年9月10日，在第28个教师节来临之际，中央有关领导同志来到北京师范大学，与师生员工欢度教师节，并安排听一堂以"师德"为主题的课。我受学校党委委托，接受了这项光荣的任务。基于现阶段国家对教师素质的要求，结合自身从教经验，我将这堂课的题目定为"教师大计，师德为本"。我的弟子方晓义教授、陈英和教授和我一起认真备课，我的弟子刘春晖博士为我的课件做了八次修改。在团队的共同努力下，我们为"国培计划"的教师讲授了一堂师德课，圆满完成了校党委的任务。

2012年年底，教育部社会科学司"教育部哲学社会科学研究普及读物项目"向全国征集科普读物的选题，北京师范大学社会科学处申报了"教师大计，师德为本"的题目，并获得了批准。我本着认真贯彻《国家中长期教育改革和发展规划纲要（2010—2020年）》、积极传播高尚师德的精神，认真构思了这本小册子的内容。

关于师德，教育部、中国教科文卫体工会全国委员会共同印发了《高等学校教师职业道德规范》，对高校教师的师德有了明确的规定；对中小学教师的师德规定则有两个版本：《中小学教师职业道德规范》（1997年）和《中小学教师职业道德规范》（2008年修订）。尽管教师师德规范有上述几个文件，但我认为无论怎么提，究其本质均突出了以下四个主题：爱岗敬业、关爱学生、严谨治学、为人师表。因此，我围绕这四个方面展开了深入研究。与此同时，我认为重视师德是中华民族文化的一种表现，也是国际教育界的共识。鉴于此，我深入探讨了基于中华民族文化的师德观，也总结分析了外国教育史上著名的师德观，并论证师德的重要性。在此期间，我翻阅了以往关于师德的著作，发现绝大部分著作的阅读对象定位是中小学教师，高校教师的师德特点如何也需要我们加以厘清。因此，我在这本科普读物里，在论述中小学教师师德的同时，也探讨了高校教师师德的特殊性。

基于上述几方面的综合考虑，我最终确定了本书的八方面内容：(1)贵师德，中华文明立其根；(2)重师德，国际杏坛有共识；(3)析师德，人之模范重修道；(4)论师业，爱岗敬业铸师魂；(5)讲师爱，无私大爱最神圣；(6)有师能，严谨治学守规范；(7)立师风，为人师表重履践；(8)辨师责，高教基教有差别。

正如前文所说，这本科普读物源于 2012 年的一堂课。然而，一堂课的讲义也就是 1~2 万字的内容，真正将其扩展为一本 10 万字的科普读物，就需要围绕师德问题做一些科学的研究，展示丰富翔实的事例。于是，我的博士研究生刘芳、林琳、贾绪计、周婵、辛素飞等帮我收集了大量生动鲜活的素材，保证了本书的顺利完稿。科普读物追求可读性，所以我不仅重视书中语言的表达，而且在初稿写成后，把它发给了语文教育家梁捷老师。她以扎实的文字功底，耐心细致地打磨了这本书的全部内容。按教育部社会科学司的要求，这本书由高等教育出版社出版，高教社的马伊顾编辑也对稿件做了认真的编辑加工。对梁老师、我的弟子们和马编辑所付出的劳动，我于此一并表示衷心的感谢！

师德是一个长讲不衰的话题。这本科普读物仅作为我的一家之言，我愿意与所有关心师德问题的各位同仁、老师和同学共同讨论，欢迎大家批评指正。如若通过这本小册子能够起到弘扬高尚的师德精神、促进教师的师德建设、激发各界关注师德的作用，老朽定当不胜欣喜。

著 者

2014 年 8 月于北京师范大学

教师大计　师德为本

百年大计，教育为本；

教育大计，教师为本；

教师大计，师德为本。

"弘我教化，昌我民智"是历史赋予北京师范大学的伟大使命。

"学为人师，行为世范"结晶为北京师范大学师生的人生圭臬。

作为北京师范大学的学子，我们始终秉承"爱国进步、诚信质朴、求真创新、为人师表"的优良传统；作为北京师范大学的教授，我们也必须本着上述精神来阐述"教师大计，师德为本"的深刻内涵。

2014年5月4日，习近平总书记在北京大学座谈会上说："教师承担着最庄严、最神圣的使命……教师要时刻铭记教书育人的使命，甘当人梯，甘当铺路石，以人格魅力引导学生心灵，以学术造诣开启学生的智慧之门。"

师德是可以由多种学科来研究的。这多种学科在研究师德时既有分工，又有交叉；既有各自研究的范围，又有彼此间的交集与联系。政治学研究师德，是为政治行政部门提供制定教师职业道德规范的科学依据；社会学研究师德，在于厘清社会发展与师德的关系，揭示师德在社会调控中的作用；伦理学研究师德，着重于研究教师这个职业的道德内容及规范，从伦理学的范畴予以表述；教育学研究师德，关注师德观的产生与发展，进而有效地实施教师教育；心理学研究师德，侧重研究教师个体的师德面貌与心理差异。

师德，是一个老话题，是一个常讲不衰的话题。讲师德并不是说我们教师的师德问题太多，而是要进一步确立师德在教师队伍建设中的核心地位。

伟大的中华民族文化历来重视师德。战国时代就已经明确提出"师也者，教之以事而喻诸德者也。保也者，慎其身以辅翼之而归诸道者也"①。意思是说，所谓师，是用具体事例教导并用它说明各种德行的人；所谓保，是以自己谨慎的言行来辅佐世子使归于正道的人。② 这大概是中国古代最早提出的教师应遵循的职业道德原则。从孔夫子到孙中山都提倡师者修德，追求"师范端严，学明德尊"的境界。中华人民共和国成立后，我们党和国家领导人对中华民族文化的师德观坚定继承和不断创新，始终重视教师的师德建设。进入21世纪，党的十八大报告明确指出："加强教师队伍建设，提高师德水平和业务能力。"《中华人民共和国教育法》中提出的教师义务的首条就是"遵守宪法、法律和职业道德，为人师表"。可见，我们党和国家的领导人都把继承弘扬中华民族文化的师德观放在整个教师队伍建设的核心地位上。

任何一种职业都有自己的职业道德规范，师德是教师的职业道德。师德的内容，一般由国家教育部门来制定。2011年，教育部、中国教科文卫体工会全国委员会共同印发的《高等学校教师职业道德规范》，内容为"爱国守法、敬业爱生、教书育人、严谨治学、服务社会、为人师表"。《中小学教师师德规范》有1997年和2008年两个版本。1997年版涉及"依法执教、爱岗敬业、热爱学生、严谨治学、团结协作、尊重家长、廉洁从教和为人师表"八条；2008年修订版涉及"爱国守法、爱岗敬业、关爱学生、教书育人、为人师表和终身学习"六条。对照这两个版本，旧规范第四条"严谨治学"的主要内容，分解在新规范的第四条"教书育人"和第六条"终身学习"里；旧规范第五条"团结协作"、第六条"尊重家长"、第七条"廉洁从教"、第八条"为人师表"的主要内容，都集中体现在新规范第五条"为人师表"里。尽管《中小学教师职业道德规范》的内容有许多变化，但是结合上述《高等学校教师职业道德规范》，我们看到，主旨没有变，即突出了"责任"与"爱"。责任与爱是教育的永恒主题，也是高尚师德的具体体现。每一位教师，不论是大学教师，中小学教师还是幼儿园教师，都应该切实承担起一份教育者的社会责任，都应该对学生充满

---

① （清）孙希旦：《礼记集解（全三册）》，563页，北京，中华书局，1989。
② 林崇德：《师德通览》，234—235页，济南，山东教育出版社，2000。

爱心。

　　研究师德的地位，揭示师德的内涵与发展，履践师德的规范要求，研究现代师德建设的根本途径与民族化、个性化成长中继承与创新的统一，是"师魂"这部分的写作初衷，希望有更多的人参与研究、深入探讨。

第一章

贵师德，中华文明立其根

教育为先、重视教师是中华民族文化的优秀传统。享有中国"最早教育学之一"美称的《礼记·学记》有如下论述："古之王者建国君民，教学为先"。这是强调，教育是一个民族立国强民的根本，也就是"百年大计，教育为本"的道理。

集儒家之大成的《荀子·大略》中有如下论述："国将兴，必贵师而重傅，贵师而重傅则法度存。国将衰，必贱师而轻傅，贱师而轻傅则人有快（肆意，放纵），人有快则法度坏。"这是强调，教师在国家兴衰中所起的重要作用，也就是"教育大计，教师为本"的道理。

《荀子·修身》中曰："礼者，所以正身也；师者，所以正礼也，无礼，何以正身？无师，吾安知礼之为是也？"这是强调，"礼"是社会的最高行为规范，是立身处事的标准，是用来端正身心的；而这个标准是由教师来传授、践行和示范的。如果没有"礼"，怎么规范人们的行为呢？如果没有教师，我们怎么知道"礼"的内容和标准呢？教师的地位之所以重要，在于他们担负着解释、传播、践行、示范"礼"的作用，他们与国家的兴衰、法度的存废、人心的善恶有着密切的联系。这就是为什么"教育大计，教师为本"的道理。

但是，教师怎样才能真正成为教育之"本"，怎样才能获得全社会的尊重呢？

对诸子百家思想兼收并蓄的《吕氏春秋》一书中有这样的论述："为师之务，在于胜理，在于行义。理胜义立则位尊矣""遗理释义……而欲使人之尊之也，不亦难乎？"。这是强调教师自身必须洞明道理而又能够践行职责，为人师表，只有做到"理胜义行"才能够受到社会尊重。如果丢掉了"理"，放弃了"义"，还想获得人们的尊重，那就很难了。难怪《礼记·学记》中还有"择师不可不慎也"的论述，也就是说"教师大计，师德为本"。

一、师德的内涵应该与中华民族文化的内涵相融

师德，是中华民族文化的精髓，师德的内涵应该与中华民族文化的内涵相融。

让我们重温中华民族文化的特点。

文化，又名文明，通常指人类在社会实践过程中所获得的物质、精神的生产能力和创造的物质、精神财富的总和，特别是指精神财富，如文学、艺术、教育、科学等，也包括社会认知、社会行为、社会风俗和社会规范等文明的特点。

中华文明经历了五千多年的历史变迁，但始终一脉相承，积淀着中华民族最深层的精神追求，代表着中华民族独特的精神标识，为中华民族生生不息、发展壮大提供了丰厚滋养。因此，要加强对中华传统文化的发掘和阐发，努力实现中华传统美德的创造性转化和创造性发展。

现在，谈中华民族文化特点的人很多，发表的文章也不少，处于一个百花齐放的状态。这里，我从学习众多的观点后，来谈点对中华民族文化文明表现的认识。

概括来说，中华民族文化以德为核心，中华民族的美德是中华文明的基石；中华文明表现在中华文学、艺术、教育、科学四个方面，它们构成了中华文明的四座丰碑；中华文明以自强不息与和谐为两大精神支柱，这二者又是中华文明发展的动力；中华文明以民为出发点，为民服务是中华文明的宗旨；中华文明以法制和睦邻为发展的手段，是历代能否施行仁政、稳固江山的方法。就这样，中华民族在五千多年的漫长历史中形成了独具特色的传统文化。

（1）中华民族文化历来崇德重德。

孔子讲"为政以德，譬如北辰，居其所而众星共之""道之以政，齐之以刑，民免而无耻。道之以德，齐之以礼，有耻且格"。这都是强调"德政"，即有益于人民的政治措施。汉文帝刘恒以仁孝之名闻于天下，侍奉母亲从不懈息。母亲卧病三年，他常常目不交睫，衣不解带。母亲所服的汤药，他亲口尝过后才放心让母亲服用。他在位期间，重德治，兴礼仪，注意发展农业，使西汉社会稳定，人丁兴旺，

经济得到恢复和发展，他与汉景帝的统治时期被誉为"文景之治"。

《荀子·强国》说："礼乐则修，分义则明，举错则时，爱利则形，如是，百姓贵之如帝，高之如天，亲之如父母，畏之如神明，故赏不用而民劝，罚不用而威行。夫是之谓道德之威。"也把道德之威视为"国威"之一，这正是"德治"的道理所在。而《左传·隐公十一年》"既无德政，又无威刑，是以及邪"则道出了不重视"德治"的后果。

中华民族文化不仅重视德政，还强调要提高个人的道德修养，强调"君子进德修业"，形成了下面要展开的仁、义、礼、智、信的"五常"之德。《礼记·大学》强调"大学之道，在明明德，在亲民，在止于至善"。这都是讲个人要提高自身的道德修养，学校也要注重培养人的德性。可见，中华民族的美德源远流长，这是中华民族文化的核心，是中华民族文化的基石。

(2)中华民族文化历来重视文学创作。

古代中国，曾把一切用文字书写的文献或书籍统称为文学。中华文明有诗歌、散文、小说和戏剧创作的悠久历史和丰富的遗产。中华民族是诗歌之乡，《诗经》、《楚辞》、汉乐府、唐诗、宋词等是中华民族一代又一代的优秀诗歌作品；中国六朝以来，为区别于韵文和骈文，把凡不押韵、不重排偶的文体称为散文，产生了包括经传史书在内的中华民族的散文瑰宝；小说创作可追溯至春秋战国时期，《庄子·外物》和后来的《汉书·艺文志》均有记录，唐传奇、宋元话本、明清章回小说，尤其是四大名著震撼世界；中华民族有戏剧创作的漫长历史，汉有歌戏、百戏和纸戏，唐有歌舞，北宋时形成宋杂剧，金末元初产生元杂剧，明清时各种剧广泛兴起。所有这一切，都为中华文明增添光彩，都昭示着中华文明既重视道德的发展、理性的发展，又重视感性的体验、感情的抒发。

(3)中华民族文化历来崇尚艺术。

中华文明包含有各种艺术形式，如音乐、舞蹈、杂技、说唱、戏曲、绘画、书法、雕塑、建筑、工艺等。在不同的艺术门类上中华文明都形成了丰富的艺术宝库，不同的地域还形成了不同的艺术风格。在原始社会，中华民族就有音乐、舞蹈等艺术，到夏商西周时期形成了"宫商角徵羽"五声，有了正式的礼乐制度。同样是在原始社会开始有陶器、岩画等艺术，从夏商西周时期开始有青铜艺术和玉石艺术，这一时期还开始产生书法艺术，并出现了早期的瓷器，到汉代时瓷器艺术进入成熟阶段。到隋唐时期，中华文明的各种艺术都达到巅峰，并一直不断发展，成为世界上最独特和璀璨的明珠。中华文明是追求美、创造美的文明。

（4）中华民族文化历来追求科学发明。

中华文明对科学发明的重视使中华文明在悠久的历史中一直领先于其他国度。如北宋时期的著名科学家沈括，他是卓越的工程师、出色的军事家、外交家和政治家；他精通天文、数学、物理学、化学、生物学、地理学、农学和医学；他晚年所著的《梦溪笔谈》是中国科学史上的坐标，内容极为丰富，包括天文、历法、数学、物理、化学、生物、地理、地质、医学、文学、史学、工程技术、音乐、美术等共六百余条。其中二百余条属于科学技术方面，反映了我国古代特别是北宋时期自然科学取得的辉煌成就。

中华民族的科学文明在历史中的领先地位也是吸引英国著名科技史学家李约瑟一生醉心于中国科技文明的原因。李约瑟先生几十年都坚持寻书访友，尽最大可能搜集文献、实物和口碑资料，钩玄提要，探幽烛微，见微知著。他从一张告诫行人慎防恶犬的墙贴印证我国早期的印刷术；从大渡河上的铁索桥联想到当年钢铁冶炼工艺的水平；从涌潮、验潮、潮汐表以及有关理论推演出一部引人入胜的潮汐学史。[1] R. 坦普尔的《中国的创造精神》一书是对中华文明的科学创造精神的最好诠释，他使西方读者对中国古代科学成就有了一个概括的了解。在序言里，李约瑟提出了一个根本问题：为什么中国竟然如此遥遥领先于其他国家？这是因为中华文明具有崇尚自主的人格、质疑求真的特质、"和而不同"的思维特点以及"崇尚理性"的精神。正是由于中华文明有这种崇尚科学的精神，无论经过了多少挫折，中华民族才总是能迅速地发展科技，屹立于世界民族之林。中华文明是不断创新、不断前进的文明。

（5）中华民族文化历来以教育为先。

中华民族是礼仪之邦，其基础在于教育。从某种角度看，中华文明甚至可以与

---

[1] 夏侯炳：《简论李约瑟及其〈中国科学技术史〉》，载《江西图书馆学刊》，1995（2）。

教育画上等号。早在六千多年前就有原始社会的教育，且从黄帝时期起教育就走向了有意识、有目的的状态。大约在五千年前，包括尧舜在内的五帝时代，中华民族出现了最早的学校"成均、庠、序、校"，到西周集前代之大成，出现了一套较完备的学制系统，设有"官学"和"乡学"，春秋时期出现了孔子的儒家私学。从西周的官学到孔子的私学已有完整的课程设置，即礼、乐、射、御、书、数六艺。中华民族在历代办教育的过程中，逐步形成儒学的指导思想；在尊师重教的同时，要求教师不仅教书，更要注重育人。虽然历代学校，因类型、名称不同，对学生、老师也有不同的称谓，但尊师爱生、教学相长、言传身教历来是师生关系的基本准则，这就形成了社会文明大计——以教育为本的趋势。

(6)中华民族文化历来坚持自强不息，不断革故鼎新。

孔子说"生无所息"。孔子有位弟子叫子贡，据传说，子贡觉得跟孔子做学问太辛苦，提出想少学几样学问，少尽几种社会责任，孔子都不答应。子贡便问：何时可以休息？孔子说：看见那一个个像大鼎一样、像小山包一样的坟头了么？当你进入那里时，就可以休息了。生命不息，奋斗不止，这就是孔子的人生信条。

《周易》论"天行健，君子以自强不息；地势坤，君子以厚德载物"，荀子道"君子敬其在己者而不慕其在天者，是以日进也"。中华民族从来就不怨天尤人，反而把挫折当作考验，活着就是要自强不息。

汉代司马迁被处以宫刑，肉体和心灵的巨大耻辱，激起了他顽强的斗志。他发愤写作，以惊人的毅力完成了五十二万字的鸿篇巨著——《史记》，实现了他"究天人之际，通古今之变，成一家之言"的伟大理想。

明代庄元臣《叔苴子内篇》有"功生于败，名生于垢"之句，就是乐观地把磨难当作"天将降大任于斯人也"的必然。而清代蒲松龄自勉联"有志者，事竟成，破釜沉舟，百二秦关终属楚；苦心人，天不负，卧薪尝胆，三千越甲可吞吴"也成为人人传诵的佳句。

中华民族之所以能在五千年的历史进程中生生不息、发展壮大，历经挫折而不屈，屡遭坎坷而不绥，靠的就是这种发愤图强、坚忍不拔、厚德载物、与时俱进的精神。

（7）中华民族文化历来以和为贵，强调社会和谐、心理和谐和团结互助。

孔子说"君子和而不同"，孟子说"爱人者，人恒爱之；敬人者，人恒敬之""老吾老，以及人之老；幼吾幼，以及人之幼"，庄子说"与人和者，谓之人乐，与天和者，谓之天乐"，这都是强调人际和谐与社会和谐，同时，"天人合一""仁爱及物"还强调人与自然的和谐。从孔夫子到孙中山，再到中国共产党的五代领导集体，强调的都是"和为贵"的思想。追求天人合一、人际和谐、身心和谐，向往人人相亲、人人平等、天下为公，立足于人的现世关怀，确立起人性自足、终极关怀的价值系统。

（8）中华民族文化历来为民利民，以民为本，尊重人的尊严和价值。

"民惟邦本，本固邦宁""天地之间，莫贵于人"，中华文明历来以人民为社稷的根本，以人民的利益为根本利益，强调要利民、裕民、养民、惠民，实现社会公平和正义。中华文明的历史上不乏"居庙堂之高则忧其民""圣人无常心，以百姓之心为心"的明君，例如，唐太宗从波澜壮阔的农民战争中认识到人民群众力量的伟大，吸取隋朝灭亡的教训，非常重视老百姓的生活。他强调以民为本，常说："君，舟也；民，水也。水能载舟，亦能覆舟。"太宗即位之初，下令轻徭薄赋，让老百姓休养生息。唐太宗爱惜民力，他患有气疾，不适合居住在潮湿的旧宫殿，却一直在隋朝的旧宫殿里住了很久。他还下令合并州县，革除"民少吏多"的弊病，有利于减轻人民负担。当代，我们党和国家的五代领导人也一直坚持全心全意为人民服务的宗旨，把民主、民权和民生放在一切工作的首位。

（9）中华民族文化历来重视法制，重视依法治国。

中华文明早在春秋时期就重视"修法治，广政教"，把法治作为国家强盛的必由之路。战国时期，更是以法为"天下之仪"。韩非子集法家学说之大成，"以道为常，以法为本"，把法治和术治、势治相结合，形成了系统的法治理论。从秦以后各代，都推行"以法治国""治强生于法""刑过不避大臣，赏善不遗匹夫"等，不断发展和完善了法制思想和法治实践。法治强调以法为裁决根本，在法律面前人人平等。贯彻依法治国就是推行仁政，法治也正是历代仁政统治者所执行的治国方略，"崇效天，卑法地"。

（10）中华民族文化历来注重亲仁善邻，"讲信修睦"，讲求国与国之间的"和睦相处"。

老子在《道德经》中讲"以道佐人主者，不以兵强天下，其事好还""兵者不祥之器，非君子之器，不得已而用之，恬淡为上"，这些慧语阐明了中华民族历来热爱和平，反对战争的态度。中华文明遵循"强不执弱""富不侮贫"的国家交往准则，认为只有以德服人才能"协和万邦"，才能"天下之人皆相爱"，这是强调国家之间相处的原则。"海纳百川，有容乃大"则强调对待他国的文明要真诚地尊重和包容，要兼收并蓄、博采众长，要以合作谋求和平、反对战争，要以双赢促进人类发展、国际繁荣。由此发展而来的"和平共处五项原则"也成为国际上广为接受的国家交往准则。这也就是中华文明所强调和推崇的"以和为贵""天下大同"。

由此可见，中华民族文化博大精深，并通过一代又一代的发扬光大，绽放出夺目的光芒。而中华民族的师德观，也正是在中华民族文化的整体发展基础上的一个重要组成部分。

二、历代中国教育家的师德观

中华民族的文化与师德，必须从孔子讲起。孔子（前551—前479），名丘，字仲尼，是春秋末期思想家、政治家、教育家，其思想研究的代表著作是《论语》。孔子创立的儒学思想，自西汉起，因汉武帝"罢黜百家，独尊儒术"，被推崇为我国主流学派。

儒学内容十分丰富，主要有：祖述尧舜，效法（周）文武（二王），崇尚"礼乐"和"仁义"，倡导"忠恕"和"中庸"之道。政治上主张统治和仁政。重视伦理道德教育和自我修身养性等。

两千五百多年来，儒学思想成为中华民族文化的主流与基石，哺育着中华民族的品格特征。孔子是教育先师，他以《诗》《书》《礼》《乐》教学生，传说拥有弟子3000，其中贤人72位。他关于教育作用、教育目的、教育内容、教育原则和教育方法等的论述，不仅写进了中国诗史，而且在国际上享有崇高的声誉。

《论语·子路》所载孔子"其身正，不令而行；其身不正，虽令不从"的言论，是教师以身作则、言教身教的最佳论述。《论语·述而》中有他"默而识之，学而不厌，诲人不倦，何有于我哉"之句，是对学风、教风的最好表述。《论语·为政》中记载他提出的"温故而知新，可以为师矣"，也正是今天我们所提倡的"创新"机制。孔子当时强调复习旧知识，获得新体会，提出新见解，这也正是对教师严谨治学、教育创新的要求。在《论语·子罕》中他所发出的"后生可畏，焉知来者之不如今也"的感慨，就是他对学生、对青少年寄以的厚望，是对教师树立"青出于蓝而胜于蓝"理念的最早的表达。

孔子是热爱学生的典范，当他闻听其弟子颜渊去世的消息时，哭得极度悲恸，《论语·先进》中描述他发出"噫，天丧予！天丧予！"的感叹，意思是"老天爷要了我的命"。别人劝他，他说我不为学生悲痛还能为谁悲痛呢？所有这一切，不仅说明孔子是师德的楷模，而且表达了孔子的师德观。这种师德观，既阐述了师德的规范，又阐述了教师的良好品格特征。一代代流芳百世，影响数千年。

除孔子开启教育先河之外，中华民族古代教育大师辈出，先后有老子、墨子、孟子、庄子、荀子、董仲舒、扬雄、王充、颜之推、韩愈、柳宗元、王安石、程颢、程颐、朱熹等一代又一代的教育名家。他们在不同时期的"传道、授业、解惑"生涯中，以其执教的实践和传世佳著，丰富和完善着中华民族文化中师德观的宝库。

我们不妨举些例子。

老子（生卒年不详，生于孔子之前），又称老聃，姓李名耳，字伯阳，春秋时期的思想家，道家的创始人。著有《老子》一书，用"道"来说明宇宙万物的演变，其名言"祸兮福所倚，福兮祸所伏"是一种对立转化的观点，所以中国哲学史十分重视其丰富的、朴素的辩证思想。《老子》有着较多的师德的论述，特别是"尊师""严于律己"和"行不言之教"的理念。《老子》的"尊师"思想，强调"不贵其师，不爱其资，虽智大迷，是谓要妙"，也就是说，谁要是不尊重他的老师，其实是大糊涂；《老子》中强调"善战者""圣人""为师者"要"严于律己"；《老子》反对空谈的教化，主张用"不言"的方式施行教化。

墨子（约前469—前376），名翟，春秋战国之际思想家、政治家、教育家，是继孔子后又一位私学的创办者，有弟子300余人。他曾学习儒学，因不满烦琐的"礼"而另立新说，力主"兼相爱，交相利"的思想，更有"摩顶放踵，利天下为之"的实践精神。他的师德观表现在其著作《墨子》中，他把"隐匿良道而不相教诲也"视为教师之大恶，把"有道者劝以教人"视为教师之大善。墨子主张言行一致，提倡教师"言必信，行必果"。墨子还希望教师因材施教，"能谈辩者谈辩，能说书者说书，能从事者从事"，"知者必量其力所能至而从事焉"。

孟子（约前372—前289），名轲，字子舆，战国时思想家、政治家、教育家，代表作为《孟子》。他受业于孔子的孙子子思门下，将孔子"仁"的观念发展为"仁政"学说，在教育思想上也继承孔子的学说，对后世儒学者影响很大，故有"孔孟"思想之称。《孟子·尽心上》的那句名言"得天下英才而教育之，三乐也"，被历代教育家传颂并奉为座右铭。孟子办学很有成效，有弟子数百人。孟子的师德观也很丰富，他进一步发挥了教师应以德为先的思想，注重自身品德的修养，要多"内省"，当"君子""贤人"乃至"圣人"。他称百世之师为"圣人"。与此同时，孟子提出许多师德的要求，如"闻过则喜""持志养气""学者亦必以规矩""教者必以正"，特别提倡"因材施教"，他在《孟子·尽心上》指出在五种不同情况下有着不同的教人方法："君子之所以教者五：有如时雨化之者，有成德者，有达财者，有答问者，有私淑艾者。此五者，君子之所以教也。"

董仲舒（前179—前104），西汉思想家，儒学家，西汉时期著名的哲学家和今文经学大师。代表作有《春秋繁露》及《董子文集》。汉武帝举贤良文学之士，董仲舒对策建议："诸不在六艺之科孔子之术者，皆绝其道，勿使并进"。这些建议被汉武帝采纳，形成"罢黜百家，独尊儒术"的格局，儒学成为教育的主要内容。董仲舒为官近20年，他坚持不懈地从事教育工作。他重视教师的质量，"兴太学，置明师，以养天下之士"，他把好的教师称为"明师"，没有"明师"当然就没有天下的人才。"明师"的标准重要的是师德，他在《春秋繁露·玉杯》中提出："善为师者，既美其道，有慎其行，齐时早晚，任多少，适疾徐，造而勿趋，稽而勿苦，省其所为，而成其所湛，故力不劳而身大成。此之谓圣化，吾取之。"这里的"既美其道，有慎其行"，强调教师自身品行修养，"齐（济）时早晚，任多少，适疾徐，造而勿趋，稽而勿苦"强调教师要关爱学生，了解学生。这构成董仲舒独特的师德观。此外，在《董仲舒传》中有教师严谨治学的名言"强勉学问，则闻见博而知益明，强勉行道，则德日起而大有功"。在《春秋繁露·正贯》中有教师要有的放矢，一切要从学生实际出发进行教育的理念。"故知其气矣，然后能食其志也；知其声矣，而后能扶其精也；知其行矣，而后能遂其形也；知其物矣，然后能别其情也。"

朱熹（1130—1200），字元晦，一字仲晦，号晦庵，别称紫阳，誉称朱子。南宋哲学家、教育家，主张抗金救国。他的哲学思想是理学体系，提倡"理气相依"的思想，提出"凡事无不相反以相成"和事物"一分为二"的观点，强调"知先行后"又"知行相须"的理念。朱熹从事教育50余年，先后修复白鹿洞书院、岳麓书院，老年定居建阳、沧州等地，堪称中国教育史上继孔子之后的第二位大教育家。朱熹这一辈子培养了数千名弟子，可查到的名家378位。他一生除教书之外，还有一个伟大之举是全面诠释了孔子的教育思想。我认为古人在谈论孔子的教育思想时，朱熹解释得最好。朱熹的著作较多，有《四书章句集注》《诗集传》等，后人还编纂了《晦庵先生朱文公文集》和《朱子语类》等。朱熹对师德有许多论述，其本人更是师之典范。首先，朱熹认为教师"须以圣贤为己任"，可见他重视师德，把教师品德修养作为教师的首要条件。其次，他提倡立志，希望学者立下做尧舜那样圣人的志向。"学者大要立志，才学，便要做圣人是也""所谓志者，不道将这些意气去盖他人，只是直截要学尧舜"。与此同时，朱熹提出一系列师德修养的方法，例如"明义反本""明人伦""灭人欲，存天理""进德修业""培养功夫，认明天理""自觉省桑"等。所有这些，对提高教师的师德是十分必要的。

中国近现代也涌现出一批杰出的教育家。尽管他们有着学贯中西的特点，但像康有为、蔡元培、梁启超、徐特立、晏阳初、陶行知等一大批教育家的骨子里还有着继承弘扬中华民族优秀文化的师德观。

康有为（1858—1927）在其《大同书》里提出了在育婴院、小学院、中学院、大学院各类各级教育中教师的标准，并把师德或教师的"德性"放在首位。在西学东渐的影响和社会发展需要的推动下，他提出大学教师要严谨治学的师德观，即"专学精深，奥妙实验有得"。

蔡元培（1868—1940）将西方的"自由""平等""博爱"比附于中国传统文化的"义""恕""仁"，要求教师遵守。他不仅对教师提出"砥砺德行、敬爱师友"的要求，而且他本身也是师德的典范，难怪 1940 年 3 月 5 日蔡元培逝世时，毛泽东特以"学界泰斗，人世楷模"来称颂他的师德境界。

陶行知（1891—1946）以"捧着一颗心来，不带半根草去"的奉献精神，形象地撰写了他的师德观。正因为近现代中国教育家接受了西方思想的影响和现代科学观念的渗透，从根本上表现出的以中华民族文化为特点的师德观，进一步发展完善了"救国图存、建设社会"，"敬业"加"乐业"，"行谊方正、德性仁明"，"知行统一"等内容。

近代教育家对师德论述尽管有不同的视角，也有很多共同特征。如我国著名教育史专家郭齐家就将其概括为如下五点：一是热爱教育事业，献身于教育；二是热爱学生，与学生平等相处；三是关心集体，与同事团结相处；四是要做到教、学、做合一；五是品行要笃厚，人格要高尚。

综上所述，根据中国历代教育家、教师的师德理论与实践，我们可以把中华民族优秀文化师德观的主要表现归纳为：学而不厌，诲人不倦；以身作则，为人师表；爱护学生，无私无隐；循循善诱，启发引导；因材施教，发掘潜能；闻过则喜，改过迁善；严于律己，宽以待人；教学相长，师生互动；有教无类，公私并举，等等。

从孔子到孙中山，再到中国共产党的五代领导人，一直在继承和创新着中华民族的师德观，从毛泽东同志的忠诚党的教育事业到党的十九大对教师的要求，都强调师德的重要性，这都是与时俱进、用时代的要求阐述中华民族优秀师德的内容。

三、中国历代教育家的师德观体现了中华民族的传统美德

中国道德观念的发展变化，是与中华民族社会发展变化紧密联系着的，它反映着中华民族优秀文化的特点。同时，它又与中华民族社会发展相适应，继承与弘扬

中华民族传统美德，是发展与创新当今中国道德观念并付诸社会道德行为的前提。

前面所提到的历代教育家的师德观，正是中华民族传统美德的体现，特别体现了"仁、义、礼、智、信"中华民族"五常"道德原则和"忠、孝、仁、爱、礼、义、廉、耻"的"八德"道德规范。

（一）"五常"是中华民族传统道德的核心价值观念

中华民族文化的传统美德源远流长，而"五常"——仁、义、礼、智、信，则是传统道德的核心价值理念。从中华民族道德史上分析，夏代主张"孝"；周代提倡"礼"；春秋时期，孔子倡导"仁"，孟子重视"仁、义"；汉代形成较完整的"仁、义、礼、智、信"的体系。在传统美德的提法上还有其他一些表述，但大部分都包含在"五常"之中，并在不断丰富和发展。

2007年1月25日，徐光春同志在光明网上发表了一篇《中华民族美德和社会主义荣辱观》，提出了中国共产党人继承和发扬中华民族传统道德的正确态度和与时俱进的精神面貌。读后启发良多，下边是我对"五常"的认识。

"仁"，指爱。儒家的一种含义广泛的道德观念，"仁者人也，亲亲为大"。意指人与人相亲相爱。孔子的"仁"，以"爱人"为核心，包括恭、宽、信、敏、惠、智、勇、忠、恕、孝、悌等内容（《辞海》）。孔子进一步阐述："志士仁人，无求生以害仁，有杀身以成仁"，也就是说，为了仁可以"杀身"牺牲自己。仁成为道德的最高范畴，称为"仁德"；仁可以扩展成统治者善政的标准，即"仁政"。孟子曾以"仁政"思想教育梁襄王如何做明君，不用杀人便能统一天下。他讲：当七八月间发生干旱，禾苗就要枯槁了。一旦天上乌云密布，下起大雨，那么禾苗就长得茂盛了。像这样的话，谁能阻止它呢？而现在的天下国君，没有一个不嗜好杀人的。如果有一个不喜欢杀人的（国君），那么普天下的老百姓都会伸长脖子仰望他，会归附他，就像水往低处流一样，这哗啦啦的汹涌势头，谁又能够阻挡得了呢？做君主的道理和植物生长的道理类似，必须顺应民心所向，君泽如雨水，才能使民心如流水归拢，这便是"仁政"的效果。所以，把"仁"作为中华民族传统美德的第一要素并不为过。

　　"义"，主要指正义，也指公正的道理，正直的行为。北宋欧阳修和苏轼的一段轶闻诠释了"义"字。相传，欧阳修在评阅科举试卷时，为一篇文章华美的辞藻和精辟的议论所倾倒，当下就想把这篇文章评为第一。可欧阳修始终怀疑这篇文章的作者是其弟子曾巩，便忍痛割爱，把这篇文章评为第二名，以避免徇私舞弊的嫌疑。到放榜时，欧阳修才发现文章的作者并不是曾巩，而是来自四川眉山的青年才俊苏轼，欧阳修对此追悔不已。不过，刚刚登第的苏轼并未因此耿耿于怀，反而欣然成为欧阳修门下弟子，深深感激欧阳修对自己的知遇之恩。心胸宽广的苏轼也再次让欧阳修赞不绝口。《孟子·告子上》有"舍生而取义者也"，这里"义"指节操或气节，不仅构成重要的道德范畴，而且从孟子开始，把"义"与"仁"联系在一起，构成了"仁义道德"。把"义"与"仁"联系在一起，还有心理学的依据，仁是爱，属于情感过程，义为情谊或情义，也属于情感过程。从道德感出发，"仁则廉，不仁则耻"，"有义则廉，背义则耻"，从道德廉耻感出发，仁义结合是很有道理的。然而，"义"更多还应理解为道德行为，《礼记·中庸》指出，"义者，宜也"，义是行而宜的意思，所以"义"成为符合道德规范或道德标准的一种道德行为范畴。

　　"礼"，原指礼仪，同时却体现了如何处理人际关系的道德要求。从三千五百年前西周的"官学"到两千五百年前孔子的"私学"，其课程为"礼、乐、射、御、书、数"，即"六艺"。那个时期，礼为六艺之首，但也有人把它视为道德规范之首，例如《管子·牧民篇》中提出"礼义廉耻，国之四维""四维不张，国乃灭亡"的治国思想，把礼仪提为治国的四要素之首。于是，"礼仪之邦"表达了中华民族的文明和美德。"礼"尽管是第一位的，而"仁"又是礼的中心内容，正如孔子所云："克己复礼为仁。"曾子是孔子的弟子，有一次他在孔子身边侍坐，孔子要指点他时，曾子立刻从坐着的席子上站起来，走到席子外面，恭恭敬敬地回答道："我不够聪明，还请老师把这些道理教给我。"曾子"避席"，是为了表示他对老师的尊重。由此可见，礼不仅要求人们处理好人际关系，而且要求有自我控制的素养，做到"非礼勿视、非礼勿听、非礼勿言、非礼勿动"，实现"知人者智，自知者明"的道德修养。

　　"智"，原指智能、认识或认知，但在这里，如果"礼"更多为处理人际关系的能力，那么"智"则更集中于处理自我的能力，真正做到"知己识人"。如何做到知已识人呢？这就要求明辨道德规范，即识别善恶准则。儒学主张"仁智勇"三者"天下大道"，强调知、情、意、行的道德结构。知，通"智"，智的功能就是学道、识道、行道，也就是道德认识或道德认知，在知、情、意、行中排在入门或基础的位置，因为道德集中表现为道德精神、思想方法和行为规范，而"智"所体现的正是道德精神与思想方法，所以在中华民族传统美德中充分显示出其分量。

"信"，指诚信，即诚实守信。孔子把"信"作为"仁"的重要成分之一。有一次，孔子与弟子在陈、蔡期间绝粮七天，费了许多周折才买回一石米。其弟子颜回与子路在破屋墙下做饭，有灰尘掉进饭中，颜回便取出来自己吃了。子贡在井边远远望见，很生气，以为他偷饭吃，便跑去问孔子：仁人廉士也改变自己的节操吗？把自己看到的情况告诉孔子。孔子说：我相信颜回是仁人已非止一日，你虽如此说，我仍不会怀疑他，这里边必定有缘故。孔子把颜回叫到身边说：日前我梦见先人，大概是启发佑助我。你把做好的饭端进来，我将祭奠先人。颜回对孔子说：刚才有灰尘掉进饭里，留在锅里不干净，丢掉又太可惜，我就把它吃了，不可以用来祭奠了。颜回在困难之时不忘仁义，加深了孔子对他的信任。在道德规范中，守信既是诚实的表现，更是诚实的核心。这就是诚信的实质。诚信是做人立世的根本，正如孔子所指出的那样"人无忠信，不可立于世""人而无信，不可其可也"，所以孔子希望有道德的人"言必信，行必果"。作为中华民族传统美德的诚信，不仅是中国人在言行方面自我约束的道德要求，而且是中国在国家交往中所遵循的一条重要原则，正因为如此，所以我们的朋友遍天下，中国赢得了文明大国的国际声望。

(二) 从不同视角突出中华民族的传统美德

中华民族的传统美德十分丰富，除了"五常"，还有许多提法。之所以有差别，是由于视角不同罢了。这里，我仅呈现从古代到近代的三种观点。

第一，是"十大传统美德"。中国古代称"玉"有十种特质，即"美玉"。儒家用美玉比喻君子的十大美德。但"十大美德"是什么，解释各有区别。《礼运》提出的是"父慈、子孝、兄良、弟悌、夫义、妇听、长惠、幼顺、君仁、臣忠"十项，这是要一代代相传的美德。《文苑英华》中唐太宗"执契静三边"诗云："戢戈荣十德，昇文辉九功。"提到要弘扬的"十德"指"仁、知、义、礼、乐、忠、信、天、地、德"。《中华民族的传统美德及其现实意义》一文指出中华民族的十大传统美德是：仁爱孝悌，谦和好礼，诚信知报，精忠报国，克己奉公，修己慎独，见利思义，勤俭廉政，笃实宽厚，勇毅力行。三种"十德"，十分相近，无非都是在阐述中华民族传统美德是中华民族的历史、文化凝结而成的社会道德准则，是中华文明的一个重要组成部分，它的内涵是指处理好人与自然、人与他人、人与社会、人与自己的关系，涉及天人合一、人己关系、群己关系和自我修养的四种道德要求，要求我们不断相传、继承、发扬、发展和创新。

二是"三达德"的道德品质。个人的道德修养或道德品质又如何体现、继承、弘扬传统美德呢？中华民族传统文化提倡的是"三达德"，不少学者称其为三种常行的优秀的德性。《中庸》提出"智、仁、勇三者，天下之达德也"。仁者不忧，智者不惑，勇者不惧。在字面上，对智、仁、勇并不难理解，孔子当年提出是为了修身或道德修养。其基础是为了调节君臣、父子、夫妻、兄弟和朋友之间关系的"五达德"。孔子曰："好学近乎知，力行近乎仁，知耻近乎勇。知斯三者，则知所以修身；知所以修身，则知所以治人；知所以治人，则知所以知天下国家矣。"说明个人道德修养的意义、内容和方法，为后人如何继承、弘扬和发展提出了方向。此外，古人要我们继承和发扬的还有两种"三德"，《洪范》掲的"三德"，一是正直，二是刚克，三是柔克；《地官师氏》提的"三德"，则是"至德、敏德、孝德"。它们强调的都是个人的道德修养。

三是民国时期的"四维八德"。1924 年，孙中山围绕"三民主义"中的民族主义作了演讲，提出了"忠孝仁爱信义和平"；20 世纪 30 年代，蒋介石认为国民精神总动员是"抗战的最大武器"，于是在 1934 年提出了"四维八德"的国民道德。这"八德"是指"忠孝仁爱信义和平"，而"四维"是指"礼义廉耻"。现在我看到有些文献，把中华民族传统美德的基本道德规范理解为"忠孝仁爱礼义廉耻"，即"八德"，是把孙中山的"八德"和蒋介石的"四维"做了有机的结合。原先蒋介石的"四维"，礼是指"规规矩矩的态度"；义是指"正正当当的行为"；廉是指"清清白白的辨别"；耻是指"切切实实的觉悟"。这"礼""义"与古代的"礼""义"观念既有继承性和一致性，又有所区别。"廉""耻"好理解，以廉为荣，以耻为恶。按照孙中山的思想，首先是忠孝，"忠"是指忠于国，忠于民，要为四万万人去效忠；"孝"是中国人的特性，是中华民族的优秀传统；其次是"仁爱"，仁爱的核心是爱，从墨子开始，中国人就讲"兼爱"，它是自古以来的优秀道德，孙中山先生批评人们的"仁爱"当时似乎远不如外国，所以要把"仁爱"发扬光大，才是中国固有的精神；再次是"信义"，对于朋友和邻国，都要讲信义，就"信"字方面的道德，孙中山认为中国人比外国人实在好得多；中国更有一种极好的道德，是爱好和平。孙中山不仅强调这种精神，而且与古人提出的"格物、致知、诚意、正心、修身、齐家、治国、平天下"相提并论，加以发扬，目的是使我们民族地位复兴。"四维八德"是民国时期道德教育的核心，各类各级学校都贯彻"弘扬中华民族传统文化，继承固有的道德"的精神。

如果把历代教育家的师德观，与上述中华民族传统美德联系起来，不难看出，这些师德观正体现了中华民族的传统美德，并且是中华民族传统美德的一个组成部分，或者说是中华民族教师的优秀传统职业道德。

第二章

重师德，国际杏坛有共识

重视师德，是国际教育界的共识。在外国教育史上，也有着丰富的关于师德观的论述，这是一笔宝贵的财富，值得我们借鉴与学习。

一、古代和中古时期西方的师德观

在西方，早在古代就有些思想家重视师德问题。具有代表性的是古希腊和古罗马的师德观。

古希腊的柏拉图（Plato，前 427—前 347）、亚里士多德（Aristotele，前 384—前 322），根据对儿童青少年身心自然发展特点的观察研究，首次提出了按年龄划分受教育阶段的观点。[①] 他把一个人受教育的年龄按每 7 年为一个自然阶段，共分为三个时期：从出生至 7 岁，7 岁至 14 岁，14 岁至 21 岁。这是最早的教育年龄分期，也是最早的根据儿童青少年发展的年龄特征进行教育的思想。

柏拉图、亚里士多德强调尊师，同时强调教师对学生的严格管理。亚里士多德是柏拉图的学生，他确实十分尊敬柏拉图，又敢于否定柏拉图的某些观点。在学园里，亚里士多德经常和柏拉图争论，有时候，他会把老师问得答不上来。他坚持唯物观，否定柏拉图的唯心主义观，认为客观存在的物质世界是永恒的，不是靠什么观念产生的。可见，亚里士多德一直都在践行他的"我爱我师，我更爱真理"，这句名言也流传后世，体现了批判继承的师德观。

[①] 张焕庭：《西方资产阶级教育论著选》，559—564 页，北京，人民教育出版社，1979。

古罗马思想家在公元前 3 世纪，也开始探讨儿童青少年的发展与教育制度的关系问题，他们将儿童青少年的发展阶段分为四个时期：7 岁前为第一时期，主要是接受家庭教育时期；7 岁至 12 岁是到初级学校学习时期；12 岁至 16 岁是到文法学校或拉丁文法学校学习时期；16 岁至 18 岁或 20 岁是第四个时期。16 岁的男孩作为正式的罗马公民，开始服兵役；如果要上学，则进入修辞学校，这种学校是以培养演说家、雄辩家为主要目的的。

古罗马教育家的代表人物是昆体良（M. F. Quintilianus，约 35—约 100），代表作是《雄辩术原理》，我们可以从《昆体良教育论著选》中去了解其师德观。

从一定意义上讲，昆体良是西方第一位论述师德的教育家。我们从他的论述中，可以看到他重视师德，认为教师应是品德高尚、行为端正的人，这就是昆体良的师德观。他倡导热爱学生，教师应该以父母般的感情对待学生；教师应该从儿童青少年心理特征、个性、才能和倾向出发，有的放矢地教育他们；教师应该有广博的知识，以便培养完善的雄辩家；教师应该讲究教学方法，只有运用良好的教学原则、方式和方法才能使学生接受知识。

但是古希腊和古罗马毕竟是奴隶制社会，加上当时科学技术尚不发达，对于教育和儿童发展的问题不可能进行很好的研究，而儿童甚至还处于受迫害的地位。例如，古罗马人把刚出生的婴孩放在父亲的脚边，如果父亲把婴孩抱起来，就表示他给这个婴孩以活下去的权利；如果这个婴孩生来是虚弱的，或者虽然健康，但父亲负担过重，家境贫困，他就让这个婴孩躺在地上等待属于他的命运。这种现状，需要当时教师的努力才能改变，这个时代的原始师德观正是出自教育家的良知。

西方中古时期教育充满宗教的色彩，这是由中古时期封建社会的性质决定的。西欧在西罗马灭亡后，经历了一个相当漫长的时期，到 11 世纪时，才完成了封建化的过程。西欧的封建社会，既有和其他各国的封建社会相似的地方，又有其特殊性。西欧封建主阶级的一个重要组成部分是基督教的高级神职人员，因此西欧封建社会早期文化的特点也与此紧密联系。正如恩格斯所说："中世纪完全是从野蛮状态发展而来的。它把古代文明、古代哲学、政治和法律一扫而光，以便一切都从头做起。它从没落的古代世界接受的唯一事物就是基督教和一些残破不全而且丧失文明的城市。"①教会作为西欧封建社会的精神支柱，极力"给封建制度绕上一圈神圣的灵光"②。

在这样的条件下，教会也必然垄断教育，并提出一切服从于宗教信条的教育观。在封建统治者看来，婴儿是带着"原始的罪恶"来到人世的，他们必须历尽苦难，不断赎罪，才能纯化灵魂。所以儿童从小要盲从所谓圣书及其讲解人——教师的权威，不许有任何方面的探索和创造。这样，就严重地扼杀了儿童、青少年的智力发展，麻醉了他们的思想意识，给他们套上了宿命论的精神枷锁。尽管如此，当时西欧的教育家，在教育实践中也在局部领域摆脱了神学的限制，提出了教师要尊重儿童、青少年，激发他们的学习兴趣，通过活动进行教学，促进他们思考，提高其道德和能力等一系列要求。尽管是初步的，但为后来各个时期西方的师德观奠定了基础。

二、"文艺复兴"时期西方的儿童观

欧洲的"文艺复兴"是一次资产阶级的思想文化运动，是新兴资产阶级对腐朽的封建势力所发起的全面批判，其主要锋芒首先指向教会，目的是使人们从封建教会的束缚下解放出来。欧洲文艺复兴从 14 世纪开始，最初产生于意大利，以后又相继扩展到德、法、英、荷等欧洲其他国家。一些文艺复兴运动的代表人物大力宣扬资产阶级的"人文主义"，即"人道主义"。肯定人是生活的创造者和主人，强调人的价值、人的尊严和人的力量，提出了"个人自由"和"个人幸福"，并且从资产阶级的"人性论"出发，论证了资产阶级的政治要求和国家学说。尽管由于各国历史条件不同，其文艺复兴运动也具有不同的特点，取得了不同的成就，但总的来说，"欧洲式文艺复兴的时代是以封建制度普遍解体和城市兴起为基础的"③，促进了经济的、政治的、思想的、文化的变革，为资产阶级革命做了舆论准备并创设了

---

① 《马克思恩格斯文集》第二卷，235 页，北京，人民出版社，2009。
② 同上书，509 页。
③ 恩格斯：《德国农民战争》，173 页，北京，人民出版社，2016。

条件。

从文艺复兴起，一些进步的思想家开始提出尊重儿童、发展儿童天性的口号。涌现出一批倡导教师师德的教育家，如意大利的维多利诺（Vittorino da Feltre，1378—1446），尼德兰的伊拉斯谟（Erasmus von Rotterdam，约1466—1536）和法国的蒙田（Michel Eyguem de Montaigne，1533—1592）等，其中最杰出的是捷克的夸美纽斯（J. A. Comenius，1592—1670）。

夸美纽斯是17世纪捷克著名的爱国主义者、伟大的民主教育家，被尊为教育史上的"哥白尼"。他年轻时被选为捷克兄弟会的牧师，并主持兄弟会学校的工作。三十年战争（1618—1648）爆发后10年，夸美纽斯被迫与三万兄弟会会员一起流亡国外，继续广泛从事教育活动和社会活动。他尖锐地抨击中世纪的学校教育，号召"把一切事物教给一切人"。提出统一学校制度，主张采用班级授课制度，普及初等教育，扩大学科的门类和内容；强调从事物本身获得知识，并提出直观性、循序渐进性、启发儿童的学习愿望与主动性、彻底性和巩固性等教育原则。主要著作有《语言和科学入门》（1631）、《大教学论》（1632）、《母育学校》（1633）、《论天赋才能的培养》（1650）、《泛智学校》（1651）、《组织良好的学校的准则》（1653）以及《世界图解》（1654年以前写成）等，其中《大教学论》是他的教育思想的代表作。

夸美纽斯的师德观十分丰富。

首先，夸美纽斯十分重视教师的工作，认为教师的职责伟大而光荣，是太阳底下最光辉的职业。他强调教师的首要条件是品德修养，老师应该是道德卓异的人。他重视教师的表率作用，倡导教师的职责在于用善良的范例、积极的态度引导学生，成为学生的榜样。[①]

其次，夸美纽斯提倡教师应从人的本性出发进行教育。他把儿童从出生到成熟分为四个年龄时期，每个时期都是6年：幼儿期（0~6岁）的特征是迅速的身体成长和感觉器官的发展；童年期（6~12岁）的特征是记忆力和想象力连同它们的执行器官——语言和手的发展；少年期（12~18岁）的特征除了上述的发展以外是思维（理

---

① ［苏］康斯坦丁诺夫、米定斯基、沙巴耶娃等：《教育史》，55—56页，李子卓、于卓、茂陵等译，北京，人民教育出版社，1957。

解和判断)的更高级别的发展；青年期(18~24岁)的特征是意志的发展和保持和谐的能力的提高。教师教育应以这些年龄特征为出发点，要以学生的领会能力为基础。

夸美纽斯为儿童编写了著名的读物《世界图解》，该书于1658年出版。这是作者根据他所提出的适应自然和直观教学原则写成的一部小学教科书。夸美纽斯在序言中，就说明了这本书的特点："这部书篇幅不大，但它是整个世界和全部语言的鸟瞰图，里面充满了插图、食物名称和描述。"[1]《世界图解》共有附以插图的短文150篇，内容包括自然(宇宙、地理、植物、动物、人体等)、人类活动(手工业、农业、交通、文化等)、社会生活(国家管理、法院)、语言文字等方面，试图授予儿童以百科全书式的知识，曾在欧洲国家广泛流行，影响极大。

再以"活的字母"[2]为例，夸美纽斯认为，传统的机械掌握字母的方法非常呆板，学生常常陷入毫无意义的发音练习之中，学而生厌。于是，他别出心裁，编排出"象征字母表"，使死的字母变成了会发音的"活的字母"。我们可以看看他"活的字母"的教学过程。

教师：孩子们来吧！我们来看看这幅图画。

学生：老师，我们很愿意这样做。

教师：(手指着第一幅画)这是什么？

学生：鸟。

教师：说得对。什么鸟？

学生：不知道。

教师：(问另一个学生)你知道吗？

学生：也不知道。

教师：这是乌鸦。你们知道它怎么叫吗？

学生：不知道。

教师：它这样叫：啊——啊——啊。你们学它叫吧！

---

① 转引自晓楠：《智者的启迪：教育学经典名言的智慧》，10页，北京，新世界出版社，2008。
② 同上书，137页。

学生：啊——啊——啊。

教师：对。你们知道这个声音怎么写吗？

学生：不知道。

教师：我来教你们。这是"A"的写法。你们每个人在任何书里看到这样的字形，一定要像乌鸦叫一样"啊——啊——啊"地读出来。

教师：你们是不是想知道它是怎样写的？

学生：想知道。

教师：那很容易学。伊生，你来开始写一写，让其余的人看看。这是画图用的木制笔杆，用右手三个手指这样握住它，然后自上往下这样写（大家都模仿），这是粉笔，把这个字母写在黑板上第一个字母的旁边，看，你们已经学会写这个字母了。你刚才写的，怎么念出来呢？

学生：啊——啊。

教师：念得对，很好。

再次，夸美纽斯把教师比喻为慈父，不仅愉快地传授知识，而且要按照学生的特征，给予他们更多、更丰富、更合理的爱。教师对学生应该扶持，而不是压迫；是教学活动中的仆役，而不是主人翁。

最后，夸美纽斯提出了一系列教育与教学原则。夸美纽斯既提出提高学生的信心、兴趣，又强调教师科学地对待差生；既讲求学校纪律，又反对体罚学生；既希望学生自主发展，又强调对学生教育要适当，提出可接受（教育）的原则。他说："学生不可受到不适于他们的年龄、理解力与现状的材料的过分压迫，否则他们便会在不实在的事情上面耗掉他们的时间。"①夸美纽斯在阐述按照班级实行教学的好处时，也是从儿童心理的角度，说明它对取得良好学习效果的积极意义。他认为："在学生方面，大群的伴侣不仅可以产生效用，而且也可以产生愉快（因为乐于在劳动的时候得到伴侣）；因为他们可以互相激励、互相帮助。"②特别是在班级里进行练习或复述时，"一个人的心理可以激励别人的心理，一个人的记忆也可以激励别

---

① ［捷］夸美纽斯：《大教学论》，163 页，傅任敢译，北京，人民教育出版社，1957。

② 同上书，134 页。

人的记忆"①。所有这些，都和教师工作联系起来，要求教师在教育与教学中执行原则，有利于促进学生的发展。

然而，夸美纽斯生活于从中世纪到近代、从封建社会到资本主义社会的过渡时期，这个过渡时期就决定了夸美纽斯世界观的一些矛盾和局限性。在他的世界观里，一方面有自发的唯物主义因素的存在，另一方面有宗教信仰的约束。按照夸美纽斯的想法，世界是"上帝的创作"，认识就是"到处求神"。夸美纽斯世界观的这种两面性，也表现在他的教师观或师德观中。他正确地指出学生应该通过感觉和经验来认识世界，又认为《圣经》是智慧的泉源。夸美纽斯的民主主义和人文主义也有历史的局限性。他虽然揭露了当时社会的缺点和溃疡，可是并不能认识到造成它们的真正原因在于这种社会的剥削性质。他有关于广大人民群众的教育理想，幻想在当时存在的封建制度下也有可能实现这个理想。尽管有这些局限的存在，夸美纽斯的教师观和师德观仍是很有价值的。

三、自由资本主义时期西方的师德观

1640 年起，在英国爆发的资产阶级革命，标志着世界近代史的开端。之后，欧美一些国家相继进行了资产阶级革命与改革：1789 年法国的大革命，1848 年的欧洲各国革命，1776 年的美国独立和 1861—1865 年的南北战争，19 世纪 60 年代的俄国农奴制改革等。所有这些使资本主义制度确立并巩固下来。从 18 世纪 60 年代即已开始的各国资本主义产业革命极大地促进了资产阶级经济实力的增长。

17 世纪至 19 世纪的资本主义的发展，为道德和科学的进步创造了物质前提，并提出了新的迫切的需要。民主、自由、平等、博爱的道德观念，促进了人们思想的解放；科学成果的获得，为近代批判封建神学和经院哲学提供了科学的依据，也为各国教育的发展奠定了基础。于是自由资本主义时期的师德观也相继出现，它反映了资本主义社会的发展对师德的看法和要求。洛克（J. Locke，1632—1704）、卢梭

---

① ［捷］夸美纽斯：《大教学论》，135 页，傅任敢译，北京，人民教育出版社，1957。

（J. J. Rousseau，1712—1778）、裴斯泰洛齐（J. H. Pestalozzi，1746—1827）、赫尔巴特（J. F. Herbart，177—1841）、第斯多惠（F. A. W. Diesterweg，1790—1866）等人，就是杰出的代表。

（一）洛克的师德观

洛克是英国唯物主义哲学家、教育家，早年在牛津大学研究哲学和医学。他继承并发展了培根和霍布斯的思想，制定并论证了唯物主义经验论的"知识起源在于感觉"的学说。在政治思想上，他反对"君权神授"说，标榜自由和对资产阶级的"宽容"，提出分权说（立法、行政和司法），拥护代议制度，强调国家的主要任务在于保护私有财产；在经济上，他提出劳动创造使用价值和地租来自剩余劳动的学说；在教育上，他主张培养具有"文雅态度"和"善于处理事务"等品质的"绅士"。

洛克指出，教师的责任是培养这些绅士，给他们力量，使其养成良好的习惯，怀抱德行和智慧。出自这个培养目标，洛克提出对教师的要求。首先，教师应具有高超的德行和持重、明达、和善的品质，具有渊博的知识。其次，教师应注重教育教学方法。再次，教师应"具有能够经常庄重、合适、和蔼地和学生交谈的本领"①。

洛克来自一个律师家庭，有着良好的家庭背景，是一个标准的绅士。此外，他也曾是多名乡绅、爵士家中的家庭教师：自1666年起的8年里，他是英国自由主义政治家沙夫茨伯里伯爵的私人医生和其儿子的家庭教师；1675年旅居法国期间，洛克又担任了富商班克斯爵士儿子的家庭教师长达2年；1684年，逃亡荷兰的洛克以书信的形式对英国乡绅爱德华·克拉克的孩子进行教育和指导。与绅士的常年接触和为其从教的经验，为洛克的"绅士教育"理论奠定了基础。

洛克要求教师应在上课时引起学生的学习兴趣，发展他们的求知欲和主动性。教师应当利用学生爱好新奇事物的心理，同时要引导学生学习那些他们缺乏兴趣的东西；应当广泛地利用学生的好奇心，因为求知欲就是从好奇心产生的；应当发展

---

① 林崇德：《师德通览》，711页，济南，山东教育出版社，2000。

学生的独立能力，启发他们大胆地提出问题，不可用瞒哄的和搪塞的方式来回答学生的问题，必须发展学生的理解力和独立判断能力。如果教师认为必须使学生养成某种习惯，那就要通过实践使这种习惯在学生身上巩固下来。培养绅士就得寓教育于体育、德育、智育等三育之中。在体育方面，洛克认为"健康的精神寓于健康的身体"，同时，健康的身体应该从小培养。在这方面，洛克提出了一些建议：如孩子无论冬夏都不应该穿得过暖，孩子应该用冷水洗脚洗澡，多户外活动，饮食清淡，不喝烈性饮料等。洛克对体育、德育、智育的论述，是作为绅士教育的内容和方法展开的，完全是为英国已经执掌政权的新兴资产阶级的教育目的和性质服务的。洛克认为教师应在体、德、智三育过程中发挥积极的作用，这对之后西方教育和教师队伍建设是有一定影响的。

(二)卢梭的师德观

卢梭是18世纪法国杰出的启蒙思想家、哲学家和教育学家。在哲学上，他承认感觉是认识的根源；但又认为对自然界来说，精神是其积极的本原，而物质是其消极的本原，并强调情感高于理性、信仰高于理性。人们在大自然中，凭借"内在之光"，即可发现自己有所谓天赋的道德观念，并觉察到自然神论者所谓上帝的存在。在社会观念方面，他认为在原始社会的"自然状态"下，人人都享受"自然的"自由和平等；私有制的产生是不平等的根源，主张保护小私有者。他强调人民有权推翻那种破坏"社会契约"、蹂躏"人权"、违反"自然"的专制政体，建立以"最聪明的少数人"（即资产阶级）为领导、充分体现"共同意志"的"理性王国"。

卢梭对自由的崇尚由来已久，他曾为了不失去自由而拒绝国王的召见。当时，年轻的他所写的歌剧在公演后获得巨大成功，为此使臣向他宣布国王想召见他，并要给予他一笔丰厚的年金。这对于当时经济上捉襟见肘的卢梭来说是天大的福音，然而他却断然拒绝了。因为他认为接受了年金就放弃了真理、自由和勇气，失去了独立和淡泊，会使他变得阿谀奉承或噤若寒蝉。

在教育观点上，他提出"自然教育理论"，因为人的最重要的权利就是自由，所以他主张顺应学生的本性，让他们的身心自由发展。卢梭的主要著作有《论科学和艺术是否败坏或增进道德》（1749），被恩格斯认为有辩证法思想的《论人类不平等的起源和基础》（1755）、《民约论》（1762），小说《爱弥儿》（1762）和《新爱罗伊丝》（1761），自传性的《忏悔录》（1778）等。

卢梭的教育思想，集中地体现在他的教育哲理小说《爱弥儿》上。这是一部五卷本的巨著，他不仅阐述他的教育观点，即追求个性解放的教育思想，而且用他的社会政治思想，尖锐地批判了腐朽的封建教育。在书中，卢梭斥责天主教会和传教士是骗子，表示反对传统教义，而持有"自然神论"的观点，即认为上帝在创造世界之后，便任自然规律支配一切，不再干涉世事了。虽然这种思想积极地影响法国资产阶级革命，但《爱弥儿》的出版大大地触怒了教会和封建王朝，致使出现焚书缉人、卢梭被迫逃亡的局面。卢梭在国外隐居多年，直到晚年才获准回到法国。

在《爱弥儿》中，卢梭强调教师的师德。要使学生成人，教师首先得自己成人，成为道德卓越的人。遵循自然的法则，必然是自由的教育。根据这个原理，他反对压迫人的封建制度，反对实行呆读死记、严酷纪律、体罚和摧毁学生个性的经院式的学校。卢梭满怀深情地呼吁：要爱护学生，珍视短暂的童年生活。要关心他们的游戏和自由活动，而不应强制他们像服苦役似的读书。

卢梭很珍视孩子们的童年。有一次，卢梭在集市上看到一个卖苹果的小女孩，她还剩几十个苹果卖不出去，而另外几个小男孩又很想买下这些苹果，可他们的钱凑在一起也不够。卢梭看在眼里，便悄悄向小女孩付了足够的钱，让她把苹果分给那群小男孩。卢梭曾回忆说：孩子们的欢乐洋溢在他的四周，这是使人欣喜的人类最温情的场景。[①]

卢梭不仅提倡教师的民主作风，而且重视教师的主导作用。他认为，教师要引导学生在实践中直接从环境里学习，引导学生去解答各种问题，要在各种情况中指导学生的兴趣，而且在指导的时候，要让学生觉察不到自己是被指导的。

（三）裴斯泰洛齐的师德观

裴斯泰洛齐是瑞士教育家。他从人道主义出发，试图通过教育来改善农民的生

---

① 徐鲁：《发现儿童——卢梭与孩子的故事》，载《父母必读》，1992（5）。

活。他曾在涅伊霍夫、斯坦兹创办孤儿院,从事贫苦儿童的教育。后又在布格多夫、伊佛东创办学院,进行简化教学实验,以体现他教育学体系的重心——关于要素教育的理论。依照这个理论,教育过程必须从一些最简单的因素开始,逐渐转到日益复杂的因素。裴斯泰洛齐的"要素教育"理论包括体育、劳动教育、德育、美育和智育等方面。也就是说,他主张一方面教学生学习识字、计算,并进行道德教育和宗教教育;另一方面教学生从事手工业和农业劳动。裴斯泰洛齐在教学理论方面的一个重大贡献,是他为初等学校建立了各种教学法。他认为形状、数目、语言是教学中的基本要素;并根据这一原理,改进了初等学校的语文、算术、测量等各科的教学方法。他的教育思想对近代西方初等教育的发展有深刻的影响。裴斯泰洛齐的主要著作有《林哈德和葛笃德》《葛笃德怎样教育她的子女》《母亲读物》和《数的直观教学》等。

裴斯泰洛齐是关爱学生的典范,他主张教师要以"爱"作为教育的基础,从母子的爱开始,发展到爱全人类。我曾看过一篇题为《爱生如子的裴斯泰洛齐》的文章,描写他像对待自己儿女一样对待学生,特别是关心、爱护、教育孤儿院里的难童。

他也曾这样描述他和学生们的相处:"从早到晚我一直生活在他们中间……我的手牵着他们的手,我的眼睛注视着他们的眼睛。我随着他们流泪而流泪,随着他们微笑而微笑。他们不知有世界、有斯坦兹,只知道跟我形影不离。他们的食物就是我的食物。我没有家园、没有朋友、没有仆人,只有他们……晚上我最后一个就寝,睡在他们中间,陪他们祈祷、读书,一直到他们睡着;早上我第一个起床,替他们换洗脏衣服,并给他们洗涤身上的污垢。"①

裴斯泰洛齐非常重视教育和学生发展的相互关系。他生动地比喻:教育应当在巨大而坚固的岩石(本性)上建立自己的大厦(形成人),它只有永远跟这岩石紧密地结合,不可动摇地屹立在它的上面,才能达到它的既定的目的。这构成了教师教育的出发点。裴斯泰洛齐从人的和谐发展的基本观念出发,把智育跟德育密切地联系起来,并且提出有关教师教育性的教学要求。从知识和智力两者的关系出发,他

---

① 张焕庭:《西方资产阶级教育论著选》,196—199页,北京,人民教育出版社,1979。

提出了直观性原则、由易到难(从具体到抽象)原则以及循序渐进的原则。裴斯泰洛齐认为,教师对这些原则的实施要符合心理学的要求。他主张智力和才能的发展,要有一个适合于人类本性的、心理学的、循序渐进的方法。这里他把循序渐进和适合人的本性、适合学生的心理的方法和要求直接联系在了一起。

(四)赫尔巴特的师德观

赫尔巴特是德国的哲学家、心理学家和教育家,他是 18 至 19 世纪"心理学化的教育"理论的重要倡导者。主要著作有《普通教育学》(1806)、《心理学教科书》(1816)、《关于心理学应用于教育学的几封信》(1831)、《教育学讲授纲要》(1835)等。赫尔巴特曾在两所大学里展开了广泛的教育活动。他讲授心理学和教育学,并领导训练师资的研究班。这个研究班还附设了一个实验学校,他本人也在里面教数学。赫尔巴特认为人类道德的基础是五种不变的观念:内在自由、完善、善意、权利和公平。观念是最根本的要素,人的一切心理过程——情绪、意志、思维、想象等都不过是观念的变形。他就是以这种伦理学和心理学观点为基础建立了他的"心理学化的教育学体系"和教师的师德观。赫尔巴特反对卢梭等人的"儿童本位论",强调运用严格方法管理儿童,以建立秩序和纪律,于是他强调教师的作用,提倡"教师中心"。他重视教师的品德建设,认为这是实现教育目的的必要条件。他提出了"教学的教育性"的概念,把教学看作教育的主要手段,要求通过教学发展多方面的兴趣,灌输各种道德观念。他把兴趣理解为学生的理智的自动精神,认为教学的进行,必须使学生在教师传授新教材的时候,能在心灵唤起一系列已有的观念,教师在此基础上引导他们去掌握新的观念。

在心理学史上,赫尔巴特是最早宣称心理学是一门科学的学者。[①] 赫尔巴特根据其关于心理活动规律的认识,将教学过程分为"明了""联想""系统""方法"四个阶段,同这四个阶段相应的心理状态实际上是兴趣,亦即"注意""期待""探究""行动"。他把教学过程(程序)与掌握知识的环节、心理活动状态、兴趣阶段及教学方

---

① 高觉敷:《西方近代心理学史》,71 页,北京,人民教育出版社,1978。

法等构成相互配合的关系。① 赫尔巴特十分重视兴趣，认为教学应当以多方面的兴趣为基础。他将兴趣分为六种，并归为两大类：第一类是引向认识周围现实的兴趣，它包括经验的兴趣、思辨的兴趣、审美的兴趣；第二类是引向认识社会生活的兴趣，它包括同情的兴趣、社会的兴趣、宗教的兴趣。赫尔巴特重视兴趣的培养，他认为教师在教育中最重要的任务之一，在于引起多方面的兴趣。②

赫尔巴特的这种教育观点在他早年从事家庭教师的工作时就初现端倪。大学毕业后，他曾在瑞士一个贵族施泰格尔家里当了 3 年家庭教师，教育施泰格尔的 3 个孩子。在这期间，赫尔巴特认真观察不同孩子的心理特点，根据实际来制定可行的教学方法。他还曾带学生参观过裴斯泰洛齐的教育实验。他将自己总结的教育经验以报告的形式，每 2 个月左右交给施泰格尔一次，3 年共写下 24 份。

(五) 第斯多惠的师德观

第斯多惠(1790—1866)是德国民主主义教育家，一生为反抗德国封建教育和教会对教育权的控制而斗争。他重视师范教育，认为没有师范教育的改革，就培养不出出色的教师。1809—1810 年担任普鲁士内务部教育厅厅长的洪堡在 18 个月的任职中，领导了德国近代教育史上最重要的一次改革，印证了第斯多惠的观点。改革涉及学制、课程、教育方法以及学校管理和师资等方面。虽然改革运动受到封建残余势力的重重阻挠，但还是极大地改善了德国的教育环境。③

第斯多惠在努力从事改革师范教育实践的同时，积极探索对教师的基本要求。其代表作是《德国教师教育指南》，在这本著作里提出其师德观：一是教师必须具有进步的政治态度，坚持教育的进步方向；二是教师必须热爱学生，在教学中富有情趣，激发学生的学习兴趣，进而发展他们的思维、情感和意志；三是教师必须有良好的精神面貌，以此在教学中激发学生的旺盛精力，让他们既能遵守纪律又能积极

---

① 王天一、夏之莲、朱美玉：《外国教育史（上册)》，325 页，北京，北京师范大学出版社，1984。
② 朱智贤、林崇德：《儿童心理学史》，22—23 页，北京，北京师范大学出版社，1998。
③ 李仁甫：《永恒之教师引导我们前行——记师范教育的先驱人物第斯多惠》，载《江苏教育》，2009(Z2)。

思考；四是教师必须不断进行自我教育，完善自身的道德品质、扩充自身的知识眼界，提高教育质量；五是教师必须遵循自然，适应自然，按照学生身心发展规律和认知特点来开展教育教学工作。① 因此，第斯多惠被誉为"德国教师的教师"。

四、现代西方教育界的师德观

19世纪末至20世纪初，美国兴起进步主义教育运动，旨在改变传统教育和传统学校的教育思想、教育内容、教学方法及其组织形式，以便学生从个性压抑、强制服从的教育情境下解脱出来，从而获得健康的发展。代表人物是杜威（1859—1952）。

杜威是美国哲学家、心理学家和教育家。他是美国机能主义心理学的创始人之一，又被认为是创立美国教育学的首要人物。杜威在教育上的一个突出成就是1896年在芝加哥创设实验学校，这是他创立心理学与教育学理论的基础。杜威认为赫尔巴特是传统教育的代表，而他是现代教育的代表，分歧就在于教育是坚持"教师中心"还是"儿童中心"。杜威认为，"教育即是生长"，"生活即是发展；发展、生长，即是生活"②。从对教育的认识出发，杜威高度评价教师，认为"教师总是真正上帝的代言者，真正天国的引路人"③。

杜威的师德观相当丰富，我们可以做一次粗浅的归纳。首先是阐述教师的职责，"每个教师应当认识到他的职业的尊严；他是社会的公仆，专门从事于维持正常社会秩序并谋求正确的社会生长"。所以，杜威十分重视教师的德。其次，杜威从儿童中心主义出发，强调教师要以儿童为中心，热爱儿童，即关爱学生。再次，杜威强调"教师作为集体的成员"，所以重视教师集体的建设，提倡教师之间相互尊重和团结，以形成更成熟和丰富的经验，更负责任地去培养学生。最后，杜威强调教师教学的能力，应有高超的教学能力，体现教学是一种艺术；丰富的教学经验，

① 林崇德：《师德通览》，581—582页，济南，山东教育出版社，2000。
② ［美］杜威：《民本民主与教育》，54—58页，邹恩润译，北京，东方出版社，2013。
③ 赵祥麟、王承绪：《杜威教育论著选》，12页，上海，华东师范大学出版社，1981。

能为学生建立有实际价值的经验情境；拥有激发学生兴趣、动机的能力；指导学生把兴趣和需要转变为其积极思维、发展智力的手段。

进步主义教育运动推动西方的教育改革，新教育学家把自由作为教育的核心概念，所以爱伦·凯（E. Key，1849—1926）、蒙台梭利（M. Montessori，1870—1952）、尼尔（A. S. Neill，1883—1973）等教育家尽管对教师及师德的提法有一定差别，但大致精神都与杜威相同，即教师的职责应是充分尊重儿童的自由。其中尤以蒙台梭利为甚。

蒙台梭利博士是教育史上一位杰出的幼儿教育思想家和改革家，是意大利历史上第一位学医的女性和第一位女医学博士。蒙台梭利认为干涉儿童自由行动的教育家太多了，一切都是强制性的，惩罚成了教育的同义词。她强调教育者必须信任儿童内在的、潜在的力量，为儿童提供一个适当的环境，让儿童自由活动。她特制了很多教具，如小型的家具、玻璃、陶瓷等小物件，供儿童进行感官练习。1907 年，蒙台梭利在罗马贫民区建立"儿童之家"，招收 3~6 岁的儿童加以教育。她运用自己独创的方法进行教学，结果出现了惊人的效果；几年后，那些"普通的、贫寒的"家庭的儿童的心智发生了巨大的转变，一个个被培养成有教养、聪明自信、生机勃勃的少年英才。蒙台梭利崭新的、具有巨大教育魅力的教学方法，轰动了整个欧洲，"关于这些奇妙儿童的报道，像野火一样迅速蔓延"。人们仿照蒙台梭利的模式建立了许多新的"儿童之家"。蒙台梭利在世界范围内引起了一场幼儿教育的革命。

五、俄国教育家的师德观

俄国教育史，以十月革命为分界线，这里暂分为两个阶段。十月革命前，沙皇时期的教育以杰出教育家乌申斯基为代表；十月革命胜利后，苏联建立社会主义制度，不仅涌现了大批的教育家，而且由于苏联政府对教师队伍建设制定了一系列的要求，让教师投入社会主义革命和建设，于是师德也成为教师建设中的一项重要内容。下边我们仍以代表人物来阐述俄国教育家的师德观。

（一）乌申斯基的师德观

乌申斯基（1824—1870）是俄国卓越的教育家，是俄语教科书和儿童读物的作者，代表作为《人是教育的对象》。我们这里所阐述的乌申斯基的师德观，主要来自这部中译本。首先，乌申斯基给教师的定位是"过去和未来之间的活的环节"。教师的事业，从表面来看虽然平凡，却是历史上最伟大的事业之一。为此，他提倡师德，因为"我们把子女的道德和心智，托付给教师；把子女们的灵魂，同时也把我们祖国的未来托付给他们"。其次，乌申斯基希望教师以身作则，成为学生的榜样，认为"教师个人的范例，对于青年人的心灵，是任何东西都不可能代替的最有用的阳光"。他提出教师的道德和信念表现在学生的身上，因为"不管教育者或教师如何把他的最深刻的道德信念隐藏得怎样深，而只要这些信念在他内心存在着，那么，这些信念也可能表现在加在儿童身上的那些影响上……并且这些信念愈是隐蔽，则它的影响作用愈是有力"[①]。他表面上谈的是教育者信念的影响，实际上是阐述为人师表。再次，乌申斯基强调教师的教育素养和掌握教育机制的重要性。他提出，不论教师怎样研究教育理论，如果没有教育机制，他就不可能成为一个优秀的教育实践者。最后，乌申斯基倡导教师要了解学生的心理发展状况，他把心理发展理解为教学过程中学生心理活动质的变化，启发教师在教学过程中如何掌握心理发展规律，提高教学质量。

（二）苏联教育家的师德观

我国教育界比较熟悉的苏联时期的教育家有列宁的夫人、教育家克鲁普斯卡娅（1869—1939），革命领导人、教育家加里宁（1875—1946），工读教育（高尔基工学团，即工读学校）创始人马卡连柯（1888—1939），教学与发展实验者赞可夫（1901—1977）和教育实践家苏霍姆林斯基（1918—1970）等。此处简单谈谈他们的师德观。

苏联教育家加里宁提出"教师是人类灵魂的工程师"，这是阐明教师职业的崇高

---

① ［俄］乌申斯基：《人是教育的对象》中译本，9页，北京，科学出版社，1959。

和光荣，也是对广大教师的激励和鼓舞。几乎所有的苏联教育家都强调教师要热爱教育事业和热爱学生。如苏霍姆林斯基《给儿子的信》中所说的"我热爱教育工作……教育的艺术就在于能够看到取之不尽的人类精神世界的各个方面"。马卡连柯曾说过孩子是美好的生命，必须有爱和尊重。赞可夫在《和教师的谈话》中指出，教师的爱表现在严格要求和高度尊重上。

苏联教育家提倡以身作则，做学生的榜样，因为"教师思想上的一切转变，无形中都会影响到学生，只不过教师没有注意到罢了"。马卡连柯举了教师生活的每一瞬间，诸如衣着、言论、情感、作为、举止的变化都在影响着学生，所以他强调教师集体的重要性，用教师的集体力量去教育学生。苏联教育家重视教师威信的建立，这个威信取决于师德的种种表现。马卡连柯自身有许多关于师爱和信任的故事，在故事中他从来不把失足青少年当作违法者或流浪儿看待，而是把他看作具有积极因素和可能发展的人，利用师爱和信任转变他们。在他看来，尊重人、信任人，是教育人的前提；只有从尊重人、信任人出发，才能产生合理的教育措施，才能取得良好的教育效果。受过马卡连柯教育的谢苗·卡拉巴林，回忆了他在高尔基工学团做学员时，马卡连柯尊重他、信任他，使他走上新生的历程。

那是高尔基工学团创办后不久的一天，马卡连柯到监狱去领卡拉巴林，当马卡连柯和监狱长一起替卡拉巴林办理出狱手续时，马卡连柯亲切地要他暂时离开办公室。当时，卡拉巴林对此并不理解。过了10年后，当卡拉巴林已经是一名人民教师时，马卡连柯才告诉他："我当时之所以叫你走出监狱长的办公室，是为了不让你看见担保你出去的条子。因为这个手续，可能会侮辱你的人格。"卡拉巴林说："马卡连柯注意到我的人格，可是那时，我自己还不知道什么是人格。这是他对我的第一次温暖的、人道的接触。"在他俩从监狱去省人民教育厅的路上，卡拉巴林总是走在马卡连柯的前面，以表示自己不打算逃跑，而马卡连柯总是和他并肩而行，同时跟他谈话，使他高兴，所谈的都是关于工学团的事，只字不提监狱的情况和有关他过去的事。

有一次，卡拉巴林这样问马卡连柯："请您直爽地告诉我，您相信我吗?"马卡连柯诚恳地回答说："过去的事不必提了。""相信。""我知道你这个人是跟我一样的诚实。"马卡连柯还见诸行动，曾接连两次把带枪取巨款的重任委托给卡拉巴林，使卡拉巴林深受感动，经过不懈努力，他最终成为马卡连柯得力的助手和可靠的继承者。

卡拉巴林的变化历程，说明了尊重和信任在教育中的力量。马卡连柯正是运用这一力量，激起了少年违法者和流浪儿童的自尊感，把他们从自暴、自弃、自卑、失望和堕落的深渊中解救出来，使他们燃起对生活的热爱、对前途追求的火焰。

苏联教育家倡导良好的教风和学风，如加里宁的为教而学、教学相长的观点，赞可夫的掌握广博而深刻的知识的观点，都是在强调师德中教风和学风的问题。苏联教育家提倡教师参加教育科学研究、理论联系实际。在苏联，提出一个教育结论或观点，必须要有一个经过5~10年且成功的教改实验作为前提，这是别国教育家很少提及的师德观。

我欣赏苏联教育家的师德观，认为与我国现时师德要求有不少相似之处，为此在1991年我访苏时，还特地与苏联教育科学院院长达维多夫在相关问题上交换了意见。

时代有古今，地域有中外，然而在重视师德的问题上，古今中外却有共识。

第三章

析师德，人之模范重修道

振兴教育，关键在师资。

教育部在《面向 21 世纪教育振兴行动计划》中，明确地把教师的培养与发展列为面向 21 世纪的"园丁工程"。

2012 年《国务院关于加强教师队伍建设的意见》的第一句话就是："教师是教育事业发展的基础，是提高教育质量、办好人民满意教育的关键。"

世纪之交召开了全国第三次教育工作会议，《中共中央国务院关于深化教育改革全面推进素质教育的决定》指出，"教师要热爱党，热爱社会主义祖国，忠诚于人民的教育事业；要树立正确的教育观、质量观和人才观，增强实施素质教育的自觉性；要不断提高思想政治素质和业务素质，教书育人，为人师表，敬业爱生；要有宽广厚实的业务知识和终身学习的自觉性，掌握必要的现代教育技术手段；要遵循教育规律，积极参与教育科研，在工作中勇于探索创新；要与学生平等相处，尊重学生人格，因材施教，保护学生的合法权益"。

很显然，在这些对教师素质的具体要求中，有很多内容是与师德密切联系在一起的。可以说，师德是教师的灵魂！

学校教育作为培养人的神圣事业，教师是完成这项事业的中流砥柱。因此，教师的师德对学校教育的成败也就起着举足轻重的作用。如果我们把学校看成"德行的博物馆"，那么教师就是起看守作用的卫士，看守着人类值得为之努力奋斗的东西——真理、美和正义。在教师不懈追求的背后，必须有某种重要因素作为支撑点，那就是师德。根据我和我的学生们的研究，我们把师德的含义理解为职业理想、爱心、人格影响力和责任权利的相互关系等。

师德的重要性，既可以在古今中外教育家的教育思想中体会到，因为古今中外的教育家都重视师德的重要意义，他们是我们的楷模，是我们的榜样；又可以在我们今天的教育实践中体现出来。

一、社会的发展不断对师德提出新的要求

教育是社会现象，社会不可一日无教育，正如王安石在《慈溪县学记》中写道："天下不可一日而无政教，故学不可一日而亡于天下。"那么，什么叫教育？定义实在太多。我认为，所谓教育，就是一种以促进人和社会发展为目的，以传授知识、经验和文化为手段的培养人的社会活动。教育的本质到底是什么？我是研究发展心理学的，从自己的专业出发，我认为教育就是发展。作为从事教育工作的教师，促进了人的发展，推进了社会发展，就是好的教育、出色的教育、成功的教育，否则就是没有搞好教育。由此可见，教育是教师按照社会的要求，以其自身的活动，对于受教育者——学生——所施行的一种有目的、有计划、有系统的感化过程，从而引起、促进学生的身心发展，使其出现合乎教育目标的发展和变化，成为社会所需要的人才。于是社会发展需要有良好的教师队伍，社会发展必须着力于教师队伍的建设。

因此，今天，社会发展的现实强调师德的重要性，凸显了社会赋予教师培养人才的责任，特别是道德教化、立德树人的要求。也就是说，针对社会的变革、社会的要求以及社会人才成长的任务，都会引申出社会现实与师德发展的联系。

（1）师德是教师的职业道德，是社会道德的一个重要组成部分。

恩格斯指出，在社会生活中，"每一个行业，都各有各的道德"①。行业道德，即职业道德，其形成和发展的客观基础是社会的生产和分工。职业道德与职业活动相适应，是一般社会道德的特殊表现形式。

教师的职业道德或师德，是教师在从事教育活动中必须遵守的社会道德规范和

---

① 《马克思恩格斯选集》第4卷，294页，北京，人民出版社，2009。

行为准则，以及与之相适应的道德观念、情操和行为。换句话说，师德是社会道德规范和行为准则的内化，是教师从事教育事业的内在准则。我国教师的职业道德或师德有国家颁布的相关规范，涉及内容为：教师对于社会主义教育事业的道德；教师对于与学生关系的道德；教师对于与同行们关系的道德；教师对于与家长关系的道德；教师对于与社会关系的道德；教师对自身的道德要求，等等。① 这些就构成了教师师德的内容。

社会是发展着的，教育是发展着的，学生、家长是发展着的，教师自身也是发展着的，师德当然也必须随社会的发展而有所发展，甚至强化。这些内容是在长期教育实践中形成的，它反映了社会发展对于教师的行为所提出的客观要求。师德的具体内容构成一种调节体系，它通过社会舆论或教师的自我修养，支配和控制教师在教育活动中的行为。

我国著名教育家陶行知先生就是一位重视教师自身道德建设的楷模。古人曰"吾日三省吾身"，而陶行知则"每天四问"。1942 年 7 月，他在重庆育才学校三周年纪念会上提出"四问"的内容，就是每天要反躬自问身体、学校、工作和道德上有没有进步，进步了多少。他认为道德是做人的根本，没有道德的人，学问和本领越大，就越会为非作歹，残害人民。他曾大声疾呼，要全校师生"建筑人格长城"。他自己就是用他的实际行动来"建筑人格长城"的。在育才学校，就流传过一个关于陶行知的"两个口袋"的故事。

育才学校是陶行知和全校师生赤手空拳办起来的，有时全校师生几乎无以举炊。在这样的艰难困苦中，有人劝陶行知停办育才学校，但他坚决不答应。他发动全校师生走街串巷，向社会各界热心人士募捐，渡过一个又一个难关。陶行知带头外出募捐，并宣布一条纪律：募捐来的钱涓滴归公，在任何情况下，任何人不得借故挪用分文。他自己是这样说的，也是这样做的。他的上衣缝有两只口袋，一只口袋装公款，一只口袋装私款。有一次他到远处去募捐，走访了好多地方，募捐了不少现款，袋里装得满满的。在归途搭车时，他忽然发现放私款的那只口袋里一分钱

---

① 林崇德：《师德通览》，1183 页，济南，山东教育出版社，2000。

也没有了，当时他就有一个坚决的想法，决不挪用公家一分钱，尽管一天奔波下来，既疲惫不堪，又饥肠辘辘，但他仍坚持从十里外步行回校。

育才学校师生听到这个消息后，都非常感动，当他们赶到陶行知先生的住处慰问时，陶行知亲切、深刻地跟大家讲起韩非子在《喻老》中所说的一个比喻："千丈之堤，以蝼蚁之穴溃；百尺之室，以突隙之烟焚。"在现实生活中，小漏洞往往可以酿成大灾祸，千万不要以小失大。陶行知就是这样"以教人者教己"，在"建筑人格长城"中做到不留一点空隙。

（2）社会发展的要求与教师的师德要求具有一致性。

作为职业道德之一的师德，是一定社会道德关系的体现，师德最显著的特性是它的社会性，它反映一定历史条件下的某种社会关系和社会价值观。今天社会主义核心价值观强调"富强、民主、文明、和谐，自由、平等、公正、法治，爱国、敬业、诚信、友善"，这就要求教师，按这二十四字来规范师德，确保教师坚持正确的政治方向，践行社会主义核心价值体系，遵守宪法和有关法律，坚持学术研究无禁区、课堂讲授有纪律，帮助和引导学生形成正确的世界观、人生观和价值观。只有这样，我们教师的师德才能得到普遍提高，并能达到"国务院关于加强教师队伍建设的意见"中提出的总体目标，即到2020年，形成一支师德高尚、业务精湛、结构合理、充满活力的高素质专业化教师队伍。

在中央电视台和《光明日报》联合举办的2012年"寻找最美乡村教师"大型公益活动中涌现出的10位最美乡村教师，无一不是以自由、平等、爱国、敬业、诚信、友善这样的标准要求自己的。马背上的校长徐德光，一个人改变了一所学校的邓丽，带学生一边练球一边种菜的肖山，用爱和生命去坚守的于贵勤等，在他们身上我们看到了作为一名教师的高尚情怀和奉献，他们无一不是在用实际行动践行着社会主义核心价值体系。

（3）师德要为未成年人道德爬坡服务。

现在社会上似乎都在争议：当今中国人的道德在爬坡还是在滑坡？我认为，爬坡是事实，但是滑坡也是事实。我们且不去争论这个问题，但我们至少要考虑，从中华民族的文化出发，从中华民族的根本利益出发，从我们国家有信心、有条件、有能力成为世界强国的"中国梦"出发，未成年人的思想道德至关重要。然而今天谁能引导未成年人的思想道德建设？是学校，是我们当老师的。

我的好友陈会昌教授曾写了一本《德育忧思》，上篇为"忧"，中篇为"思"，下篇为"变"。在这本著作中，未成年人的现状引起了作者的"忧"，未成年人的德育工作引起了作者的"思"，教师的德育是促进学生爬坡的基础，这是作者求"变"结论的来源。陈会昌教授在著作的最后特别指出教师的职业素质，即师德表现：教育观念的前沿性，语言的哲理性和艺术性，认识问题的深刻性，对学生缺点的宽容性，评价学生时的积极向善性，积极健康的人格特性，这些是教师德育工作的前提。① 因此今天的学校工作必须坚持"以德育为先"的理念。与此同时，也要坚持教育者首先应该接受教育的观点，要使学生在道德上成功地爬坡，教师必须在社会实践活动中不断了解国情、社情、民情，必须提高自身的师德。

被誉为"中国的苏霍姆林斯基式的教师"李镇西，先后出版了《青春期悄悄话》《爱心与教育》《从批判走向建设》等多本教育作品，从教的几十年来培育出无数优秀的学生。李镇西曾经讲过一个他教育学生的故事。当时在他的班里，有一个学生丢了1600元钱，虽然很快找到了"小偷"，但是李镇西觉得这不仅仅是一件简单的偷钱事件，它可能涉及全班同学的道德教育问题。于是，李镇西就借着这个机会向同学们讲了《悲惨世界》中的冉·阿让，在偷了银器但在获得土教的宽恕后，决定做一个善良的人的故事。结果大家都从这件事中学到了很多，并学会了宽容和爱。与粗暴的指责、打骂相比，李镇西老师敏锐地觉察到了事件背后的教育机会，他用很艺术的手段将善良和爱的深刻哲理传达给了同学们，从而引导同学们从一件"恶"的事件里学到了"善"。

(4)崇尚师德，抵制社会上的各种不正之风。

当下，新闻曝光的食品安全、腐化堕落、暴力虐行、戾气激增、高科技犯罪等一系列问题，一再触及社会公德的底线。社会现实的发展、社会风气的进步、社会诚信的重振，都需要各行各业的人群从自身的职业道德提升入手，从自己做起。

---

① 陈会昌：《德育忧思：转型期学生个性心理研究》，278—279页，北京，华文出版社，1999。

而在教育领域，令人震惊、令人困惑，甚至令人不齿的事件也时有发生。如仅在 2011 年 10 月至 11 月一个月之间媒体报道的就有：

2011 年 10 月 18 日：某市某小学给"差生"戴绿领巾；

2011 年 10 月 27 日：某市某中学给优秀生发红色校服（一般学生发蓝色校服），红色校服背后印有"××中优秀生"和"××房地产"字样；

2011 年 11 月 1 日：某省某中按成绩给学生发三色作业本；

2011 年 11 月 8 日：某省某中学初三年级的老师安排学习较差的学生在教室外面考试。当日正好是二十四节气中的立冬，气温下降。在寒风中考试的学生有的戴着帽子，有的握紧拳头，脸蛋冻得通红。老师的说法是，安排平时学习较差、偶尔爱调皮捣蛋的学生在教室外面考试，意在让学生通过吃苦体会学习的艰辛。

……

作为一名人民教师，我们是不是想拍案而起了？

那是因为教师是人类灵魂的工程师！汉代扬雄曾说"人之模范"语！卢梭在《爱弥儿》中也强调，在敢于担当培养一个人的任务以前，自己就必须成为一个令人尊敬的模范。

全国广大教师应大力弘扬高尚师德，提高师德的水平，既教育学生抵制社会的不正之风，又能用教师的良知去赢得社会的尊重，提升教师的社会声望和社会地位，从而促进全社会自觉地尊师重教。

（5）弘扬高尚师德，维护教师队伍的整体形象。

长期以来，我们的教师能把师德作为自身素质的核心，为我国教育事业改革和发展做出重要贡献，赢得了全社会的广泛赞誉和普遍尊重。但是，近年来极少数教师严重违反师德的丑恶行为时有发生，严重影响了教师队伍的整体形象，引起了社会的广泛关注。一个学校的教师都能为人师表，有好的品德，就会影响学生，带动学生，使整个学校形成一个好校风，这样就有利于学生的德、智、体、美、劳全面发展，对学生的成长大有益处。

2011 年 11 月 22 日，《钱江晚报》报道了这样一则题为《学校没有大楼，没有大师，但有我们所有老师的爱》的新闻。

时钟走到 11 月 10 日早上 7 点 30 分。

衢江区第四小学，同学们陆续到校，姜文和陈霞老师走进六年级教室，学生还没有到齐。

差不多时间，衢州大润发商场的一位管理人员发现"东方骆驼"服装店没有开门，他打电话给了店长夏肖艳。

这一天，本来是店员姚慧芬当班。夏肖艳马上打电话给姚，停机，她只好另外安排店员开门。

大家都还没意识到这是一个意外。

7：40 所有的同学都到齐了，还没有看见 13 岁的翁进城和 12 岁的翁明冲姐弟，姜文和陈霞确定两名学生异常迟到，因为两个孩子平时很乖。

两位老师拨打孩子母亲姚慧芬的电话，发现停机。她们心里有些紧张。

7：50 姜文和陈霞立刻决定去家访，叫上了体育老师江忠红当司机，他们边走边打电话，安排好了调课事项。江老师开了自己的私家车出发。他想，如果出了事，他能帮助两个女老师。

8：15 夏肖艳赶到姚慧芬家门口，喊门无人应答，听见里面有狗叫，以为人不在家，但是发现姚慧芬的电瓶车还停在楼下。

8：20 一路上，三位老师沿着姐弟俩上学的路，排除了交通事故的可能性，并根据平时登记的地址，找到了位于清莲里社区的姚家。

8：30 姜文、陈霞、江忠红赶到姚慧芬家门口，也是敲门只听有狗叫却无人应答，老师们留下纸条贴在门上。这时，他们觉得，肯定出事了。

8：35 三位老师来到服装店里寻找，和夏肖艳在店门口相遇，互相交流了消息，并留了手机号码。家长和孩子同时失踪，让他们觉得事情更严重了。同时，江忠红做出"可能是煤气中毒"的猜测。随后，老师们去给姚慧芬的手机充值，夏肖艳第二次赶到姚慧芬家。

8：40 老师们自己掏钱给姚慧芬的手机充值，不断拨打电话，终于听到了断断续续的声音。另一边，夏肖艳终于找到姚慧芬一个开店的亲戚。

8：45 姚慧芬的弟弟赶到现场，门开了，房内三人已经不省人事，密闭的房间里放着一只煤炉。夏肖艳陪着他们到医院急诊室。医生说，命悬一线啊，三人是一氧化碳中毒，要是再晚送医院半小时，命很可能就没了。

确定三人已经获救，三位老师赶回学校上课。

看到这里，我们不禁要问以下几个问题。

第一，这是一所什么样的学校？它为什么会有如此美的土壤？

校长马建红说："我们没有大楼，我们也不是大师，但我们不可以没有大爱。"这就是回答。

第二，发现学生没有准时到校，老师为什么会第一时间赶去家访？

姜文老师说："我们学校36个老师，每个老师都是姜文、陈霞。换上他们，谁都会这样去做。"寻找迟到学生，衢江四小的每个老师几乎都经历过。

第三，民工居住环境复杂，老师怎么会知道学生的地址？

陈霞拿出了一个文件夹："十大知晓"学生档案。她说，每个班主任都会有这样一个文件夹，里面详细记录了每一个学生的住址、家庭背景、联系方式、上学路径和交通方式、用餐习惯、性格特点、最好的朋友等十方面的三十多项内容，如有变化，便会第一时间更新。

第四，为什么数次找不到孩子，老师依然坚持不放弃？

陈霞老师说："不嫌弃，不放弃，不抛弃，这是我们每个老师共同的信念。"

走进两位老师的办公室，会看到斑驳的墙壁上有一句醒目的标语："日常教育，慈悲为怀；日常教学，敬畏为上。"

这就是一个学校教师的师德，这就是师德的力量！

为了大力弘扬高尚师德，国家教育行政部门必须构建师德建设的长效机制，即建立健全教育、宣传、考核、监督与奖惩相结合的师德建设工作机制。建立健全师德建设长效机制，特别是教师的奖惩制度，正是当前社会向教育部门提出的最现实的要求。

二、教师的发展与学生的发展对师德提出新的要求

中华民族文化强调"修道之谓教"，教育是"修道"。上面曾谈到学生应合乎教育目的或目标的发展变化，教育的目的应从"修道"的目的出发。中华民族文化历来重视教育目标问题，宋代张载说："为天地立心，为生民立命，为往圣继绝学，为万世开太平。"这是古人提出的教育目标。以往的教师、学人每每读到张载这"四为句"，往往会激动不已，竟至潸然泪下。因为天地本无心，以人为心，人可以认识自然；天命之谓性，率性之谓道，修道之谓教。教可使民安身立命；往圣的智慧、民族文化的优秀传统需要继承发扬；最终实现人民安居乐业，万世天下太平。而认识自然、修道立命、继承传统、天下太平就是教师的责任！

今天，张载的"四为句"需要有适合社会发展的具体内容来充实。我们的教育目标是使受教育者在德智体美劳等方面得到全面的发展。按《说文解字》的解释："教，上所施下所效也""育，养子使作善也"。现在，我们由现时的教育方针所规定的教育目标为基础，从"上所施者"的教师和"下所教者"的学生来分析，阐述师生的发展会对我们的师德提出哪些新的要求。

教师的作用，主要表现在传承文化文明，使之延续与发展；教书育人，促进人才茁壮成长；弘扬科学精神，促进社会进步。爱因斯坦说过，使学生对教师尊敬的唯一源泉在于教师的德和才。教师作用的基础是其自身的发展。教师的发展体现在教师的德与才两个方面更好地成长，它有以下三个含义。

一是体现为人师表的形象。我们的教师要认真贯彻党和国家的教育方针，落实教育目标，教书育人，敬业奉献，为我国教育事业改革和发展做出重要贡献，赢得全社会的广泛赞誉和尊重。经师可得，人师难求。由此可见为人师表的先决条件是讲师德。因此要加强师德教育，把教师职业理想、职业道德、学术规范以及心理健康教育融入职前培养、准入、职后培训和管理的全过程。

湘潭大学商学院副教授李时华与癌症搏斗、坚守教学一线的感人故事，在全社会引起了巨大的反响，她用实际行动向我们阐释了什么是为人师表。尽管右耳失

聪，左眼视力仅剩 0.05，嘴里没有唾液，张不开，但李时华不向命运屈服，不向病魔低头，心中只有一个坚定的信念：好好活着，将最宝贵的生命美丽绽放在挚爱的三尺讲台上，绽放在深爱着的每位学生心中。"生命为什么宝贵？"李时华用行动回答了一个严肃而又重要的哲学命题，"活着有意义才宝贵"。在她心里，只要能给学生上课，就是最好的治疗方式。身患重病，担心的不是自己的病情，却是贫困学生的棉衣棉被是否到位；生活拮据，却将微薄的工资资助困难学生，将借来治病的钱毫不犹豫地拿出 2000 元资助病友。李时华老师是生活的勇者，更是师德的标杆，她身上传递出一种道德力量，用生命诠释了为人师表的先决条件是师德。

二是体现成功教师的要求。组织行为学指出，成功人才有八个特点：境界、襟怀、抱负、思想、能力、气魄、毅力、谋略。前四个是对德的要求，后四个是对才的要求。明末清初教育家张履祥说："德者业之本，业者德之著。德益进则业益修，业益修则德益盛。二者亦交养互发，实是一种工夫。"①其意为德为才之帅，才为德之资，二者结合更能成功。党的十八大报告提出"加强教师队伍建设，提高师德水平和业务能力"，就是把德与才一起提出来，并把师德放在首位。由此可见，教师的成功必须以师德为先。

三是体现年轻教师成长的需要。时代赋予新一代教师学历较高、热爱生活、兴趣多元、积极创新、敢于探索等优点，但是，他们常常会过多地重视生活的质量，忠于个人兴趣，维护自我的权利，捍卫个人尊严，从而淡化权威权力，厌恶规则的约束。甚至有人无奈地自称"我们这些自由而无用的灵魂"。如果遇到工作压力大、负担重等情况，年轻教师往往产生职业倦怠。所谓职业倦怠，是指从事高强度、高人际接触频率的人员所产生的情绪衰竭、去个性化和个人成就感低落的症状。据研究，在我国中小学教师中，教龄在五年以内的年轻教师职业倦怠程度较高。② 提高年轻教师的修养，使他们成为合格的人民教师，办好人民满意的教育，必须从师德入手。

学生是祖国的未来，是中华民族的希望。他们的思想道德状态如何，直接关系

---

① （清）张履祥，《杨园先生全集》，卷四十一。
② 王芳、许燕：《中小学教师职业枯竭状况及其与社会支持的关系》，载《心理学报》，2004，36（5）。

到中华民族的整体素质，关系到国家前途和民族命运。我国对外开放的进一步扩大，为广大学生了解世界、增长知识、开阔视野提供了更有利的条件。与此同时，也存在着许多新情况和新问题，例如互联网等新兴媒体虽然能给学生学习和娱乐开辟新的渠道，但腐朽落后的文化和有害的信息也通过网络传播，腐蚀学生的心灵。这就需要教师给予正确的引导。这也直接考验教师的师德水平和德育能力。

正如卢梭在《爱弥儿》中写道："教师的责任是：不要让学生把注意力放在那些无关紧要的琐碎的事情上，要不断地使他接触与他未来有关的东西。必须善于启发他的思想。"意指师德高尚的教师始终要把全部精力放在学生如何做人的头等大事上。更何况，学生对教师深怀崇敬的心态，在学生心目中，甚至把教师视为社会的规范、道德的化身、人类的典范、父母的替身。古人云："智如泉源，行可以为表仪者，人师也。智可以砥砺，行可以辅弼者，人友也。"[1]教师应该既是学生的良师，又是学生的益友。所以，学生总是把师德高尚的教师作为学习的楷模、效仿的榜样，模仿其态度、情趣、品行，乃至行为举止、音容笑貌、板书笔迹等。一个班级的班风，在一定程度上是其班主任人格的放大，一个学校的校风是其校长人格的扩展。这就是有什么样的教师就有什么样的学生的现实基础，常言说"身教重于言教"也是这个道理。教师的师德成为促进学生发展的关键。所以老师在教育中，一定要重视言传身教，重视学生的品德教育。宏志班的班主任田成清老师就做到了这一点。

北京延庆县(现延庆区)第二中学创建了京郊第一个宏志班，田成清老师成为首任班主任。为教育宏志生正确对待贫困，消除自卑情绪，树立自我奋斗的观念，田成清率先以身作则。他自己收集废品，并号召学生一起捡矿泉水瓶子、收集废纸、回收废旧电池，在全校开展回收废旧物活动。南方雪灾、汶川大地震……这些本身就很贫困的学生在田老师的带动下，慷慨地拿出了自己的零用钱帮助别人。为了消除孩子因家长不能提供优厚的物质条件而产生的抱怨情绪，进而理解父母的艰辛，田老师首创了"家长心语驿站"。每逢家长会，田老师会将学生的闪光点告诉家长，

---

[1]　(汉)韩婴：《韩诗外传集释》，185—186 页，北京，中华书局，1980。

增强家长对学生的信心。家长会在田老师的组织下成为学生和父母最期待的事了。家长经常说，学生进了宏志班，懂事多了，经常往家打电话，一回家就帮忙干活。田老师用自己的言行对学生进行品德教育，让学生的身心能够健康成长。

三、师德是教师素质的核心成分

中华民族文化的"素养"——"修身养性"观引发我对教师素质含义的理论思考。如何分析教师的素质呢？

我与我的弟子提出下面六条原则。

第一，要切实体现教师这一职业的特殊性，反映出教师的独特的本质，教师的工作绝非一种平常的谋生职业，教师的职业，就是教师的专业，也是教师的"教书育人"的事业。

第二，对于教师素质的理解，可以从多学科、多角度研究。但无论从哪个角度研究都要有深刻的理论背景，不能由研究者凭空设计。我们的理论基础主要是心理学科。

第三，教学活动是教师工作的中心任务，教师素质的含义必须着眼于教学活动本身。

第四，反对那种元素堆砌的教师素质观，应将教师素质看成一个系统的结构，其内部包含着复杂的成分和动态的变量（图 15-1）。

第五，教师的素质是能提高的，教师的素质是结构和过程的统一。发展性、动态性是其精髓。

第六，教师素质的含义应能为教育实践和教师培训工作提供理论指导，具有可操作性。

由此，根据 20 多年的理论研究和实践研究的结果，我们把教师素质理解为，教师在教育教学活动中表现出来的，决定其教育教学效果，对学生身心发展有直接且显著影响的思想和心理品质的总和。

我们认为，教师素质在结构上，至少应包括图 15-1 中的成分：职业理想（师

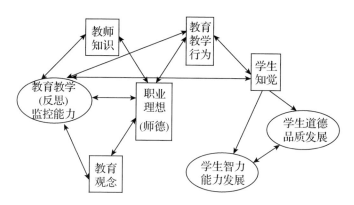

图 15-1　教师素质与学生发展关系模式图

德）、教师知识、教育观念（对学生的期望值）、教育教学监控（反思）能力，以及教育教学行为。①

　　我们用这个模式要说明的无非是以下四点。

　　首先，教师知识是教师从事教育工作的前提条件。汉代王充说："人才有高下，知物由学，学之乃知，不问不识。"清代严复说："民智者，富强之源也。"康有为也说过："夫才智之民多则国强，才智之士少则国弱。"可见知识是人才成长的关键，知识关系到社会与个人发展的成败。

　　教师在教育工作中要传授知识，因此教师知识的多少对其教育工作至关重要。知识，是人类实践的产物，认识的成果和经验的结晶。知识来源于社会实践，社会实践是人类一切知识的基础和检验知识的标准。知识的形成要以人类的语言为工具，知识借助于一定的语言，物化为生产劳动和社会变革产品的经验形式，用以交流或代代相传，成为人类共同的精神财富和文化文明。而教育正是运用这种知识来传承文化、培养人才。所以教育离不开知识，否则，教育就无内容可言；知识也离不开教育，否则，知识也就无从相传，不仅难以传递给下一代，而且也不能获得发展。知识与教育，两者是相辅相成的。

　　对于教师的知识结构，不同研究者有不同的研究角度或研究方式，因而也就有不同的理解。从其功能出发，教师知识可以分为四个方面的结构内容：本体性知识

---

① 　林崇德：《林崇德心理学文选（全 2 册）》，492 页，北京，人民教育出版社，2012。

指教师所具有的特定的学科知识，文化知识指教师知识的渊博程度，实践性知识指教师的教学经验、教育机制等知识，条件性知识指教育理论知识，如心理学、教育学和各科教学论等。这四个方面的知识共同构成教师的知识结构，在第十八章会展开阐述。教师教学水平的提高，是这四方面知识协同作用的结果。

其次，教育观念（或信念）是教师从事教育工作的心理背景。一位优秀的教师肯定认为："我一定能教好学生"，"我的学生一定会进步、会成才"。这种期望就是教师的教育观念，也就是教师的信念。很少有人怀疑下述观点，即教师的观念影响他们的知觉、判断，从而影响他们的课堂行为，或者说，理解教师的观念结构对改进职业准备和教师实践来说是非常有必要的。我们的研究证明，教师的教育观念对他们的教育态度和教育行为有显著的影响，很明显，如果一个教师认为"一个班级的学生中总是有好有坏，教师不可能把每一个学生都教成好学生"，那他就很可能慢慢放弃对班上暂时学习不好的学生的教育。在教师的教育观念中，一个重要的问题是教师的教育效能感。人们把教师对自己影响学生学习行为和学习成绩的能力的这种主观判断定义为教师的教育效能感。从 20 世纪 90 年代以来，研究者越来越关注教师如何看待自己的教学效果，以及这种看法与学生学业成绩之间的关系等问题。已有的研究表明，教师对自己影响学生学习行为和学习成绩的能力的主观判断与他们的教学效果密切相关。

再次，教育教学行为是教师素质的外化形式。教师的工作主要表现在教学上，尤其是课堂教学上，因此教师素质突出地表现在其教学行为上。换句话说，教学行为是教师素质的外化形式，它既是一种技术，又是一门艺术。教学是教师组织和指导学生的认知、达成教学目标的师生的共同活动，在这一活动中，教师的教学行为起着关键的作用。一个教师教学效果的好坏，直接取决于其教学行为的合理与否。虽然我们强调教师的知识、观念、工作积极性和教学监控能力对其教学的作用，但很明显，这些因素必须通过教师的教学行为体现出来。学生也是通过观察教师的教学行为，来理解教师的要求、掌握知识、发展自身能力、培养个性品质的。因此，调整自己的教育教学行为，使之有利于教学任务的完成，有利于学生的全面发展，就成为教师教学成败的关键因素。一位长期连课都教不好的教师绝对不是称职的教师。要成为一个能教好的教师，一定要有适当的教学方法。

教师进修学校附属学校的胡佩贞是一位一线数学老师，在日常教学中她坚持使用故事来激发数学课堂的生命力。例如，在讲授"平移"这一知识点时，胡老师为学生创设了一个"猫捉老鼠"的故事情境。"淘气养了一只猫叫喵喵，喵喵非常勤快，做事认真，就像我们的小朋友一样。有一天，家里来了一只老鼠，老是偷吃东西，这可把淘气给急坏了。于是喵喵决定，一定要捉到这只老鼠，狡猾的老鼠躲到了一个格子图上，小猫如何平移才能捉到老鼠呢？你们能帮小猫想一想吗?"听完故事，学生马上来了兴趣，胡佩贞让学生以小组合作的形式探讨这一富有挑战性的问题。胡老师采用灵活的教学方法，让学生在观察和交流中分析、探索、比较、体悟。学生在这样的故事情境中学习，不仅兴趣盎然，学得主动，而且对知识的理解也更为透彻。毋庸置疑，胡老师这样一位能够讲得精彩，让学生学得轻松的老师一定是学生心目中的好老师。

最后，职业理想(师德)是教师献身于教育工作的根本动力，是教师素质的核心成分。动机因素是一切行为的发动性因素，对教师的教育教学工作来说也不例外。教师要忠诚于人民的教育事业，干好教育工作，首先要有强烈而持久的教育动机，以及很高的工作积极性。设想一个对教育工作毫无兴趣的人，一个见到学生就心烦的人，会努力完成好教育教学工作吗？目前我国教育面临的一个严重问题就是如何增强教师的事业心，强化教师的职业责任感，提高教师的工作积极性。从某种意义上说，这个问题对我国的教育事业来说，不仅是当务之急，也是国家的百年大计。我们将这种事业心、责任感和积极性称为教师的职业理想，这也就是我们平时所说的师德，即教师的职业道德。

师德是教师"责、权、利"三方面的集中体现。从"责、权、利"三个要素来看，责，意味着我们承担着一定的社会责任，即全心全意地为学生服务；权，教师调动、影响新一代的积极性，决定着他们的素质高低；利，教育这种职业劳动，为社会培养文化、经济、政治所需要的人才，教师的利益是与社会整体、国家利益以及服务对象——学生的利益三者紧密地联系在一起的。师德的最终目的是为国家培养出优秀人才。所以忠诚于教育事业是教师的"责、权、利"三者的集中体现。

师德的实质就是教育事业的"业"字，师德正是对教育事业、教育岗位及其社会地位的道德规范、道德范畴和道德心理的表现。教师的知识如何传授，教师要建立怎样的教育信念，教师的反思机制能否形成，教师的外化形成质量高低，这些主要是由教师的动机因素来驱动的，即由教师的师德来决定。我们可以看出由于师德的动力作用和核心地位，教师的师德修养是其整体素质或素养的关键。教师的师德是否彰显是教育体制能否建立、教育质量能否提高、教育目标能否实现的关键因素。

第四章

论师业，爱岗敬业铸师魂

网上传播着这样一首赞美师德的诗：

师德，是热爱孩子的赤诚之心，

师德，是热爱岗位的敬业精神，

师德，是热爱事业的博大胸怀，

师德，是以身立教的形象之本。

忆往昔，

师德，是孔圣人"学而不厌，诲人不倦"的伟大修养；

师德，是陶行知"捧着一颗心来，不带半根草去"的人生信仰；

师德，是徐特立"忠贞为教，严谨治学"的优秀品格；

师德，是"其身正，不令而行"的无声影响……

看今朝，

师德，是蒋筑英"春蚕到死丝方尽"的呕心沥血；

师德，是董大方"既教书又育人"的自我超越；

师德，是商静、齐丹对幼教事业的执着追求；

师德，是托起明天太阳的崇高境界……

啊！师德，

师德，是夯实高楼大厦基石的高度责任，

师德，是在希望田野上的辛勤耕耘，

师德，是放飞理想的巨大力量，

师德，是用灵魂塑造灵魂的壮丽写真！

是的，教师的岗位，立足学校，坚守在三尺讲台旁；教师的事业，教书育人，培养着国家的栋梁。

我们听过一首又一首赞美教师的颂歌：《春蚕赞》《红烛颂》《园丁之歌》《咏人梯精神》《启智求真曲》《世纪的榜样》《永远的诉说》《终生的感激》《洒下一片深情》《传承文明的诗》《生命因你而蓬勃》……在这世界上，还有哪一种职业，有这么多的赞歌？然而，在这世界上，还有哪一种职业，比培育、塑造人的灵魂更为艰巨？这里的内涵，体现在"爱岗敬业"四个字上。

一、何谓教师的爱岗敬业

《中小学教师职业道德规范》1997 年版和 2008 年修订版，均涉及"爱岗敬业"。1997 年版将其解释为"热爱教育、热爱学校，尽职尽责、教书育人，注意培养学生具有良好的思想品德。认真备课上课，认真批改作业，不敷衍塞责，不传播有害学生身心健康的思想"。2008 年修订版将其解释为"忠诚于人民教育事业，志存高远，勤恳敬业，甘为人梯，乐于奉献。对工作高度负责，认真备课上课，认真批改作业，认真辅导学生。不得敷衍塞责"。在《高等学校教师职业道德规范》中将其表述为"敬业爱生"，意为"忠诚人民教育事业，树立崇高职业理想，以人才培养、科学研究、社会服务和文化传承创新为己任。恪尽职守，甘于奉献。终身学习，刻苦钻研。真心关爱学生，严格要求学生，公正对待学生，做学生良师益友。不得损害学生和学校的合法权益"。

中国历代教育家都重视教师的爱岗敬业，例如孔子的"学而不厌，诲人不倦"，强调的是对教育事业的热爱、勤勉；孟子的"得天下英才而教育之，三乐也"，提出了明确的教育目标；韩愈的"传道、授业、解惑"，解释的是教育内容；陶行知的"捧着一颗心来，不带半根草去"，阐述的是教师的敬业与奉献精神。这一切，我们称其为"师业"。

外国教育家也都重视教师的爱岗敬业，例如，杜威把教师视为"真正上帝的代言人"，尽管是个比喻，但道出了教师事业的性质；夸美纽斯认为"学校是造就人的工厂","采用良好的榜样，施用温和的言词，并且不断诚恳地、直率地关心学生"；卢梭把教师指导学生怎样做人看作其"天职"，阐述了教育的主要目标；凯洛夫的"教育学"倡导发展学生的各种能力，培养全面发展的人；加里宁指出，"教师们把自己的全部精力和血汗，把他所有的一切宝贵品质都贡献给自己的学生，贡献给人民"，阐述的是教师的奉献精神。所有这一切，都在论述教师的"师业"，即爱岗敬业的理念。

爱岗，即热爱自己的岗位，是敬业的前提。因此它绝不是简单的"站好一班岗"，而强调的是"爱"。裴斯泰洛齐说："每一种好的教育，都要求用母亲般的眼睛，时时刻刻准确无误地从孩子的眼、嘴、额的动作，来了解他内心情绪的每一种变化。"因为有爱，才可以义无反顾、勇往直前，抛头颅洒热血般的敬业。这里，我们呈现一位 2012 年全国教书育人楷模——黄希庭教授的事迹。

西南大学资深教授黄希庭先生是一位爱岗敬业的模范。1961 年北京大学普通心理学专业毕业后，他被分配到重庆北碚小镇上的西南师范学院。那时，北碚的条件极差，为了有一个教学备课和写作的环境，每年夏天，他总打一桶水，双脚泡在水桶里来避暑。1964 年，他考回母校读研究生，1967 年毕业，那时北京大学心理专业属哲学系。当时，北京、上海条件好的单位需要哲学系的研究生，但是黄希庭还是毅然回到西南师范学院。不少高校要调黄希庭离开西部，可是他坚定不移地安心在西部工作。他对教学工作总是满腔热情、一丝不苟。他为本科生讲授过自然辩证法、公共课心理学、普通心理学、实验心理学、人格心理学等多门课程，至今还为硕士生、博士生授课，把自己生命中最美好的岁月奉献给了最令他自豪和欣慰的学生们，奉献给了教育事业。他提倡夯实基础，学以致用；培养能力，激发创新；教人立志，报效祖国。他从 1986 年开始培养硕士研究生，1993 年开始培养博士研究生，到 2012 年，他已经为国家培养了 130 位硕士、62 位博士、15 位国内高级访问学者。他所指导的博士学位论文，其中一篇获全国优秀博士学位论文奖，一篇获全国优秀博士学位论文提名奖，他的许多学生已成为国内著名心理学家，大部分正在高校教学科研岗位上做着贡献。黄希庭为我国培养了不少栋梁之材，真可谓桃李满天下。由于他恪尽职守，成绩不凡，被授予"2012 年全国教书育人楷模"的称号。

鉴于他长期在西部工作，被中共重庆市委、重庆市人民政府授予"新中国成立60周年重庆杰出贡献英模"（2009年）、"重庆直辖10年建设功臣"（2007年）、"全国先进工作者"（2005年）、"重庆市劳动模范"称号（1985年）等称号，"振兴重庆争光贡献奖"（2003年）。

教师的爱岗敬业精神有着十分丰富的内涵和外延，具体表现在四个方面。

（1）热爱教育事业，热爱本职工作。

任何一个职业都有敬业爱岗的职业道德，然而，教育是一个特殊的职业，如上所述，捷克教育家夸美纽斯说："太阳底下再也没有比教师这个职业更高尚的了。"然而，除了其作用与地位确实有令人羡慕的一面之外，还有使相当多教师深感困难的一面。教师面临着与一般职业不同的种种困难，这是造成教师流失的一大原因，也是滋长新的"家有三斗粮，不当孩子王"观念的根子。然而，我们绝大多数的教师都热爱教育事业、热爱本职工作，坚守在自己的三尺讲台旁。这就是师德，正是来自这种师德，中国的一千零三十万教师才承担起并胜任二亿三千万学生的教育任务。只有真正做到心甘情愿地为实现自己的社会价值而自觉投身教育工作，对教育事业心存敬重，甚至是苦中作乐，才能产生巨大的拼搏动力。教育是爱的事业，鲁迅强调"教育根植于爱"。一个热爱教育事业的教师，会感到教育对其人生的意义和价值，会在教育教学活动中感受到生命的活力，体验到人生的幸福与快乐。

（2）热爱学校，时刻关注学校，要以学校的发展为己任。

当教师踏入校门之时，就已经把自己交给了学校，以校为家，与学校同发展、共荣辱。有些农村学校教师的生活是比较清贫的，但是为了学校的发展，为了教学的正常开展，他们可以无偿地把家里的东西搬到学校，甚至垫上自己微薄的工资，这充分反映出教师伟大的胸襟和对学校的热爱。在金佛山深处有一所规模宏大、设施齐全的学校——南川三泉镇马嘴乡春蕾小学，包括一半留守儿童在内的1300多个乡村孩子在这里快乐地学习、生活，教师们都配有笔记本电脑，有校车接送。而这一切是年近花甲的老校长梁隆超用一生的心血浇筑而成的。为了筹集学校改建经费，他带领一班人三下垫江，两到涪陵、丰都拜师学习黑木耳种植技术；为节约建校经费，他亲自购买材料修建"春蕾教学楼"；为了搞好校园绿化，他经常拖着一双有些肿胀的腿，到深山采集花木，通过自培自育，美化校园。他在 25 年的校长生涯中，以"家"的理念经营学校，热情奉献。他让"马嘴现象"被业界称道，他让"留守儿童之家"享誉千里之外，他让希望之声在中国西部山乡敲响。

（3）献身于教育工作的职业理想。

教师的职业理想是其献身于教育工作的根本动力。为什么优秀教师能几十年如一日，坚守教育岗位，潜心教书育人？黔江区白岩乡玉堂村中心校刘红廷是 2007 年"感动重庆十大人物"之一，他的人生可以有很多个选择，但他却选择了人民教师这个职业，立志俯首，甘为孺子牛。他每天准时到坡下去背患肺炎的学生上学，也将父母在外打工的受伤学生接到家里照顾。20 多年来他就这样执着地坚守他的信念："选择了，就要干一行爱一行，做了牛，就不要误了人家的春"，全身心去爱学生。在我们身边，像刘红廷这样的教师有很多，他们坚守在边远贫困地区，创造出令人感动的业绩，这不是偶然的，也不可能出自什么冲动，而是源于他们献身于教育工作的职业理想。正是这种职业理想赋予了他们矢志不移，坚守教育岗位，战胜一切困难，努力实现自己人生目标的力量和勇气。增强教师的事业心，强化教师队伍的职业责任感，提高教师的工作积极性，成为当前进一步树立教师职业理想的重要内容。

（4）辛勤耕耘，无私奉献。

献身于教育工作的职业理想，必然促使教师自身拥有高尚的道德品质、渊博的专业知识、高超的教学艺术、良好的师生关系，坚持教育创新，深化教育改革，全面推进素质教育。所有这一切，就会集中地表现出做贡献，甚至奉献的工作态度和工作作风，呈现一种辛勤耕耘、无私奉献的高尚品德。作为太原市第五实验中学的一名语文老师，肖冰波老师经常加班加点，勤勤恳恳、兢兢业业，始终保持旺盛的斗志和良好的精神状态。10 多年的班主任工作中，她总是来得早、走得晚，风雨无阻，始终如一。她所带的班级管理到位、全面发展，在学校屡屡获奖。在高中语文教学中，为了提升矿区学生语文素养及水平，提高学生高考语文成绩，她全面熟悉学生特点和教材，积极学习先进的教育教学理论，研究高考趋向及新课程标准，认真用心备好每一节课。三尺讲台虽不大，但教师的责任重大，她认为站在这个岗位，就得对得起这个岗位，就得对学生的现在和未来的发展负责，因此她辛勤耕耘、无私奉献。

二、爱岗敬业的实质

爱岗敬业要体现教师的职业，就是教师的专业，就是教书育人的事业。师德的实质就是教育事业即教书育人的"业"字，正如《中华人民共和国教师法》所指出的"教师是履行教育教学职责的专业人员，承担教书育人，培养社会主义事业建设者和接班人，提高民族素质的使命。教师应当忠诚于人民的教育事业"。教师必须热爱自己的教育事业，有立志献身于教育事业的崇高理想。师德体现的正是对教育事业、教育岗位及其社会地位的认同、情感、态度和奉献的行动。

卢梭说："只有一门学科是必须要教给孩子的，这门学科就是做人的天职……我宁愿把有这种知识的老师称为导师而不是教师，他的工作是指导孩子怎样做人。"教书育人的出发点是培养人才。教书育人是指教师在传授科学文化知识的同时，培养学生良好的思想道德，也就是说，教师通过教书，培养德、智、体、美、劳全面发展的人才，使其成为社会主义建设者和接班人。教书育人，是我国优良的教育传统，韩愈在《师说》中强调的"传道、授业、解惑"，意指教书与育人的统一。当好教师，固然要教好书，但应该把育人，即教学生做人放在首位，这是师德的一项重要任务，因为教师只有切切实实担负起既教书又育人的双重职责，他们才能尽职尽责，积极奉献；他们才能学做经师，争当人师。

1865年成立的百年名校上海中学的校长和老师们自始至终把爱岗敬业放在心中，把培养人才放在首位。这个学校要求学生确立远大的目标，在思想上培养一流的意识、时代的意识、国际的意识，使学生具有爱国心、责任心、适应性和创造性，最终成为各行各业优秀的人才。它在1949年以前对学生的要求是"德、智、群、体、美"，中华人民共和国成立以后，它贯彻的是"明、严、实、高"的校风，带动了"严谨、创新"的教风和"严实、奋进"的学风，形成了"精研、勤学、团结、进步"的优良传统和学校精神。每个学生进入这个学校以后都要寄宿，严格按照学校要求的德、智、群、体、美五个方面努力上进，全面发展。正因为这个学校的精神，特别是教师的师德，才使得上海中学的毕业生中，现在已经有 100 多位担任副部级以上职务的干部，近 60 位院士，30 多位将军。可见重点学校，特别是具有悠久历史的重点学校，在传播社会文化和文明建设中，尤其是在师德建设中有着不可估量的影响，普遍有一定传统特色，为我国办好普通学校提供了宝贵的经验。

教师要尽职尽责，在教育教学活动中，表现为认真备课、上课，不敷衍塞责，不让一个学生掉队；也表现为对学生的热情关怀，对教育教学工作的深入研究、科学设计与有效实践；更表现为在细节上下功夫，如认真研究每一个知识点以及它对学生发展的意义，能够很快叫出每一个学生的名字，知道每一个学生的爱好和特长，等等。

教师要积极奉献，始终将教育教学工作放在首位，不计较个人得失，要有一种"春蚕到死丝方尽，蜡炬成灰泪始干"的态度，默默奉献，把毕生献给伟大的教育事业。雨果曾说："花的事业是尊贵的，果实的事业是甜美的，让我们做叶的事业吧，因为叶的事业是平凡而谦逊的。"教师就像是那默默奉献的绿叶，时时刻刻衬托着花的娇艳。因此，教师这一职业虽然平凡而普通，但是却有一种默默无闻的奉献精神：甘为人梯，淡泊名利。

教师的教书育人、爱岗敬业在大多数情况下不是通过对大是大非问题的处理来体现的，而往往是在小事上尽显风格，于细微处洞见精神。教师在具体细致，甚至琐碎繁杂的事务上的工作态度、工作方式，可以更全面、更深刻地反映其是否敬业，是否热爱自己的本职工作。

西藏自治区拉萨中学教师李在良是爱岗敬业精神的忠实践行者，他以自己高尚的师德、严谨的教态和扎实的作风，在平凡的岗位上做出了不平凡的业绩。"奉献第一，教育第一，学生第一，教育工作无小事"一直都是李在良奉行的人生信条。到西藏参加工作 10 年，对于组织上分配的工作，李在良从不挑肥拣瘦，拿得下，挑得起，做得好。尽管工作中头绪多、难度大，但他从没有旷过一节课、误过一件事，许多时候忙得顾不上吃一口饭、喝一口水。在雪域高原的大地上，李在良用自己的青春和汗水，谱写了一曲曲教书育人的动人乐章。

爱岗敬业是师德的基本要求，更是最起码、最普遍的奉献精神。每一位人民教师都必须对教育事业具有强烈的责任感和使命感，在自己的工作岗位上认真负责，尽心尽力，遵守职业道德。只有每位教师都具备这种无私的奉献精神，我们的教育事业才会更加蓬勃发展，国家才会拥有越来越多的教育人才。爱因斯坦说过："人只有献身社会，才能找出那实际上是短暂而有风险的生命的意义。"教师的劳动是平凡的，教师岗位没有令人羡慕的地位和权力，也没有显赫一时的名声和财富，更没有悠闲自在的舒适和安逸。但平凡中却孕育着伟大，因为伟大往往出自平凡，没有平凡的爱岗敬业，就没有伟大的奉献。所以说，爱岗敬业是每个人都可以而且应该做到的，是平凡的又是伟大的。

一个好的教师意味着什么？首先意味着他把"教书育人"当作一种乐趣，相信每个学生都能通过教育的途径成为人才。新疆生产建设兵团喀什农三师中学高级教师柳长剑，多年以来以校为家，以人为本，自始至终把自己奉献给教育事业。他要求全体教职工进一步树立"教书育人"的意识，以身立教，创设良好的教育氛围。他通过家长委员会，建立家校联系制度，及时沟通学生在家、在校情况。多年来他还一次又一次地主动找经查实有劣迹的青少年学生谈话，本着尊重学生的原则，正确引导、耐心教育，使这些学生逐步走上正道。

三、怎样爱岗敬业

爱岗敬业既是教师坚持为人民服务的宗旨，也是所有教师实现自我价值、获得个人满足的有效途径。在实际工作中，教师只有爱岗敬业，才能积极面对自身的社会责任和义务，不断地完善自我，正确处理各种社会关系和化解各种冲突与矛盾，才能对教育事业尽心竭力，在工作岗位上发光发热，把全部心血奉献给所从事的教育事业。所以说，人民教师应把"爱岗敬业铸师魂"作为加强师德修养的一个重要内容，不断提高自身素质，才能适应时代需要，完成教书育人的重任。爱岗敬业突出四类意识：敬业意识、乐业意识、职业规范意识、勤业意识。怎样才能做到爱岗敬业呢？正是从这四种意识入手的。

首先，我们要有敬业意识。

中华民族历来有"忠于职守""敬业乐群"的优良传统。梁启超写过《敬业与乐业》一文，他说："敬字为古圣贤教人做人最简易、直捷的法门，可惜被后来有些人说得太精微，倒变了不适实用了。唯有朱子解得最好，他说：'主一无适便是敬。'用现在的话讲，凡做一件事，便忠于一件事，将全副精力集中到这事上头，一点不旁骛，便是敬。"梁启超还说："怎样才能把一种劳作做到圆满呢？唯一的秘诀就是忠实，忠实从心理上发出来的便是敬。"敬业，就是要对教育事业心存敬重，尽职尽责。敬业精神自古有之，中国古代思想家也非常提倡敬业精神，孔子称之为"事思敬""执事敬"，对待事业要有敬重的态度。敬业，就是要敬重自己的事业，专心致力于事业，千方百计将事情做好。教师的敬业，就是表现在"忠诚于党的教育事业"，需要教师怀着敬业之心认真备课和批改作业，遵循教育教学规律，对教学内容和方法进行创新性探索和研究，要安于本职工作，在教学实践活动中坚守岗位，尽心竭力。无论遇到什么困难，都要锲而不舍，出色地完成本职工作，坚决抵制"在岗不爱岗"的心态。

贵州省三都水族自治县羊福乡民族学校教师陆永康，坚持"跪"教36年，在最贫困、最边远的少数民族山乡尽职尽责、无怨无悔。他出生9个月时，因患小儿麻痹症，下肢萎缩瘫痪，从此以膝"跪"着行走。20岁时，他成为三都水族自治县羊福乡孔荣小学的一名民办教师，从此在大山深处开始了漫长的"跪"教育人生涯。他用木板、篮球皮、废旧轮胎、铁丝等自制了一双重达两公斤的"船鞋"，套在双膝上上课、家访，别人用一个小时走完的路程，他要用四个多小时。他所教班级的教学质量名列全乡前列，多次被省、县评为"优秀教师""优秀德育工作者"。陆老师日复一日，年复一年，"跪"村串寨，他用跪着的双膝支撑起了家乡人民对教育的信念，用坚忍不拔的毅力点燃了大山的希望。

其次，我们要有乐业意识。

乐业，主要体现在对待本职工作的态度上，就是要以正确、积极的态度对待自己的本职工作，努力培养对自己所从事的工作的自豪感、荣誉感。梁启超说："须知苦乐全在主观的心，不在客观的事"，"凡职业都是有趣味的，只要你肯继续做下去，趣味自然会发生。为什么呢？第一，因为凡一件职业，总有许多层累、曲折，倘能身入其中，看它变化、进展的状态，最为亲切有味。第二，因为每一职业之成就，离不了奋斗；一步一步地奋斗前去，从刻苦中将快乐的分量加增。第三，职业性质，常常要和同业的人比较骈进，好像赛球一般，因竞胜而得快乐。第四，专心做一职业时，把许多游思、妄想杜绝了，省却无限闲烦闷。孔子说：'知之者不如好之者，好之者不如乐之者。'人生能从自己职业中领略出趣味，生活才有价值"。人不能"爱哪行，才干哪行"，要树立"干一行，爱一行"的思想。乐业就是要求教师对教育工作充满热情，热爱教育，热爱学生，把教师职业作为一种人生享受与精神乐趣。只有乐业，才能有崇高的事业心和高度的责任感，才能以勤勤恳恳、严谨治学的态度去感染学生；只有乐业，才能切实履行党和人民赋予的教书育人这一神圣职责，当好人类灵魂的工程师，办好人民满意的教育。

河北省滦平县长山峪中心校的爱岗敬业模范赵维树，认为教师从事教书育人的工作是无上光荣和神圣的。他认为教师的生活虽然清贫，但理想和追求是富有的，看到孩子们健康成长快乐学习，他再苦再穷也不后悔。作为班主任，他要对全班同学负责，关爱他们的学习、生活。此外，他深知要教好学生，光有满腔热情是不够的，还要有过硬的业务素质。30多年来，他积极参加校本教研，虚心学习别人的教学经验，勇于创新，改革教法，使自己的业务水平不断提升。

再次，我们要有职业规范意识。

职业规范意识的外延包括较广，其中教师的仪表仪容是教师职业规范的一个重要组成部分，是教师个人素质修养的重要体现，教师的仪表仪容和风度本身就是教育内容。孔子曰："见人不可无饰，不饰无貌，无貌不敬，不敬无礼，无礼不立。"《中小学教师职业道德规范》（2008年修订）明确指出：教师应"衣着得体"。教师的仪表仪容要求体现教师职业的特殊性，既不能像军人那样威严，也不能像演员那样多变，而应该自然纯真，情趣高雅；适合时宜，表现个性；举止大方，情态谦和；姿势规范，谈吐得体。学生总是把教师当作榜样来学习、模仿，教师的一言一行、一举一动都会给学生留下深刻而难忘的印象，因此，教师要严格按照教师职业规范要求自己，注重仪表仪容，随时随地都应保持端庄的仪表、整洁大方的形象。

　　武汉理工大学商学院的夏华丽老师上课时精神饱满，给人气质良好的感觉，课堂上能感觉到学生对她的尊重，这与夏老师的着装、举止、谈吐等方面的吸引力也不无关系。她认为教师应特别注重自己的行为习惯，不能不修边幅、教态不端、举止不雅等，在此基础上，才谈得上完成教学工作，让学生掌握教学内容。

　　最后，我们要有勤业意识。

　　勤业，是爱岗敬业的关键外化。广大人民教师要做到爱岗敬业，就应该以勤为本。这"勤"，首先是指工作勤奋，一心一意忙工作，但必须忙在点子上，为此，我对勤业意识做了四点补充。一是能勤于学习。古人云："非学无以广才，非志无以成学。"要教书，先读书。要搞好教育教学，教师必须要对学习的重要性有明确的认识，切实增强自身学习的紧迫感和自觉性，充分利用业余时间抓好学习，学习先进的教育理念和其他优秀教师的经验，丰富自己的教育思想，提高自身的业务能力。如果教师能以初学者的心态来过每一天，自然会日日新、日日进了。二是能勤于思考。孔子曰："学而不思则罔，思而不学则殆。"哈佛大学的迈克尔·桑德尔教授在其课程《公正：该如何做是好》的结束语中告诉大家：学习的本质，不在于记住哪些知识，而在于它触发了你的思考。而米兰·昆德拉在《智慧是什么》一文中也说："现代的傻不是意味着无知，而是对既成思想的不思考。"是的，不思考的学习不是真正的学习，而对既成思想不思考的教师自然就不是聪明的教师，一个不聪明的教师是很难教出聪明的学生的。我们应该在教育教学实践中，结合自身实际的教育教学情况及时进行反思，总结经验教训，找到不足和改进的办法，优化教学质量，有效促进自身发展。三是能勤于发问。平时在工作中遇到问题是在所难免的，我们应该虚心地向其他经验丰富的教师请教，从中获得一些对自己有价值的知识和经验，进行反思和归纳，实现自身业务水平的全面提升。四是能勤于总结。善于总结、勤于总结，本身就是能力素质的良好展现。作为爱岗敬业的教育工作者，我们应该要求自己在实践中总结，在总结中提高。

　　我们的时代就是一个爱岗敬业的时代，在我们身边，不乏爱岗敬业的优秀教师。我国西部山区的农村教师群体，他们不计个人得失，献身教育，不怕条件艰苦、环境恶劣，既教书又育人，为大山捧出了一只又一只"金凤凰"。教师是人类灵魂的工程师，是青少年学生健康成长的引路人。我们的职业道德修养直接关系到青少年学生的健康成长和灵魂的塑造，关系到国家的前途和民族的未来。教育之本在于育人，育人之本在于育德。爱岗敬业是一个永恒的主题，在倡导师德修养、振兴教育的今天，希望每个教育工作者都能不断加强自身的师德修养，让自己成为具有爱岗敬业精神的人，把自己锤炼成"一个高尚的人，一个纯粹的人，一个脱离了低级趣味的人，一个有益于人民的人"。我们只有在职业生涯中不断反思、提高，才能使自己成为一名人民满意的合格教师。在爱岗敬业精神的鼓舞下，教师队伍一定会更加坚强有力，教育事业必将蓬勃发展。

第五章

讲师爱，无私大爱最神圣

历代教育家都把关爱学生或师爱作为师德的首要因素。没有爱就没有教育。如果我们把师德视为教师的灵魂或"师魂"，那么，我则把师爱称为"师魂之魂"，即"魂中之魂"。

托尔斯泰曾说过："如果教师热爱自己的事业的话，那他就会成为一个优秀的教师；如果教师像父母那样爱学生的话，那他就会比那些虽然读万卷书而不爱事业也不爱学生的教师好得多；如果教师能够把热爱事业和热爱学生结合起来的话，那他就是一个完美的教师。"

师爱是教师的一种情感，又是教师的一种美德，也是教师的一种奉献。师爱的主体是教师，教师应该是爱的使者；师爱的场所在学校，学校应该是爱的摇篮；师爱的对象是学生，学生应该在教师的关爱中成长。

关爱学生的内容十分广泛，包括关心学生，了解学生；尊重学生，信任学生；爱护学生，保护学生；循循善诱，教导学生，等等。关爱学生的形式可概括为两种：爱在细微中，爱在生死时，换句话说，师爱既表现在日常的教育场合，又表现在生死关头。正如一位诗人描述的那样：

真情兮，煦煦春风胜母爱；
师魂兮，浩荡日月齐放彩。①

---

① 范淑娟：《心与心的交流——寄语关心青少年的朋友》，157—158页，北京，航空工业出版社，1997。

一、爱在细微中

师爱体现在日常的教育、教学和生活中，要关爱每一名学生，关心每一名学生的成长进步，以真情、真心、真诚教育和影响学生，努力成为学生的良师益友，成为学生健康成长的指导者和引路人。

2004 年年底，中宣传和教育部授予了霍懋征老师等 5 位教师"师德模范"称号，我是其中唯一的高校教师，我们成立报告团在全国各地演讲，我从这 5 位教师的经历中选出 5 个"爱在细微中"的片段。

（一）爱在细微中之霍懋征

被周恩来总理誉为"国宝"的北京第二实验小学的霍懋征老师，是"爱的教育"的早期倡导者和实践者。她说："我们一代一代的教师所面对的是一代一代的孩子。教师必须把真诚的爱施于每个孩子、每个学生。教师的爱是真爱。这种爱的程度和效果，不仅直接影响着眼前的教育教学质量，而且必然会从多方面影响国家和民族的未来。"她的名言是：没有教不好的学生，只有不会教的老师。第二实验小学是一所高干子女和普通市民子女兼收的学校。霍老师对所有的学生都一视同仁，有教无类，绝无偏向和歧视。

在日常的教育中，霍老师以不同方式向不同类型的学生表达了师爱。一位 20 世纪 60 年代的毕业生、当年的学生班长回忆说："我当了好几年班长，霍老师好像从来没有当众表扬过我，对我，对我们班干部的表扬几乎都来自同学，霍老师只是不断地帮助我们出主意，为我们指点努力的方向。霍老师常说：'你们是为同学们工作的，只有同学们说你们好，才是真好。'"霍懋征老师的爱，更多的倾注在那些"问题学生"身上，更多的倾注在那些贫困的需要更多帮助的学生身上。就这样，有些被学校称作"害群之马"的学生变成了一匹匹骏马。有的学生病了，她带着去看病求医、买药、送饭；有的学生家庭经济困难，在学校吃不起午饭，她就自己掏钱为他买午餐。有个学生踢足球，为了省鞋，总是光脚上场，她看在眼里，在比赛前夕，特意为他买了球裤、球鞋。有个学生的父母因公调往外地工作，家里没有人照顾他，她就把这个孩子接到自己家食宿，等到孩子的父母调回北京时，孩子已经上初中了。

在 20 世纪 60 年代的"困难时期"，她节衣缩食，资助每一个失去父母的学生。霍懋征老师不仅是班主任老师，她几乎成为每个学生的家长。一位老毕业生作诗道："你、我、他，我们大家，每个人都有两个妈妈。一个是亲生母，另一个就是她，我们的霍老师，我们敬爱的霍妈妈。"

（二）爱在细微中之黄静华

上海市中学特级教师黄静华，她教育的出发点和座右铭是"假如我是孩子""假如是我的孩子"。"假如我是孩子"，这样的情感体验使她对学生少了苛求，多了宽容，努力创设宽松和谐、积极向上的氛围，甚至改变以往的评价体系，不以单纯的分数作为评价学生的指标，而以学生的全面发展为目标，增强学生的自信。好几位因为各种原因而成绩开"红灯"的留级生，在她的鼓励下，重新获得了自信，人格、品德获得了健康的发展。留级生小孙来到她所带班级的时候，留着小分头，穿着花牛仔喇叭裤，脚蹬时髦皮鞋，一副"时尚青年"的派头。黄静华老师不但没有歧视他，反而让他在老师对他的信任、尊重中找到自己在班级中的位置。别的同学有了难处，黄静华老师把解难的担子压给他；班级工作遇上了困难，黄静华老师请他一起出主意。信任唤起了责任，半年后，小孙郑重地递交了一份入团申请书。这种情况又何止一个，一位学生在周记中写道："在大人的眼里，我也许是个'朽木不可雕也'的坏孩子，然而，黄老师却用她那无微不至的关怀重新塑造了我。"

黄静华老师时时以"假如是我的孩子"的情感去体会孩子的内心世界，以童心去理解他们的"荒唐"，用爱心去宽容他们的"过失"，礼貌地对待他们。一次，小钱没有按照规定交上彩图作业本，原来他痛失双亲，依靠每月仅 56 元退休金的年迈多病的爷爷过日子，为省钱给爷爷治病，他连两元钱一盒的彩笔也买不起，黄静华老师在送给他彩笔的同时，再次提醒自己，"无论对待哪个同学，都应该首先想到的是：假如是我的孩子！"。于是，父母下岗的小女孩的牛奶费和秋游费用被她悄悄垫上；迷恋武侠小说的小男孩收到她赠订的《奥秘》《飞碟探索》；缺少母爱的孩子在她家中感受到家庭的温馨；沉迷于网吧聊天的孩子，还会在网上"巧遇"黄静华老师，告诉他们如何健康上网……

(三)爱在细微中之邹有云

江西省永修县柘林镇黄岭村小学太阳山教学点有个教师叫邹有云。在太阳山，邹有云老师一人一校，既是老师，又是校长；既像保姆，又是炊事员，外兼维修工。他精心组织复式教学，一个人要教四个年级的全部课程。他还说服妻子周泽香，请她来帮助自己打点学校事务，照顾学生饮食。从此，夫妻俩帮蓬头垢面的山里娃们剪指甲、梳头，为他们洗脸、洗手，还不断地告诉他们要讲卫生、爱整洁。就在这天长日久的唠叨中，孩子们的衣服干净了，手上的泥土不见了，回到家里，看到大人的不良生活习惯，也开始与之做"斗争"了。

以前，这里的民风强悍，常常是小孩打架大人助阵："哪个打你，你就打他。"邹有云老师总是耐心讲解为人处世之道，一次次调解纠纷。经过邹有云老师的耐心教育，孩子转变了，山民们也心服口服："读书人，懂得就是多，办法就是灵。"

夫妻俩辛辛苦苦地教育着几十个孩子，所得的报酬十分微薄，但邹有云老师仍然执着地坚守着太阳山，因为他明白，自己这朵云，已经和太阳山融为一体，他走不开，也不想走。回乡的老朋友、老同学常常这样问他："有云啊，你这样辛辛苦苦大半辈子，到底图个啥呀？真不如和我们一道到外地去打工！"邹有云老师朴实地说："要说图个啥，就图乡亲们说我是个好人，学生们说我是个好老师。"

(四)爱在细微中之盘振玉

湖南省郴州市苏仙区塘溪乡五马垅村小学有个教师叫盘振玉。瑶山贫穷落后，很多家长不愿送孩子上学。为了不让一个孩子辍学，盘振玉老师就挨家挨户上门劝说。许多个深夜，她都在为劝学而爬行在崎岖的山路上……村里有一个智障孩子，父母不愿让他上学，盘振玉老师就说服孩子的父母，将孩子接到学校与自己一起吃住。经过她4年的启发和教育，不会开口讲话的孩子现在已可以写简单的短文了。

10 年来，在盘振玉老师的努力下，五马垅村适龄儿童入学率和学生巩固率均为 100%。

山区人口居住分散，上学路远，部分学生需要在校住宿。他们中大的 10 岁，小的只有 5 岁。为了照顾他们，盘振玉老师既当老师又当妈。除上课、备课、辅导学生外，她还要为学生做饭、烧水、洗衣服。5 岁的学生黄义松生病拉肚子，把被子和棉衣裤全弄脏了。盘振玉老师烧水给他洗澡，并让他睡在自己的床上。山里孩子穷，只有一套冬装。盘振玉老师连夜把他的衣服和被子洗净、烤干，第二天一早给他换上。五马垅学校位于山顶，校舍瓦面常被大风掀开。每遇狂风暴雨，盘振玉老师自己不敢睡觉，她搂着胆小的学生，再用被子裹着身子坐在床上守护着学生，有时甚至坐个通宵。为了学生的身体健康，盘振玉老师自学了许多医疗知识。她办公室的柜子里摆放着各种常用药，学生的小伤小病她几乎都能应对。区里有位领导主动提出要她改行去乡政府工作，她婉言谢绝了。"像我这样懂得双语(瑶语和汉语)的教师不多，我走了，孩子们的口语学习怎么办？为了这些孩子，我愿一辈子与大山厮守。"

(五)爱在细微中之我

至于我自己，仅仅举一个小例子。1994 年，佐治亚大学的一位教授邀请我携夫人去美国讲学，条件是提供往返机票和一笔相当可观的酬金。我表示感谢的同时提出希望用这笔经费来资助我的博士生出国深造。那位美国教授临走时说了几句肺腑之言："有孔夫子思想的中国老师，这样关爱学生，我深为感动，我回国后必须办成此事，若办不成，也对不起这样的中国老师。"

爱在细微中不是一件容易的事情，某直辖市一些研究人员曾集中 100 位中小学教师做了一个问卷调查，将对学生的爱划分为"非常爱、爱、一般、不太爱、不爱"五个等级，第二天又对这 100 位老师所教的 4000 多名学生做了"他们感受到的爱"的调查，结果却大不相同，如图 17-1 所示。

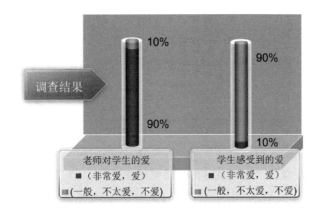

图 17-1　一个关于师爱的调查结果

上述这项有关师爱的调查，说明"爱在细微中"的艰难。《中国教师报》2012 年 3 月刊登了一个个案。某老师连续几年带高三毕业班，任班主任，班级成绩非常好。2011 年 3 月所在的市抽考物理，单科第一名花落他们班。作为物理老师兼班主任，他心中充满着成就感，可是在市里向部分学校学生调查"谁是最受欢迎的老师"的问卷中，这位老师差一点被学生评为最不受欢迎的老师。某老师为此感到郁闷、委屈，觉得学生不懂事。但他总结教训，自己之所以不被学生喜欢，是因为他没有关注学生的感受。

《中国教师报》开展了关于"学生喜欢什么样的老师"的调查。调查结果也验证了上述某老师的总结。尊重、公正、关心、真诚、爱护、负责任、信任、微笑、激情、风趣幽默、知识广博、"懂我"和以身作则等词成为学生喜欢的老师的关键词。而很少有学生提及教学成绩和升学率等指标。而这些关键词正是爱在细微中的具体表现。

二、爱在生死时

所谓爱在生死时，是指在危机时刻，教师能不顾自身安危，挺身而出保护学生的生命安全，拥有"把生奉献给学生，把死留给自己"的崇高境。佳木斯"最美女教师"张丽莉就是这样一位在生死时刻体现师爱无疆的老师。

2012 年 5 月 8 日，佳木斯市第十九中学教师张丽莉组织学生放学，原本停在路旁的客车突然向学生们冲过来，此时张丽莉向前一扑，将车前一名吓傻的学生用力推到一边，自己却被无情的车轮碾到了下面，造成全身多处骨折，双腿高位截肢。张丽莉在生命垂危的时候，还惦记着她的学生。她昏迷多天后，醒来的第一句话是：“那几个孩子没事吧?”张丽莉说：“只有有爱心的教师，才能培养出有作为的学生。”在平日的工作里，她时时刻刻都用心诠释“师爱”这两个字的真谛，用自己诚挚的爱去温暖每一位学生。也正是这份师爱使她在千钧一发之时挺身而出，在事故之后坦然面对。

在 2008 年 5 月汶川特大地震后，我主持了教育部重大攻关课题——“灾后中小学生心理疏导”。我们课题组深入灾区，在完成“心理疏导”课题任务的同时，也收集了数十位“爱在生死时”的可歌可泣的人物事迹，这里仅举两例。

(一) 爱在生死时之苟晓超

2008 年 5 月 12 日，四川江县洪口镇永安坝村小学苟晓超老师一如既往值守在教室里，他所教的二年级学生全都处在熟睡之中。突然间天摇地动，整栋教学楼都在晃动，苟老师脑海里瞬间闪现出“地震”这个可怕的念头，来不及多想，他几乎是出自本能地大喊：“同学们赶快跑!”同时来到阳台上大声呼叫其他班的老师和学生。他所教的班级正好在教学楼三楼，大部分学生在酣睡之中惊醒，都迷迷糊糊不知所措。苟老师一边喊“快跑，危险，快，快……”，一边迅速抱起一名学生往楼下冲，到了楼下，连一口气都来不及喘，返身冲上三楼，又抱起两名学生向楼下冲。当他再一次冲到三楼抱起两名学生冲至底楼时，顶楼轰然倒塌，两名学生得救了，然而苟老师却倒在了血泊之中。其他老师和赶来的村民立即救援，在搬他身上的砖块和混凝土时，苟老师断断续续地说：“我……恐怕……不行了，快……快……救学生。”他艰难地用手指着顶楼说：“上面……还……还有学生……还有……”苟晓超老师因救学生而英勇牺牲了。

(二) 爱在生死时之谭国强

映秀小学校长谭国强从 1989 年开始在映秀小学工作，生命中精力最旺盛的 22

年都花在这里。地震时，眼看着六层教学楼顷刻间轰然倒地、灰尘四起，谭校长像孩子一样瘫坐在地上拍着大腿撕心裂肺地哭："我的孩子们！我的孩子们！"随即，谭校长带领老师们开始了救援。中间民警来提醒过，上游形成多处堰塞湖，映秀小学随时可能被淹没。部分家长撤离了，但是老师们一个也没有离开，与坚持下来的家长一起硬是靠人力从教学楼顶部打开了一条很小的生命通道，成功救出30多名被困的孩子。直到5月14日下午专业救援队到来之前，谭校长带领幸存的老师和家长用双手刨出了50名学生。短短几天，仅仅48岁的谭校长白了头。谭校长的爱人、儿子也被埋在这里。

从地震那天的一夜白头，到今天废寝忘食地工作，没人说得清，没人知道谭国强这几年是怎么过来的。新校启用，谭校长热情地介绍新学校的坚固和美丽，历数这几年辗转复课的艰辛和执着。但问题稍一触及学校旧址，他便断然拒绝："我跟老师和同学有个约定，不再提过去，只谈未来。"在谭校长的带领下，映秀小学学生的生活过得一年比一年好（如图17-2）。

图 17-2 在教师们浓浓师爱的关怀下，孩子们才能笑得如此幸福
（作者 2010 年 10 月摄于四川省汶川县）

我坚信我们中国的教师在生死关头大都能表现出浓浓的师爱，"爱在生死时"，即"把生献给学生，把死留给自己"的师爱的行为。无论是爱在细微中还是爱在生死时，都是伟大的、值得我们推崇的师爱。我把师爱看作师德的中心，看作上述师德的灵魂，因此，叫它为"师魂之魂"。

三、师爱的性质

《中小学教师职业道德规范》(2008年修订)规定，教师应"关心爱护全体学生，尊重学生人格，平等公正对待学生。对学生严慈相济，做学生良师益友。保护学生安全，关心学生健康，维护学生权益。不讽刺、挖苦、歧视学生，不体罚或变相体罚学生"。《高等学校教师职业道德规范》规定，教师应"忠诚人民教育事业，树立崇高职业理想，以人才培养、科学研究、社会服务和文化传承创新为己任。恪尽职守，甘于奉献。终身学习，刻苦钻研。真心关爱学生，严格要求学生，公正对待学生，做学生良师益友。不得损害学生和学校的合法权益"。

我国台湾地区教育家高震东先生在论述师爱的性质时说："爱自己的孩子是人，爱别人的孩子是神。"他的教育著作在大陆出版，让我为他作序。我在序言中写道："爱自己的孩子是本能，爱别人的孩子是神圣！"老母鸡护小鸡是本能；从不咬人的母狗，当生小狗又遇到生人的时候也要扑上去咬几口，出自保护自己后代的本能；人类亲子关系，尽管有社会性，但骨肉之情、血缘之爱难免生物本能之特色。唯有教师，不计回报哺育着孩子成长，守护着没有血缘关系的学生的生命，这种无私付出的爱，才是世上最大的神圣。

由此可见，师爱是一种只讲付出不计回报的、无私的、广泛的爱，一种严慈相济的爱、一视同仁的爱。

师德以神圣无私为特点。我曾在霍懋征老师教育思想研讨会上当着几百位与会者对我们北师大1943年毕业的校友霍老师说："您一生热爱学生胜过您的孩子，但是将来为您养老送终的还是您的儿女。"霍老师表示同意。我俩都谈到师爱不同于父爱、母爱，但它也是不计回报的、无私而神圣的。

师爱以尊重学生为出发点。有的中小学教师曾找到我并向我咨询："我对学生'爱'不起来怎么办？"我对其说："尊重，起码的人格尊重你能做到吗？不体罚或变相体罚，不挖苦、不讽刺学生，你总能做到吧！"从师德的角度来分析，尊重也是爱的别名。师生之间的人格是平等的，一时的气话，不仅有损师德，而且造成对学生人格的伤害、师生关系的紧张。

师爱以严慈相济为手段。师爱是一种严慈相济的爱，"爱"仅仅是师爱内涵的一半，另一半是"严"。严是为了爱，爱的前提是严。我的教育理念是"严在当严处，爱在细微中"。严与爱都不是目的，而是手段，都是为了学生成才。因此，必须把严慈相济作为教师日常工作的必不可缺的有效方法。我以此梳理出三点：第一，学生是人，是值得爱或尊重的人；第二，学生中绝大多数是未成年人（除大学生和研究生），应该按未成年人的发展特征和规律进行严慈相济的教育；第三，学生是发展中的人，他们能长大、成熟、成才，发展性原则是我们教师工作的精髓。

师爱以一视同仁为原则。师爱具有广泛性，一视同仁、有教无类是师爱的根本原则。霍懋征老师的做法是"从不偏袒哪一种花，也从不放弃哪一棵苗"。我们爱不爱学生，并不是因为学生长得可爱与否，不是因为学生学得好坏，也不是因为学生有无专长，更不是因为学生的家庭是当官的还是农民，等等。我们一视同仁地爱学生，让师爱像一股清清的流水，慢慢地去浸透并滋润每个学生的心田。

师爱以学生成长或成才为目的。学生能否成才，这是考验师爱最好的标准。当然，我们对成才也应有个全面的分析。成才，绝不能狭窄地指当什么官或成什么家。"行行出状元"，学生在各自岗位上，在"德、识、勤、绩"上有良好表现，在自己的部门做出成绩，为国家做出贡献，就是成才。因此，师爱应在学生"德、识、勤、绩"的成长和发展上下功夫。

正因为师爱有这样的性质，才能产生积极的作用，使师生关系越发融洽，使教育学生的效果得到显著提高。

四、师爱的作用

师爱是教育学生的情感基础，学生一旦体会到这种感情，就会"亲其师"，从而"信其道"。正是在这种师爱的过程中，教育实现了其根本的树人功能。

不论是中小学还是高校，师爱都会有这种效果。正是在这种感情投入过程中，教育实现了它培养人的根本功能。当然，高校教师的师爱不同于中小学老师的师爱。同样的师爱对成年学生涉及的内容和表达方式就与基础教育中的情况有很大的差异。我在 1976 年到 1978 年间，在十年一贯制学校主持学校里的教育教学工作。我到小学低年级去摸摸学生的头，学生会感到"啊，我们学校领导对我们是多么的爱"，但这种做法并不适合成年学生。大学生活在人的一生中具有重要的意义，因此，高校教师，特别是导师，要处处关心学生这一人生阶段的问题，鼓励他们自主学习，指导他们如何热爱专业、迈向社会，以及怎样去准备建功立业。

不管是本科生，还是研究生，在他们的思想上、学习中和生活里，有不少困难和困惑，教师从他们的年龄特点出发加以关注。我对他们说："论年龄我是你们的父辈，我在内心把你们当成我的孩子，有什么困难，一定要告诉我。"

常人说"五子登科"。我对学生的关心绝不仅仅是"五子"。我不但在他们求学期间给予关心，即使毕业以后我仍然全面关注他们的成长。我关心他们的"帽子"，为他们获得学位而努力创造条件；我关心他们的"位子"，为他们职务或职称的升迁介绍情况并积极推荐；我关心他们的"房子"，为解决留校学生的住房而四处奔波；我关心他们的"票子"，重视他们的经济情况；我关心他们的"内子"（妻子）或"外子"（丈夫），为他们配偶的调动而奔走；我关心他们的"孩子"，为解决他们子女的午餐问题去求助小学校长；我还关心他们的"台子"，也就是为他们学科发展的平台，为他们所在单位的学科建设，特别是队伍建设出谋划策。

一位学生曾经深情地对别人说："林老师不是我父亲，但胜似父亲。"有一位在日本工作的博士研究生对我说："我每年要回国七八次，因为我的根在中国，母校和恩师是哺育这种根的土壤。"但我觉得我仅仅做了一点教师应该做的事情，离崇高的师德标准还差得很远。我们的教师，特别是大学教师对学生的师爱，更要提倡多一份民主，少一点师道尊严。所以我对弟子们有足够的尊重，给予每个学生必要的知情权、参与权和表达权。同时我更重视他们的自尊、自信、自立和自强品质的发展。

第六章

有师能，严谨治学守规范

严谨治学，我称其为师能。《中小学教师职业道德规范》(1997 年)指出，"严谨治学"要求教师"树立优良学风，刻苦钻研业务，不断学习新知识，探索教育教学规律，改进教育教学方法，提高教育、教学和科研水平"。《高等学校教师职业道德规范》在谈及"严谨治学"时指出，高校教师要"弘扬科学精神，勇于探索，追求真理，修正错误，精益求精。实事求是，发扬民主，团结合作，协同创新。秉持学术良知，恪守学术规范。尊重他人劳动和学术成果，维护学术自由和学术尊严。诚实守信，力戒浮躁。坚决抵制学术失范和学术不端行为"。如果我们说"师德是教育的灵魂"，那么，作为师德组成要素之一的师能就是教育的手段，高尚的师德是提高师能的前提，精湛的师能又是践行师德的基础。两者是相辅相成、相互促进的。没有师德，师能就失去方向；仅讲师德而没有师能，培养的人才可能往往缺乏本领。只要学习一下近几年全国教师教书育人楷模的事迹就能发现，这些模范教师不仅师德高尚，而且是严谨治学的高手，可见"师能"在师德建设中的地位和作用。

一、关于教师师能的六点体会

练师能，是为了提高教师的能力，而提高教师能力的关键是严谨治学的精神和态度。中华民族文化的师德观历来非常重视严谨治学。近代中国教育家认为教师应热爱科学、探求实现"明德""至善"之称，立足改革，勇于创新。陶行知说：因材施教、循循善诱，首先是创造精神和开拓精神。如何更好地实施教育？要追求教育创新。所谓教育创新，含义之一即古人所云"温故而知新，可以为师矣"。教育创新是严谨治学的关键，是师德的要求之一。因此教师要"养成求真务实和严谨自学的治学态度，恪守学术道德，发扬优良教风学风"。为了培养高素质创造性的人才，我们认为教师应该对自己的学生严格要求。如果谈师爱师魂，我们强调"爱在细微中"，那么这里则要重视"严在当严处"。教师对学生严格要求以培养人才，往往建立在对自己严的基础上。教师必须严格对待自己，特别要注意严谨治学。

例如，首位全国劳动模范、全国首届师德标兵孙维刚先生，于 1962 年从山东大学数学系毕业分配到北京市第二十二中学当老师，他从 1980 年起，从初一接新生，教数学当班主任，直到高三毕业，6 年一循环，到 1997 年夏天刚好完成三轮。其中 1991—1992 学年，孙老师患膀胱癌 2 次住院 7 次手术，仍担任高三（4）班、初一（1）班两个班的班主任及数学老师。就这样，经过多年的锻炼，孙老师成为一位教育教学的能手。1996 年夏天，北京电视台的编辑告诉孙老师，有一位学生家长反映，4 年多以前孙老师给其孩子写过五封信，帮助其孩子转变：从爱闹不服管、严重违纪逐步进步，后来考上北京大学物理系，入学一个月后成为系学生会的干部。这是因为从五封信起，孙老师的教诲深入了他的心。

细细分析孙老师的做法，可归纳为以下四点：①真诚地爱护学生，从不厌烦淘气的、后进的学生；②始终把德育放在首位；③以身作则，要求学生做到的，应是教师从心底追求、用行动实践的；④知识积累讲求渊与博，教学讲求精益求精，教师要向全才方向努力，从教育内容到形式积极创新，以对学生一生负责。因此，他不仅是师爱师风的典范，而且成了数学特级教师、中国数学学会理事、国家数学奥林匹克首批高级教练、北京首批有突出贡献专家。他的学生考上北大、清华的很多，在体育、艺术、英语和数学竞赛中获奖者也很多。2003 年他不幸逝世，有近万人为这位可敬可爱的老师送行。

对于教师的严谨治学，我们有如下六点体会。

（1）教育质量直接取决于教师的业务水平。

随着学生年级的升高，尤其到高中或大学阶段，教师的声望或威信与教师的业务水平成正比，而学校的声望与威信本身正是取决于是否有一批有声望与威信的教师。教师的业务水平高，无非体现在三点：一是课讲得漂亮，二是能教书育人，三是科研有成绩。因此,教师必须严谨治学,不仅要使自己拥有知识和技能,还要不断探索教育教学规律,改进教育教学方法。

(2)业务水平,集中体现在创新上。

为了培养学生的创新精神与创造能力,教师要锻炼自我的创新性和创造性。在优秀教师的身上,往往表现出一种不甘平庸、勇于探索、敢于创新的精神。因为要提高师德和业务能力,使工作出成绩,必须靠勇于探索,不断开拓创新。创新性或创造性来自环境,来自教师创新和创造的动机,也来自知识结构,因此,教师要不断更新知识结构。

(3)创新的基础在于教师钻研业务。

有了知识就有了创新创造的材料,但材料要成为自己的知能结构,还需要加工。如何加工呢?靠教师刻苦钻研,靠严肃治学的态度,靠一丝不苟治学的精神。

(4)创新教育需要教师引导学生不断质疑。

创造性人才需要质疑精神,需要经常提问。应该指出,能提出问题的学生越来越少,因此教师要下功夫创设情境,让学生质疑。有了教师的关爱和严谨治学探究问题的精神,学生才能产生提出问题的意识。教师应该从治学严谨性出发创设提出问题、解决问题的情境,让学生敢于提出问题,最终使学生产生创造性(或创新精神)。

(5)教师的创新性或创造性来源于教育科学研究。

教师的创新性、创造性、开拓精神、开拓能力,除了来自知识修养之外,主要靠投入教育科学研究,包括参加教育改革的教育科学研究,因此教师提高自身科研水平十分重要。在一定意义上,教师参加教科研是一条与时俱进、勇于创新的途径。

(6)教师需要树立终身学习的理念。

崇尚科学精神,树立终身学习的理念,不断拓宽知识视野,更新知识结构。潜心钻研业务,勇于探索创新,这样才能克服教学工作中出现的困难,解决教学工作中的新问题,不断提高自己的专业素养和教育教学水平。

教书育人既是一门科学,也是一门艺术,一个教师不仅要教好书,而且要育好人。显然，育人质量的高低不仅取决于教师的知识和能力水平，还取决于教师对待日常教学工作的态度，它会直接或间接地影响教育的效果和质量。教师只有保持严谨治学的精神和态度，才能培养出高质量的人才。

教师是知识的创造者和传播者，在当今社会条件下，随着时代的发展和新课程改革的不断深入，要成为合格的教育工作者，更需要具备过硬的教学素质和严谨的治学态度。所以广大教师要刻苦钻研，严谨笃学。在教学教育活动中，我们应该从教师的知识结构、课堂教学基本功、教育能力和科学研究能力四个方面恪守和践行严谨治学的精神，练好师能。

二、丰富教师的知识结构

曾任北京大学、清华大学教授的国学大儒陈寅恪就是令我们难以企及的师德楷模。他的记忆力超群，据说能背诵上万首唐诗，还能背诵"十三经"。他被称为"哈佛三杰"之一。能够过目成诵的吴宓教授称他是"全中国最为博学之人"。季羡林先生说他"英文、德文、法文、俄文等等，算是工具语言。梵文、巴利、印度古代俗语、藏文、蒙文、西夏文、满文、新疆现代语言、新疆古代语言、伊朗古代语言、古希伯来语等等，算是研究对象语言"。苏联学者曾发掘出三块突厥碑文，各国学者无人能识，陈寅恪能够确切解释。难怪著名历史学家、古典文学研究专家傅斯年感叹："陈先生的学问近三百年来一人而已。"

当然，这与他的职业理想有着很大的联系。如果陈寅恪没有对学问的热爱与投入，即使他有过目不忘的能力，也不过一路捡一路丢，根本不可能成为大家。自他的祖父陈宝箴（被光绪皇帝称为"新政重臣"的改革者），到他的父亲陈三立（与谭嗣同、徐仁铸、陶菊存并称"维新四公子"），再到陈寅恪，对国家命运的关心已经成为血脉相承的优良传统。他视中国文化为立命之本和立国之本，希望以高水平的文化成就使国家屹立于世界强国之林。"吾侪所学关天意"，陈寅恪认为中国文化最重要的体现正是中国历史，于是他选择历史学为毕生奋斗的领域。

陈寅恪在西方攻读十余载，最终带回的却是东方学。在外留学 16 年，在哈佛大学、柏林大学等欧美一流名校转一圈，且成就斐然，人人折服，得个博士学位易如反掌，但他却未曾拿一个学位，因为他对此不屑，他曾说："考博士并不难，但两三年内被一专题束缚住，就没有时间学其他知识了。只要能学到知识，有无学位并不重要。"

"种花留与后来人"，他精于教学，让学生触类旁通。季羡林说："他仿佛引导我们走在山阴路上，盘旋曲折，山重水复，柳暗花明，最终豁然开朗，把我们引上阳关大道。"陈寅恪经常对学生说的一句话是："前人讲过的，我不讲；近人讲过的，我不讲；外国人讲过的，我不讲；我自己过去讲过的，也不讲。现在只讲未曾有人讲过的。"

晚年，他在双目失明、健康不佳的情况下"以超人的精神意志，坚持开两门课，似不特殊，实特殊也"。生活的困厄并没有摧毁陈寅恪的幽默感，上课时妙言警句层出不穷。他曾经送给清华国学院学生一副对联："南海圣人再传弟子，大清皇帝同学少年。"因为康有为是梁启超的老师，故国学院学生是"再传弟子"；王国维是溥仪的老师，故国学院学生与皇帝"同学少年"。学生听这样的老师讲课，敬佩之心可想而知；他培养出的高智慧与高情商的人才有多少便可想而知。

陈先生的事迹说明：教师的知识是其从事教育工作的前提条件，教师的严谨治学首先表现在其有丰富的知识结构。教师是人类文化知识的创造者和传播者，这要求教师必须以积极的态度去正确对待知识和不断学习知识。马卡连柯说过："学生可以原谅老师的严厉、刻板甚至吹毛求疵，但是不能原谅他的不学无术，如果不能完善地掌握自己的专业，就不能成为一个好老师。"捷克著名教育家夸美纽斯说："不学无术的教师，消极地指导别人的人是没有躯体的人影，是无雨之云，无水之源，无光之灯，因而是空洞无物的。"从中我们可以看出，作为教育者的教师，他们的知识是其从事教育教学工作的基础。

教师的知识不仅指教师所掌握的科学文化知识，而且包括其在长期的教育教学工作中不断探索，总结出的一套行之有效的课堂情境知识和解题知识。对于教师的知识结构，不同的研究者有不同的研究角度或研究方式，因而，也就有不同的理解。从知识的类型出发，教师的知识可以分为四个方面的内容：本体性知识、文化知识、实践性知识和条件性知识，这四个方面知识共同构成教师的知识结构。

(一) 本体性知识

教师的本体性知识是指教师所具有的特定的学科知识，如语文知识、数学知识等，这是人们所普遍熟知的一种教师知识。一个人最佳的知识结构，主要是以自己所从事的职业与专业为基础的。一位教师的职业知识主要针对自己所教的学科，教师购买资料，也首先是自己所教学科的书籍。学生的年级越高，教师本体性知识的水平也要越高。对这种本体性知识有如下四个要求：一是本学科知识有一定的深度和广度；二是既懂得本学科的历史，又掌握该学科的新进展；三是与本学科相关的知识，例如有关学科的知识背景、实验知识、观察知识以及科学方法论方面的知识等；四是能把本学科知识变成自己的一种学科(学术)造诣，并能够清楚表达出来。教师扎实的、一丝不苟的本体性知识是取得良好教学效果的基本保证。

(二) 文化知识

教师的工作，有点像蜜蜂酿蜜，需要博采众长。为了实现教育的文化功能，教师除了要有本体性知识以外，还要有广博的文化知识，这样才能把学生引向未来人生之路。在学校里，知识渊博的教师往往能赢得学生的信赖和爱戴。因为教师丰富的文化知识，不仅能扩展学生的精神世界，而且能激发他们的求知欲。学校的各门学科知识总是紧密联系的，俗话说，"文史不分家""数理化是一体"，说的就是这个道理。社会发展到今天，我们更应该强调"文理交融"，提倡文科的教师懂理，理科的教师懂文，这也是教师严谨治学的表现。这样才能适应知识爆炸时代思想活跃、见多识广的学生的需要。学生的全面发展，在一定程度上取决于教师文化知识的广泛性和深刻性。

(三) 实践性知识

教师的实践性知识指教师在具体教学情境中所具有的课堂情境知识以及与之相关的知识，或者更具体地说，这种知识是教师教学经验的积累。教师的教学不同于研究人员的科研活动，具有明显的情境性。在教育教学工作中，很多情况需要教师机智地对待，因为教育教学不是一成不变的。在某种情况下适宜的和必要的方法，在另一种情况下可能就是不恰当的。只有针对学生的特点和当时的情境有分寸地进行工作，才能表现出教师的教育教学机智。在这些情境中教师所采用的知识来自个人的教育教学实践，具有明显的经验性。而且，实践性知识受一个人经历的影响，这些经历包括个人的打算与目的以及人生经验的累积效应。所以这种知识的表达既包含丰富的细节，以个体化的语言而存在，又表达了教师教学严肃、严谨的水平。

(四)条件性知识

教师的条件性知识是指教师所具有的教育学与心理学知识。这种知识是广大教师急需提升的，也是我们在教改实验中所特别强调的。条件性知识是一个教师成功教学的重要保障，条件性知识可具体化为三个方面，即学生身心发展的知识、教与学的知识和学生成绩评价的知识。信息时代知识更新迭代迅速，学生获得知识的渠道也变多了，尤其是获得新知识的可能性也变多了，教师这"一桶水"，不是"死水"，而是取之不绝的源源的"活水"，给学生的也是长流不息的"新水"。因此要注重研究和更新教师知识的性质、范式、组织和内容。教师应该把自己的知识、学校里的资料、演示材料、学生的兴趣、学生的知识背景等结合起来进行教学。正如杜威指出的那样，科学家的学科知识与教师的学科知识是不一样的，教师必须把学科知识"心理学化"，以便学生能够理解。所以他强调教师学习心理学，因为"学校是个应用心理学的实验室"。

知识是教师的外衣，缺乏知识的教师难以承担培养下一代的重任。社会在发展，人类在进步，知识也在不断更新，作为传授知识的教师就需要保持严谨治学的精神，不断地学习和吸收新知识。"工欲善其事，必先利其器。"教师要"传道、授业、解惑"，必须要有广博的知识，对所教的学科不但要有通盘了解，还要掌握知识的基本结构和各部分之间的联系，而且对教材的所有细节都要吃透，不可一知半解。只有"知之深"，才能"得心应手"。如果一个教师的治学态度严谨，具有渊博的学识，就会像磁铁一样吸引大批的学生，更可能受到学生的尊敬和爱戴。孔子说：

"默而识之，学而不厌，诲人不倦，何有于我哉?"所以教师只有不断丰富和更新自己的知识结构，拥有广博的知识，才能激发学生对学习始终保持浓厚的兴趣。

三、教师课堂教学的基本功

教师的工作集中在教学上，尤其是在课堂教学上，因此，教师的师能突出地表现在其教学行为上。换句话说，教学行为是教师师能的外化形式，它既是一种技术，更是一门艺术。

例如，北京五中特级语文教师、北京市政府教育督导员梁捷是位严谨治学的典范，她常说："'虎啸深山，鱼游潭底，驼走大漠，雁排长空'，万物之美都有它的极致。那么，教师这个职业的审美极致在哪里呢? 就在于提升师能，永不停滞。"她以学科心理学为依据，坚持创新进行专题教学，总结出阅读教学要突出"重点、规律、特色"。

我听过她讲高一年级的说明文单元。当时这一单元共有四篇文章:《南州六月荔枝丹》《现代自然科学中的基础学科》《一次大型的泥石流》《蝉》。像这样的说明文，重点内容一看就懂，四篇文章一节课就能读完，因而学生在心理上存在着不屑学、不爱学的消极定势。梁捷老师秉持学术良知，恪守学术规范，认真研究教法，提高学生的学习兴趣，努力提高教学效率。这一单元教学用了三节课。

第一课时:布置思考题，要求学生自学阅读后列表答题(如表18-1所示)。

表18-1 自学答题列表

篇名	说明的内容	说明的顺序	说明的方法	说明的特色
《南州六月荔枝丹》				
《现代自然科学中的基础学科》				
《一次大型的泥石流》				
《蝉》				

学生一听，消极的情绪一扫而光。因为任务是具体的，问题是明确的，密度较大的内容是力所能及的，但是时间较紧。这样就出现了紧张而积极的学习气氛。

第二课时：在自学的基础上，学生通过讨论，抓住了四篇说明文各自的特点；教师运用比较法引导学生总结出说明文阅读与写作的规律。

第三课时：扩展阅读与口头作文。教师运用配乐朗读向学生介绍《美洲彩蝶王趣谈》，文章介绍的知识新奇，语言优美，加上钢琴奏鸣曲的配合，学生获得了美的享受与智慧的启迪。认识到阅读说明文不是简单枯燥的，写出的说明文也不能是简单枯燥的。在此基础上，启发学生发散思维，讨论怎样能够把这篇文章写得更好。这对学生又是一次刺激。最后，要求学生自己构思一篇说明文，准备五分钟，即兴在课堂上口头作文。课上，有四个同学进行了口头作文，涉及物理、美术、家乡习俗等几个方面的知识，学生们兴奋异常，跃跃欲试，只恨下课铃响得太早了。

本次教学效果相当明显，学生阅读印象深刻，课后汇集了两本说明文的作文集。

就是这位梁老师，不大喜欢"春蚕"或"蜡烛"的比喻。她说："如果非要用什么来比喻教师，我宁愿用普里什文散文诗里'紫红色的光斑'。'太阳正在下落，树上的斑点却渐渐升高，渐渐熄灭了''我有朝一日也要熄灭的，不过一定要在上升的时候'。"是的，这才正好道出教师这个职业的美的极致：永远不满足现状，不断完善自身，永远站在为未来培养人才的高度上，追求永不停滞的生命体验！

如果说教学是一种技术加艺术，那么这种技术和艺术主要表现在教师课堂教学的基本功上。不论是中小学教师还是大学教师，其基本功都表现在备课、讲课和处理教学的若干关系上。

（一）备课的要领

备课是上好课的关键和前提。什么叫备课？顾名思义，备课就是教师在讲课前准备讲课内容。但是，"备什么""怎样备"却存在不少问题。我们提倡，备课应考虑十七个字，那就是"三的、三点、三实际、两基本、一灵活、纵横联系"。

1. 三个目的

"三的"即三个目的。备课首先要备目的，使我们的课堂教学做到有的放矢。备课应备哪些目的呢？主要是"三的"，就是要备出"课标"或教学大纲的目的、单元或章节的目的、课时的目的。

首先，备"课标"或教学大纲的目的。"课标"或教学大纲是国家教育行政机构根据教学设计规定某一门课程教学内容的文件。它是教师课堂教学的依据，所以备课首先要熟悉"课标"或教学大纲，使讲课内容符合教学大纲的目的。

其次，备各单元或章节的目的。各科教材都是按若干单元或章节编排的，各单元或章节又包含一定的知识范围，某一课文或某一细目只体现一定单元或章节的一个方面。因此教师在备课时，不仅要了解每一篇课文或每一个细目的精神，更重要的是吃透一个单元或章节知识的内在联系，全面地、整体地把握知识，掌握这个单元或章节的目的。

最后，备课时的目的。课时，也叫"学时"，它是教学的基本时间单位，即一节课的时间。小学一般为40分钟，中学一般为45分钟，大学一般为50分钟。在教学中，每一节课都有每一节课的目的，所以教师备课中要备具体课时的目的，使40分钟、45分钟或50分钟的课堂教学，都能服从既定的教学目的。

2. 重点、难点、疑点

"三点"即重点、难点、终点。课堂教学，要突出重点，讲好难点，说明疑点。

在任何一篇教材里，都有一些在同类知识中分量大、重要的或主要的内容，这就构成了课堂教学的重点；也有一些学生难懂、费解和不易掌握的内容，这就构成了课堂教学的难点。教师在备课时就要找出这些重点和难点。备课要备实质性内容，掌握其重点与难点，熟悉它在整个教材中的地位，了解它和前后教材内容的相互联系之处。所谓疑点，就是课堂上学生容易混淆、误解且产生疑惑的地方，讲课时需要特别强调，不然容易造成学生概念的混乱。

3. 从三个实际出发

在教学中，要从学生实际出发，从教材实际出发，从社会实际出发。

首先是备学生实际，从学生实际出发，便于因材施教。接下一个班级的教学任务，先得摸清这个班级在某门学科的学习水平，要熟知这个班级学生在这门学科的表现，多少人学习有困难；接着要摸清大多数学生对教材的哪些知识已经了解了，哪些还不了解，教材中哪些内容可能成为难点或疑点；还要摸清用什么样的方法能够提高大多数学生的学习质量，并带动两头：使好的更好，落后的也能有进步。

其次是备教材实际，"吃透"自己所使用的教材，从教材的实际出发，便于因"教材"制宜。所谓备教材，有三层含义：一是在目前"一纲（一种教学大纲）、多本（多种教材）"的情况下，了解自己使用的教材的特点。二是正确理解教材的实质和各项知识内容，并能掌握相关的基础知识与实际知识，使教师本体性知识、文化性知识与实际知识融会贯通。三是在"熟"字上下功夫，通过钻研教材，掌握教材的重点、难点和疑点，避免偏离主题；理解教材中基本知识和基本技能的要求，避免脱离教学大纲的指导；掌握教材的内部联系，避免完全被教材束缚。这样教师在课堂上，不论从哪个方面组织教材，不论从什么角度进行讲解，都能运用自如。

最后是备社会实际，即要求教师联系社会发展实际。文科教学要挖掘教材的思想性，密切联系当前社会的重大现实，对学生进行教育；理科教学要考虑科学发展的最新实际，既能激发学生的学习兴趣，又能使其了解最新的科学成就。这就需要教师在平时加强学习、关心社会，搜集资料、联系实际，以便备好社会发展实际的内容。

4. 抓好"双基"

备课要备"二基本"，又称"双基"，即基本知识和概念，基本技能和技巧。

一节好课，教师必讲深讲透基本知识概念，不能只图花架子，显示自己的才能，学生的收获却很少。所以必须紧扣基本知识，讲清基本概念。这就需要教师在备课时把教材的各种知识和概念，按一定知识结构和逻辑关系进行有机安排，对教学的先后顺序、轻重缓急，都要做到心中有数。

教学不仅要传授给学生基本知识和概念，而且还要培养他们的基本技能和技巧。所谓技能，是指一个人运用已有的知识和经验，通过练习而形成的各种动作方式，这种动作方式可以分为智力技能和动作技能。技能达到自动化的水平叫作技巧。基本技能和技巧是教学所形成的"双基"之一。这就需要教师在备课时就按一定的知识结构和逻辑关系安排好的各种知识和概念，制订相应的练习计划：确定哪些形成智力技能，哪些形成动作技能，哪些练习须长期坚持，哪些只要一带而过，哪些应发展为技巧，哪些可以不必练习。所有这一切，都要做到心中有数。

5. 灵活地发展智力与能力

备课时注意在传授知识的同时，如何培养学生的心理能力，即发展他们的智力、培养他们的能力。

6. 纵横联系地备课

纵的联系是一门学科的上下联系、年级之间的联系。知识是循序渐进的，每节课必须考虑到新旧知识的联系，学生才能温故知新。所以教师在备新知识或新概念的引出时，必须考虑如何利用学生原有的知识或概念，尽快将新东西纳入他们已有的知识结构，甚至想到为未来教学服务，这不仅是提高整体教学质量的需要，也是一种师德表现。横的联系，就是各学科要彼此兼顾。当然，这方面需要各学科相互配合。

(二) 讲课的艺术

要上好课，就得讲究讲课的艺术。讲课的基本功可以概括为五个字：讲、写、作、画、演，这五个方面是相互制约、密不可分的。当教师正式用温柔而铿锵的话语，规整而有力的板书，鼓励而优美的动作，清晰而多变的画面，直观而科学的演示或现代化教育技术进行教学时，往往能收到良好的效果。

1. "讲"

讲课，当然以讲话为特色。一位优秀教师，上讲台用不了多少话就能够吸引学生，这就叫基本功，这就是艺术。而这种艺术是怎么来的呢？影响因素很多，技巧要领也不少，主要有如下三方面。

第一，讲好课的三个前提。一是精神面貌，就是平时在教师中流传的三个字：精、气、神；二是感情投入，就是把感情融入教学全过程中去，这叫真正进入角色，以情动人，移情于听讲者，引起共鸣，达到讲课的目的；三是激发兴趣，就是激发学生的求知欲。正如孔子所说："知之者不如好之者，好之者不如乐之者。"

第二，讲课的语言要求。过去有一种习惯的说法，"教师是吃'开口饭'的"，这话有一定的道理，因为讲课离不开语言，这是教师职业的一个特点。上海优秀教师有一句名言，即"愿你的语言'黏'住学生"。他们用"确切、明白、简洁、通俗、优美、形象"这十二个字来表示对教学语言的基本要求，是很有道理的。

第三，提倡多种授课方法。课堂上的"讲"，方法是多种多样的。对不同年级的学生，有不同的讲法。所讲的内容与形式，都要符合学生的年龄特征，凡是超过他们理解水平的东西，就不要给他们讲。不同的学科，讲的方式方法是不尽相同的。新课与旧课有不同的讲法。课堂教学，更要提倡多一份灵活性。备课固然是上好课的前提，讲课也绝不是生搬备课内容的"照本宣科"，而应该提倡有教学机智、灵活运用。

2．"写"

写就是板书，上课要善于运用板书。"字若其人"，板书不仅表现出一位教师上课的基本功，而且也体现教师的教学态度及性格。这就要求教师在板书上下功夫，尤其是到一个新班上课，字写得好，学生就会很佩服。

3．"作"

所谓作，顾名思义指动作，集中体现在教态上。教态对教师的讲起着很大的辅助作用，表现在眼、手、身的动作上。眼睛要盯住学生，关注学生的反应；手的动作主要指打手势，能起到辅助讲解的作用；身体的动作也是很重要的，例如是否"串行"教，要按照具体教学内容、学生年龄等定，不应千篇一律要求。教态既表现一位教师的教学功底，又直接影响教学的效果。

4．"画"

"画"，指的是教师在讲课过程中，应及时画出图表、状物，这是按学生思维发展的年龄特点，提供具体形象的材料。"画"就是为了学生将知识变成自己头脑中的形象，便于形成基本概念。

5．"演"

"演"，即演示。无论是中小学还是大学，演示是非常重要的，这里需要使用直观教具，包括使用现代化的教育技术。

讲、写、作、画、演的相互配合，形成一个教师课堂教学的基本功，是上好一堂课的基本条件之一。"基本功"怎样，往往决定着课堂教学的成败，因此我们不能忽视这"五字"功夫。

(三) 处理好课堂教学的几种关系

要取得课堂教学的效果，必须处理好其中一系列的关系，根据优秀教师总结的经验，应该抓住以下几方面关系。

1. 解决好德、智、体、美、劳的关系

处理好德、智、体、美、劳的关系，是教学原则的要求，一般要求教师在课堂教学上贯彻"爱、关、严、辅、培、引"六个字。"爱"就是从爱护学生的观点出发；"关"就是关心学生，包括学生的思想、学习、生活、体育锻炼；"严"就是严格要求；"辅"就是课上课下对学生进行辅导；"培"就是培养学生的能力，这是在课堂上一点一滴培养起来的；"引"就是注意智育与体育的关系，引导学生积极参加体育活动，引导他们注意卫生保健，对学生看书、写字、听讲、回答问题的姿势都要注意。

2. 处理好讲和练的关系

讲、练是一种教学方式。讲和练如何结合呢？一种是"精讲多练"，另一种是"精讲精练"，再一种是"讲而泛练"，还有一种是"精讲不练"。这四种提法来自不同教学内容，归纳起来，我们称其为"精讲善练、讲练结合"。

3. 处理好尖子学生与一般学生的关系

什么叫好课？大多数人听得懂，中等学生掌握了就是好课。当然课下要按程度进行辅导，但是课堂上不必太迁就"两头"。对尖子学生的辅导可在课下进行，这是课堂教学的延伸；对一般学生的辅导一般也应在课下进行，那是课堂教学的继续。这是不可缺的两个环节，在教学设计与课下辅导的安排上要有层次意识。

4. 处理好留作业与批改作业的关系

作业并不是留得多就有好的效果，要合理安排作业量，并达到预期的训练效果。作业的批改一定要讲究实效，虽然有抽收全收，抽收抽改、全收全改等多种方法，但如果教师总忙于作业之中，实际效果并不一定好。因此，作业的批改与评价要注意多样性。加强课堂的订正，讲题目的要求、思路、解法。此外，有些作业，例如数学课的"编题"，语文课的"编报"，可以让学生互评。

5. 处理好课内与课外、校内与校外的关系

这是既能进行社会实践教育，又能搞好课堂教学的一种重要手段。因为课外校外活动的内容丰富多彩，形式生动活泼，方法灵活多样。它可以增加学生的感性经验，满足学生多方面的需要，发展学生的特殊爱好，培养学生某方面的才干，从而提高教学的质量。对课内外、校内外关系处理得好，不仅体现出教师的基本功，而且也把师爱扩展到课堂之外。

6. 处理好教与学的关系

教与学的关系，应该提倡双主体地位，与此同时，我们认为，授之以"鱼"，不如授之以"渔"。教师教的目的是学生的学。学生要学得积极，学得主动，才能收到好的效果。孔子曰："学而不思则罔，思而不学则殆。"程颐曰："为学之道，必本于思，思则得之，不思则不得之。"想要培养学生主动学习的态度，教师就要在眼、耳、心、口、手组成的学习方法上做文章，并在看、听、记、写、问、忆、练七个字上下功夫。

四、教师的教育能力

严谨治学的精神主要是为了提高教师的能力，即"师能"。能否培养出国家所需要的优秀人才，这是衡量教师"师能"的根本标准。而"师能"正是培养国家所需优秀人才的手段。教师的任务，不仅是教书，更重要的是育人。教育的最终目标，是促进学生学会做人，成为一名有德行、有社会责任和有个性的人才。为了达到这个目标，教师要有育人的能力，这就是我们平时说的教育能力或德育能力。教师的教育能力十分复杂，表现的方面也很多，既表现为专门从事德育工作的教师担任班主任（在大学称辅导员）的能力，也表现为教师在教学过程中渗透德育的能力。

(一) 担任班主任的能力

1979 年，广东省潮安县（现潮安区）浮洋镇六联小学丁有宽老师在京出席全国劳模大会后回到广东，省委领导同志亲切地和他座谈。省委书记笑着问他："丁老师，您有什么要求？"他不假思索，诙谐地回答："我要当'科长'，要当'主任'。"在场的同志有点愕然。他说："这个'科'是小学语文教学科，这个'主任'是班主任。"

丁老师在从事班主任工作的数十年中，积累了许多教育学生的经验。他和许多优秀教师有一个共同点，就是特别"偏爱"所谓后进生，花了大量力气去做后进生的转化工作，使他们在德、智、体各个方面得到健康成长。转化后进生既是教育工作的重要一环，也是教育工作的组成部分，又是最难做好的工作。丁老师总结了后进生转化的三大难点：一是学生变"差"的原因各不相同，必须有的放矢进行针对性的工作，如果不查明原因，性急求快，绝难奏效；二是后进生之所以"差"，多是因为心灵受到了难以平复的创伤，针对不同原因的心灵创伤，丁老师采取了相应的治疗措施，获得了学生的信任；三是学生过于稚嫩，认识能力和分辨能力差，意志力弱，反复性大，教师必须善于引导，把他们的心思吸引到班集体中来，吸引到学习上来，通过学习磨炼意志和性格，使他们健康成长。

经过多年的实践和摸索，丁老师将后进生性格进行分类，并总结出互有关联、各有特点的转化措施。对后进生，要"挖掘闪光点，扶持起步点，抓住反复点，促进飞跃点"，前两点要宽，后两点要严，宽严有度，施教得法。要努力做到"面向全体，培优扶差，以优带差，以差促优，共同进步"。多年来，他通过进行"四全"（全标、全员、全程、全力）教育，系列育才，在教育改革的实践中成效颇丰。

要想成为像丁有宽老师一样的优秀班主任，做好差生转化工作仅是其能力之一，还需具备以下几种能力。

第一，从班主任的工作看教育管理能力。班主任是学校里全面负责学生班级工作的教师，也就是说，班主任是位领导者、组织者和管理者。班主任的职责有：着重领导班级教育（教学生学会"做人"）；积极协调各科教学；全面提高学生素质；进行班级日常管理；指导校外活动；联系家庭教育和社会教育。面对错综复杂的班主任管理工作，要履行好上述种种职责，需有两个前提：一是制订周密的班级工作计划和严格实施的方案；二是充分地了解学生，讲究工作方法。

第二，从班主任的任务看组织集体的能力。班主任的基本任务是按照全面发展的要求，开展班级工作，培养良好班集体，以全面教育、管理和指导学生，使他们成为德才兼备的人才。班集体的力量是相当大的，这是班级成长和班级的每个成员进步的基础，也是一位先进班主任完成其基本任务、成功管理班级的经验所在；另外，班主任促使形成一个先进班集体及其舆论、信念、情感、意志、行为和习惯（班风）时要花费大量的心血。但先进毕竟是少数，绝大多数班主任还需在班集体建设过程中迈着艰苦的步伐。要完成这个任务，就需要组织集体的能力。

第三，从班主任的工作计划看教育预见能力。"蜜蜂建筑蜂房的本领使人间的许多建筑师感到惭愧。但是，最蹩脚的建筑师从一开始就比最灵巧的蜜蜂高明的地方，就是他在用蜂蜡建蜂房以前，已经在自己的头脑中把它建成了。"① 这说明了人类劳动和工作的目的性和计划性。班主任要把管理工作做好，也有其目的性和计划性，目的性和计划性就是教师的工作决策，它是教育监控能力的一种表现。

第四，从班主任的工作方法看教育创新能力。一谈到班主任的工作方法，几乎每一个班主任都强调主要有三种：①研究学生，了解学生，一切从实际出发；②培养良好的集体，充分依靠集体的舆论、信念、情感、意志和班风的力量；③组织各种教育活动，把活动作为学生积极向上的基础。然而，有人工作很出色，把班管理得很好，有人却工作平平，也有人却管出了乱班。这里除了学生生源、班主任的投入程度以及班级基础之外，主要取决于班主任的创造精神和创造能力。

（二）教师在教学过程中渗透德育的能力

德育具有多途径和多渠道。德育课程化是一种途径，班主任工作是一个重要渠道，而各科教学都具有教育性。在传授知识的同时，不仅灵活地发展学生的智力与能力，而且也可有机地渗透德育，负起"教书育人"的职责。因此，渗透于教学的德

---

① 《马克思恩格斯文集（第五卷）》，208 页，北京，人民出版社，2009。

育能力，就成为教师教育能力的一个重要表现。

教师的天职是既教书又育人，所以，在各类课程、各门学科、各科教学中，教师毫无例外地要对学生进行科学方法论、学习态度和思想道德的教育。教师如何在教学中渗透德育工作的能力，会影响渗透教学中的德育效果，具体表现在三个方面。

第一，引导学生的思想品德从量变走向质变的能力。在教学中坚持德育教育，一个重要方面，是要引导学生的思想品德发展从量变走向质变，因为教学中任何德育的内容，都是思想道德知识。也就是说，学生思想品德是在其"知"的反复提高和"行"的反复训练中逐步发展起来的，并需经过一个又一个发展的阶段。教师能否引导学生完成这个质变，这在教学过程中是应该引起重视的一个问题，也是教师在教学中渗透德育能力的表现。

第二，培养学生的非智力因素的能力。传授知识的教学活动，主要是一种智育活动，以培养学生的智力与能力为主要目的，但智育中有德育，德育中有智育；发展学生的智力必须要以培养他们的非智力因素为前提。培养学生的非智力因素为的是更好地发展智力。所以，在教学活动中，除了一般德育内容之外，一条重要的德育措施是培养学生的非智力因素，及发展学生的需要、动机、情感、意志、性格和习惯等。这实际上是每位教师在每堂课中都会碰到的事情，问题是看我们做不做和如何来做。所以，能否培养好学生的健康的情感、顽强的意志、浓厚的兴趣、远大的理想、积极的动机、刚毅的性格和良好的习惯等，取决于教师在教学中渗透德育的能力。

第三，培养学生爱国主义思想的能力。在教学中，教师应该把爱国主义教育作为贯彻始终的一条红线或生命线。把"爱国心、赤子情、民族魂"作为教学内容的指导思想和最高原则；把"知国耻、懂国情、树国格、振国威、扬国魂"作为具有现代意义的教学原则。这是教师应该具备的渗透在教学中的德育能力，而且是一种德育工作的核心内容。

比起专门从事德育工作的班主任工作和德育课程的教学，渗透在教学活动中的德育工作是很难做的，弄得不好，往往是教学与教育两张"皮"，很难统一起来。为了提高在教学中渗透德育的能力，我恳切地希望：①提高在教学工作中加强德育的自觉性；②负起为人师表的责任，把以身作则贯彻在课堂教学的始终；③学习德育理论、明确德育任务、掌握德育原则和德育方法。

五、教师的科研能力

不论是中小学还是高校，教学是教师的首要任务。与此同时，严谨治学还突出地表现为科学研究，这在高校，特别是研究型大学尤为明显。

在中小学里，教师的科研对自然科学或对社会科学的研究偏少，但对研究自己的工作——教育科学或教改科学的研究却占据优势。教师的科研，特别是高校教师的科研讲究科研道德，在本书的第八部分谈到高校教师师德的特殊性时，专门涉及这个问题。高校教师，尤其是研究型大学的教师，追求教学、科研双重任务，因此自然地把人均的科研课题数、人均的科研经费数、人均的科研成果发表数、人均的科研成果获奖数，以及人均科研成果为国家、社会决策或政策部门提供的数量等作为评价指标。所有这一切，反映了教师科研的价值、功效和对社会的意义，这里包含教师科研所付出的劳动、心血和汗水，也体现了教师尊重事实、实事求是、客观诚实的严谨治学的态度和科学研究的能力，表现出师能的一个侧面。

中小学教师不同于高校教师，他们没有艰巨的科研任务。但是，中小学教师参与教育科学研究是非常有必要的，这是提高自身素质的重要途径。通县（今北京通州区）六中就是一个很好的例子。

1986年，我们课题组开辟了通县的实验点。在通县县城里有六所中学，通州六中原副校长曾形象地说："一中狂，二中忙，三中打架排成行，四中没法提，五中改（教师）进（修学）校。土六中，门朝北，不是'流氓'就'土匪'。"一中就是潞河中学，有一百多年的历史，学校占地面积约四百五十亩①，是北京市重点中学，遥遥领先，当然"狂"了。二中叫富士（教会）女中，将近一百年历史，赶一中赶不上，

---

① 1亩=666.7平方米。

满头大汗，当然"忙"了。四到六中的学生差不多都是别人挑剩下的学生。1986 年小学毕业升初中，一中招四个班，二中招六个班，六中招八个班。考试科目是语文和数学，满分为 200 分。一中当时招的学生最低分是 193 分，二中最低分是 180 分，可六中呢？平均成绩 121.5 分，把剩下来的学生全要了。除了学业成绩，六中的智商分数也相对较低。在开展实验前，通州一中、二中和六中的初一新生，平均智商分别为 114.5、104.8 和 87.79。后来六中老师参加教育科学研究，跟我们一起进行学生思维品质的培养，进行非智力因素的培养，逐步改变了落后的面貌，到 1989 年中考时，六中居然在全县 46 所中学中考了第二名，仅次于通州一中，这就是进行教科研的结果。

从大量实例中，我们逐渐总结出了教师参加教科研的四点必要性：①通过参与教育科学研究，中小学教师能更好地、更亲身体验到科学研究所揭示的教育中的客观规律，进而把它运用到实际工作中，提高教育的质量；②通过参与教育科学研究，中小学教师可以了解国际和国内教育发展趋势，更自觉地为建设中国特色社会主义教育体系做出努力；③通过参与教育科学研究，可以明确教育改革的实质，更好地当好教改骨干，为深化教育改革做出贡献；④通过参与教育科学研究，中小学教师能提高教师的教育科研意识，改变教师的角色，由"教书型"转向"专家型"与"学者型"。总之，中小学教师参加教育科学研究，是提高自身素质的重要途径，是教师严谨治学的内在要求。

中小学教师参与教育科学研究的特点主要表现在四个方面。

(1)课题选择。中小学教师在课题选择中，应坚持需要性、科学性、创造性、可能性、兴趣性五个原则，选择适合个人或集体的研究课题，可以是宏观课题，也可以是微观课题；可以是教育或教学课题，也可以是自身素质提高课题；可以是教育实验课题，也可以是科学的经验总结，等等。有了课题，明确了研究目的，就要开始考虑怎样研究，即具体战术、方法和措施。

(2)需要综合文献综述。中小学的教育科学研究，也应该适应两个需要：一是适应国际教育发展趋势的需要，二是符合我国亟待转变的教育观念的需要。针对这两个需要，要求教师在参加教科研时先要阅读有关论著、掌握材料，写好文献综述。文献综述不是对已有材料的罗列，而是根据自己的思路，既是客观（已有的有关研究）又是主观（按自己有关研究需要）综合而成，它使研究者厘清某些研究发展的脉络和背景，有助于自己进一步研究问题，为提出假设提供经验和依据，这是重要的研究基础。

（3）研究力量。我赞同北京市人大常委会原副主任陶西平的一段话：教改的成功，要依靠"有权之士"（教育部门的行政领导）、"有识之士"（专业教育工作者）、"有志之士"（广大参与到课改中的中小学教师）三股力量的共同努力。中小学教师参加教科研更须体现这三股力量有机的结合。

（4）研究原则。在科研过程中，中小学教师应该坚持四个原则：①客观性原则，不要预设任何研究结论，要老老实实地实践和实验，从而验证或更新一定的教育理论；②坚持系统性原则，必须按照系统、整体的观点，切实掌握好每一个具体研究环节，保证不出一点差错，以获得较全面的科学结论；③坚持优化原则，中小学教师参与教科研的最终目的在于提高教育质量，因此应坚持花较少的时间和精力，取得在可能范围内较大的效果；④坚持不平衡性原则，中小学教师在研究中要考虑到学生心理发展的不平衡性，使研究设计更完善、更合理，使获得的研究结果更可靠、更富有代表性，使我们更加不拘一格地培养人才。

可以说，严谨治学表现在中小学教师参与教育科学研究的每个特点中，融入教育科学研究的每个环节。

第七章

立师风，为人师表重履践

全国优秀教育工作者、北京五中老校长吴昌顺先生在谈师德时指出：

教师，这个平凡的名字，请你保持它的圣洁与纯真；

教师，这是天赋的职责，实现宏图大志才能使它的名声永在；

教师，这是光荣而豪迈的事业，我们甘愿倾尽全部心血为它增光彩；

只要出于良知，不计得失，人们不会忘记；

首都教育发展历程上有您不可磨灭的足迹，共和国教育史册上有您永远闪光的篇章；

只要竭忠尽智，献身孺子，历史就会证明：在您用生命铺就基石的大路上，未来各条战线的社会中坚、民族脊梁将为"四化"大业跃马飞扬；

只要"不求有功于人，但求无愧我心"，就是于社会有大功；只要"但为他人耕耘，不问自己收获"，就定收获更多的幸福，创造出属于自己、属于社会、属于全人类的辉煌。

这些诗一般的语言，都是在阐述北京师范大学——吴校长与我的母校的校训"学为人师，行为世范"的真谛，表达"为人师表"的主题。

"为人师表"的内容极其丰富。《中小学教师职业道德规范》（2008 年修订）指出"为人师表"，要求教师"坚守高尚情操，知荣明耻，严于律己，以身作则。衣着得体，语言规范，举止文明。关心集体，团结协作，尊重同事，尊重家长。作风正派，廉洁奉公。自觉抵制有偿家教，不利用职务之便谋取私利"。《高等学校教师职业道德规范》在谈及"为人师表"时提出，教师要"学为人师，行为世范。淡泊名利，志存高远。树立优良学风教风，以高尚师德、人格魅力和学识风范教育感染学生。

模范遵守社会公德，维护社会正义，引领社会风尚。言行雅正，举止文明。自尊自律，清廉从教，以身作则。自觉抵制有损教师职业声誉的行为"。

我认为，"为人师表"可以表现为在教师与社会的关系、教师与职业的关系、教师与集体的关系、教师与学生的关系、教师与自我的关系五个方面所起表率作用。

一、教师与社会的关系

（一）热爱祖国

我提倡"爱的教育"。希望我们的教师爱国、爱党、爱学术、爱教育和爱学生。我之所以把热爱祖国放在首位，是因为热爱祖国是一种最高尚、最纯洁、最强烈、最直接、最能区分"忠"与"奸"的感情，也是我们当老师的"为人师表"的第一要素。热爱祖国，反映的是教师个人与国家、与民族、与社会的关系，是教师最基本的行为规范。不论是中小学还是高校的教师职业道德规范都强调，教师必须"热爱祖国，热爱人民，拥护中国共产党领导，拥护社会主义；全面贯彻国家教育方针，自觉遵守教育法律法规，依法履行教师职责权利；不得有违背党和国家方针政策的言行"。"守法"与"爱国"是密不可分的，"爱国"是守法的前提和核心；如果一个人不爱国，他就不可能自觉遵守国家法律。

教师的爱国之情，主要表现为深深地爱自己的教育事业，满腔热情地教书育人，竭尽全力为祖国培养优秀人才。2013 年全国教书育人楷模、张家口市职教中心校长汪秀丽，就是把满腔爱国之情融入教育事业中的典型人物。她的个人成长历程可分为三个层次，首先是"当一名合格的人民教师"。她倾注大量的心血创造了最受学生欢迎的哲学课堂，教给了学生受益一生的人生观、世界观、价值观和辩证思维方式，以春风般和煦的影响力带出了最具凝聚力的班集体。然后是"当一名人民满意的校长"。1997 年，她被任命为张家口市职教中心校长，当时中等职业教育进入了前所未有的低谷阶段，全国许多职业学校不得不关闭或合并。上任伊始，她以清晰的思路提出了"要站在经济的角度看教育，站在教育的角度看职业教育""紧贴市场办学""以特色求发展"一系列先进办学指导思想，最终把学校发展为国家重点、国家示范学校。最后是"做人民满意的教育家"。几年来，她多次在全国、省、市各级各类会议、论坛上介绍办学经验，成为在全国职业教育系统享有较高声望和影响力的专家型校长。汪秀丽正是用自己勤劳的双手立业兴邦，用"职教梦"托起自己的"爱国梦"。

我们敬爱的霍懋征老师说："我知道孩子是祖国的花朵，是祖国未来的建设者，爱孩子就是爱祖国，我要把热爱祖国、热爱教育事业之情，倾注到我的学生身上，全身心地投入到小学教育事业中。"北京景山学校著名特级教师马淑珍老师说："我虽然天天战斗在三尺讲台前，每节课教儿童识几个汉字，但这几个汉字却连接着祖国。"是的，一个教师对祖国的爱，既要像霍懋征老师这样体现在大的人生志向的确立上，也要像马淑珍老师这样也体现在教育教学的每一个细小的环节上。

一个教师的成长历程，应该也是教师的爱国之路。要做到热爱祖国，不仅要求我们树立爱国主义思想，深刻地认识到自己的工作是和祖国的未来发展、国家的繁荣昌盛联系在一起的，而且要求我们把日常平凡的工作当作"大事"来做，这样才能自觉担负起这份责任和接受这一重托。

(二) 依法执教

依法执教，要求教师要知法、守法，自觉遵守《中华人民共和国教师法》等教育法律、法规，在教育教学中同党和国家的方针政策保持一致，依法履行教师职责权利，法律禁止的行为坚决不做，法律要求做的必须做好，尽职尽责，不做出损害国家利益和不利于学生健康成长的言行，维护社会稳定和校园和谐。

在我们的教育实践中，个别教师教育学生的方法简单、粗暴，动辄训斥、谩骂、讽刺、挖苦、羞辱学生，体罚甚至变相体罚，对学生进行人格侮辱和心灵虐待。这给整个教师形象造成了极坏的影响，也引起全社会的高度关注。有调查表明，教师中认为对学生的体罚"应绝对禁止的"占39%，认为"可以"或"偶尔可以"的占61%，其中23%的教师振振有词地说："体罚也是教育方法之一，应该允许。"于是一些怪现象便上演了：北京某区某小学生，因未完成作业，被班主任鲁某连扇耳光；广州学生因背不出乘法表，被老师用铁焊条抽；江苏省扬州市某小学美术教师在教学过程中体罚该校学生董某，导致该生肋骨骨折、气胸……值得注意的是，近年见之于报端的教师体罚手段从传统的下跪、掌嘴、揪耳朵、扇耳光、打手心、面壁思过、赤脚长跑，发展到现在的下蹲、钻桌子、吃苍蝇、动作定型、脸上刺字、夏天烈日下晒太阳、冬天冰天雪地中吹劲风等等，怪招迭出。

人们惊讶于身为人类灵魂工程师的教师为什么会如此粗暴、残忍，甚至变成摧残孩子们心灵和身体的恶人。除了这些教师的师德修养不够，还有一个重要原因在于这些教师法律意识淡薄，法律知识贫乏，不能依法执教。

教师要做到依法执教，在教育教学活动中必须做到知法、守法、不违法。知法，是指教师要了解教育法、教师法等教育法律法规；守法，不仅是指教师要用相关的法律法规来指导自己的教育教学实践，从教育的方法到手段都符合法律的规定，不违背相关法律法规，而且也指教师在课上课下的言行符合我们的教育方针，有正确的教育思想和教学内容，不得在课堂上散布与我们法律要求相悖的观点和言论，也不得传播"小道""八卦"等低级庸俗的消息。从某种意义上说，教师的教育教学活动，实际上就是在"执法"。

二、教师与职业的关系

(一)忠诚教育事业

"忠"是中华民族最主要的美德之一。忠，忠厚，忠诚无私，尽心竭力，其适用范围很广。忠诚祖国、忠诚人民、忠诚事业应视为中华民族最为神圣崇高的追求。对我们教师来说，忠诚事业就是忠诚教育事业。忠诚教育事业是教师人格不可或缺的一部分，它要求教师应该树立崇高的职业理想，志存高远，以培养优秀人才为己任；恪尽职守，甘于奉献；热爱教育，关爱学生，严格要求学生，公正对待学生，做学生的表率，不损害学生和学校的合法权益；在工作中认真负责，刻苦勤奋，不敷衍塞责。

全国师德标兵、被誉为"史上最牛校长"的叶志平就是忠诚教育事业的重要范例。作为四川省绵阳市安县桑枣中学的校长，他把自己的一生奉献给农村教育事业，在自己的岗位上做了一"头"忠诚教育事业的"孺子牛"。作为教师，叶志平注意提高学生的学习兴趣，采用多种方法调动学生积极性，安县桑枣中学连续 16 年中考成绩全县第一；作为校长，"最牛校长"叶志平始终把安全放在首位，每学期搞紧急撤离演练，多年从未间断，最终创造了"5·12"汶川特大地震中 2300 多名师生仅用了 1 分 36 秒全部安全撤离，无一伤亡的奇迹。这种忠诚，是一种力量，它推动教师全身心的为自己的学生服务；这种忠诚，是一种信仰，引导教师在自我付出中获得自我满足、自我尊重；这种忠诚，是一种素养，需要经过千锤百炼的过程，而不是自认为有就有。

忠诚于教育事业，要求教师做到三个奉献：①奉献爱心。教师要真心热爱自己的学生，罗曼·罗兰说："爱，是生命的火焰，没有它，一切变成黑夜。"哪怕学生是一块顽石，老师也要用"爱"去撞击他的心扉，学生思想中的"黑夜"终会隐退，从而燃起新的希望的火焰，本已失去希望和信心的心灵，便会激起强大的生命力。②奉献知识。作为教师，一方面要贡献自己的现有知识，另一方面要像海绵一样不断吸取一切真知，然后再把真知贡献给学生，让他们踩着教师的肩膀前进，在教师的头顶上"起飞"。③奉献生命。当教师在奉献爱心和知识的时候，同时也在奉献自己的生命，尤其是当面对集体、学生利益受损时，要勇于牺牲自己，不图名利。

(二) 廉洁从教

廉洁是教师立教之本，也是为人之本。古人云："不受曰廉，不污曰洁。"意思就是不受贿赂，不接受不属于自己的东西，不贪图财物，不沾不污，立身洁白。廉洁从教，要求教师要坚守高尚情操，发扬奉献精神，自觉抵制社会不良风气影响，不利用职责之便谋取私利。廉洁从教，不仅是为人师表的一个明显标志，而且也是今天社会正气在教师身上的表现。教师，廉洁与否，学生看得特别清楚。

全国优秀师德标兵、辽宁丹东凤城东方红小学校长包全杰，是教职工们和学生公认只讲奉献、不求索取的好校长，是清正廉洁、一尘不染的好干部。他担任校长的十多年间，学校资产增长了 10 倍，然而，他自己却始终过着清贫的生活。他家 8 口人长期挤在 36 平方米的低矮平房里，一住就是 11 年。直到教师们的住房问题都解决了，包全杰才搬进新居。

现代教育家陶行知先生是廉洁从教的楷模，他一生执教，持俭守节。他廉洁从教的作风，形成了鲜明的道德影响力，深刻地影响了一批又一批学生的道德情感和精神世界，使学生在敬仰中，默默地产生着思想和行为的自我激励、自我修养和自我改造。

相反，如果教师为人不廉洁，言行不检点，责任心不强，甚至对学生索取财物，则会对学生的发展产生负面影响，使学生不仅对当事教师滋长反感体验，而且也产生对人、对事、对社会的不信任感，甚至对未来失去信心。例如极个别教师由于受拜金主义思想的侵蚀，对教室内的座位实行有价安排，学生家长"感情投资"了，学生就被安排在好位置上，否则就是"后""边""角"了；有的教师公然当起商品的代言人，学习工具、教学用书、生活用品一律由其统一采购，变课堂为商场，变学校为市场等。其中有偿家教是一个社会关注的焦点问题，有偿家教的危害是显而易见的，它不仅违背了教师爱岗敬业、廉洁从教的基本要求，还异化了师生关系，削弱了以身作则、为人师表这一师德的人格力量，而且给学校声誉、教师自身发展都造成危害。

教师要做到廉洁从教，必须坚守高尚的情操，树立正确的义利观，坚持大义为先，私利居次；必须抵制金钱、名利的诱惑，拒腐蚀，不取不义之财、非法之利，不沾染社会上的不良恶习，更不搞第二职业、有偿家教，始终以廉洁的道德品质为学生与世人做出表率。

三、教师与集体的关系

(一)团结协作

团结协作是教师处理与集体关系时的重要要求之一。它要求教师为了共同的教育目标，彼此合作，相互支持，最大限度地提高教育效率和效果。苏霍姆林斯基说过："教师集体是大家志同道合进行创造性合作的团体，在这里，每个教师都能为集体的创造做出自己的贡献，每个人从集体的创造中吸取精神力量，同时也以精神力量去丰富自己的同志。"在学校集体中，有不同学科的教师，不同年龄的教师，有学校领导、行政管理人员和后勤工作人员，教师们要做到见先进就学，见后进就帮，大家互相学习，相互帮助，共同提高，这是团结协作的重要基础。

2013年的全国教书育人楷模、上海辛灵中学校长谢小双，深知教师之间团结协作、凝聚众人力量的重要性。上海辛灵中学是一所特殊学校，对行为不良、学习困难、成长困难的学生施以特殊教育。作为初中阶段的特殊教育，学校面对既要纠正和防治学生不良行为习惯，又要按《中华人民共和国义务教育法》的规定完成初中阶段文化基础教育的"双重任务"，谢小双任校长后，要求全校所有教师必须坚定两个信念。一是"一个都不放弃"的信念。克服"学生太差""教不会"的说法以及畏难情绪，引导教师转变观念，正视现实，抛弃"等、靠、要"的做法，激励大家心往一处想、劲往一处使，带领全体教师以团队协作的形式，互评互助有针对性地开展教育教学基本功练兵活动，不同科目教师一起为每位学生设计不同的教育方案，与每一个学生"手拉手，结对行"，不抛弃、不放弃任何一个学生。二是建立"人人都会成功"的信念。他利用各种场合宣讲，让教师真正认识到孩子是每个家庭的希望，转变一个学生，就是挽救一个家庭，就是消除一个社会隐患，引导教师培养和发扬"爱心、耐心、信心、尽心、恒心"，倾注对学生的关爱，对学生精雕细刻，通过赏识教育，发现学生优点，促进学生转变，力求让每位学生都能走向成功。在他的带领下，辛灵中学在工读教育中走出一条办学新路，《解放日报》《文汇报》《中国教育报》《环球时报(英文版)》以及上海教育电视台、中共新闻网、上海教育新闻网等媒体多次报道辛灵中学创造的奇迹……

教师要做到团结协作，一方面要相互帮助、通力合作。提倡同行相亲，同行相助，追求教育教学的整体效果，在集体奋斗的成功中实现个人的价值。反对"同行是冤家""教会徒弟，饿死师傅""文人相轻"的错误观念，反对有些教师把自己的知识和经验当成私有财产，反对搞资料封锁、搞专题保密、故步自封的不良倾向。另一方面，要通过学习先进，共同提高。优秀教师、模范班主任和先进工作者，是教师的光荣和骄傲，是他们用辛勤的汗水和劳动在长期的教育教学实践中通过自己的努力和探索做出的成绩，我们应该学习他们的劳动态度和宝贵的经验，将这些精神财富发扬光大，使之成为集体的共同财富。

（二）严于律己，宽以待人

严于律己、宽以待人也是中华民族美德所倡导的道德品质。对于以教书育人为职业的教师来讲，尤为重要。这是因为教师除了事事要以身作则、为人师表外，还要善于处理好各种人己或人际关系，组织调动所有的教育力量，把学生教育好。

严于律己，宽以待人，首先要求教师要严格要求自己，严于解剖自己。鲁迅先生曾在《坟写在〈坟〉的后面》里写道："我的确时时解剖别人，然而更多的是更无情面地解剖我自己。"解剖别人容易，解剖自己则十分困难。在这方面，老一辈教育家吴玉章同志为我们做出了榜样。他学识渊博，从不居功自傲，年逾八旬时，写下了座右铭以律己："我志大才疏，心雄手拙。好学问而学问无专长，喜语文而语文不成熟。无枚皋之敏捷，有司马之淹迟。是皆虚心不足，钻研不深之过。年已八一，寡过未能。东隅已失，桑榆非晚。必须痛改前非，力图挽救。戒骄戒躁，毋怠毋荒。"这种严于解剖自己、生活不息战斗不止的精神，值得我们每位同仁认真学习。

宽以待人，要求教师为人要豁达、大度、宽容、诚恳，对同事的缺点错误，提出善意的批评建议；大事讲原则，小事讲风格，不求全责备，不斤斤计较，更不能得理不饶人。对于自己的学生，要认识到宽容学生是学生改正缺点的前提，要给学生时间和机会去改正缺点，不要评论或传播学生的缺点，更不要抓住学生的缺点不放。教育的过程也就是不断纠正错误，最大限度地促进学生全面、健康成长的过程。

这里有一个真实的故事：由于某老师上课时没收了学生的纸牌，学生怀恨在心，写下"×老师，你不得好死"的纸条。老师从举报人手中拿到这个纸条后，不但没有大发雷霆，而且还为学生耐心地纠正错别字，因为这个孩子把"得"写成"的"，把"好"写成"号"了。她平静地告诉学生："其实每个人都是要死的，或早或晚并不可怕，可怕的是活着的时候不好好读书，到死的时候就会后悔。你现在还小，有些话可能还不懂，以后你会明白的。你现在可以回教室了，去上课吧!"这个学生满脸泪水，说道："老师，对不起!"这就是宽以待人的力量，和风细雨、轻描淡写地感化学生，激励学生。

事实上，严于律己和宽以待人是密不可分的，这是一个问题的两个方面。一方面要谦虚、谨慎，戒骄戒躁，严格要求自己；另一方面，为人要宽容、诚恳，给别人充分的信任。

四、教师与学生的关系

(一)教书育人

教书育人是教师职责的最根本的要求，《中小学教师职业道德规范》(2008年修订)对"教书育人"有如下解释：教师要遵循教育规律，实施素质教育；循循善诱，诲人不倦，因材施教；培养学生良好品行，激发学生创新精神，促进学生全面发展；不以分数作为评价学生的唯一标准。《高等学校教师职业道德规范》对"教书育人"做如下的说明：教师要坚持育人为本，立德树人。遵循教育规律，实施素质教育。注重学思结合，知行合一，因材施教，不断提高教育质量。严慈相济，教学相长，诲人不倦。尊重学生个性，促进学生全面发展。不拒绝学生的合理要求。不得从事影响教育教学工作的兼职。

"教"是技术层面的，"育"是价值层面的，是根本，它包含着人们的希望，体现着人们的价值取向。近代美国教育家杜威说：教育主要培养学生的德性。一位优秀的教师，绝不是简单的"教书匠"和传授知识的"工具"，他是知识的传输者，是学生生活的导师，是学生道德的领路人。

全国教书育人楷模、青海省门源二中高级教师孔庆菊，将教学和育人很好地结合在了一起。她不仅在教学上重视教学方法的变革，把"授人以鱼"变成"授人以渔"，积极融入教学中，激发学生的学习积极性和创造性。同时，注重育人，努力进行情感教育，以人格魅力育人。孔庆菊常说，"作为教师，细微的关爱不容忽视"。对许多孩子来说，孔庆菊不仅是老师，还是"妈妈"。一位从小失去母亲、父亲下岗的孩子记得，是孔妈妈拿出微薄工资，给因家境困难多次面临辍学的她买衣服和学习用品；一位家住边远山区，从小就体弱多病的孩子记得，孔妈妈经常带他看病，还把他带到自己家去住……对令人头疼的"问题孩子"，孔庆菊也从不轻易放弃。学生罗一宁总是在课堂上打瞌睡，过了一阵子，她竟然开始撒谎，找借口不来学校。孔老师与她促膝长谈，推心置腹，孔庆菊把更多的爱倾注到她身上，就连外出开会都不忘发短信，毫不吝惜鼓励："一宁很懂事！我心中最棒的学生！好好学习，老师为你加油！"后来，罗一宁的学习成绩在班上名列前茅。她的努力得到人们的认可，被当地学生和家长们誉为"格桑花"（藏族人心目中最美丽的花）。

教师职业是以教书育人为中心的一种职业。中国古代著名的教育著作《学记》曾经指出："善歌者，使人继其声，善教者，使人继其志。"教师承担着传播人类文化，开发人类智能，帮助学生形成科学的世界观和正确的人生观，用人类崇高的思想、高尚的道德去塑造学生的灵魂，引导学生养成良好的行为习惯的神圣职责。因此，教师要对学生启之以智、晓之以理、动之以情、导之以行、注之以爱。启之以智，就是要丰富学生知识、发展学生智力，达到全面提高学生素养的目的；晓之以理，就是通过摆事实、讲道理的方式，向学生宣传爱国主义、集体主义思想，帮助学生树立正确的理想和信念；动之以情，就是要唤起学生的积极情感，并使情感成为推动学生努力学习的推动力；导之以行，就是要求学生做到的，自己首先做到，处处、时时、事事以符合人民利益为最高准则；注之以爱，就是全心全意关心和爱护学生，得到学生的信赖，打开教书育人的通衢。

（二）甘当人梯

甘当人梯是指自己默默耕耘，为别人的成功而作自我牺牲。梯，渐进的阶与级；梯子，升降的设备。人梯，是以人搭成的、供他人踩肩而登的工具。人梯血躯相接、柔韧相济、倾心扶渡、舍己芸人。甘为人梯，是一种追求，是一种境界，更是一种精神。教师都以"培养超越自己的学生"而感到光荣；在他们身上，没有"教会徒弟，饿死师傅"的陈腐观念，也不会对"长江后浪推前浪，前浪死在沙滩上"等网络语言产生共鸣，他们追求的是"青出于蓝而胜于蓝"的至高境界。

全国优秀教师、青海省互助土族自治县东山乡什巴小学校长刘让贤原是天津人，后响应党的号召随家迁居青海，在青藏高原的七沟八梁穷僻山村当小学校长。

20多年，这个学校先后分来38位教师，走了32位，最长的干了两年，最短的只待了半年，而刘让贤却成了这个学校的长期守望者。他甘守清贫，为山村教育事业默默奉献自己的一切。面对贫困闭塞极其恶劣的环境，他没有怨天尤人，而是从一点一滴小事做起，脚踏实地地进行教育教学工作，把穷乡僻壤的孩子们引入了知识的殿堂，取得了显著的成绩。他送走了一批又一批学生，他们中许多人走出了大山，有的当上了教师，有的当上了医生，有的成了私营企业主……这种"甘当大山里的人梯"的精神，赢得了人们的爱戴。

同样的，大学教师里也有很多甘当人梯的事例。比如"杂交水稻之父"袁隆平的事迹就很好地诠释了"人梯精神"，他把联合国教科文组织"科学奖"奖金和美国水稻技术公司的顾问费100万元捐献出来，设立奖励基金和科研基金，鼓励和培养年轻人。福建农业大学的一位博士后，开展多倍体水稻育种的探索性研究，但苦于经费不足，袁隆平得知后，专门拨出一笔科研经费，鼓励他取得成果。湖南省溆浦县有位高考落榜的女青年，摸索种桃树的新技术，给袁隆平写信求教，袁隆平热情写信予以指导，最终女青年培育出了被专家誉为"天下第一桃"的新品种。

我自己也来讲点故事。我一直都把学术梯队建设视为我学术生命的延续，多年来我积极培养年轻学者，自1988年起，先后推荐两位不到30岁的年轻人担任我们研究所的副所长。1999年，我58岁时，坚持辞去刚获得的首批全国人文社会科学基地主任职务，力荐优秀青年学者担任。年龄大了就要交班，早交班比晚交强，因为早交班还可以看一看、扶一扶、帮一帮，这样才有利于梯队成长成熟，并形成"长江后浪推前浪，一浪更比一浪高"的局面。

甘当人梯，是教师应有的人生定位，"春蚕到死丝方尽，蜡炬成灰泪始干"是教师人生的真实写照。我的体会是：要做到甘当人梯，首先教师要耐住寂寞，低调做人，不事张扬，甘于奉献，以其科学的方法教导学生，以其人格魅力影响带动学生；其次，要耐得住清贫，吃得起劳苦，面对形形色色的诱惑，在思想上筑牢拒腐防变的防线，经得住诱惑；最后要胸怀宽广，淡泊名利，以党的教育事业和工作大局为重，乐于看到别人的健康成长、不断进步，始终保持一种健康豁达的心态；要少计较自己的得失，将名和利看得淡一些，多为他人"做嫁衣""当绿叶"。

五、教师与自己的关系

(一)以身作则

以身作则，就是教师要严格要求自己，要求学生做到的，自己必须首先做到，而且要做得更好，要"一举一动，一言一行，都修养到为人师表的地步"。在前文谈到的孙维刚老师，是"以身作则，要求学生做到的，应是教师从心底追求、用行动实践"的典范。1993 年 9 月 10 日，《中国初中生报》在第一版刊登了半版对孙维刚老师的三轮学生的采访。其中有一小段，小标题是"老师罚站"，写道："我们的老师有病，工作又那么繁忙，我们都知道。有一天老师迟到了，他自惭自责，竟然到教室门外自我罚站！听着门外呼啸的北风，想着门外的老师，我们的心里，说不清楚是感动，还是难过。我们的老师就是这样，要求学生做到的，他自己必先做到。"

教师的以身作则，是为人师表的重要体现，有很多表现，如遵守社会公德、尊师爱生、衣着整洁得体、语言规范健康、举止文明礼貌、作风正派等。被誉为"美国最好的教师"的雷夫·艾斯奎斯也是一个"以身作则、为人师表"的典型。艾斯奎斯是美国加州洛杉矶市霍巴特小学的五年级教师，这所学校位于该市最贫困的社区。自 1981 年大学毕业以来，他每天工作 12 小时，除完成官方课程的教学任务外，还教 10 岁的学生学习高等数学，阅读名著，在课间教学生演奏吉他、打篮球和棒球，周末、假期经常给学生补课。他的以身作则让孩子们知道他真的很勤奋，感到自己也不得不努力。他从来不对学生高声说话，也不让他们丢面子。"我希望孩子们成为什么样的人，我就首先要做什么样的人。我希望他们成为友善、勤奋的人，因此，我必须是他们见到过的最友善、最勤奋的人。"在高中辍学率居高不下的洛杉矶，经他教过的学生大多数都读完了高中，不少人还进入了名牌大学。

教师本身是一部活的教科书，是学生心中最完美的榜样，这种地位和作用是由教师工作的"示范性"和学生所特有的"向师性"决定的。"教师每天仿佛蹲在一面镜子里，外面有无数双精细、审视的孩子的眼睛时刻盯视着你"，这是教育家加里宁对教师以身作则的重要性的精辟论述。言行一致，是教师以身作则最重要的体现和要求。

我国著名教育家张伯苓先生,在一次修身课上,看见一个学生的手指焦黄,便说:"看你的手指熏得那么黄,吸烟对身体有害,应当戒掉!"学生调皮地反问:"您怎么也吸烟呢?"张先生一时无言以对。一会儿,他从怀里取出自己的长烟杆,将它一下子折断,宣布"从今以后,我和全体同学一起戒烟"。果真,张伯苓从此再也不吸烟了。张伯苓认识到了以身作则的重要性,以自己的行动给学生做榜样,使学生从内心深处认同老师的教育。只有教师处处以身作则、处处严于律己,用自己的实际行动教育学生,使学生对教师产生信任和敬佩之情,才能获得学生的尊重和认同,收到此时无声胜有声的效果。

要做到以身作则,首先教师要做到诚实正直、言行一致,凡是要求学生做到的,教师必须首先做到,要求学生不能做的,教师必须坚决不做。其次要做到语言美,用美丽恰当的语言,感染学生、启发学生。无数教育家的实践证明,一个真正的教育者应当完美地掌握规范语言的各种表达方式,使自己的语言、思想、信念的教诲进入学生的心灵。再次,要有整洁的仪表,如前所述,教师衣着要朴实大方,整洁得体,整洁中渗着美观,大方中孕育典雅,给学生一种尊严感和亲切感。最后,要举止从容、端庄,有良好的站、行、坐、卧的举止。要"言有教,动有法",举止不轻浮,谈笑不放肆,总之,应该使自己的言行举止都具有教育意义,也为学生提供效法的榜样。

(二)闻过则喜,改过迁善

"闻过则喜,改过迁善"是指当听到别人的批评时,感到高兴;当知道自己的言行失当时,及时改正,有接纳批评和改正错误的胸怀和勇气。它们分别出自《孟子·公孙丑上》"子路,人告之以有过则喜"和《周易·益》"君子以见善则迁,有过则改",是中华民族美德的重要组成部分,是教师素质自我提升的重要途径。

世界上没有完美无缺的人,每个人都有自己的优点、长处,同时也有缺点或错误,克服缺点与发扬优点往往是相辅相成的。因此,教师应该经常自我反思,对照教育法律法规和学校的规章制度,结合教育教学实践中存在的问题,敞开心扉、自揭短处，查找自己存在的问题；同时要甘当"小学生"，放下架子，丢掉面子，诚心诚意从学生、同事、家长等的批评中汲取"营养"。善意的、正确的批评，要虚心接受，"闻过则改"；有出入的、有偏差的批评，也要耐心听取，"有则改之，无则加勉"。

"闻过则喜，改过迁善"更是处理师生关系、教学相长的道德基础。教师应该树立向学生学习的理念，因为作为学生，也许在知识上暂时不如老师，但在很多方面决不比老师差，甚至远在老师之上。陶行知先生告诉我们："我们要向小孩子学习，不愿意向小孩子学习的人，不配做小孩的先生。"乐意向孩子学习、懂得孩子心理、了解孩子愿望，并能从孩子那里了解自己的不足并及时弥补的老师，才是好老师。

辽宁省实验中学特级教师沈辉，以唐代大学问家沈重为榜样，强调"真理面前师生平等"。沈重在太学授课时，徐旷跟其求学，但听了一阵课之后便悄然离去，人问原因，他说沈重没有讲出书里的奥秘，流于表面。沈重闻过则喜，主动上门来向徐旷求教，并进行讨论，大有裨益。沈重改过迁善的故事深深影响了沈辉老师，于是，他在授课时，一旦学生有好的见解或找出他的不足，他都加以肯定并采纳。有一回翻译俄文句子，其中有个词他译得不太精确，而一个学生译得更为贴切，他就予以采纳，并在全班同学面前表扬这名学生。由于这名学生的带动，沈辉老师的学生们都养成了好学深思的习惯。沈老师指出，孔子强调"当仁不让于师""知之为知之，不知为不知"。教师乐意向学生学习，教学相长，不仅能提高教学质量，师生之情也会与日俱增。

第八章

辨师责，高教基教有差别

我们在前面已经探讨了许多有关基础教育教师师德的话题，那高校教师的师德又是如何体现的呢？本章将重点论述高校教师师德的特殊性。

哈佛大学前校长科南特曾说过："大学的价值不在于悠久的历史、宽敞的校园面积、漂亮的高楼大厦，真正的价值体现于教师的水平和办学者的素质。"

由此可见，办大学，不仅讲究盖大楼，更需要大师。按《辞海》注解，所谓大师，一是指有巨大成就而为人崇仰的学者或艺术家；二是佛教徒对佛或大和尚的称谓。可见，大师的首要条件在师德，要像佛那样有德。以此推导，优秀的高校教师重在师德。我于此想谈谈自己对高校师德理念与实践的理解。

一、高校师德的特殊性

各行各业都有各自不同的职业道德。教师，无论高校教师还是基础教育教师，都有前面介绍的师德的共性要求：爱岗敬业、关爱学生、严谨治学、为人师表等。但是，高校教师和基础教育教师在师德要求上又有差异。例如，高校教师的教育对象大都是年过 18 岁的成年人，而且教学工作的内容更多涉及学术领域的问题，因此对高校教师而言，既要有高尚的道德情操，又要有扎实的学术功底，唯此才能成为合格的大学教师，承担起国家赋予的历史使命。我认为高校师德的特殊性主要体现在以下四个方面。

（一）高校教师师德以崇尚学术为基础

学术，是指有系统的、较专门的学问，高校教师的职业是钻研学术和教授学术，从事学术活动。因此，学术是高校教师的生命，崇尚学术、艰苦奋斗、一专多能并积极追求高学术水平是高校教师师德修养的重要表现。没有学术知识，没有学术思想，没有学术业绩，就会出现邓小平同志尖锐批评过的那样："还攀登什么高峰？中峰也不行，低峰还有问题。"①为了崇尚学术，就要求我们努力地在"德、识、勤、绩"四个字上下功夫。

(二)高校教师师德以培养杰出人才为标志

前面曾提到，能否培养出对国家有用的人才，是衡量教师师德的根本标准。而高校教师必须要以为国家培养栋梁、造就杰出人才为己任。今天，我们必须认真贯彻党的十七大和十八大报告的精神，进一步鼓励营造创新的环境，努力造就世界一流科学家和科技领军人才，注重培养一线的创新人才，使全社会创新智慧竞相迸发、各方面创新人才大量涌现。所以，高校教师的师德理念应该是"培养出超越自己，值得自己崇拜的学生"。

不想超过老师的学生，不是好学生；不想学生超过自己的老师，不是好老师。否则，像"黄鼠狼下崽，一代不如一代"，那么民族的兴旺发达，国家的繁荣昌盛，还有什么指望！正因为如此，高校教师只能将自己置身于科教兴国的行列，为中华民族伟大复兴的宏伟事业添砖加瓦。以培养人才、繁荣学术、发展先进文化、推进社会进步、扩大国际影响力为自己的职业内容，努力攀登科学高峰。

(三)高校教师师德以淡泊名利为行为准则

名利对高校教师有相当的吸引力，所以我们要坚持高校师德标准，讲求诚实守信、为人师表、淡泊名利。这绝不是说我们不要当一流专家，淡泊名利和当一流专家并不矛盾。在师范教育界，有句经典名言："学高为师，身正为范。"一名大学教师不仅要身正有德，还要在不断提高自己学术水平的同时，远离名利。我认为名利伤志，应当淡泊自守。就像著名数学家陈省身先生说过的那样，做学问应不太关心

① 中华人民共和国教育部：《邓小平教育理论学习纲要》，北京，北京师范大学出版社，1998。

名利。他希望，应当淡泊名利，不要看重当院士、得奖一类的事。他说："一个数学家真正有建树的工作，媒体是没法讲出来的。嘉当（陈省身的导师、法国大数学家）62 岁才当选法国科学院院士。另一位伟大的数学家黎曼，他的一生就没有得过任何奖。数学家主要看重的应该是数学上的工作，对社会上的评价不要太关心。"①

2013 年诺贝尔物理学奖的两位得主，一位是 81 岁的比利时理论物理学家恩格勒，另一位是 84 岁的英国理论物理学家、爱丁堡大学教授希格斯。获奖后希格斯通过爱丁堡大学发表声明说，希望他的获奖能让人们更加重视那些"看似没有什么实际价值"的基础研究。这就是把学术研究当作一种承担的大师的风范，也是高校教师师德的优秀典范。

高校教师应对社会负责，全心全意地为人民服务，为教育事业做贡献。

（四）高校教师以教育创新为前提

讲究师德，高校教师就要在自己的科研与教学中有创新意识。教育创新是中国教育改革进入发展的新阶段，目的在于应对教育内外环境的快速变化，理性、系统与全面地变革教育观念、教育制度、教育模式、教育关系及教育评价机制，以更快更好地提升学生的创造性素质，造就各行各业的德才兼备的创新型人才。今天在建设创新型国家的过程中，高校教师更要在创新人才工作体制机制的完善过程中，激发各类人才创造活力和创新热情，开创人才辈出、人尽其才的新局面。所以，创新意识是凸显高校教师的学术道德伦理性和科学研究精神的关键。高校教师也只有贯彻教育创新，并在人才培养和科技创新中发挥作用，才能显现自身价值。

二、做学术道德的实践者

学科建设是高校重中之重的任务，而学科建设的核心在于教师队伍的建设。崇尚学术，谨防玷污，正是高校教师队伍建设、特别是师德建设的关键。学术是非常

---

① 冯国梧、张国：《国际数学大师陈省身：做学问的人应该淡泊名利》，http://www.chinanews.com/news/2004/2004-11-24/26/509171.shtml，2020-08-06。

崇高而神圣的事业，搞学术必须遵循学术道德规范。玷污学术，学术失德，是高校教师的耻辱。因此，高校教师要积极探索学术道德的内涵，做学术道德的探索者。

（一）讲学术道德首先要讲献身科技、服务社会的使命感和责任心

高校教师，不管是从事自然科学的还是社会科学的，肩负的使命是要认真落实我国的科技发展中长期规划，为建设创新型国家做贡献。这几年在教育部表彰的师德模范或优秀教师中，有相当一批是高校德才兼备的院士、专家，他们的一个突出的特点是把其一切贡献给中国科技事业，全心全意服务于社会现实。为什么我国海洋科学、核科学领域取得了"零"的突破，大大提升了我国的综合国力和国际影响力？为什么我国航空航天领域的研究成果已经逐渐能应用到人类生活的各个领域？为什么我国医学领域在解决人类严重传染病方面取得了实质性的突破？这是因为有一大批又一大批的高校专家，他们把献身科技领域的使命感和责任心看作是高校教师应当履行职责的一项学术任务。

东南大学射频与光电集成电路研究所所长王志功的例子比较典型。在 1997 年归国前，他在德国已功成名就，连续参加多项政府项目，承担最前沿的攻关课题，发表多篇论文，申请多项专利。其妻子也取得了博士学位，一家四口其乐融融地生活在德国南部的风景名胜黑森林地区。然而，当他看到在重要的微电子领域国际会议上 40 年来没有一名直接来自中国大陆的报告人时，王志功心里久久不能平静。我国集成电路绝大多数靠进口，国内实际能开发的集成电路品种非常有限，已建的集成电路生产线很少有自主的知识产权，这极大地威胁着我国的信息网络乃至整个国家的安全。他强烈意识到，建立我国自己的微电子研究队伍，刻不容缓！1997 年9 月，王志功毅然放弃国外的优越条件，举家归国，全身心投入东南大学射频与光电集成电路研究所的创建和创新人才培养的工作。10 多年间，射光所组建了一支具有高度凝聚力的创新团队，为我国微电子领域的教育、研究和发展做出了巨大贡献。① 只有这样，才能体现《高等学校教师职业道德规范》中提出的"服务社会"的要

---

① 《王志功：以创新为使命》，http://edu.china.com.cn/zhuanti/bbpx/txt/2006-07/21/content_ 7019614.htm，2020-08-06。

求："勇担社会责任，为国家富强、民族振兴和人类进步服务。传播优秀文化，普及科学知识。热心公益，服务大众。主动参与社会实践，自觉承担社会义务，积极提供专业服务；坚决反对滥用学术资源和学术影响。"

（二）讲学术道德，必须有实事求是的科学精神和严谨治学的态度

学术活动是科学研究的活动，要老老实实，来不得半点虚假。尤其在今天，社会上出现不少掺假的现象，但是，学术就不允许有假货。当前，心理健康教育在我国高校中开展得相当"火热"，于是有些学者和媒体就加以炒作，危言耸听地把心理不健康的大学生的比例定为 30%，50%，甚至超过 70%，以提高心理健康教育的"重要性"。我国教育界确实在开展心理健康教育，但高校心理学教师决不能把这类不真实、不客观的数据拿来抬高自己工作的价值。

作为教育部高校心理健康教育专家指导委员会的负责人，我通过深入细致的调研，在《中国教育报》上发表了《心理健康教育的路一定要走正》的谈话，指出大学生心理健康的是主流，纠正了在宣传方面的错误估计。我们这个心理健康教育指导委员会，在天津师范大学著名心理学家沈德立教授的主持下，在天津师范大学举办了十期"高校心理教育骨干教师培训班"，并为高等教育出版社主编了一系列心理学健康教育教材和 8 本受大学生欢迎的心理健康教育学生读本。

高校心理学界教师们为什么这么做？这体现出高校教师从师德要求出发，坚持真理、探求真知、做老实人、办老实事，自觉维护学术的尊严和学者的声誉。

（三）讲学术道德，就要自觉地树立法制观念，不做任何学术道德失范的事

最近不少高校教师，包括少数学校领导因学术道德问题而断送了前程，这是惨痛的教训。为做一个合格的高校教师，培养国家需要的优秀人才，高校教师严于律己显得格外的重要。律己就是讲求学术道德、遵纪守法、为人师表，在言谈举止、做人做事中体现良好师风。高校教师著书立说是学术工作的需要，但首先要成为高尚师德的探索者和实践者，做到言行一致，知行合一。当前尤其要身体力行，反对学术腐败。例如，我们与学生一起做研究，在学术成果署名时，千万别忘记学生的名字，甚至可以把学生的名字排在前面。又如，在我们发表研究报告、学术论文和专著时，要严格按有关规定将引用的别人的成果，清楚地加以标注。

2009 年，国家自然科学基金委的监督委员会在调查核实后认定，原浙江大学教师吴某与贺某共同发表的四篇标注自然科学基金资助的文章，分别存在剽窃、编造数据以及一稿两投等严重恶性学术不端行为，造成了严重的负面影响。监督委员会撤销了该科学基金项目，并取消两人的基金申请资格 5~7 年。两人原单位也给予他们开除教职和解聘的处理。①

尽管这个例子有些极端，然而它不断提醒我们：高校教师在学术研究中，自觉带头认真履行保护知识产权职责，尊重他人劳动和权益，是其师德的起码要求。

(四)讲学术道德，就要保证学术评价的公平和公正

这里我来举一个自己的例子。有人问我到底担任过多少次评委，我自己也回答不上来，但我在这里实事求是地说，无论参与哪种类型的学术评价组织，首先我会保证公正和公平。例如，我曾是国家自然科学基金会神经科学与心理科学组的评委和召集人，我刚进组的时候，心理学每年能够获得的基金不到十项，经过几年的努力，后来每年增加到三十余项。又如，我曾是国务院学位委员会心理学科评议组成员，我和我们组的其他评委一起，认为心理学是一个小学科，应该在在任期间积极使够条件的单位成为硕士点和博士点，为推动中国心理学的学科发展提供学科建设的重要平台。在参与各种推荐、评审、鉴定、答辩和评奖的活动中，我都坚持了客观的原则，从不滥用学术权力，做到对任何个人或单位都照章办事，是不是自己学生一个样。可能是这个缘故，我在同行中，收获了一定的人缘、人气和人脉，从自己的内心来说，追求的是高校教师的师德。

三、做廉洁从教的执行者

北京师范大学的校训为"学为人师，行为世范"。我校的校训对高校教师师德建

---

① 《国家自然科学基金委做出了关于两位浙大老师学术不端的处理决定》，载《科学中国人》，2009(6)。

设具有代表性。"人师""世范"的含义是"为人师表、廉洁从教"，具体地讲，它提倡以身作则、团结协作、廉洁从教、依法执教。

（一）坚持廉洁从教，就要顾全大局

党中央一再指出，着力加强反腐倡廉建设，并强调"加强团结，顾全大局"。第43届国际南丁格尔奖章获得者、中华护理学会副理事长、全国高等护理教育学会副理事长、国务院特殊津贴专家、福建医科大学护理学院院长姜小鹰教授，就是一位积极响应时代召唤、具有大局观的高校教育者。

在20世纪八九十年代，我国各地区护理专业教育的整体水平较低，不能满足日益增长的民众健康需要。1988年，由于工作需要，姜小鹰无条件服从组织调配，从医院调入福建医科大学进行护理学专业的创建和发展工作，开始了她护理教师的职业生涯。姜小鹰认为，教育是专业发展的基石，要促进我国护理专业的进步与发展，就必须把提高护理教育层次作为起点，发展高等护理专业教育。具有强烈开拓意识的她迅速转变角色，全身心地投入高等护理教育的创建和教学工作。在高等护理教育刚起步的时候，面临着种种困难和障碍。刚刚起步的护理专业被取消，她多方奔走呼吁；缺乏师资，她制订了护理专业专兼职教师培养目标和计划，建立和培训了一支"双师型"教师队伍；缺少经费，她四处争取和筹集，并开展多种渠道的创收活动。

在30多年的职业生涯中，她从一个护士到立足于平凡岗位的护理教师，始终兢兢业业、勤勤恳恳地在临床护理、护理教育工作中奉献自己，并为福建省高等护理专业构建完整的专科、本科、硕士研究生、博士研究生等层次结构教育做出了巨大贡献。2011年8月26日，时任国家主席胡锦涛同志亲自为姜小鹰颁发了第43届国际南丁格尔奖章，她也成为我国第一位获得此项殊荣的护理教育工作者。她还把福建省人民政府、福建医科大学奖励给她个人的奖金和学科发展专项经费共40万元，都捐赠给了福建省"小鹰护理基金"，希望以此支持、鼓励福建省广大护理工作

者及护理专业青年志愿者活动，为增进民众健康尽一份微薄之力。①

(二) 坚持廉洁从教，就要甘为人梯、培养后人

高校的发展需要加大力度培养、选拔优秀年轻的干部和学术带头人，健全创新人才工作体制机制，而老教师更要激发年轻人的创造力和创新精神，创设有利于年轻学者出精品、出效益、迅速成长的环境，开创人才辈出、一代更比一代强的局面。北京大学数学科学学院教授姜伯驹院士，就是一个"甘为人梯"的典型代表。

姜伯驹深感中国数学要赶上世界先进水平，希望在下一代身上。基于这样的理念，多年来，他始终把培养年轻人的工作摆在第一位，对学生的研究工作给予最宽松的环境和最无私的帮助。为了学科发展和学生成才，他宁愿放缓自己出研究成果的步子，毅然把主要精力转向非常重要、但是并不熟悉的新兴学科——低维流形研究，引导学生向新兴方向探索，并取得了良好的成绩。他还一直强调要"不拘一格降人才"，以更科学、更灵活的管理方式代替当前高校的量化考评与简单化管理，为青年教师成长提供良好环境。

自 20 世纪 70 年代，他培养了数十名硕士生、博士生，倾注了大量心血，为国家培养了许多优秀的数学家，造就了国内拓扑学领域生气勃勃、后继有人的局面。他的学生王诗宬于 2005 年当选中国科学院院士；段海豹、周青等也陆续从国际顶尖实验室学成回国，在教学和科研领域卓有成就。看到学生成为院士、获得大奖，姜教授打心眼儿里高兴。他说："教育、教师要为学生服务，这种服务不仅是当下，还要为学生未来成才服务，唯有学生的发展才是硬道理。"②这是对"甘为人梯"的最好注释。

(三) 坚持廉洁从教，就要牢固树立正确的价值观

高校教师要自觉遵纪守法，努力抵制各种错误思潮，正确处理个人与社会的关

---

① 《为白衣天使插上"科技翅膀"——记福建医科大学护理学院院长姜小鹰》，http：//www.jyb.cn/china/rwfc/201209/t20120910_ 510062. html，2020-08-06。
② 姜乃强：《北大教授姜伯驹院士："育人是我的第一职责"》，http：//www.jyb.cn/high/gjrw/201009/t20100908_ 387026. html，2020-08-06。

系，反对拜金主义、享乐主义。有什么样的老师就有什么样的学生，严格要求学生首先要严格要求自己。

北京语言大学人文学院的梁晓声教授是知名作家，同时担任民盟中央常委、全国政协委员。他就是一位特别具有社会道义感和历史使命感的高校教师。他深感对于学子们进行道德情感教育的重要性和迫切性，直接倡导参与了在全国高校中属于首创的"情感教育"课的建设；针对当前教育中人文素质培养严重不足的问题，以及中文教育受重视程度不断滑坡的现象，他不断发出呼吁，主张培养青年的人文素养和情怀。虽然不刻意在学生中培养作家，但要使广大学生成为善于用人文思想看待世界的人。这一言一行当中传递给学生、同事、社会的，都是高尚操守和正确的价值观。①

作为教师，要积极为学生树立榜样，在学术研究中勇攀高峰，即使取得了成绩，也不居功自傲，应把功劳归功于自己的学术团队。北京师范大学发展心理学团队正是在这种精神的感召下，前仆后继，薪火相传，经过几代人二三十余年的努力，使我们的团队从无到有，从小到大，逐渐成为国内一流、具有国际影响力、拥有一个团结奋进教师群体的研究机构。老一辈人所传承下来的价值观念深刻地影响着新一辈。在我们团队中间，先后三代人都是国务院学位委员会学科评议组成员，无论是谁，在申报博士点、硕士点的问题上，都能够严格遵守有关规定，秉公办事，廉洁自律。只有上梁正，下梁才能不歪，也正是基于这样的传统，我们的教师才能多带出一些务实清廉的学生。

四、做严慈相济师爱的开拓者

在教书育人的实践中，我提倡实施"爱的教育"，即爱祖国、爱党、爱教育、爱学生。爱的教育集中体现在"师爱"上，师爱是教师对学生的爱，它是师德的核心。但师爱不同于父爱、母爱、情爱，师爱出自教师的职责。在性质上，它是一种只讲

---

① 中国网：《梁晓声：是作家，更是高尚的教师》，http://www.china.com.cn/education/zhuanti/bbpx/txt/2006-07/21/content_7019633.htm，2020-08-06。

付出不计回报的、无私的、广泛的且没有血缘关系的爱；在原则上，它是一种严慈相济的、一视同仁的爱；这种爱是教师教育学生的感情基础，学生一旦体会到这种感情，就会"亲其师"，从而"信其道"。因此，师爱就是"师魂之魂"。北京大学中文系孟二冬教授，就是这样一位令学生"亲其师、信其道"的优秀教师。

讲几件孟教授的学生谈到的小事：孟教授常请学生去家里，跟学生们一起做饭做菜，边做边聊，在融洽的气氛中答疑解惑；当学生刚搬进新建的学生宿舍时，孟二冬担心有甲醛的污染，自己花钱给每个宿舍送了一盆郁郁葱葱的绿萝；孟教授看过的学生论文，几乎每一页都夹有小纸条，纸条上除了对论文的框架和立意提出建议外，还有对错字的勘误，常常比学生自己还要认真；当倒在援疆讲台上之后，他躺在病床上，却一心琢磨着要把时间争分夺秒地利用起来，他向系里提出借用一间校内单身宿舍，以便与学生们随时交流。正如北大中文系系主任温儒敏所说："孟二冬对学生的关爱是非常自然的，是一种人格的流露，并非简单的职业要求。"这些爱的点滴换来了学生的信任和追随，也实实在在地为当代教育工作者树立了典范。

（一）提倡师爱，要强调高校教师师爱的特殊性。

同样是师爱，对成年期的学生所涉及的内容和表达方式与基础教育的学生有很大的差异。本科生和研究生的经历和生活，在人的一生中具有重要意义。因此，高校教师要处处关心自己学生走向人生成熟的问题，真正意义上"自主学习"的问题，如何热爱专业迈向社会的问题，怎样去准备建功立业的问题。

不管是本科生还是研究生，他们在思想上、学习中和生活里有不少困难和困惑，要引起我们的关注。对学生们的各种问题，我们应该从他们的年龄特征实际出发加以考虑，而且，我们不仅要在他们求学期间给予关心，即使毕业后仍然可以"跟踪服务"，全面关心学生的成长。

湖南大学文学院教授、博士生导师胡遂，被学生尊称为"美女博导""妈妈老师""湖大一姐""心灵导师""育人大师"。除了无与伦比的课堂魅力外，胡遂最特别的，就是她对学生细微而全面的关怀。十几年前，一个女生半夜来电，说是站在岳麓山脚下的一座高楼顶马上要跳下去，胡遂骑上单车飞奔过去，细细相劝，及时打消她轻生的念头，如今这个女生已结婚生子，生活很是美满幸福。另一位大三女生，因失恋而痛不欲生。月光下胡遂陪她散步，上下五千年、眼前海内外，谈了一个多小时女生还没受到触动。最后，胡遂睿智地以"爱上小河是因为没有见过大海"这样一句话，让学生心结顿解，而这句话也在微博上广为流传。

胡遂广开第二课堂，教学生如何为人处世，如何面对挫折，如何像青松一样，有一颗紧紧扎根在山岗的强大的内心。感念于要咨询的学生太多，2008年年初，不太会打字的她在新浪开博，谈自己的人生感悟，回复学生的困惑。到2013年9月初，她已发博文100多篇，点击量达13万之多。胡遂说，青春本就有一段躁动的时期，人人都不例外，加上现在社会价值多元，就业困难，青年学生难免心理问题比较多。做教师的，关键是要给学生以信心和鼓励，就像她的学生所说："她就像太阳一样，总是把温暖传递给我们。"①

(二)提倡师爱，必须强调严慈相济，教书育人。

教育学生要成才，得先做人。因为师爱是一种神圣的爱，是一种促使学生成才成人的真情。所以我们应坚持教书育人的做法——"严在当严处，爱在细微中"。因为爱，必须严，严是为了爱。所谓"严"，首要的是"做人"，一流人才的基础是砥砺一流品性，发扬理想信念，传承艰苦奋斗、厚德载物的传统美德。

我们应注重学生的道德品质和思想政治教育，既教书、又育人，全面关心学生进步，积极介绍优秀的学生入党；在遵守学术道德和科学精神方面，我们应要求学生不能随意更改任何数据，更不能抄袭别人的成果；应要求学生从具体小事做起，把做人与学业发展结合起来。

中南大学金展鹏教授是中国科学院院士、国际材料科学大师、著名的"中国金"。从教至今50余年，其中后13年里，他一直因未能确诊的疾病而全瘫在床。然而他克服重疾、辛勤培养50多名博士和硕士，其中多人成为国际相图界的著名学者。金展鹏从事的是基础理论的研究，既没有可观的科研经费，又极难出成果。

① 中华人民共和国教育部：《一辈子做学生的心灵导师——记湖南大学文学院教授胡遂》，http://www.moe.gov.cn/jyb_ xwfb/moe_ 2082/s7081/s7596/201309/t20130906_ 157051.html，2020-08-06.

但是，这么多年来，一届又一届的优秀学生投奔他、追随他，为什么？用学生们的原话就是，因为"不仅掌握了知识，更重要的是学会了科学的态度和怎样做人"。在给硕士生的热力学考试中，金老师只出了一个题目，却让学生考了 7 个小时、把所有的知识点都过了一遍，让他们充分重视基本功。为了测氧化物的相图，他整整两个月白天晚上都陪着学生，让学生切身体会到科研工作来不得半点浮躁。金老师还因学生"间接引用"一篇论文而直言批评，并在经费短缺的情况下令其赶赴沈阳、北京等地查找原始文献、核对数据。在美国通用电气干了 12 年、现任美国俄亥俄州立大学终身教授的赵继成说，自己就是受到金老师的感染，才放弃公司优越的工作，决定回学校教书育人。要报答老师对他的培养、把老师的精神传下去。[①] 就在这一件件具体小事中，金展鹏用自己"严格"的爱，培养出一批先成"人"再成"才"的国家栋梁。

另一个爱在严处的例子，来源于西安交通大学能源与动力工程学院教授、博士生导师刘志刚，他在遵守学术道德、严防学术造假上，对学生有近于苛刻的标准。他坚持要求每个学生获得的数据，必须经过不同时间的三遍实验测量，否则数据就不能发表。[②] 这样的严格把关，让学生的学术根基打得扎实，学术道路才能走得更远、更稳。

在教育学生学会做人的同时，又要教育他们立志成才。因为大学要培养出杰出的人才。在强调提高高校质量的今天，高校教师必须在学生业务上下功夫。

曾任多地的战术教官、军事学院教师，1994 年进入重庆警察学院从事教学工作的刘开吉，40 年来始终坚持在教学一线培养学生成才。警察是一个特殊的行业，他们是和平时期为公众利益牺牲最多的一个群体。刘开吉深知其高风险性，因此更奉行"平时多流汗，战时少流血"的信条，坚决严把教学训练关，把对学生的真诚和爱心统统融入严格训练和严格要求之中。"导之以诚，尽力而为，学生每天能高高兴兴上班，平平安安回家，这一切全归功于警察教师所付出的努力和授予之技能与战

---

① 李伦娥：《"最大的心愿是学生都超过我"——记瘫痪 13 年坚持指导学生的中科院院士、中南大学教授金展鹏》，http://www.jyb.cn/high/gjrw/201109/t20110917_ 454282. html，2020-08-06。

② 《刘志刚：高尚师德如光》，http://edu. china. com. cn/zhuanti/bbpx/txt/2006-07/21/content _7019544. htm，2020-08-06。

术!"刘开吉遵循警察战术教学训练"综合分层,专业化、系统化、规范化、良性循环化"的特殊规律,采取"法律、战术、技术、心理、体能"五位一体的教学训练方法,按照优胜劣汰、适者生存的自然法则,采取情景模拟及案例教学等方法手段,让学生自己发现自身存在的问题,从而更好地解决问题,提升能力。在教学方法与手段上,刘开吉因材施教,采取"集中指导式""研讨式""答疑式""情景模拟式"等教学方法,引导学生提出和发现问题,促进学生思考和形成问题意识。他还从实战需要出发,从难、从严训练学生,做到战训一致、教养一致。根据实战需要确定训练内容,尽可能逼真地设置近似实战的训练环境、多组织各种类型的对抗训练。[1] 刘开吉以严格的教学训练,培养出一批又一批业务扎实、本领过硬的人民警察,为确保人民安居乐业、社会安定有序、国家长治久安做出了巨大贡献。

(三)提倡师爱,在这个感情投入与"回报"的过程中,教育实现了其根本的功能。

如果问我"什么是最大的幸福",我回答:"我拥有世界上最伟大的财富——学生。"截至 2014 年暑假,我已经培养了 82 个博士,其中已有 50 人提为教授。他们有三个特点,一是业务上过硬,有的成为特聘教授、优秀学术带头人、国外名牌大学教授,有的成为长江学者或地方的长江学者;从 2004 年后,每次入选国家"百千万人才工程"的专家中,都有我的博士生;我的学生,北京师范大学校长董奇教授,创建了我国第一个心理学国家重点实验室。二是具有综合素质,大多数学生既能做学者专家,又具有较强的行政管理能力,其中有两位已经成为全国人大代表,四分之一的学生已走上校级或厅局级领导岗位。三是做出了突出业绩,他们不仅具有优秀的学术才能,有的还具有创造财富的能力,成为拥有相当资产的企业家。

记得 1997 年,我校举行我的日本弟子山本登志哉博士论文答辩会,我再三坚持邀请日本驻华使馆一位领导赴会,最终来了总领事松本先生。我的用意很简单,和日本大学培养中国学者一样,北京师范大学也培养了日本的博士生。山本回日本

---

[1] 中华人民共和国教育部:《崇高而淡泊的警院教师——记重庆警察学院教授刘开吉》,http://www.moe.gov.cn/jyb_xwfb/moe_2082/S7081/S7596/201309/t20130906_15705,2020-08-06.

后非常努力，2007 年，在 36 名竞争对手中脱颖而出，成为名校早稻田大学的心理学教授。受聘后他给我写了一封信，信中写道："如果您没有给我北京师范大学的博士学位，对我的研究没有给予各种各样的指导和帮助的话，我个人绝对不能得到目前的地位。"年龄大了一般不爱激动，但读了山本的信，联想到学生们的成长与成才，我心潮澎湃，深深体会到我是世界上最幸福的人。

师德精神　代代相传

教师的事业，是教书育人。育人是为了使人们的心灵沐浴阳光，从而让人们在幸福中成长。这一切来自教师的师德精神。

我的师德观的形成，源于成长道路上的几位教师，基于他们的言传身教，更是基于他们的榜样力量。

一、成长之路

2014 年 9 月 9 日，习近平总书记与北京师范大学师生一起庆祝教师节，在和师生代表座谈时讲道："教师的重要就在于教师是塑造灵魂、塑造生命、塑造人的工作。一个人遇到好老师是人生的幸运，一个学校拥有好老师是学校的光荣，一个民族源源不断涌现出一批又一批好老师则是民族的希望。"我的成长之路正体现了习近平总书记的这种思想。

我的小学阶段，是在家乡宁波市象山县石浦中心小学度过的。那时的我由于某些原因，经常被同学们欺负。久而久之，我就产生了一个坏念头：我要打出一片天地来，我要和他们拼，我是"不要命的"，大不了豁出一条命去斗。即使会被打得头破血流，我也要捍卫自己的尊严，跟他们拼到底。后来我遇到了我的班主任陈庭征老师，他教会了我许多为人处世的道理。陈老师是浙江绍兴人，比我父亲还大几岁。他是位大学毕业生，专业是英语。先前是在上海为英国人做翻译的，因为一场反英的学生运动，他几经波折来到我们小学教语文。他的语文课讲得非常有水平，除了高超的语文教学艺术以外，他还擅长与学生沟通。陈老师经常找我谈心，他坚持正面教育。有一天，他对我说起他为什么要学英语专业，目的是要学习国外的先进东西帮助国家强盛。他鼓励我树立志向，为国家富强而好好学习，不要与身边的同学论短长。一个人如果没有远大的目标，就无进步的信心和勇气。这些话，我当时不是全懂，但从感情上磨炼意志、成才、为国家强盛而学习，正是从陈老师那里撷取来的。

初中阶段，我从宁波的一个城镇来到了上海，考入上海市浦光中学。由于穿戴土气，初中一年级时，个别老师和班里同学都看不起我，还给我起了"小宁波"的外号。有一天，别的同学上课不遵守纪律，有位老师却冤枉是我，我死不服气，和他顶了起来。他生气地说："一碗清水我看到底，你一辈子也好不了！"我在前文特地提到，这类的气话有悖于陶行知先生的名言"你的教鞭下有瓦特，你的冷眼里有牛顿，你的讥笑里有爱迪生"。

初中二年级以后，班上来了一位新班主任，是一位大学刚毕业的年轻教师，他的名字十分响亮，叫张佛吼。张老师比我大九岁，他能深入同学，了解我们每个人的情况。他曾经对我们班里的同学说："咱班里林崇德同学的成绩不错，但我仔细了解一下，是聪明吗？不一定！是他有着一股难得的刻苦精神。"这位新来的班主任，经常肯定我的点滴进步，并鼓励我积极靠近团组织。初中二年级，我入队还不到一年，班主任老师就鼓励我写入团申请书，希望我能成为一名光荣的新民主主义青年团员。1956 年 9 月，我在张老师的关怀下入了团。初中三年级，我们面临着毕业去向的问题，基于我的家庭情况，便想早点独立。我跟班主任老师说，我想考中专。考什么专业呢？在初中一年级的时候，我在语文书里读过一篇关于詹天佑的课文，我被这位伟大的富有爱国精神的铁路工程师的事迹深深感动，我想当个铁道战线的技术员，向詹天佑学习，说不定还能当个"现代的詹天佑"。于是我的志愿确定为上海市铁路中专。但是，1957 年，在我初中毕业之际，赶上了国家"反右"斗争这场政治运动。那一年，上海取消了中专和技校的招生计划，我唯一能报的是普通高中和中等师范学校。面对新形势，我十分苦恼，为自己的前途担忧。这时我的班主任老师找到我说："我已经看出来，你是我们班里颇有出息的学生，因为你刻苦、认真。我希望你考上海中学，在那里可以住校，按照你的家庭情况，说不定能申请到人民助学金，能供你吃饭、供你生活，我想这跟中专又没有什么两样。毕业以后，我相信你一定能考上大学，将来能够当一个出色的工程人员。"

就是我的班主任张佛吼老师关键时刻的一席话，指引了我人生的道路。现在回想起这位班主任，我就想起心理学中的"皮格马利翁效应"（教师期望效应）。在我的班主任张佛吼老师眼里，没有教不好的学生，他相信自己的学生一定能进步，一定能成才。老师的期望和暗示，成了推动学生前进的强大力量。就这样，在班主任老师的指引下，我以九取一的优异成绩考上了上海市著名的中学——上海中学。

记得20世纪90年代末，一次到上海，和张佛吼老师约好，说我想去看看他。因恰好有事，不能如约去看张老师，我请我当中学教师的弟弟把一份礼品送到张佛吼老师那里，还带去我给张佛吼老师写的一封信。信中写道："张老师，您还记得一个个儿不算太高，不太聪明，但您却认为最刻苦的学生吗？我是您的学生林崇德。在您的关怀下，我当年考入上海中学。现在又在您的关怀下成了您所期待的人。今天上午，我走遍了整个南京路。偌大的南京路，都难以挑出一样能够配得上送给您——我的恩师的礼物。后来，我进了卖宜兴陶瓷的商店，买了这个商店里认为最好的一套陶瓷杯、陶瓷壶。老师，我为什么要呈上瓷壶瓷杯呢？因为老师您谆谆教导我们这些学生，您这一辈子说的话太多了。老师，您需要多喝水，瓷壶瓷杯就方便您喝水。祝老师长寿！您的弟子崇德 顿首。"

高中阶段，我如愿考上了上海中学。上海中学是一所1865年建校的老校，它坚持"明、严、实、高"的校风，带动了"严谨、创新"的教风和"严实、奋进"的学风，形成了"精研、勤学、团结、进步"的优良传统和学校精神，深刻影响和激励了一代又一代人成长、奋进，由此也成为今天"全国一流，国际著名，教育高质，管理高效"的示范校。在这里，我度过了难忘的高中阶段，影响我的首先是学校精神，这个学校要求学生树立远大的目标，在思想上树立一流的意识、时代的意识、国际的意识，使学生具有爱国心、责任心、适应性和创造性，最终成为各行各业优秀的人才。正因为如此，上海中学的毕业生中，才会如第四章所讲到的涌现出那么多的优秀干部、创新人才和科技精英，这都要归功于这个学校的精神。

更重要的是，对学校的感情归根结底还是对老师的感情。因为上海中学有好校长，有一大批好老师。前文提到，初中毕业时我想考铁道中等专业学校，想当一个"现代的詹天佑"。考入上海中学以后，从高中一年级到三年级，我的信念都是要考上海交通大学或唐山铁道学院，要学习詹天佑的精神，为国家建造更多的像南京长江大桥那样的伟大工程。但是，这种理想后来悄然发生变化，这其中受到我的班主任孙钟道老师的很大影响，特别是孙老师在1960年3月份上的一次物理课，给我很大触动。

一天上午，班主任孙钟道老师来上物理课，当时上课的典型模式是，老师先提问上一节或上几节课的一些内容或问题，然后让学生回答。回答以后老师打分，再开始讲新课，可是我们班有位同学没能很好地回答孙老师的提问，这个时候，年近花甲的上海市劳动模范孙老师感慨万千："同学们，再过几个月，你们就离开学校了，我希望你们能成为国家的栋梁。若干年以后，当我看到你们每个人都取得了成就，那便是我当教师的人生最大的欣慰和幸福。如果你们中间谁做了一点儿对不起国家，对不起人民的事情，那就是我最大的不安、惭愧，甚至于……。"忍泪说到这儿，孙老师已经激动得说不下去了，他拿着板擦转身去擦黑板，想掩饰一下他当时激动的心情，可是黑板上还没有写下一个字，他又回过头来，眼里含着泪花，艰难地说："人之失落啊！学生不争气，会让老师感到耻辱！"

那一刻，我脑海中闪过一幕幕老师教导、关怀我的场景。记得高二时母亲患重病，正逢兰州铁路中专招插班生，为了省点钱给母亲，我竟申请转学去兰州。孙老师给我讲了许多忠孝的道理，并向我指出，他对我有很高的期望，希望我能够完成在上海中学的学业，然后考上我自己梦寐以求的上海交通大学或唐山铁道学院，将来真正能够实现自己的夙愿，成为像詹天佑一样的人，为国家做出贡献……那一刻，当听完孙钟道老师的一番感慨，我联想到自己的成长过程，比较了詹天佑这样的桥梁隧道工程师与孙钟道老师那样的人类灵魂工程师对于人类发展的价值。

那一刻，在我刚度过19岁生日的心灵深处，留下了永不消失的印记，让我改变了自己的志向，决心要当一位像孙老师那样的老师，当一位杰出的教育家。就这样，我当年升学考试的23个志愿全部填写了"师范"，并以优异的成绩考入了第一志愿——北京师范大学教育系心理学专业，从此为我自己的教育生涯拉开了序幕。

我在北京师范大学度过了我 5 年的大学生涯。在这期间，有好多优秀的老师对我影响颇深，其中一位就是我后来的导师，也是我终生难忘的心理学的引路人——朱智贤教授。朱智贤教授(以下称朱老)是整个心理专业乃至教育专业备受尊敬的教授之一。朱老的两种重要精神一直指引着我前进。

首先，朱老非常注重培养学术梯队。他多次提出："培养学术梯队是学术带头人的生命延续。"是啊，能够带出一流的学术队伍，使学术带头人的学术事业永葆一流水平，应该是学术带头人最大的幸福。2008 年春，在纪念我的恩师朱智贤教授百年诞辰大会上，不少媒体的记者向我提出一个问题："学术的发展靠什么?"我毫不犹豫地回答："靠人才，靠接班人，靠学术梯队! 这样才能代代相传，使老一辈未竟的学术事业滚滚向前，蓬勃发展。这也是我恩师对我的教诲。"

朱老的学术影响之所以这么大，就是因为朱老注意培养自己的学生，不忘时时提携后辈、指导后人，注意到代代相传的大事。从他的思想中，我体会到一个学术带头人，不仅关乎自身的未来发展，更应加倍甚至数倍地给予学生关心，促使他们成长。越有声望的学者，他越应该甘当人梯。因此，教书育人，带出一流的学术队伍就是我终身为之奋斗的目标。

其次，朱老严谨治学的师德精神一直激励我、鞭策我。大学期间，朱老是唯一批评过我的老师，并且批评了三次，每次都十分严厉。其中一次是因为作业字迹潦草，出现错别字。朱老向我严肃地指出："大学生写错别字还行吗? 我在上中师时都出书了! 文如其人，字如其容。一篇文章可以看出一个人的德行，一手好字可以展示一个人的颜容。俗话说，见字如见人嘛!"从中我体会到，表扬是一种爱护，批评也是一种爱护。

朱老一生不断追求"创新"，努力突破自我，完善自我。可以说，朱老最大的特点或学术思想的核心就是"创新"二字。正因为如此，他被称为"中国心理学星空不落的巨星"。早在 1982 年 10 月，杭州大学(今浙江大学)前校长陈立教授收到恩师的《儿童发展心理学问题》一书，给恩师来了一封热情洋溢的信。信中有这么一段话："新中国成立后，心理学界能就一方面的问题成一家之言者，实属少见。老兄苦心深思，用力之勤，卓著硕果，可谓独树一帜。"这"独树一帜"就是创新。

朱老在中国发展心理学史上有若干个"第一"。例如，他出版了中华人民共和国第一部儿童心理学著作；主持了第一个"中国儿童青少年心理发展与教育"的国家哲学社会科学重点科学研究项目；创办了我国第一个发展心理学研究所（北京师范大学儿童心理研究所）；创办了我国第一本发展心理学与教育心理学的学术期刊《心理发展与教育》；培养了我国第一位教育学（心理学）博士，等等。他为我们这些后辈树立了优秀的榜样，激励着我们去创新、去开拓。

正是老师们高尚师德的关怀和熏陶，逐渐被我继承，使我形成了自己的师德观，并在多年教学生涯中进行了师德的行为实践。

二、我的师德观

我的师德观就是在这本小册子中突出的八个字："师业""师爱""师能""师风"，构成统一的、缺一不可的师德结构。

（一）师业

能否培养出国家需要的优秀人才，是衡量教师素质的重要标准。基于这样的理念，我在自己的人生字典中首先给师德加上"师业"的注解。如前所述，师德的实质就是教育事业的"业"字；师德体现的就是对教育事业及其社会地位的认同、情感和行动。这就是师德的第一个表现：师业。具体来说，即敬业意识、乐业意识、职业规范意识和勤业意识，也就是爱岗敬业。爱岗敬业有着十分丰富的内涵和外延，在多年的教育实践中我体会到：教师工作不应作为养家糊口的谋生职业，而应该是教书育人的终生奋斗目标。上述我的几位老师都是这样做的，我也按照这个榜样的模式去践行爱岗敬业的精神。在我培养的博士生中，有50位已晋升教授。在培养学生的过程中，我深刻感受到：一是博士点的学科建设，"硬件可达，软件难求"，硬件的建设具有短期性、可预测性，而软件建设却具有长期性、艰巨性，博士生导师本身的修养和博士生的质量是软件建设的关键；二是当老师的，要树立"创造出值得自己崇拜的学生"的观念。不想超过老师的学生不是好学生，不想学生超过自己的老师不是好老师。永恒的事业，创造自己崇拜的高足；沸腾的脑海，振荡着"秀才培养出状元郎"；终生无悔的追求，开拓出"青出于蓝而胜于蓝"的格局；永不消逝的志向，展示了"长江后浪推前浪，一浪更比一浪高"的局面。这就是我当年填报高考志愿时写下的理想词，也是为之奋斗大半生的真实写照。我从不认为"教会徒弟，饿死师傅"，而是衷心希望我的学生能够超过自己，也希望我学生的学生能超过我的学生。因此，教师的职责就是培养人才，这是我提出要做到责、权、利统一的来由，忠诚于党和人民的教育事业是我对责、权、利三者关系的切身感受。

(二)师爱

我是在自己老师的关爱下成为一名人民教师的，因此，从我踏上教育战线的第一天起，就把关爱学生看成是师德的核心。因为没有爱就没有教育，对学生无私的"爱"就是师德的灵魂。师爱，既体现在"细微中"，又体现在"生死时"。

我曾做过13年中小学老师，我曾冒着生命的危险抢救过学生，也曾冒着丢职的可能包庇过学生。

2004年2月22日是我最高兴的一天，因为在这一天，我在中学当第一任班主任的班级中的近30位学生到北京师范大学来看望我。我在聚会教室的黑板上写了两行字："茶话半天叙别情，教书一生聚知音。"就在茶话的过程中，我的学生、北京市东城区前副区长、后担任北京市新奥集团总裁的王建清谈起一桩我早已记不起来的往事。他说："我因幼时贪玩惹祸，林老师冒着丢掉职务的风险保护了我。林老师的保护让我终生难忘。"他说得非常激动，我隐隐约约回想起来，不少学生证实确有其事，并说了许多我关爱他们的实际例子。绝大部分事情我均已忘记，他们却牢记心中，这让我在感动、激动之余，还体会到一个理念——"没有爱就没有教育"，这是千真万确的真理！教师对学生点点滴滴的爱是多么的有影响力！为人之师，就得保护和爱护学生，哪怕自己做出很大的牺牲。

前文曾经说起，20世纪80年代中期到90年代初期，我先后送出16个博士研究生出国联合培养或当访问学者，15位学生按时回国。这个"感情投资"的不值得报道的材料，《中国教育报》竟发表了《他像一块磁铁》一文。是的，我把自己的整个身心都扑在培养学生的工作上了。可以说，我投在学生身上的精力胜过投在自己孩子身上的精力，致使我的独生儿子在其著作的"后记"（1997）中写下下面一段话："从当今的社会价值观念来看，父亲实在太不值得。他总是强调他的事业心，也就是作为一名教师，他把热爱学生看作是他事业的核心。他一直倡导对其学生'感情投资'，使他的大部分精力都被牵扯进去，以至于母亲笑他说：'你应该把家搬到单位里去，为你的学生当牛做马。'从一开始，我就不想也不应该去要求分享这份神圣的感情，事实上他也不可能在我身上花太多的功夫。但作为他的儿子，我是十分理解的。"今天已过古稀之年的我，重温这段，似乎有点伤感。我不是一个合格的父亲，但我敢说，我是一个合格的人民教师。

我和所有的优秀教师一样，同感没有爱就没有教育；失去了对学生的爱，教师也就失去了人生的乐趣。教师的爱是一种强大的力量，它不仅提高眼前的教育质量，也会促进学生的成人和成才，即会影响到学生的身心发展、人格（个性）的形成、职业的选择、人生道路的转变，甚至会影响其毕生。因此，我还是倡导教师应把整个心灵奉献给学生，将神圣的师爱均匀地洒向每一个学生，以感染他们、改变他们、教育他们、造就他们。

（三）师能

自古"名师出高徒"。对我自己有影响的老师们个个都是教学能手，朱智贤教授更是著名的科学家，这是我把师德的第三个表现为"师能"，也就是"严谨治学"的理由。"一桶水和一杯水"，是教育界对教师业务水平与学生知识水平之间关系的形象比喻。

我是心理学专业出身，从心理学的角度出发，以高校教师为例，我认为其威信直接取决于其教学水平和科研成果。我也经常用这句话激励和要求自己。尽管有人说听我的课是一种享受，但我深深地领悟到，把专业课讲好、讲活，其背后除了有作为一名教师数年甚至几十年如一日对教学艺术的执着追求和大胆实践外，更离不开教师在教育教学研究领域多年的辛勤积累。

几十年来，除了教学，我把所有的时间和精力都投入到发展心理学的研究领域。一方面，我从事基础研究，把自己的思维结构观点推向国际学术界，产生了较大的影响；为使各项研究有科学的实验支撑，1985 年 5 月我协助朱老，白手起家创建了北京师范大学发展心理研究所，并长期担任所长职务(1985—1999 年)。经过近20 年的苦心经营，研究所从小到大，如今已成为国内一流、国际上有声望的发展心理学研究实验单位，可以说，在这一阶段研究所实现了跨越式的发展。1999 年被评为教育部首批 15 家人文社科重点研究基地之一，在 2003 年教育部的 154 家人文社科重点研究基地评估中，该所成为全国第 4 名(前 3 名均在北京大学)；2002 年在国务院学位委员会组织的全国高校国家级重点学科评审中，以我为学术带头人的北师大心理学学科受到评审专家一致的高度评价，全票获评全国心理学界唯一的国家级一级重点学科。另一方面，我也着手于应用研究，把思维理论应用于提高中小学教育的质量。从 1978 年开始，我进行了学生思维品质培养的实验，到 20 世纪末，已在全国 26 个省市建立了 3000 多个实验点，受益教师超过 1 万人，受益学生超过30 万。

由此可见，"师能"是党要求教师的"业务能力"，它是教师顺利完成任务的知、识、才的保障。

(四)师风

接过我自己老师手中的教鞭，更从他们身上学到了"师风"，构成我师德观的第四个重要内容。它的含义很清晰，即教师如何为人师表。北京师范大学的校训"学为人师，行为世范"，点出了为人师表的真谛，它不仅是本校师生的行为准则，而且是所有要成为"人师"者的师德规范。实践校训就是提高师德、为人师表——"师风"的表现。在第十九章中，我也从教师与社会、职业、集体、学生、自我的五大关系中，详细阐述了师风的内涵，究其本质可总结为十六个字：爱国守法、团结协作、终身学习、廉洁从教。

我将廉洁从教看得很重，视为师风或为人师表的关键。当今时代，廉洁从教显得特别重要，可以这样说，老师的一举一动、一言一行，学生都看在眼里、记在心里。这些要么会决定老师的威信；要么会决定你的学生是否会长期和你保持密切联系；要么会决定你能不能成为学生心目中的表率。

在廉洁从教方面，我坚持"君子爱财，取之有道"。我从不收在读学生的任何礼物，有人曾经给我寄来一点土特产，我都是折成钱加倍寄还。虽然这样看起来不太懂人情，但十分必要。作为高校教师，我不会去接受影响本职教育教学工作的兼职，即使应邀外出讲学，我也自觉地交个人所得税，并且退还按当地标准多给我的报酬。20 世纪 90 年代中期开始，我当了十几年国务院学位委员会学科评议组成员，但拒绝收受与自己职务工作相关的单位送来的任何钱财和礼物。还有一些中小学，请我指导他们的教育教学，我也基本不收什么钱和礼物。我跟他们说，我是来自基础教育界的，我曾经在中学工作了 13 年，我热爱并理解中小学教师的工作。

我的行为影响了我自己的学生，也影响了我自己的家人。记得 2004 年国庆长假期间，我们全家五口人，在我父亲病危的时候回上海看望，父亲看到曾孙子的到来，由他牵头，太爷爷、太奶奶、叔爷爷、姑奶奶等给我孙子红包，我那不到四岁半的孙子竟噼里啪啦地把红包扔在地上，生气地说："谁要你们这些东西，我们家从来不能够收这些红包!"在上海人口研究所工作的我的小妹妹说："别人都说我大哥廉洁，从小孙子这个举动中，我看大哥的廉洁是真的，小孩子是不会说假话的。"我始终认为，只有上梁正，下梁才能不歪，超越自己的品学兼优的学生才能不断涌现。

以上，就是我师德观的缘起和主要观点。书稿就要搁笔，我内心依旧感慨万千。千言万语，汇集成一句话：师德精神，代代相传!

图书在版编目（CIP）数据

林崇德文集：全十二卷／林崇德著. —北京：北京师范大学出版社，2020.10
ISBN 978-7-303-26290-8

Ⅰ．①林… Ⅱ．①林… Ⅲ．①教育学-文集 Ⅳ．①G40-53

中国版本图书馆 CIP 数据核字（2020）第 154509 号

营　销　中　心　电　话　　　010-58807651
北师大出版社高等教育分社微信公众号　　新外大街拾玖号

林崇德文集（全十二卷）第七卷：教育的智慧·师魂
LIN CHONGDE WENJI：QUAN SHI'ER JUAN
出版发行：北京师范大学出版社　www.bnup.com
　　　　　北京市西城区新街口外大街 12-3 号
　　　　　邮政编码：100088
印　　刷：北京盛通印刷股份有限公司
经　　销：全国新华书店
开　　本：787 mm×1092 mm　1/16
印　　张：27.5（本卷）
字　　数：426 千字（本卷）
版　　次：2020 年 10 月第 1 版
印　　次：2020 年 10 月第 1 次印刷
定　　价：2300.00 元（全十二册）

策划编辑：关雪菁　周雪梅　　　　责任编辑：周　鹏　王思琪
美术编辑：王齐云　　　　　　　　装帧设计：王齐云
责任校对：包冀萌　　　　　　　　责任印制：马　洁